Entscheidungen in Kirchensachen

seit 1946

Begründet von

Prof. Dr. Dr. Carl Joseph Hering † Dr. Hubert Lentz

Herausgegeben von

Prof. Dr. Manfred Baldus
Vorsitzender Richter
am Landgericht Köln a. D.

Prof. Dr. Stefan Muckel
Universitätsprofessor
an der Universität zu Köln

in Verbindung mit dem

Institut für Kirchenrecht
und rheinische Kirchenrechtsgeschichte
der Universität zu Köln

De Gruyter Recht · Berlin

Entscheidungen in Kirchensachen

seit 1946

41. Band

1. 7.–31. 12. 2002

RECHT

De Gruyter Recht · Berlin

Zitierweise
Für die Zitierung dieser Sammlung wird die Abkürzung KirchE empfohlen, z. B. KirchE 1,70 (= Band 1 Seite 70).

ISBN-13: 978-3-89949-387-0
ISBN-10: 3-89949-387-7

Printed in Germany.

Druck und buchbinderische Verarbeitung: Hubert & Co., Göttingen
Einbandgestaltung: Christopher Schneider, Berlin

Vorwort und Benutzungshinweise

Die Sammlung „Entscheidungen in Kirchensachen seit 1946" (KirchE) veröffentlicht Judikatur zum Verhältnis von Kirche und Staat und zu weiteren Problemkreisen, die durch die Relevanz religiöser Belange gekennzeichnet sind. Angesichts dieses breiten Themenkatalogs, der alle Zweige der Rechtsprechung berührt, kann eine Vollständigkeit nur angestrebt werden, wenn man eine gewisse zeitliche Distanz in Kauf nimmt. Im Veröffentlichungszeitraum 2002 sehen sich die Herausgeber erstmals veranlasst, den Stoff auf zwei Halbjahresbände zu verteilen. Der Zuwachs an religionsrechtlicher Rechtsprechung ist unter anderem durch die Verbreitung nichtchristlicher Religions- und Weltanschauungsgemeinschaften bedingt. Bis zum Jg. 38 (2000) wurden nur Entscheidungen deutscher staatlicher Gerichte in die Sammlung aufgenommen. Die steigende Bedeutung religionsrechtlich relevanter Fragen in der Rechtsprechung des Europäischen Gerichtshofs für Menschenrechte (EGMR) und des Europäischen Gerichtshofs (EuGH) macht er unerlässlich, auch deren Judikatur zu berücksichtigen. Dabei werden vornehmlich solche Entscheidungen ausgewählt, die aus Verfahren in Deutschland hervorgegangen oder sonst von grundsätzlicher Bedeutung sind. Die Veröffentlichung erfolgt in einer Amtssprache oder amtlichen Übersetzung, die der Gerichtshof für die amtliche Ausgabe der jeweiligen Entscheidung verwendet hat. Ebenso bleibt die von der deutschen Praxis abweichende Form der Entscheidungen und der Abkürzungen gewahrt. Die Herausgeber sind bestrebt, die in der Zeit von 1980 bis 2001 ergangenen Entscheidungen des EGMR und EuGH zu religionsrechtlichen Fragen alsbald in einem Sonderband zu dokumentieren.

In Fußnote 1 finden sich neben Quellenangaben auch Hinweise auf den Fortgang des Verfahrens (Rechtsmittel, Rechtskraft). Etwaige weitere Entscheidungen aus dem Rechtsmittelzug werden, soweit sie wesentliche Ausführungen zu religionsrechtlichen Fragen etc. enthalten, in späteren Bänden von KirchE abgedruckt.

Die Herausgeber halten es für angebracht, evtl. auch solche Entscheidungen aufzunehmen, die im weiteren Verlauf des Verfahrens keinen Bestand hatten; anderenfalls würde erfahrungsgemäß wertvolles religionsrechtliches Material für eine Auswertung in Wissenschaft und Praxis verloren gehen. Entscheidungen zum Asylrecht und Sonn- und Feiertagsrecht werden in der Sammlung nur berücksichtigt, soweit ein Bezug zum deutschen Staatskirchenrecht ersichtlich ist.

Soweit die als amtlich gekennzeichneten Leitsätze der Gerichte verwendet wurden, ist dies vermerkt. Im Übrigen wurden die Leitsätze möglichst auf den religionsrechtlich relevanten Inhalt der Entscheidung beschränkt. Dasselbe gilt für die von den Herausgebern gefasste Sachverhaltsschilderung, für die Prozessgeschichte und die Entscheidungsgründe. Der z.T. unterschiedliche Zitier- und Abkürzungsmodus ist nur angeglichen, wo Verwechslungen in Betracht kommen. Das Abkürzungsverzeichnis wurde im Wesentlichen auf Publikationsorgane und Zeitschriften beschränkt. Zur Auflösung von weiteren juristischen Abkürzungen wird auf Kirchner/Butz, Abkürzungsverzeichnis der Rechtssprache, 5. Aufl., Berlin 2003, verwiesen., Soweit in den Urteilen etc. auf andere Entscheidungen, die auch in KirchE abgedruckt sind, Bezug genommen wird, ist die Fundstelle durch einen Quellenzusatz nachgewiesen.

Über die den Bänden 1-25 erschienene Judikatur informiert zusätzlich ein im Jahr 1993 erschienener Registerband.

Zugänge zur Judikatur kirchlicher Gerichte, die in dieser Sammlung schon aus Raumgründen nicht berücksichtigt werden kann, eröffnen die Rechtsprechungsbeilage zum Amtsblatt der EKD (jeweils Beilage zu Heft 4 eines Jahrganges) und die kirchenrechtlichen Fachzeitschriften, insbesondere das „Archiv für katholisches Kirchenrecht“ und die „Zeitschrift für evangelisches Kirchenrecht“; in letzterer bietet Markus Kapischke (Jg. 46 [2001], S. 63-85) einen Fundstellennachweis der Rechtsprechung der evangelischen Kirchengerichte in den Jahren 1991-2000. Die Spruchpraxis arbeitsrechtlicher Schiedsstellen im Bereich der Katholischen Kirche ist u.a. aus der Zeitschrift „Die Mitarbeitervertretung“ ersichtlich.

Seit seiner Gründung (1963) erscheint das Werk in Zusammenarbeit mit dem Institut für Kirchenrecht und rheinische Kirchenrechtsgeschichte der Universität zu Köln und wird dort auch redaktionell betreut. Unter denen, die die Arbeiten am vorliegenden Band der Entscheidungssammlung durch ihre Mitwirkung gefördert haben, seien namentlich genannt Dipl.-Bibliothekar Christian Meyer und stud. iur. Kerstin Halverscheid, Daniela Schubert, Kerstin Sieberns, Heidrun Steinhauser und Tobias Kollig. Frau Petra Schäfter (Berlin) sei für die druckfertige Erstellung des Manuskripts gedankt.

Den Benutzern der Sammlung, Herrn Prof. Dr. Hermann Weber (Bad Vilbel), den Gerichten und kirchlichen Stellen, insbesondere dem Kirchenamt der EKD in Hannover und dem Institut für Staatskirchenrecht der Diözesen Deutschland in Bonn, schulden die Herausgeber herzlichen Dank für Hinweise und die Zusendung bisher unveröffentlichter Entscheidungen; sie werden diese Mithilfe auch weiterhin zu schätzen wissen.

Köln, im Sommer 2006 *Stefan Muckel* *Manfred Baldus*

Inhaltsverzeichnis

Abkürzungsverzeichnis

ABl.	Amtsblatt
ABlEG	Amtsblatt der Europäischen Gemeinschaften
ABlEvLK.	Amtsblatt evangelische Landeskirche
AfP	Archiv für Presserecht
AG	Amtsgericht
AiB	Arbeitsrecht im Betrieb
AK-GG	Kommentar zum Grundgesetz für die Bundesrepublik Deutschland (Reihe Alternativkommentare)
AkKR	Archiv für katholisches Kirchenrecht
AllMBl.	Allgemeines Ministerialblatt der Bayerischen Staatsregierung
AöR	Archiv des öffentlichen Rechts
AP	Arbeitsrechtliche Praxis
ArbG	Arbeitsgericht
AR-Blattei	Arbeitsrecht-Blattei
ArbN	Arbeitnehmer
ArbRGeg	Das Arbeitsrecht der Gegenwart
ArbuR, AuR	Arbeit und Recht
ARST	Arbeitsrecht in Stichworten
ArztR	Arztrecht
AS	Amtliche Sammlung
AS RP-SL	Amtliche Sammlung der Oberverwaltungsgerichte Rheinland-Pfalz und Saarland
AuA	Arbeit und Arbeitsrecht
AuAS	Ausländer- und asylrechtlicher Rechtsprechungsdienst
AuR, ArbuR	Arbeit und Recht
BAG	Bundesarbeitsgericht
BAGE	Entscheidungen des Bundesarbeitsgerichts
BauR	Baurecht
BayGVBl.	Bayerisches Gesetz- und Verordnungsblatt
BayObLG	Bayerisches Oberstes Landesgericht
BayObLGSt	Entscheidungen des Bayerischen Obersten Landesgerichts in Strafsachen
BayObLGR	Report BayObLG. Schnelldienst zur gesamten Zivilrechtsprechung des Bayerischen Obersten Landesgerichts
BayObLGZ	Entscheidungen des Bayerischen Obersten Landesgerichts in Zivilsachen
BayVBl.	Bayerische Verwaltungsblätter
BayVerfGH	Bayerischer Verfassungsgerichtshof
BayVerfGHE, BayVGHE	Sammlung von Entscheidungen des Bayerischen Verwaltungsgerichtshofs mit Entscheidungen des Bayerischen Verfassungsgerichtshofs
BB	Der Betriebs-Berater
BFH	Bundesfinanzhof

BFH/NV	Sammlung amtlich nicht veröffentlichter Entscheidungen des Bundesfinanzhofs
BFHE	Sammlung der Entscheidungen des Bundesfinanzhofs
BGBl.	Bundesgesetzblatt
BGH	Bundesgerichtshof
BGHR	BGH-Rechtsprechung
BGHSt	Entscheidungen des Bundesgerichtshofs in Strafsachen
BGHZ	Entscheidungen des Bundesgerichtshofs in Zivilsachen
BK-GG	Bonner Kommentar zum Grundgesetz
BlPMZ	Blatt für Patent-, Muster- und Zeichenwesen
BPatGE	Entscheidungen des Bundespatentgerichts
BKR	Zeitschrift für Bank- und Kapitalmarktrecht
Breith.	Sammlung von Entscheidungen aus dem Sozialrecht
BRS	Baurechtssammlung
BS	Bereinigte Sammlung
BSG	Bundessozialgericht
BSGE	Entscheidungen des Bundessozialgerichts
BStBl.	Bundessteuerblatt
BT-Drs.	Bundestagsdrucksache
BTPrax	Betreuungsrechtliche Praxis
Buchholz	Sammel- und Nachschlagewerk der Rechtsprechung des Bundesverwaltungsgerichts
BuW	Betrieb und Wirtschaft
BVerfG	Bundesverfassungsgericht
BVerfGE	Entscheidungen des Bundesverfassungsgerichts
BVerwG	Bundesverwaltungsgericht
BVerwGE	Entscheidungen des Bundesverwaltungsgerichts
BVormVG	Gesetz über die Vergütung von Berufsvormündern
BWGZ	Die Gemeinde. Zeitschrift für Städte und Gemeinden, für Stadträte, Gemeinderäte und Ortschaftsräte; Organ des Gemeindetages Baden-Württemberg
BWVP(r)	Baden-Württembergische Verwaltungspraxis
CR	Computer und Recht
CIC	Codex Juris Canonici
DAR	Deutsches Autorecht
DB	Der Betrieb
DBK	Deutsche Bischofskonferenz
DBlR	Dienstblatt der Bundesanstalt für Arbeit Rechtsprechung
DEK	Deutsche Evangelische Kirche
DLR	Deutsche Lebensmittel-Rundschau
DNotI-Report	Informationsdienst des Deutschen Notarinstituts
DNotZ	Deutsche Notar-Zeitschrift
DÖD	Der öffentliche Dienst
DÖV	Die öffentliche Verwaltung

DR	Deutsches Recht (Wochenausgabe, vereinigt mit der Juristischen Wochenschrift)
DRiZ	Deutsche Richterzeitung
DRsp	Die Deutsche Rechtsprechung. Datenbank
DSB	Datenschutzberater
DStR	Deutsches Steuerrecht
DStRE	Deutsches Steuerrecht-Entscheidungsdienst
DStZ	Deutsche Steuer-Zeitung
DtZ	Deutsch-deutsche Rechts-Zeitschrift
DVBl.	Deutsches Verwaltungsblatt
DVP	Deutsche Verwaltungspraxis
DZWIR	Zeitschrift für Wirtschafts- und Insolvenzrecht
EBE	Eildienst: Bundesgerichtliche Entscheidungen
ECHR	European Court of Human Rights. Reports of judgments and decisions
EFG	Entscheidungen der Finanzgerichte
EkA	Entscheidungssammlung zum kirchlichen Arbeitsrecht
EKD	Evangelische Kirche in Deutschland
EStB	Der Ertragsteuerberater
ESVGH	Entscheidungssammlung des Hessischen Verwaltungsgerichtshofs und des Verwaltungsgerichtshofes Baden-Württemberg
EuGHE	Gerichtshof der Europäischen Gemeinschaften. Sammlung der Entscheidungen
EuGRZ	Europäische Grundrechte-Zeitschrift
EuZW	Europäische Zeitschrift für Wirtschaftsrecht
EvSt, EvStL	Evangelisches Staatslexikon
EWiR	Entscheidungen zum Wirtschaftsrecht
EzA	Entscheidungssammlung zum Arbeitsrecht
EzA-SD	Entscheidungssammlung zum Arbeitsrecht. Schnelldienst
EzAR	Entscheidungssammlung zum Ausländer- und Asylrecht
EzBAT	Entscheidungssammlung zum Bundesangestellten-Tarif und den ergänzenden Tarifverträgen
EzFamR	Entscheidungssammlung zum Familienrecht
FA	Fachanwalt Arbeitsrecht
FamRB	Familien-Rechts-Berater
FamRZ	Zeitschrift für das gesamte Familienrecht
FEVS	Fürsorgerechtliche Entscheidungen der Verwaltungs- und Sozialgerichte
FF	Forum Familien- und Erbrecht
FG	Finanzgericht
FGPrax	Praxis der Freiwilligen Gerichtsbarkeit
FR	Finanzrundschau

FuR	Familie und Recht
GA	Goltdammer's Archiv für Strafrecht
GABl	Gemeinsames Amtsblatt
GABl.NW	Gemeinsames Amtsblatt des Kultusministeriums und des Ministeriums für Wissenschaft und Forschung des Landes Nordrhein-Westfalen
GBl	Gesetzblatt
GBl.DDR	Gesetzblatt der Deutschen Demokratischen Republik
GewArch	Gewerbearchiv
GI	Gerling Informationen für wirtschaftsprüfende, rechts- und steuerberatende Berufe
GKÖD	Gesamtkommentar Öffentliches Dienstrecht
GRCh	Europäische Grundrechte-Charta
Grundeigentum	Das Grundeigentum
GRUR	Gewerblicher Rechtsschutz und Urheberrecht
GRUR-RR	Gewerblicher Rechtsschutz und Urheberrecht - Rechtsprechungsreport
GS	Gesetzessammlung
GStB	Gestaltende Steuerberatung
GVBl., GVOBl.	Gesetz- und Verordnungsblatt
GVG	Gerichtsverfassungsgesetz
GV.NW	Gesetz- und Vorordnungsblatt für das Land Nordrhein-Westfalen
HdbBayStKirchR	Voll, Otto: Handbuch des Bayerischen Staatskirchenrechts. München 1985
HdbKathKR	Handbuch des katholischen Kirchenrechts. Hrsg. von Joseph Listl, Hubert Müller, Heribert Schmitz. Regensburg 1983
HdbStKirchR	Handbuch des Staatskirchenrechts der Bundesrepublik Deutschland. Hrsg. von Joseph Listl und Dietrich Pirson. 2. Aufl. Bde 1 u. 2. Berlin 1994-1995
HdbVerfR	Handbuch des Verfassungsrechts der Bundesrepublik Deutschland. Hrsg. von Ernst Benda, Werner Maihofer, Hans-Jochen Vogel. 2. Aufl. Berlin 1994
HdbWissR	Handbuch des Wissenschaftsrechts. Hrsg. von Christian Flämig. 2. Aufl. Bd. 1 u. 2. Berlin 1996
Hess.VGH	Hessischer Verwaltungsgerichtshof
HFR	Höchstrichterliche Finanzrechtsprechung
HRG	Hochschulrahmengesetz
HUDOC	Human Rights Documentation. Database of the case-law of the European Convention on Human Rights
IBR	Immobilien- und Baurecht
InfAuslR	Informationsbrief Ausländerrecht
Info BRS	Informationsdienst öffentliche Baurechtssammlung

IÖD	Informationsdienst Öffentliches Dienstrecht
IPrax	Praxis des Internationalen Privat- und Verfahrensrechts
IPRspr	Die deutsche Rechtsprechung auf dem Gebiete des Internationalen Privatrechts
JA	Juristische Arbeitsblätter
JAmt	Das Jugendamt
JMBl.	Justizministerialblatt
JöR	Jahrbuch des öffentlichen Rechts der Gegenwart
JR	Juristische Rundschau
JuS	Juristische Schulung
Justiz	Die Justiz. Amtsblatt des Justizministeriums Baden-Württemberg
JW	Juristische Wochenschrift
JZ	Juristenzeitung
KABl.	Kirchliches Amtsblatt
KAnz.	Kirchlicher Anzeiger
KFR	Kommentierte Finanzrechtsprechung
KG	Kammergericht
KGR Berlin	KG-Report Berlin .Schnelldienst zur Zivilrechtsprechung des Kammergerichts Berlin
KH	Das Krankenhaus
KHuR	Krankenhaus & Recht
Kind-Prax	Kindschaftsrechtliche Praxis
KirchE	Entscheidungen in Kirchensachen seit 1946
KMBl.	Amtsblatt des Bayerischen Staatsministeriums für Unterricht und Kultus
KMK-HSchR	Informationen zum Hochschulrecht Veröffentlichungen der Kultusministerkonferenz
KR	Kommentar zum gesamten Kündigungsrecht
KommunalPraxis BY	Zeitschrift für Verwaltung, Organisation und Recht Ausgabe Bayern
KRS	Krankenhaus-Rechtsprechung
KStZ	Kommunale Steuerzeitschrift
KuR	Kirche und Recht
LAG	Landesarbeitsgericht
LAGE	Entscheidungen der Landesarbeitsgerichte
LAGReport	LAGReport. Arbeitsrechtlicher Rechtsprechungsdienst der Landesarbeitsgerichte
LG	Landgericht
LK	Leipziger Kommentar zum Strafgesetzbuch
LKV	Landes- und Kommunalverwaltung
LM	Nachschlagewerk des Bundesgerichtshofs, hrsg. v. Lindenmaier, Möhring

LRE	Sammlung lebensmittelrechtlicher Entscheidungen
LS	Leitsatz
LSA-GVbl.	Land Sachsen Anhalt, Gesetz- und Verordnungsblatt
LSG	Landessozialgericht
LT-Drs.	Landtagsdrucksache
LThK	Lexikon für Theologie und Kirche
MBl.	Ministerialblatt
MDR	Monatsschrift für Deutsches Recht
MedR	Medizinrecht
MeldeG	Meldegesetz
MittBayNot	Mitteilungen des Bayerischen Notarvereins
MittdtschPatAnw	Mitteilungen der Deutschen Patentanwälte
Mitt NWStGB	Mitteilungen des Städte- und Gemeindebundes Nordrhein-Westfalen
MittRhNotK	Mitteilungen. Rheinische Notarkammer
MMR	MultiMedia und Recht
MünchKomm., MK	Münchener Kommentar zum BGB
Nds.GVBl.	Gesetz- und Verordnungsblatt für Niedersachsen
Nds.MBl.	Niedersächsisches Ministerialblatt
Nds.Rpfl.	Niedersächsische Rechtspflege
NdsVBl	Niedersächsiches Verwaltungsblatt
NDV-RD	Rechtsprechungsdienst des Deutschen Vereins für Öffentliche und private Vorsorge
NJ	Neue Justiz
NJW	Neue Juristische Wochenschrift
NJW-CoR	Computerreport der Neuen Juristischen Wochenschrift
NJWE-FER	Neue Juristische Wochenschrift - Entscheidungsdienst Familien- und Erbrecht
NJW-RR	Neue Juristische Wochenschrift - Rechtsprechungsreport
NordÖR	Zeitschrift für öffentliches Recht in Norddeutschland
NotBZ	Zeitschrift für die notarielle Beratungs- und Beurkundungspraxis
NStE	Neue Entscheidungssammlung für Strafrecht
NStZ	Neue Zeitschrift für Strafrecht
NStZ-RR	Neue Zeitschrift für Strafrecht-Rechtsprechungsreport
NuR	Natur und Recht
n.v.	nicht veröffentlicht
NVwZ	Neue Zeitschrift für Verwaltungsrecht
NVwZ-RR	Neue Zeitschrift für Verwaltungsrecht-Rechtsprechungsreport
NWVBl.	Nordrhein-Westfälische Verwaltungsblätter
NZA	Neue Zeitschrift für Arbeitsrecht
NZA-RR	NZA-Rechtsprechungsreport Arbeitsrecht
NZG	Neue Zeitschrift für Gesellschaftsrecht

NZI	Neue Zeitschrift für das Rechts der Insolvenz und Sanierung
NZM	Neue Zeitschrift für Miet- und Wohnungsrecht
NZS	Neue Zeitschrift für Sozialrecht
ÖAKR	Österreichisches Archiv für Kirchenrecht
öarr	Österreichisches Archiv für Recht und Religion
ÖJZ	Österreichische Juristen-Zeitung
OLG	Oberlandesgericht
OLG-NL	OLG-Rechtsprechung Neue Länder für Brandenburg, Mecklenburg-Vorpommern, Sachsen, Sachsen-Anhalt, Thüringen
OLGR	(mit Ortszusatz) OLG-Report: Zivilrechtsprechung der Oberlandesgerichte
OLGSt	Entscheidungen der Oberlandesgerichte in Straf-, Ordnungswidrigkeiten- und Ehrengerichtssachen
OVG	Oberverwaltungsgericht
OVGE	Entscheidungen der Oberverwaltungsgerichte für das Land Nordrhein-Westfalen in Münster und für das Land Niedersachsen in Lüneburg
OVGE Bln	Entscheidungen des Oberverwaltungsgerichts Berlin
PersF	Personalführung
PersR	Der Personalrat
PERSONAL	Personal
PersV	Die Personalvertretung
PflegeR	Zeitschrift für Rechtsfragen in der ambulanten und stationären Pflege
PflR	PflegeRecht
RABl.	Reichsarbeitsblatt
RdA	Recht der Arbeit
RdJB	Recht der Jugend und des Bildungswesens
RdL	Recht der Landwirtschaft
RdLH	Rechtsdienst der Lebenshilfe
RDV	Recht der Datenverarbeitung
RegBl	Regierungsblatt
RG	Reichsgericht
RGBl.	Reichsgesetzblatt
RGRK	Reichsgerichtsrätekommentar
RGZ	Entscheidungen des Reichsgerichts in Zivilsachen
RiA	Das Recht im Amt
RNotZ	Rheinische Notar - Zeitschrift
RPfleger	Der Deutsche Rechtspfleger
RsDE	Beiträge zum Recht der sozialen Dienste und Einrichtungen
RuP	Recht und Psychiatrie

RuS	Recht und Schaden
RzK	Rechtsprechung zum Kündigungsrecht
SAE	Sammlung arbeitsrechtlicher Entscheidungen
SächsGBl	Sächsisches Gesetzblatt
SächsVBl	Sächsische Verwaltungsblätter
SAR	Sozialhilfe- und Asylbewerberleistungsrecht
SchlHA	Schleswig-Holsteinische Anzeigen
Schütz BeamtR	Schütz Beamtenrecht des Bundes und der Länder
SGb	Die Sozialgerichtsbarkeit
SozR	Sozialrecht. Rechtsprechung und Schrifttum
SozSich	Soziale Sicherheit
StAnz.	Staatsanzeiger
StAZ	Zeitschrift für Standesamtswesen
StB	Der Steuerberater
StE	Steuer-Eildienst
StenBer	Stenographischer Bericht
StGHG	Entscheidungen des Staatsgerichtshofs
StR	Staat und Recht
StRK	Steuerrechtsprechung in Karteiform. Höchstrichterliche Entscheidungen in Steuersachen
StraFo	Strafverteidiger Forum
StraßenR	Straßenrecht
StuB	Steuern und Bilanzen
StV	Strafverteidiger
StW	Steuer-Warte
Theol.Rdsch	Theologische Rundschau
ThürVBl	Thüringer Verwaltungsblätter
ThürVGRspr	Rechtsprechung der Thüringer Verwaltungsgerichte
UPR	Umwelt- und Planungsrecht
USK	Urteilssammlung für die gesetzliche Krankenversicherung
VBlBW	Verwaltungsblätter für Baden-Württemberg
VerfGH	Verfassungsgerichtshof
VerfGHE	Entscheidungen des Verfassungsgerichtshofs
VersR	Versicherungsrecht
VerwArch	Verwaltungsarchiv
VG	Verwaltungsgericht
VGH	Verwaltungsgerichtshof
VGH.BW	Verwaltungsgerichtshof Baden - Würtemberg
VGHE	Entscheidungen des Verwaltungsgerichtshofs
VIZ	Zeitschrift für Vermögens- und Investitionsrecht
VOBl.	Verordnungsblatt

VR	Verwaltungsrundschau
VSSR	Vierteljahresschrift für Sozialrecht
VVDStRL	Veröffentlichungen der Vereinigung der Deutschen Staatsrechtslehrer
VwRR BY	Verwaltungsrechtsreport Bayern
WissR	Wissenschaftsrecht, Wissenschaftsverwaltung, Wissenschaftsförderung
wistra	Zeitschrift für Wirtschafts- und Steuerstrafrecht (bis 1996 Zeitschrift für Wirtschaft, Steuer, Strafrecht)
WiVerw	Wirtschaft und Verwaltung
WM	Wertpapiermitteilungen
WPg	Die Wirtschaftsprüfung
WRP	Wettbewerb in Recht und Praxis
WuM	Wohnungswirtschaft und Mietrecht
ZAR	Zeitschrift für Ausländerrecht und Ausländerpolitik
ZBR	Zeitschrift für Beamtenrecht
ZBVR	Zeitschrift für Betriebsverfassungsrecht
ZERB	Zeitschrift für die Steuer- und Erbrechtspraxis
ZEV	Zeitschrift für Erbrecht und Vermögensnachfolge
ZevKR	Zeitschrift für evangelisches Kirchenrecht
ZFE	Zeitschrift für Familien- und Erbrecht
ZfIR	Zeitschrift für Immobilienrecht
ZfJ	Zentralblatt für Jugendrecht
ZfPR	Zeitschrift für Personalvertretungsrecht
ZfSch	Zeitschrift für Schadensrecht
ZfSH/SGB	Zeitschrift für Sozialhilfe (ab 1983, 2) und Sozialgesetzbuch (1.1962 ff.)
ZInsO	Zeitschrift für das gesamte Insolvenzrecht
ZKF	Zeitschrift für Kommunalfinanzen
ZMR	Zeitschrift für Miet- und Raumrecht
ZMV	Die Mitarbeitervertretung
ZNotP	Zeitschrift für die Notarpraxis
ZTR	Zeitschrift für Tarifrecht
ZUM	Zeitschrift für Urheber- und Medienrecht
ZUM-RD	Zeitschrift für Urheber- und Medienrecht - Rechtsprechungsdienst

1

Die Einstellung als Lehrerin an Grund- und Hauptschulen im Beamtenverhältnis auf Probe darf abgelehnt werden, wenn die Bewerberin nicht bereit ist, im Unterricht auf das Tragen eines „islamischen Kopftuchs" zu verzichten.

Art. 3 Abs. 3 Satz 1, 4 Abs. 1 u. 2 GG, §§ 6 Abs. 2 Satz 1, 7 Abs. 1, 33 Abs. 2 u. 3, 11 Abs. 1 BG.BW
BVerwG, Urteil vom 4. Juli 2002 - 2 C 21.01[1] -

Die 1972 in Kabul als Tochter afghanischer Eltern geborene Klägerin lebt seit 1987 in Deutschland und wurde 1995 eingebürgert. 1998 bestand sie die Zweite Staatsprüfung für das Lehramt an Grund- und Hauptschulen.

Ihren Antrag auf Übernahme in den Schuldienst lehnte das Oberschulamt Stuttgart mit der Begründung ab, ihr fehle die persönliche Eignung, weil sie nicht bereit sei, während des Unterrichts darauf zu verzichten, aus religiösen Gründen ein Kopftuch zu tragen.

Mit der Klage begehrt die Klägerin ihre Einstellung in den Schuldienst des Beklagten, hilfsweise die Neubescheidung ihres Antrags. Das Verwaltungsgericht Stuttgart (KirchE 38, 162) hat die Klage abgewiesen. Die Berufung der Klägerin ist erfolglos geblieben (VGH.BW KirchE 39, 192).

Auch ihre Revision wurde zurückgewiesen.

Aus den Gründen:

Die Revision ist unbegründet. Das angefochtene Urteil verletzt kein revisibles Recht (§ 137 Abs. 1 VwGO, § 127 Nr. 2 BRRG). Der Beklagte hat die Einstellung der Klägerin als Lehrerin an Grund- und Hauptschulen im Beamtenverhältnis auf Probe zu Recht abgelehnt.

---

[1] Amtl. Leitsatz. BVerwGE 116, 359; AuA 2002, 374; BayVBl. 2003, 376; Buchholz 11 Art. 33 Abs. 2 GG Nr. 25; DÖD 2003, 19; DÖV 2002, 997; DVBl. 2002, 1645; DVP 2002, 339; EzAR 345 Nr. 2; InfAuslR 2003, 17; IÖD 2002, 266; JA 2003, 119 (LS); JZ 2003, 254; KommunalPraxis BY 2003, 28 (LS); MDR 2002, 1375. (LS); NVwZ 2003, 343 (LS); PersV 2003, 312; Schütz BeamtR ES/A II 1.5 Nr. 49; ZAP EN-Nr 746/2002 (LS); ZAR 2002, 369 (LS); ZBR 2003, 37; ZevKR 48 (2003), 214; ZTR 2002, 554. Die Verfassungsbeschwerde der Klägerin führte zur Aufhebung des Berufungsurteils und Zurückverweisung der Sache an das BVerwG; BVerfG, Urteil vom 24.9.2003 - 2 BvR 1436/02 - BVerfGE 108, 282. Dort wurde die Revision der Klägerin erneut zurückgewiesen; BVerwG, Urteil vom 24.6.2004 - 2 C 45/03 - DVBl. 2004; NJW 2004, 3581.

Zu der für die Berufung in ein Beamtenverhältnis erforderlichen Eignung (Art. 33 Abs. 2 GG, § 11 Abs. 1 BG.BW) gehört es, dass erwartet werden kann, der Bewerber werde als Beamter seine Pflichten erfüllen (vgl. u.a. Urteil vom 6.4.1989 - BVerwG 2 C 9.87 - BVerwGE 81, 365 [369]). Diese Voraussetzung hat der Beklagte rechtsfehlerfrei verneint.

Nach den im angefochtenen Urteil getroffenen tatsächlichen Feststellungen, an die der erkennende Senat mangels beachtlicher Verfahrensrügen gebunden ist (§ 137 Abs. 2 VwGO), befolgt die Klägerin die von ihr als für sie verbindlich bezeichneten Bekleidungsvorschriften des Korans, wie sie diese versteht, und trägt in der Öffentlichkeit ein Kopftuch. Darauf will sie auch im Schulunterricht ausnahmslos nicht verzichten. Von der Bereitschaft, das Kopftuch im Unterricht abzulegen, darf der Beklagte aber die Einstellung der Klägerin in den öffentlichen Schuldienst abhängig machen.

Allerdings ist nach Art. 33 Abs. 3 Satz 1 GG die Zulassung zu öffentlichen Ämtern unabhängig von dem religiösen Bekenntnis. Diese Gewährleistung hat grundrechtsgleichen Charakter, wie Art. 93 Abs. 1 Nr. 4a GG verdeutlicht (BVerfGE 79, 69 [75], KirchE 26, 317). Die Unabhängigkeit des Zugangs zu öffentlichen Ämtern von religiöser und weltanschaulicher Überzeugung folgt bereits inhaltsgleich aus Art. 4 Abs. 1, Art. 3 Abs. 3 Satz 1 und Art. 33 Abs. 2 GG. Der Zugang zu öffentlichen Ämtern ist nicht nur von der Zugehörigkeit zu einer organisierten Religionsgemeinschaft unabhängig, sondern von jedem - auch individuell besonderen - religiösen Bekenntnis (BVerfGE 79, 69 [75], KirchE 26, 317). Der Klägerin darf deswegen die begehrte Einstellung nicht aus Gründen verwehrt werden, die auch unter Berücksichtigung der sich aus dem Lehramt ergebenden zwingenden Erfordernisse mit der durch Art. 4 Abs. 1 GG geschützten Glaubensfreiheit unvereinbar sind (vgl. BVerfGE 79, 69 [75], KirchE 26, 317; Urteil des Senats vom 24.11.1988 - BVerwG 2 C 10.86 - BVerwGE 81, 22 [24 f.], KirchE 26, 375.). Da die Klägerin das für sie als verpflichtend angesehene Bekleidungsgebot aus ihrem Glauben herleitet, genießt sie den Grundrechtsschutz des Art. 4 Abs. 1 GG (vgl. Urteil vom 25.8.1993 - BVerwG 6 C 8.91 - BVerwGE 94, 82 [87 f.], KirchE 31, 328) und des Art. 33 Abs. 3 Satz 1 GG. Das Tragen eines Kopftuchs aus religiöser Überzeugung fällt in den Schutzbereich der Glaubensfreiheit (Art. 4 Abs. 1 GG), die durch die Gewährleistung der ungestörten Religionsausübung (Art. 4 Abs. 2 GG) noch verstärkt hervorgehoben wird (BVerfGE 24, 236 [245 f.], KirchE 10, 181). Das Grundrecht umfasst die Freiheit nach den eigenen Glaubensüberzeugungen zu leben und zu handeln (BVerfGE 32, 98 [106], KirchE 12, 294; 93, 1 [15], KirchE 33, 191).

Die Glaubensfreiheit wird zwar ohne Gesetzesvorbehalt, aber nicht schrankenlos gewährleistet. Einschränkungen ergeben sich aus der Verfassung selbst (BVerfGE 52, 223 [246 f.] mwN, KirchE 17, 325; 93, 1 [21], KirchE 33, 191). Namentlich findet die positive Bekenntnisfreiheit dort ihre Grenzen, wo ihre Ausübung durch den Grundrechtsträger auf kollidierende Grundrechte Andersdenkender trifft (BVerfGE 52, 223 [247] mwN, KirchE 17, 325). Art. 4 Abs. 1 GG verleiht dem Einzelnen auch keinen uneingeschränkten Anspruch darauf, seine Glaubensüberzeugung im Rahmen staatlicher Einrichtungen zu betätigen oder mit staatlicher Unterstützung zum Ausdruck zu bringen (BVerfGE 93, 1 [16, 24], KirchE 33, 191). Aus der umfassend gewährleisteten Glaubensfreiheit folgt vielmehr das Gebot staatlicher Neutralität gegenüber den unterschiedlichen Religionen und Bekenntnissen (BVerfGE 93, 1 [16], KirchE 33, 191). Um in einer pluralistischen Gesellschaft ein friedliches Zusammenleben der Anhänger unterschiedlicher oder sogar gegensätzlicher religiöser und weltanschaulicher Überzeugungen zu gewährleisten, muss der Staat in Glaubensfragen Neutralität bewahren und alles vermeiden, was den religiösen Frieden und eine gedeihliche Koexistenz in der Gesellschaft gefährden kann (BVerfGE 93, 1 [16 f.], KirchE 33, 191). Das gilt insbesondere im Bereich des staatlichen Schulwesens. In öffentlichen Schulen, die keine Bekenntnisschulen sind, treffen wegen der allgemeinen Schulpflicht die unterschiedlichen religiösen und weltanschaulichen Überzeugungen der Schüler und ihrer Eltern sowie der Lehrer unvermeidlich und besonders intensiv aufeinander (BVerfGE 93, 1 [21], KirchE 33, 191). Der gemeinsame Unterricht von Kindern der verschiedensten Weltanschauungs- und Glaubensrichtungen führt zu Spannungsverhältnissen zwischen negativer und positiver Bekenntnisfreiheit (BVerfGE 52, 223 [247], KirchE 17, 325; 93, 1 [22], KirchE 33, 191). Da in einer staatlichen Pflichtschule nicht alle ihre grundsätzlich gleichrangige negative und positive Religionsfreiheit konfliktlos voll verwirklichen können, kann sich der Einzelne dort nicht uneingeschränkt auf Art. 4 Abs. 1 u. 2 GG berufen (BVerfGE 93, 1 [22], KirchE 33, 191). Das trifft vor allem für Lehrer an öffentlichen Pflichtschulen zu.

Art. 4 Abs. 1 GG kommt in dem vom Staat organisierten und gestalteten Lebensbereich der bekenntnisfreien Pflichtschule (Art. 7 Abs. 1 GG) freiheitssichernde Bedeutung und Wirkung vornehmlich zugunsten der schulpflichtigen Kinder und ihrer Eltern zu (BVerfGE 93, 1 [16 ff.], KirchE 33, 191). Der Staat, der die Eltern verpflichtet, ihre Kinder in die staatliche Schule zu schicken, muss auch auf die Religionsfreiheit der Eltern Rücksicht nehmen. Art. 6 Abs. 2 Satz 1 GG gewährt zuvörderst den Eltern das Recht und die Pflicht, die Pflege und Erziehung ihrer Kinder frei und - vorbehaltlich des Art. 7 GG - mit Vorrang vor anderen Erziehungsträgern zu gestalten. Art. 6 Abs. 2 Satz 1 GG umfasst in Verbindung mit Art. 4 Abs. 1 GG das Recht zur Kindererziehung in religiöser und weltanschaulicher Hinsicht. Es obliegt den Eltern, ihren Kindern diejenigen Überzeugungen zu vermitteln, die sie für richtig halten (BVerfGE 41, 29 [44, 47 f.], KirchE 15, 128; 93, 1 [17], KirchE 33, 191). Sie haben auch das Recht, ihre Kinder von Glaubensüberzeugungen fern zu halten, die den Eltern falsch oder schädlich erscheinen (BVerfGE 93, 1 [17]). Religiöse und weltanschauliche Einflüsse, die von Eltern in Ausübung ihres Grundrechts aus Art. 4 Abs. 1 GG abgelehnt werden, darf der Staat im öffentlichen Schulwesen nicht fördern oder unterstützen. Er muss eine derartige Einflussnahme seinerseits vielmehr soweit wie irgend möglich ausschalten und darf sich nicht mit einer Religionsgemeinschaft identifizieren (BVerfGE 93, 1 [17], KirchE 33, 191). Kinder sind in öffentlichen Pflichtschulen ohne jegliche Parteinahme des Staates und der ihn repräsentierenden Lehrkräfte für christliche Bekenntnisse wie für andere religiöse und weltanschauliche Überzeugungen zu unterrichten und zu erziehen. Der Staat ist von Verfassungs wegen verpflichtet, die Neutralität der Schule insoweit sicherzustellen. Er muss auf die in einer pluralen Gesellschaft sehr unterschiedlichen Elternauffassungen Rücksicht nehmen und jede religiöse Einflussnahme durch Lehrer unterbinden. Deshalb gewinnt das Neutralitätsgebot mit wachsender kultureller und religiöser Vielfalt - bei einem wachsenden Anteil bekenntnisloser Schüler - zunehmend an Bedeutung und ist nicht etwa im Hinblick darauf auszulockern, dass die kulturelle, ethnische und religiöse Vielfalt in Deutschland inzwischen auch das Leben in der Schule prägt, wie die Klägerin meint.

Das „islamische Kopftuch" ist Symbol einer bestimmten religiösen Überzeugung. Es kann nicht seines spezifischen Bezuges auf die Glaubensinhalte des Islam entkleidet und auf ein lediglich allgemeines Zeichen einer Kulturtradition reduziert werden. Wegen der Bedeutung, die Muslime dem Kopftuch beilegen, ist es auch für andere sinnbildlicher Ausdruck einer bestimmten Glaubensüberzeugung. Es wird allgemein als Bekenntnis der Trägerin zum islamischen Glauben verstanden. Vor dem Hintergrund der allgemeinen Schulpflicht führt das Tragen eines Kopftuchs durch eine Lehrerin im Unterricht dazu, dass die Schüler während des Unterrichts von Staats wegen ständig und unausweichlich mit diesem offenkundigen Symbol einer bestimmten Glaubensüberzeugung konfrontiert werden. Bei dem Tragen eines „islamischen Kopftuchs" im Unterricht handelt es sich nach Dauer und Intensität auch nicht um eine für die Glaubensfreiheit der Schüler unerhebliche bloße Bagatelle. Eine Einwirkungsmöglichkeit auf die Schüler einer Grundschule kann dem Kopftuch nicht abgesprochen werden. Die Lehrerin tritt den Schülern als vom Staat berufene und ihn repräsentierende Autoritätsperson gegenüber. Ob ihr sichtbares Zeichen eines religiösen Bekenntnisses Einfluss auf die von ihr unterrichteten Schüler hat, ist zwar schwierig einzuschätzen. Einwirkungen der durch das Kopftuch einer Lehrerin symbolisierten Glaubensinhalte auf Schüler im Grund- und Hauptschulalter von vier bis vierzehn Jahren lassen sich aber jedenfalls nicht ausschließen. Kinder dieser Altersgruppe - vor allem noch im Grundschulalter - sind mental besonders leicht zu beeinflussen (BVerfGE 52, 223 [249], KirchE 17, 325; 93, 1 [20], KirchE 33, 191). Ihnen stellen sich viele Fragen. In ihren Anschauungen sind sie noch nicht gefestigt. Kritikvermögen und Ausbildung eigener Standpunkte sollen sie erst erlernen. Zur gegenseitigen Achtung vor der Überzeugung des anderen, zur Duldsamkeit und Toleranz sollen sie erst erzogen werden. Die durch das Kopftuch symbolisierte und ständig sinnfällig zum Ausdruck gebrachte Glaubensüberzeugung ihrer Lehrerin mag Kindern in diesem Alter durchaus vorbildhaft und befolgungswürdig erscheinen (vgl. auch Schweizerisches Bundesgericht, Entscheidung vom 12.11.1997, BGE 123 I 296, und EGMR, Entscheidung vom 15.2.2001, NJW 2001, 2871 [2873], KirchE 39, 38).

Die verfassungsrechtlich gebotene Rücksichtnahme des Staates auf die Glaubensfreiheit grundschulpflichtiger Kinder und ihrer Eltern rechtfertigt es, Lehrerinnen an öffentlichen Grund- und Hauptschulen, die keine Bekenntnisschulen sind, das religiös motivierte Kopftuchtragen im Unterricht zu untersagen. Das Recht der Lehrerin, sich nach ihrer religiösen Überzeugung zu verhalten, muss während des Schulunterrichts gegenüber der konkurrierenden Glaubensfreiheit der Schüler und ihrer Eltern zurücktreten. Das Grundrecht der positiven und negativen Bekenntnisfreiheit steht zwar unter dem Gebot der Toleranz für Andersdenkende (BVerfGE 52, 223 [251 mwN], KirchE 17, 325). Auch fordert der Grundsatz praktischer Konkordanz einen möglichst schonenden Ausgleich der widerstreitenden Rechtspositionen (BVerfGE 93, 1 [21 mwN], KirchE 33, 191). Das Gebot praktischer Konkordanz zwingt aber nicht dazu, das Elternrecht und die Glaubensfreiheit der Eltern und Schüler einer öffentlichen Schule zurückzudrängen, um einer Lehrerin das Kopftuchtragen auch im Schulunterricht zu ermöglichen.

Die Pflicht zu religiöser und weltanschaulicher Neutralität im öffentlichen Schulwesen ist von Verfassungs wegen dem Staat und den für ihn handelnden Lehrkräften auferlegt. Diese haben in jedem Fach auf die religiösen und weltanschaulichen Empfindungen aller Schüler gleichermaßen Rücksicht zu nehmen. Einschränkungen ihrer positiven Bekenntnisfreiheit, die erforderlich sind, um einen Schulunterricht in einem Umfeld religiöser Neutralität sicherzustellen, müssen Lehrer an öffentlichen Schulen hinnehmen. Grundrechtsbeschränkungen, die durch Sinn und Zweck des konkreten Dienst- und Treueverhältnisses des Beamten gefordert werden (BVerfGE 19, 303 [322]), sind nach Art. 33 Abs. 5 GG zulässig. Die besonderen Amtspflichten der Lehrer ergeben sich aus dem Leitbild, das die Verfassung für das Lehramt an Schulen vorgibt. Das Gebot der religiösen Neutralität des Lehrers entspricht dem Elternrecht (Art. 6 Abs. 2 Satz 1 iVm Art. 4 Abs. 1 GG) und dessen Verhältnis zum verfassungsrechtlich bestimmten Erziehungsauftrag der Schule (Art. 7 Abs. 1 GG) sowie den möglicherweise kollidierenden Grundrechten von Eltern und Schülern.

Das verfassungsrechtliche Gebot religiöser Neutralität fordert jedenfalls bei Lehrern an Grund- und Hauptschulen den Verzicht auf das Tragen eines „islamischen Kopftuchs“ im Unterricht. Die Maßnahme ist nicht unverhältnismäßig. Der Konflikt zwischen verschiedenen Trägern eines vorbehaltlos gewährleisteten Grundrechts lässt sich anders nicht lösen. Ein schonenderer Ausgleich zwischen den widerstreitenden Grundrechtspositionen ist nicht möglich. Eine gewissermaßen versuchsweise Zulassung des Kopftuchtragens im Unterricht bis zu etwaigen Einsprüchen von Eltern religionsunmündiger Schüler kommt nicht in Betracht. Bereits die Eröffnung einer Einwirkungsmöglichkeit auf die Kinder verletzt Glaubensfreiheit und Elternrecht. Ein Grundrechtseingriff durch Zuwarten, bis sich Einflüsse des Tragens eines Kopftuchs auf die Kinder zeigen und Eltern dagegen Abwehrrechte geltend machen, ist unzulässig. Auf den Grad der Wahrscheinlichkeit einer Beeinflussung der Schüler und des Eintritts konkreter Konflikte mit Eltern kommt es nicht an. Die Grundrechtskonkurrenz kann nicht in dieser Weise zu Lasten der Kinder gelöst werden. Sie müssen durch einen Unterricht in einem Umfeld religiöser Neutralität von vornherein vor unzulässigen Einwirkungen geschützt werden. Dem erhöhten Schutzbedürfnis von Kindern an Grund- und Hauptschulen, die überwiegend noch nicht religionsmündig sind, gebührt gegenüber dem Recht der Lehrerin, ihre Religion auch äußerlich zu bekennen, im Unterricht an bekenntnisfreien staatlichen Pflichtschulen der Vorrang.

Damit erledigt sich mangels Entscheidungserheblichkeit auch die mit der Revision erhobene Aufklärungsrüge.

2

Die Grundsteuerbefreiung für das Sondervermögen einer Pfarrpfründe als kirchliche Stiftung des öffentlichen Rechts erstreckt sich nicht auf ein Ersatzgrundstück, das anlässlich der Veräußerung eines Grundstücks aus dem Sondervermögen erworben wurde.

Art. 3 Abs. 1, 140 GG, 137 Abs. 3 WRV, § 68 Abs. 1 FlurbG
BFH, Urteil vom 10. Juli 2002 - II R 22/00[1] -

Die Klägerin, als katholische Pfarrpfründe eine kirchliche Stiftung des öffentlichen Rechts, veräußerte mit notariell beurkundetem Vertrag vom 30.12.1992 ein unbebautes Grundstück, dessen Eigentümerin sie bereits vor dem 1.1.1987 geworden war. Mit Vertrag vom selben Tage erwarb sie von einem anderen Vertragspartner ein - ebenfalls unbebautes - Grundstück. Nach einem im Jahr 1996 durchgeführten Baulandumlegungsverfahren erhielt sie für das erworbene Grundstück zwei zur Bebauung vorgesehene Grundstücke zugeteilt. - Der Beklagte (Finanzamt) erließ am 17.2.1997 für die zwei Baugrundstücke die angefochtenen Einheitswert- und Grundsteuermessbescheide auf den 1.1.1997. Einspruch und Klage,

---

[1] BFH/NV 2003, 202; HFR 2003, 384; StRK GrStG 1973 § 3 R.10.

mit denen die Klägerin die Grundsteuerfreiheit der beiden Grundstücke geltend gemacht hatte, blieben vor dem Finanzgericht Baden-Württemberg (KirchE 38, 81) ohne Erfolg.

Mit der Revision rügt die Klägerin Verletzung des § 3 Abs. 1 Satz 1 Nr. 6 des Grundsteuergesetzes (GrStG 1993) vom 13.9.1993, eingefügt durch Art. 12 des Standortsicherungsgesetzes (StandOG) vom 13.9.1993 (BGBl. I 1993, 1569, BStBl. I 1993, 774) und von Art. 1, 2, 3, 14 sowie 140 GG iVm Art. 137 u. 138 WRV. Sie ist der Auffassung, die erworbenen Grundstücke seien grundsteuerbefreit. Die Befreiung ergebe sich aus einer verfassungskonformen Auslegung des § 3 Abs. 1 Satz 1 Nr. 6 GrStG 1993. Sollte eine solche Auslegung nicht möglich sein, sei § 3 Abs. 1 Satz 1 Nr. 6 GrStG 1993 verfassungswidrig.

Die Revision wurde zurückgewiesen.

Aus den Gründen:

II. Die Revision ist unbegründet.

Der Klägerin steht die begehrte Steuerbefreiung nach § 3 Abs. 1 Satz 1 Nr. 6 Satz 1 GrStG 1993 (...) nicht zu. Von Verfassungs wegen ist eine Befreiung nicht geboten.

1. Nach § 3 Abs. 1 Satz 1 Nr. 6 Satz 1 GrStG 1993 ist u.a. Grundbesitz der Religionsgesellschaften, die Körperschaften des öffentlichen Rechts sind, und der jüdischen Kultusgemeinden, der am 1.1.1987 und im Veranlagungszeitpunkt zu einem nach Kirchenrecht gesonderten Vermögen, insbesondere einem Stellenfonds gehört, dessen Erträge ausschließlich für die Besoldung und Versorgung der Geistlichen und Kirchendiener sowie ihrer Hinterbliebenen bestimmt sind, von der Grundsteuer befreit. Für die beiden unbebauten Grundstücke, um deren Grundsteuerfreiheit im vorliegenden Streitfall gestritten wird, greift die Steuerbefreiung nach § 3 Abs. 1 Satz 1 Nr. 6 Satz 1 GrStG 1993 jedoch nicht ein, weil diese am 1.1.1987 noch nicht Teile eines in der Befreiungsvorschrift bezeichneten Vermögens waren.

a) Die Tatsache, dass das Austauschgrundstück wegen der in § 2 Abs. 1 Satz 1 der Satzung der Klägerin enthaltenen Verpflichtung, das Stiftungsvermögen in seinem Bestand zu erhalten, als Ausgleich für das veräußerte Grundstück erworben werden musste, vermag eine Zugehörigkeit der beiden Baugrundstücke zu dem genannten Vermögen bereits vor dem maßgeblichen Stichtag nicht zu begründen. Die Grundsteuerbefreiung nach § 3 Abs. 1 Satz 1 Nr. 6 Satz 1 GrStG 1993 ist an die einzelne wirtschaftliche Einheit - d.h. den einzelnen Steuergegenstand iSv § 2 GrStG 1993 - gebunden. Wird aufgrund der Bestandserhaltungspflicht nach dem Stichtag für ein veräußertes grundsteuerbefreites Grundstück ein anderes Grundstück erworben, so kommt das erworbene Grundstück nicht in den Genuss der Grundsteuerbefreiung, weil es mit dem veräußerten Grundstück nicht (rechts-)identisch ist (so auch Troll, Grundsteuergesetz, Kommentar, 7. Aufl., § 3 Rn 59; Halaczinsky, Grundsteuer, Kommentar, 2. Aufl., § 3 Rn 35).

b) Der im Streitfall durch privatrechtliche Verträge bewirkte Austauschvorgang ist auch nicht mit dem einer Landabfindung im Flurbereinigungsverfahren vergleichbar. Denn im Flurbereinigungsverfahren tritt die Landabfindung kraft ausdrücklicher Regelung (vgl. § 68 Abs. 1 Satz 1 des Flurbereinigungsgesetzes - FlurbG -) hinsichtlich der Rechte an dem alten Grundstück an dessen Stelle. Das an dem neuen Grundstück bestehende dingliche Recht ist grundsätzlich mit dem an dem alten Grundstück bestehenden identisch, so dass sich eine Grundsteuervergünstigung auch auf die Landabfindung erstreckt (BFH-Urteil vom 9.7.1971 - III R 30/70 - BFHE 103, 92, BStBl. II 1971, 785, KirchE 12, 233). An einer vergleichbaren gesetzlichen Regelung fehlt es im Streitfall für den Ersatz des ursprünglichen Grundstücks durch das Austauschgrundstück.

c) Für das Baulandumlegungsverfahren enthält § 63 Abs. 1 Satz 1 BauGB zwar eine gleichlautende Regelung; sie führt jedoch nicht dazu, dass die beiden Baugrundstücke, die 1996 durch die Baulandumlegung auf die Klägerin übergegangen sind, an die Stelle des 1992 veräußerten Grundstücks getreten sind. Die Funktion eines Surrogates kommt ihnen nur im Verhältnis zu dem zwischenzeitlich erworbenen Austauschgrundstück zu, mit dem die Klägerin an dem Umlegungsverfahren teilgenommen hat. Dieses ist aber erst nach dem Stichtag erworben worden.

2. Dass die nach dem 1.1.1987 erworbenen Grundstücke nicht grundsteuerbefreit sind, ist verfassungsrechtlich unbedenklich.

a) Das den Kirchen gemäß Art. 140 GG iVm Art. 137 Abs. 3 WRV eingeräumte Selbstbestimmungsrecht, das - ohne Rücksicht auf ihre Rechtsform - auch für kirchliche Einrichtungen gilt (vgl. Beschluss des Bundesverfassungsgerichts vom 25.3.1980 - 2 BvR 208/76 - BVerfGE 53, 366 [391], KirchE 18, 96), garantiert diesen die Freiheit, ihre Angelegenheiten selbständig innerhalb der Schranken des für alle geltenden Gesetzes zu ordnen und zu verwalten. Das Grundsteuergesetz ist ein für alle geltendes Recht in diesem Sinne, denn es hat für die Kirchen dieselbe Bedeutung wie für jedermann. Die Grundsteuer gehört zu den Kosten eines Grundstücks, mit denen jeder Grundstückseigentümer rechnen muss wie mit anderen Ausgaben, die sich aus dem Grundbesitz ergeben (BFH-Urteil vom 18.10.1989 II R 209/83, BFHE 159, 207, BStBl. II 1990, 190). Die Glaubens- und Bekenntnisfreiheit der Kirchen und ihr durch Art. 4 Abs. 2 GG geschütztes Grundrecht auf ihrem Eigenverständnis entsprechende Religionsausübung wird durch die Erhebung der Grundsteuer - zumal bei Berücksichtigung der in § 3 Abs. 1 Nrn. 3-5 GrStG 1993 eingeräumte Steuerbefreiungen - nicht verletzt (vgl. BVerfG in BVerfGE 53, 366 [401], KirchE 18, 96).

b) Zu den Staatsleistungen iSd Art. 140 GG iVm Art. 138 Abs. 1 WRV rechnen nicht nur Geldzahlungen und Naturalleistungen, sondern als sog. negative Staatsleistungen auch die Befreiung der Kirchen von bestimmten Steuern. Ob darunter auch eine Grundsteuerbefreiung fällt, kann auf sich beruhen. Denn die Grundsteuerbefreiung, die die Klägerin begehrt, hätte ihr auch nach der früher bestehenden Rechtslage nicht zugestanden. Denn nach § 3 Abs. 1 Nr. 5 GrStG in der bis zum In-Kraft-Treten des Art. 12 StandOG geltenden Fassung (GrStG 1973) waren Dienstgrundstücke der Religionsgesellschaften mit Körperschaftsstatus von der Grundsteuer nur befreit, wenn sie dergestalt unmittelbar zum Unterhalt des Stelleninhabers bestimmt waren, dass der Stelleninhaber über Nutzungsart und Erträgnisse des Grundbesitzes frei befinden konnte. Dies traf auf den früheren Grundbesitz der Klägerin nicht zu. Mit der Änderung von § 3 Abs. 1 Satz 1 Nr. 5 GrStG 1973 und Einfügung von § 3 Abs. 1 Satz 1 Nr. 6 GrStG 1993 durch das Standortsicherungsgesetz erfolgte zwar insoweit eine Erweiterung der bisherigen Grundsteuerbefreiung für Dienstgrundstücke, als es nunmehr nur noch darauf ankommt, dass das Grundstück zu einem nach Kirchenrecht gesonderten Vermögen, insbesondere einem Stellenfonds gehört, dessen Erträge ausschließlich für die Besoldung und Versorgung der Geistlichen und Kirchendiener sowie ihrer Hinterbliebenen bestimmt und daher nicht mehr in das Befinden des Inhabers einer konkreten Pfarre gestellt sind (vgl. Troll, aaO, § 3 Rn 59; Halaczinsky, aaO, § 3 Rn 36). Aber diese Voraussetzung muss nicht nur zum Veranlagungszeitpunkt, sondern bereits zum 1.1.1987 erfüllt gewesen sein. Wenn die neuen Grundstücke der Klägerin nunmehr die stichtagsbezogenen Voraussetzungen der erweiterten Steuerbefreiung nicht erfüllen, kann darin keine Verletzung der Rechte aus Art. 140 GG iVm Art. 138 Abs. 1 WRV liegen, weil diese Steuerbefreiung erst nach In-Kraft-Treten des Grundgesetzes geschaffen wurde (BFH-Urteil vom 9.7.1971 - III R 19/69 - BFHE 103, 85, BStBl. II 1971, 781, KirchE 12, 237).

c) Auch Art. 140 GG iVm Art. 138 Abs. 2 WRV schützt im Streitfall nicht gegen eine Grundsteuerbelastung. Die beiden Grundstücke der Klägerin haben lediglich die Funktion einer bloßen Einnahmequelle, deren Erträge nur mittelbar religiösen Zwecken zukommen, indem sie für die Besoldung der Geistlichen verwendet werden.

d) Die allgemeine wirtschaftliche Betätigungsfreiheit der Klägerin als Grundstückseigentümerin (Art. 2 u. 14 GG) ist durch die Belastung der beiden Grundstücke mit Grundsteuer nicht berührt.

e) Eine von der Klägerin gemäß Art. 3 Abs. 1 GG gerügte Ungleichbehandlung im Vergleich zur ev. Kirche und deren sog. fiktiven Dienstgrundstücken liegt nicht vor. Wird nach dem 1.1.1987 ein sog. fiktives Dienstgrundstück veräußert und (als Ersatz) ein anderes Grundstück neu erworben, so ist das Ersatzgrundstück unabhängig von der Person des Veräußerers nicht grundsteuerbefreit, weil es am 1.1.1987 nicht zu dem in § 3 Abs. 1 Satz 1 Nr. 6 GrStG 1993 bezeichneten Vermögen gehörte.

f) Der Gleichheitssatz des Art. 3 Abs. 1 GG wird auch nicht dadurch verletzt, dass die am 1.1.1987 zu einem Stellenfonds iSd § 3 Abs. 1 Satz 1 Nr. 6 GrStG 1993 gehörenden Grundstücke grundsteuerbefreit sind, während dies für später in den Fonds gelangte Grundstücke nicht gilt. Die darin liegende stichtagsbedingte Ungleichbehandlung muss hingenommen werden, wenn die Einführung eines Stichtags notwendig und die Wahl des Zeitpunktes, orientiert am gegebenen Sachverhalt, vertretbar ist (BVerfG-Urteil vom 12.5.1999 - 1 BvF 1/94 - BVerfGE 101, 239 [270]).

Mit § 3 Abs. 1 Satz 1 Nr. 6 GrStG 1993 wollte der Gesetzgeber einerseits den heutigen Besoldungsregelungen und der Tatsache Rechnung tragen, dass der für die zeitgemäße Bewirtschaftung von Grundbesitz erforderliche Verwaltungsaufwand keinen Raum mehr für die Eigenschaft „Dienstgrundstück" lässt (BT-Drs. 12/4487, S. 47), sowie andererseits den Besitzstand wahren. Dies erforderte die Einführung eines Stichtags. Die Festlegung des Stichtags auf den 1.1.1987 ist vertretbar; sie ist ersichtlich auf die Entscheidung des BFH vom 13.5.1987 - II R 225/82 - (BFHE 150, 279, BStBl. II 1987, 722, KirchE 25, 174) abgestimmt.

g) Ein die Klägerin treffender Verstoß gegen das sich aus dem Rechtsstaatsprinzip ergebende Rückwirkungsverbot (vgl. dazu BVerfG-Beschluss vom 3.12.1997 - 2 BvR 882/97 - BVerfGE 97, 67 [78]) liegt schon deshalb nicht vor, weil die Klägerin durch die Einfügung des § 3 Abs. 1 Satz 1 Nr. 6 GrStG 1993 und die Änderung des bisherigen § 3 Abs. 1 Satz 1 Nr. 5 GrStG 1973 keiner zusätzlichen Belastung unterworfen wurde. Auch nach § 3 Abs. 1 Satz 1 Nr. 5 GrStG 1973 wären die Baugrundstücke der Klägerin nicht von der Grundsteuer befreit, weil sie nicht die Anforderungen an Dienstgrundstücke erfüllen (vgl. dazu BFHE 150, 279, BStBl. II 1987, 722, KirchE 25, 174).

3

Ein hilfebedürftiges Kind muslimischen Glaubens hat Anspruch darauf, dass ihm der Sozialhilfeträger eine einmalige Leistung aus besonderem Anlass durch Übernahme der Kosten für die Beschneidung durch einen Arzt gewährt.

§§ 12, 21 Abs. 1a Nr. 7 BSHG
Niedersächsisches OVG, Beschluss vom 23. Juli 2002 - 4 ME 336/02[1] -

---

[1] Amtl. Leitsatz. FEVS 54, 227; NJW 2003, 3290.

Aus den Gründen:

Die gemäß § 146 Abs. 4 VwGO zulässige Beschwerde ist begründet. Die Antragsteller haben gemäß § 123 Abs. 3 VwGO iVm § 920 Abs. 2 ZPO hinreichend glaubhaft gemacht, dass sie gemäß §§ 12, 21 Abs. 1a Nr. 7 BSHG beanspruchen können, dass der Antragsgegner ihnen Hilfe zum Lebensunterhalt durch Übernahme der Kosten ihrer (ambulanten, medizinisch fachgerechten) Beschneidung durch einen Arzt gewährt, und dass eine einstweilige Regelung zur Abwendung wesentlicher Nachteile nötig ist.

Die Beschneidung der Antragsteller, die (wie alle Mitglieder ihrer Familie) muslimischen Glaubens sind, ist - entgegen der Auffassung des Antragsgegners - nicht als medizinische Behandlung zu beurteilen, so dass - weil sie zur Besserung von Krankheitsfolgen nicht erforderlich ist - Krankenhilfe gemäß § 37 BSHG nicht zu gewähren ist. Sie hat vielmehr im muslimischen Kulturkreis eine der Taufe im christlichen Kulturkreis vergleichbare religiöse und gesellschaftliche Bedeutung (vgl. Nds.OVG, Urteil v. 22.9.1993 - 4 L 5670/92 - FEVS 44, 465, KirchE 31, 381). Wie diese ist sie deshalb als besonderer Anlass im Sinne des § 21 Abs. 1a Nr. 7 BSHG zu werten, für den die im Einzelfall notwendigen einmaligen Leistungen zum Lebensunterhalt gewährt werden. Diese umfassen nicht nur eine private Feier aus Anlass der Beschneidung nach islamischem Glauben (vgl. dazu das genannte Urt. v. 22.9.1993, aaO), sondern auch den notwendigen Aufwand für die Beschneidung (-soperation) als solche. Die Kosten derselben - die einer Phimoseoperation (Nr. 1741 des Gebührenverzeichnisses für ärztliche Leistungen, Anlage zur Gebührenordnung für Ärzte - GOÄ -, Stand: 1.1.2002) vergleichbar ist - schätzt der Senat für den vorliegenden Fall auf insgesamt höchstens 100,- Euro je Antragsteller (s. die von ihnen vorgelegte Auskunft des Chirurgen vom 22.7.2002).

Auch die Dringlichkeit der begehrten einstweiligen Regelung (Anordnungsgrund) ist hinreichend glaubhaft gemacht. Dabei sieht der Senat den Vortrag der Antragsteller im Gerichtsverfahren, dass die Gäste auf den 25.7.2002 zu der Familienfeier geladen sind, die Beschneidung selbst vor der Feier vollzogen sein muss und eine etwaige Ausladung der geladenen Gäste für die ganze Familie gesellschaftliche Nachteile von erheblichem Gewicht nach sich ziehen würde, als glaubhaft an.

4

Die Ausübung eines Wahlamts als freigestelltes Mitglied der Arbeitsrechtlichen Kommission des Caritasverbandes und der Zentralen Kommission zur Ordnung des Arbeitsvertragsrechts im kirchlichen Dienst des Caritasverbandes (Zentral-KODA) rechtfertigt grundsätzlich nicht die Eingruppierung in eine höhere Vergütungsgruppe.

Der Inhaber eines solchen Wahlamtes ist für das Vorliegen einer hierdurch bedingten wirtschaftlichen Benachteiligung darlegungs- und beweispflichtig.

LAG Baden-Württemberg, Urteil vom 24. Juli 2002 - 2 Sa 20/02[1] -

Der Kläger macht gegenüber dem beklagten Verband die Eingruppierung in eine höhere Vergütungsgruppe geltend.

Der am 23.3.1955 geborene Kläger ist seit dem 1.10.1980 bei dem beklagten Verband beschäftigt. Auf das Arbeitsverhältnis finden die „Richtlinien für Arbeitsverträge in Einrichtungen des Deutschen Caritasverbandes" (AVR) Anwendung. Der Kläger beendete im September 1980 sein Studium mit dem Diplom (FH) und staatlicher Anerkennung. Am 1.10.1980 begann der Kläger beim beklagten Verband als Diplomsozialarbeiter und wurde in Vergütungsgruppe 5b AVR eingruppiert mit Zahlung einer Zulage in Höhe von 70,00 DM. Am 1.4.1981 erfolgte eine Eingruppierung in Vergütungsgruppe 4b AVR. 1982 bis 1984 nahm der Kläger an einer berufsbegleitenden Weiterbildung in systemischer Familientherapie im Umfang von ca. 800 Stunden teil, die er 1985 mit einer Prüfung abschloss. Zum 15.6.1983 übernahm der Kläger die Leitung einer psychosozialen Beratungsstelle und wurde in Vergütungsgruppe 4b AVR eingruppiert unter Zahlung einer Zulage in Höhe von 100,00 DM. Am 1.7.1984 wurde der Kläger in Vergütungsgruppe 4a AVR eingruppiert. Von August 1987 bis zum Dezember 1990 führte der Kläger das Bundesmodell „ambulante Ganztagsbetreuung Drogenabhängiger" durch und erhielt dafür ab April 1988 bis Dezember 1990 eine Stellenzulage von 200,00 DM. Ab 1.1.1991 wurde der Kläger als Fachdienstleiter in die Vergütungsgruppe 3 AVR eingruppiert. Im Jahr 1996 fand eine organisatorische Umstrukturierung bei dem beklagten Verband statt. Der beklagte Verband sprach gegenüber dem Kläger eine Änderungskündigung aus. In dem Rechtsstreit um die Wirksamkeit der Änderungskündigung, den der Kläger erstinstanzlich gewonnen hatte, schlossen die Parteien in der Berufungsinstanz am 30.1.1999 einen außergerichtlichen Vergleich. Der Kläger erhält aufgrund dieser Vereinbarung eine Vergütung gemäß

---

[1] ZMV 2003, 199. Das Urteil ist rechtskräftig

Vergütungsgruppe 4a AVR und eine Zulage in Höhe des Unterschiedsbetrages zur Vergütungsgruppe 3 AVR. Er hat nach dieser Vereinbarung einen Anspruch auf eine Tätigkeit, die nach Vergütungsgruppe 3 AVR bezahlt wird, wenn er aus seinen Ehrenämtern ausscheidet. Der Kläger ist seit 1987 in verschiedenen Wahlämtern der Arbeitsrechtlichen Kommission, Zentral-KODA, der Mitarbeitervertretung und der Gesamtmitarbeitervertretung. Er ist seit Februar 2000 zu 100 vH für die Ausübung der Wahlämter freigestellt.

Die für die Entscheidung des vorliegenden Rechtsstreits wesentlichen Normen „Ordnung der Arbeitsrechtlichen Kommission" (AK-O) und der „Rahmenordnung für eine Mitarbeitervertretungsordnung (MAVO)" lauten:

§ 8 AK-O
(1) Für die Mitglieder der Arbeitsrechtlichen Kommission und deren Stellvertreter ist ihre Tätigkeit anlässlich der Wahrnehmung von Rechten oder in der Erfüllung von Pflichten nach dieser Ordnung Dienst im Rahmen ihres Dienstverhältnisses. Sie führen ihr Amt innerhalb der dienstlichen Aufgaben ohne zusätzliches Entgelt.
(2) Die Mitglieder der Arbeitsrechtlichen Kommission und deren Stellvertreter sind in der Ausübung ihres Amtes zu unterstützen und dürfen dabei weder behindert noch aufgrund ihrer Tätigkeit benachteiligt oder begünstigt werden.
(3) Für ihre Tätigkeit sind die Mitglieder der Arbeitsrechtlichen Kommission und ihre Stellvertreter im notwendigen Umfang ohne Minderung der Bezüge und des Erholungsurlaubes von ihren sonstigen dienstlichen Aufgaben freizustellen.
...
§ 15 MAVO
(1) Die Mitglieder der Mitarbeitervertretung führen ihr Amt unentgeltlich als Ehrenamt.
...
§ 18 MAVO
(1) Die Mitglieder der Mitarbeitervertretung dürfen in der Ausübung ihres Amtes nicht behindert und aufgrund ihrer Tätigkeit weder benachteiligt noch begünstigt werden.

Der Kläger verlangt mit der vorliegenden Klage Eingruppierung in die Vergütungsgruppe 1a der Anlage 2 der AVR ab dem 1.6.2000. Er begründet seinen Anspruch mit seiner Tätigkeit in der Arbeitsrechtlichen Kommission und der Zentral-KODA. Ferner stützt er den Anspruch auf das Benachteiligungsverbot des § 18 Abs. 1 MAVO.

Das Arbeitsgericht hat die Klage abgewiesen. Der Kläger habe keinen Anspruch auf Höhergruppierung aus seiner Tätigkeit in der Arbeitsrechtlichen Kommission. Seine Mitgliedschaft in der Arbeitsrechtlichen Kommission und in der Zentral-KODA sei als reines Wahlamt aufzufassen. Für die Vergütung sei die Eingruppierung der arbeitsvertraglich geschuldeten Tätigkeit ausschlaggebend. Inhalt des Arbeitsvertrages sei jedoch nicht die Tätigkeit in der Arbeitsrechtlichen Kommission. Er habe auch keinen Anspruch auf Höhergruppierung aufgrund des Benachteiligungsverbotes gemäß § 18 Abs. 1 MAVO. Nach dieser Bestimmung sei bei freigestellten Mitarbeitern auf das Arbeitsentgelt vergleichbarer Arbeitnehmer mit betriebsüblicher beruflicher Entwicklung abzustellen. Die Stellung der vom Kläger angeführten Kolleginnen und Kollegen sei jedoch ungeeignet, um einen Anspruch auf Höhergruppierung zu begründen.

Zur Begründung der gegen dieses Urteil eingelegten Berufung lässt der Kläger insbesondere vortragen, dass seine Tätigkeit in der Arbeitsrechtlichen Kommission und der Zentral-KODA die Voraussetzungen der Vergütungsgruppe 1a AVR erfüllten. Er sei Mitglied der Gesetzgebungsorgane des beklagten Verbandes. Dabei spiele es eine große Rolle, dass sich der beklagte Verband dem kirchenspezifischen Verfahren des sog. Dritten Weges zur kollektiven Regelung des Inhalts kirchlicher Arbeitsverhältnisse unterworfen habe. Es sei zu berücksichtigen, dass § 8 Abs. 1 AK-O im Gegensatz zu § 15 Abs. 1 MAVO nicht von einem Ehrenamt spreche. Die Bedeutung und Verantwortung der Wahlämter erfüllten die Voraussetzungen für eine Höhergruppierung in Vergütungsgruppe 1a AVR. Zwar seien die Wahlämter in den Anlagen zur AVR nicht aufgeführt. Dies stelle jedoch eine unbewusste Tariflücke dar. Diese Lücke sei gemäß § 315 ff. BGB zu füllen. Bei der fiktiven Nachzeichnung des Berufsweges gemäß § 18 MAVO sei zu berücksichtigen, dass der Kläger ohne Wahrnehmung der Wahlämter seinen Weg in ein Spitzenamt beim beklagten Verband gemacht hätte. Die Vollfreistellung bedeute eine Abkopplung von beruflichen Entwicklungsmöglichkeiten und Karrierechancen im beklagten Verband.

Der beklagte Verband ist der Auffassung, dass für die Eingruppierung die im Arbeitsvertrag enthaltene Tätigkeit ausschlaggebend sei. Der Kläger verkenne auch die Bestimmung des § 18 Abs. 1 MAVO, wonach Mitglieder der Mitarbeitervertretung in Ausübung ihres Amtes aufgrund ihrer Tätigkeit weder benachteiligt noch begünstigt werden dürften. Die Diplomsozialarbeiter des beklagten Verbandes seien ganz überwiegend in Vergütungsgruppe 4a AVR eingruppiert. Im Rahmen der Besitzstandsregelung erhalte der Kläger jedoch Vergütung nach Vergütungsgruppe 3 AVR.

Der Senat weist die Berufung als unbegründet zurück.

Aus den Gründen:

II. In der Sache hat die Berufung des Klägers keinen Erfolg. Das Arbeitsgericht hat die zulässige Klage zu Recht abgewiesen. Der Kläger hat keinen Anspruch auf eine Vergütung nach Vergütungsgruppe 1a der Anlage 2 der AVR.

1. Dem Kläger steht die begehrte Vergütung für seine Tätigkeit als Mitglied in der Arbeitsrechtlichen Kommission und der Zentral-KODA des beklagten Verbandes nicht zu.

In der Vergütungsgruppe 1a der Anlage 2 zu den AVR sind die Tätigkeiten des Klägers in den Wahlämtern der Arbeitsrechtlichen Kommission und der Zentral-KODA nicht aufgeführt. Entgegen der Ansicht des Klägers beruht diese Tatsache aber nicht auf einer unbewussten Lücke in den AVR. Vielmehr bestimmt § 8 Abs. 1 AK-O, dass für Mitglieder der Arbeitsrechtlichen Kommission die Tätigkeit Dienst im Rahmen ihres Dienstverhältnisses ist. Sie führen deshalb ihr Amt innerhalb der dienstlichen Aufgaben. Damit wird eindeutig klargestellt, dass die arbeitsrechtliche Grundlage des befristeten Wahlamtes weiterhin die arbeitsvertraglich geschuldete Tätigkeit ist. § 8 Abs. 3 AK-O normiert, dass die Mitglieder der Arbeitsrechtlichen Kommission im notwendigen Umfang von dieser Tätigkeit freizustellen sind und zwar ohne Minderung der Bezüge. Auch diese Bestimmung zeigt deutlich, dass die Mitglieder der Arbeitsrechtlichen Kommission weiterhin die Bezüge für die arbeitsvertraglich geschuldete Tätigkeit erhalten sollen, nicht mehr und nicht weniger. In diesem Zusammenhang ist auch die Bestimmung des § 8 Abs. 2 AKO zu beachten, wonach die Kommissionsmitglieder aufgrund ihrer Tätigkeit in der Arbeitsrechtlichen Kommission weder benachteiligt noch begünstigt werden dürfen. Für die rechtliche Beurteilung spielt es deshalb keine Rolle, dass § 8 AK-O im Gegensatz zu § 15 Abs. 1 MAVO nicht von einer ehrenamtlichen Tätigkeit der Kommissionsmitglieder spricht. Gemeint ist dasselbe: Die Mitglieder der Arbeitsrechtlichen Kommission sollen weiterhin die arbeitsvertraglich vereinbarte Vergütung erhalten.

Diese Normen stehen der rechtlichen Argumentation des Klägers entgegen, wonach der von den Mitgliedern der Arbeitsrechtlichen Kommission geforderte Sachverstand und die herausgehobene Bedeutung der Arbeitsrechtlichen Kommission eine Höhergruppierung der Mitglieder der Mitarbeiterseite erfordere. Der Kläger hat bei der Beurteilung seiner Tätigkeiten in der Arbeitsrechtlichen Kommission und der Zentral-KODA und die Vergütungshöhe seine Kontrahenten (Vertreter der Dienstgeber) im Auge. Dabei ist dem Kläger zuzustimmen, dass alle Mitglieder der paritätisch besetzten Arbeitsrechtlichen Kommission und der Zentral-KODA dieselben Aufgaben und die gleiche Verantwortung wahrnehmen. Weder die AK-O noch die Zentral-KODA-Ordnung enthalten jedoch Bestimmungen, dass die Vertreter der Dienstgeber und der Mitarbeiter für ihre Kommissionstätigkeiten die gleiche Vergütung erhalten sollen. Auch der sogenannte soziale Gegenspieler des Klägers erhält seine höhere Vergütung nicht wegen seiner Tätigkeiten in der Arbeitsrechtlichen Kommission oder der Zentral-KODA, sondern aufgrund seines Arbeitsvertrages.

2. Der Kläger hat auch keinen Anspruch auf eine Höhergruppierung, weil bei fiktiver Nachzeichnung seines Berufsweges ohne die Wahrneh-

mung von Aufgaben in der Mitarbeitervertretung, der Gesamtmitarbeitervertretung, der Arbeitsrechtlichen Kommission und der Zentral-KODA er inzwischen eine höher dotierte Position erlangt hätte und er durch die Bezahlung der geringeren Vergütung deshalb benachteiligt wird. Der insoweit darlegungsbelastete Kläger hat nicht dargetan, dass es beim beklagten Verband vergleichbare Arbeitnehmer gibt, die aufgrund einer betriebsüblichen beruflichen Entwicklung höher eingruppiert sind.

Für die Beurteilung des vorliegenden Falles kann es dahinstehen, ob die Regelung des § 37 Abs. 4 BetrVG, auf die der Kläger seinen Anspruch stützt, im Rahmen des § 18 Abs. 1 MAVO und des § 8 Abs. 2 AK-O überhaupt Anwendung findet. Zwar ist allgemein anerkannt, dass die Bestimmung des § 37 Abs. 4 BetrVG (wirtschaftliche Absicherung des Betriebsratsmitgliedes) eine besondere Ausprägung und Konkretisierung des allgemeinen Benachteiligungsverbotes des § 78 Satz 2 BetrVG darstellt, indem er dessen Durchsetzung durch einfach nachzuweisende Anspruchsvoraussetzungen erleichtert (BAG, Urteil 15.1.1992 - 7 AZR 194/9 - AP Nr. 84 zu § 37 BetrVG 1972, II.2b der Gründe; GK-Wiese, 6. Aufl., § 37 Rn 102 mwN). Im Gegensatz zum Betriebsverfassungsgesetz haben es die MAVO und die AK-O jedoch beim allgemeinen Benachteiligungsverbot der Mitglieder der Mitarbeitervertretung (§ 18 Abs. 1 MAVO) und der Kommissionsmitglieder (§ 8 Abs. 2 AK-O) belassen und keine konkrete Bestimmung über die wirtschaftliche Absicherung von Mitgliedern der Wahlämter aufgenommen. Auch wenn das allgemeine Benachteiligungsverbot sicherlich jede, auch wirtschaftliche Schlechterstellung im Vergleich zu anderen Arbeitnehmern verbietet, ist doch fraglich, ob die Normgeber der MAVO und der AK-O das allgemeine Benachteiligungsverbot mit dem Inhalt des § 37 Abs. 4 BetrVG ausfüllen wollten.

Selbst wenn man jedoch zu Gunsten des Klägers die Bestimmung des § 37 Abs. 4 BetrVG im Rahmen der §§ 18 Abs. 1 MAVO und 8 Abs. 2 AK-O zu Grunde legt, rechtfertigt der Vortrag des Klägers nicht die von ihm begehrte Rechtsfolge. Der für das Vorliegen einer wirtschaftlichen Benachteiligung und betriebsüblichen beruflichen Entwicklung vergleichbarer Arbeitnehmer beim beklagten Verband darlegungsbelastete Kläger hat nicht schlüssig dargetan, dass vergleichbare Arbeitnehmer beim beklagten Verband üblicherweise höher eingruppiert sind. In der ersten Instanz hat der Kläger zwar drei Personen benannt, die eine ähnliche Ausbildung wie er haben und aufgrund des beruflichen Aufstiegs nunmehr in Vergütungsgruppe 1a eingruppiert sind. Allerdings haben in zwei der vom Kläger benannten Fälle die Arbeitnehmer berufsbegleitend studiert und das Studium abgeschlossen. Maßgebend für die Bemessung des Arbeitsentgelts ist jedoch die betriebsübliche berufliche Entwicklung vergleichbarer Arbeitnehmer. Betriebsüblich ist die berufliche Entwicklung, die bei objektiver vergleichbarer Tätigkeit ein vergleichbarer Arbeitnehmer im Regelfall, das heißt bei gleichförmigem Verhalten des

Arbeitgebers, aufgrund der betrieblichen und personellen Entwicklung in beruflicher Hinsicht genommen hat (BAG, Urteil vom 13.11.1987 - 7 AZR 550/86 - AP Nr. 61 zu § 37 BetrVG 1972). Insoweit ist von Bedeutung, dass die große Mehrheit von beim beklagten Verband beschäftigten Diplomsozialarbeiter und Diplomsozialpädagogen in Vergütungsgruppe 4a eingruppiert sind. Dagegen hat der Kläger einen Anspruch auf eine Zulage in Höhe des Unterschiedsbetrages zu Vergütungsgruppe 3 AVR, die aufgrund der Vereinbarung vom 30.1.1999 auch nicht durch Tariferhöhungen abgebaut wird. Schließlich hat der Kläger aufgrund dieser Vereinbarung auch einen Anspruch auf eine Tätigkeit, die nach Vergütungsgruppe 3 AVR vergütet wird, wenn er aus seinen Wahlämtern ausscheidet. Insgesamt ist also nicht zu erkennen, dass der Kläger ohne Ausübung seiner Wahlämter in eine Position gelangt wäre, in der er eine höhere Vergütung erzielen würde.

Dem Kläger steht damit die begehrte Vergütung nach Vergütungsgruppe 1a der Anlage 2 zu den AVR nicht zu.

5

Wegen der großen verfassungsrechtlichen Bedeutung des Freiwilligkeitsprinzips kommt dem Akt eines Bekenntnisses zu einer bestimmten Religionsgemeinschaft nur Rechtswirkung für die Zukunft (ex nunc) zu.

Art. 4 Abs. 1 GG, §§ 2 Abs. 1, 6 Abs. 3 BayKiStG
FG München, Urteil vom 30. Juli 2002 - 13 K 4056/01[1] -

Der Kläger wurde 1961 in Israel geboren und ist israelischer Staatsangehöriger. Er kam im August 1985 in die Bundesrepublik und absolvierte dort ein Betriebswirtschaftsstudium. 1994-1996 war er in A. angestellt. Ab 1996 lebt und arbeitet er in M.

Der Kläger, Sohn einer jüdischen Mutter, ist weder beschnitten, noch hat er jüdisch geheiratet, noch ist er aufgrund eigener Erklärung der zuständigen Israelitischen Kultusgemeinde beigetreten. Bei seiner Einreise in die Bundesrepublik und auch später hat er gegenüber den Meldebehörden keine Angaben zur Bekenntniszugehörigkeit gemacht. Er wurde aber 1987 von seinen Eltern in einem an die Israelitische Kultusgemeinde gerichteten Aufnahmeantrag mit angemeldet und dort ab 9.1.1987 als Mitglied erfasst. Ferner gab er im Anmeldeblatt zur Aufnahme seiner

---

[1] Amtl. Leitsatz. EFG 2002, 1477. Die Revision des Beklagten wurde zurückgewiesen; BFH, Urteil vom 28.1.2004 - I R 63/02 - HFR 2004, 677.

1997 geborenen Tochter in den Kindergarten vom 18.12.2000 gegenüber der Israelitischen Kultusgemeinde als Bekenntnis „jüd." an.

Auf Veranlassung der Israelitischen Kultusgemeinde hat das Steueramt des israelischen Bekenntnisses beim Landesverband der israelischen Kultusgemeinden in Bayern - Kirchensteueramt - (Beklagter) den Kläger mit dem angefochtenen Kirchensteuerbescheid vom 13.7.2001 zur israelitischen Bekenntnissteuer für die Streitjahre 1998 und 1999 (Steuerschuld insgesamt: 8.784,32 DM) veranlagt. Der dagegen eingelegte Einspruch blieb erfolglos.

Mit seiner Klage macht der Kläger geltend, er sei jedenfalls in den Streitjahren kein Mitglied der Israelitischen Kultusgemeinde geworden, da er sich vorher und in diesen Jahren nicht willentlich zur jüdischen Glaubensgemeinschaft bekannt habe. Wenn man in der Angabe (Dezember 2000) im Anmeldeblatt einen Bekenntnisakt sehen wolle, habe dieser jedenfalls keine Bedeutung für die Vergangenheit (ex tunc), sondern er könne nur für die Zukunft (ex nunc) wirken.

Der Beklagte tritt der Argumentation des Klägers entgegen: Nach den Statuten der Israelitische Kultusgemeinde M. genüge für die Zugehörigkeit zur jüdischen Religionsgemeinschaft die Abstammung von einer jüdischen Mutter. Es mache wenig Sinn, einem Bekenntnisakt nur Wirkung für die Zukunft beizumessen, zumal nach ständiger Rechtsprechung des Bundesfinanzhofs der Bekenntnisakt nicht in einem zeitlichen Zusammenhang mit dem streitigen Veranlagungszeitraum stehen müsse.

Die Klage hatte Erfolg.

Aus den Gründen:

Die Klage ist begründet.

1. In den Streitjahren bestand keine Zugehörigkeit des Klägers zur jüdischen Religionsgemeinschaft mit die Kirchensteuerpflicht begründender Wirkung.

Nach dem BFH-Urteil vom 24.3.1999 - I R 124/97 - (BFHE 188, 245, BStBl. II 1999, 499, KirchE 37, 63) verbietet es Art. 4 Abs. 1 GG, als Grundlage für die Kirchensteuerpflicht eine kirchliche Mitgliedschaftsregelung heranzuziehen, die eine Person einseitig und ohne Rücksicht auf ihren Willen (bzw. den Willen ihrer gesetzlichen Vertreter) einer Kirchengewalt unterwirft. Im Lichte des Art. 4 Abs. 1 GG ist deshalb der in den staatlichen Kirchensteuergesetzen verwendete Begriff „Kirchenangehöriger" (s. Art. 2 Abs. 1 KiStG) verfassungskonform dahin zu interpretieren, dass kirchensteuerpflichtiges Kirchenmitglied nur sein kann, wer sich - persönlich oder durch den gesetzlichen Vertreter - durch eine nach außen hin erkennbare Willensäußerung als der Religionsgemeinschaft zugehörig bekannt hat. Der Senat schließt sich diesen Grundsätzen trotz abweichender Ansichten im Schrifttum (s. z.B. Pleister, in: Festschrift für Sten Gagnér, hg. von Maximiliane Kriechbaum, Ebelsbach 1996, S. 339 ff. [357 f.]) umso eher an, als die Statuten der hier zuständigen Israelitischen Kultusgemeinde (in der Fassung des Beschlusses vom 18.12.1997) nicht eindeutig sind: Einerseits gehören zur Israelitischen Kultusgemeinde lt. Tz. 1 der Statuten alle Personen, die sich zum jüdischen Glauben bekennen und ihren Wohnsitz im Bezirk der Israelitische Kultusgemeinde haben; andererseits sind gem. Tz. 4 Mitglieder der Israelitischen Kultusgemeinde „ohne weiteres" jeder im Gemeindegebiet wohnende Jude und jede dort wohnende Jüdin, wenn sie sich bei der Israelitischen Kultusgemeinde ordnungsgemäß haben registrieren lassen. Daraus darf gefolgert werden, dass im Falle nicht ordnungsgemäßer Registrierung auch nach Ansicht der Israelitische Kultusgemeinde die bloße Abstammung von einer jüdischen Mutter und Wohnsitzbegründung nicht ausreichen, sondern ein willentlicher Bekenntnisakt hinzutreten muss, um ihn der Israelitische Kultusgemeinde zurechnen zu können.

Gem. BFH-Urteilen vom 6.10.1993 - I R 28/93 - (BFHE 172, 570, BStBl. II 1994, 253 [254], KirchE 31, 420) und in BFHE 188, 245, BStBl. II 1999, 499, KirchE 37, 63 bekennt sich zu einem bestimmten Glauben derjenige, der nach außen seine Zugehörigkeit zu einer Glaubensgemeinschaft erkennen lässt. Der Dokumentation eines bestimmten Willens, das Kirchensteueramt bzw. die Israelitische Kultusgemeinde unterstützen zu wollen, bedarf es nach den o.g. Statuten nicht. Es ist auch nicht entscheidungserheblich, wer Empfänger derartiger Bekenntniserklärungen ist. Entsprechend der juristischen Tragweite dieser Erklärungen wird man nicht jede private Äußerung des (potenziellen) Steuerpflichtigen als Bekenntnisakt werten dürfen. Die Religionszugehörigkeit bestätigende Angaben gegenüber staatlichen Behörden (Einwohnermeldeamt, Finanzamt) sind aber ausreichend. Ebenso die Angabe einer Religionszugehörigkeit gegenüber selbstständigen Organen der fraglichen Religionsgemeinschaft, insbesondere der örtlich zuständigen Israelitischen Kultusgemeinde, die - wie auch im Streitfall - eine Körperschaft des öffentlichen Rechts iSv Art. 137 Abs. 5 WRV darstellt.

Angesichts der Bedeutung des Freiwilligkeitsprinzips im Rahmen der durch Art. 4 Abs. 1 GG gewährleisteten Religionsausübung ist aber einer Bekenntniserklärung, durch welche die die Kirchensteuerpflicht auslösende Mitgliedschaft zu einer Religionsgemeinschaft begründet wird, nur eine Wirkung ex nunc (für die Zukunft) beizumessen. Dies gilt umso mehr, als es sich bei dem Personenkreis, der an einem Bekenntnis festgehalten wird, weit überwiegend um juristische Laien handelt, welche die Rechtsbedeutung ihrer Äußerungen i.d.R. nicht überblicken und auch gar nicht überblicken können. Dieses Ergebnis wird bestätigt durch die Regelung in Art. 6 Abs. 3 Satz 2 KiStG, wonach die Umlagepflicht, deren sämtliche Voraussetzungen (hier: Geburt, Bekenntnis und Wohnsitz) erst nach dem Beginn der Begründung der Einkommensteuerpflicht eintreten, mit dem Anfang des nächsten Kalendermonats beginnt. Bei den zitierten BFH-Entscheidungen kann nicht der Grundsatz entnommen werden, eine Bekenntniserklärung wirke auch in die Vergangenheit. Der BFH hat lediglich ausgeführt, dass ein religiöses Bekenntnis sich nicht auf einen bestimmten Veranlagungszeitraum beziehen muss. In beiden BFH-Entscheidungen lagen die Ereignisse, die nach Meinung des Finanzamts eine Kirchensteuerpflicht begründeten, allesamt vor dem Veranlagungsjahr.

Auf den Streitfall angewendet bedeuten diese Grundsätze: Die Voraussetzungen der Geburt von einer jüdischen Mutter und der Wohnsitznahme waren zwar beim Kläger seit 1985 (Übersiedlung in die Bundesrepublik) gegeben. Es fehlte aber noch an einer Willensäußerung durch ihn oder seine vertretungsberechtigten Eltern, die als Bekenntnisakt gewertet werden könnte. Auch die Beitrittserklärung, die seine Eltern für ihn 1987 abgegeben haben, kann nicht als derartiger Akt gewertet werden, da seine Eltern infolge der inzwischen eingetretenen Volljährigkeit nicht mehr zur Vertretung befugt waren. Mangels eigener Unterschrift (so die unbestrittene Angabe im Einspruchsschreiben vom 7.8.2001) hat sich der Kläger nicht zum jüdischen Glauben persönlich bekannt.

Erst seine Religionsangabe im Anmeldeblatt vom 18.12.2000 gegenüber der Israelitischen Kultusgemeinde stellt einen Bekenntnisakt dar, der es rechtfertigt, ihn als kirchensteuerpflichtiges Mitglied der jüdischen Religionsgemeinschaft anzusprechen. Nach den obigen Ausführungen wirkt dieser Akt aber erst ex nunc, nach der Regelung des Art. 6 Abs. 3 Satz 2 KiStG also ab 1.1.2001. An einer die Kirchensteuerpflicht begründenden Mitgliedschaft in den Streitjahren 1998, 1999 fehlt es somit.

6

Ein auf die Verwirklichung des christlichen Auftrags gerichtetes, von einem Mitglied des Diakonischen Werkes betriebenes Krankenhaus ist eine karitative Einrichtung einer Religionsgemeinschaft iSv § 118 Abs. 2 BetrVG, auf die das Betriebsverfassungsgesetz keine Anwendung findet.

Art. 140 GG, 137 Abs. 3 WRV
BAG, Beschluss vom 31. Juli 2002 - 7 ABR 12/01[1] -

[1] Amtl. Leitsatz. BAGE 102, 74; AP Nr. 35 zu § 611 BGB Kirchendienst (LS); AR-Blattei ES 530.4 Nr. 7; AuR 2002, 479 (LS); ARST 2003, 140 (LS); ArztR 2003, 276; BB 2002, 2508 (LS); DB 2002, 2729; EBE/BAG Beilage 2002, Ls 189/02 (LS); EzA § 118 BetrVG 1972 Nr. 74; KRS 02.020; NJ 2003, 109 (LS); NZA 2002, 1409;

Die Beteiligten streiten darüber, ob das von der Antragstellerin (Arbeitgeberin) betriebene Klinikum eine gemäß § 118 Abs. 2 BetrVG vom Geltungsbereich des Betriebsverfassungsgesetzes ausgenommene karitative Einrichtung einer Religionsgemeinschaft und demzufolge kein Betriebsrat zu wählen ist.

Die Arbeitgeberin betreibt in der Rechtsform einer gemeinnützigen GmbH ein Krankenhaus. Gesellschafter sind zu je 50 vH die H. GmbH, deren einzige Gesellschafterin die S. ist, sowie die Stiftung S., eine Einrichtung des Diakonischen Werkes der Ev.-Luth. Kirche in Thüringen e.V. (Diakonisches Werk Thüringen). Die beiden Gesellschafter hatten ursprünglich an verschiedenen Standorten Krankenhäuser betrieben und 1995 zunächst die K. GmbH gegründet. Ein zwischen dieser und den beiden Krankenhausbetreibern am 18.12.1997 geschlossener Personalüberleitungsvertrag sah vor, dass die K. GmbH zum 1.1.1998 „gemäß § 613a BGB" in die Verträge der Mitarbeiter der beiden Krankenhäuser eintritt und in beiden Krankenhäusern Mitarbeitervertretungen gebildet werden. Auf einer Gesellschafterversammlung vom 18.12.1997 beschlossen die beiden Gesellschafter der K. GmbH eine vollständige Neufassung ihrer Satzung, nach der die Gesellschaft nunmehr unter dem Namen der Antragstellerin firmiert. Nach § 3 dieser Satzung verfolgt die Gesellschaft ausschließlich und unmittelbar gemeinnützige, mildtätige und kirchliche Zwecke im Sinne der Abgabenordnung.

§ 4 der Satzung lautet:

„Kirchliches Proprium
(1) Der Gesellschafter Stiftung S. weiß sich dem Auftrag verpflichtet, das Evangelium von Jesus Christus in Wort und Tat zu bezeugen. Der Dienst des Gesellschafters ist daher Wesens- und Lebensäußerung der Kirche. Die Stiftung ist ihrem Wesen und ihrer Tendenz nach der Evangelisch-Lutherischen Kirche in Thüringen zugehörig. In Wahrnehmung des kirchlich-diakonischen Auftrages betreibt sie Krankenpflege und Sozialfürsorge. Dieser Dienst wird ohne Rücksicht auf Glaubensbekenntnis, Weltanschauung oder Herkunft der zu Betreuenden geleistet.
(2) Der Gesellschafter H. GmbH trägt dieses kirchliche Proprium bei der Betreibung des Krankenhauses mit. Für die zu übernehmenden Beschäftigten der H. GmbH entsteht daraus kein Nachteil.
(3) Die Gesellschaft strebt die Mitgliedschaft im Diakonischen Werk der Evangelisch-Lutherischen Kirche in Thüringen e.V. an und bewirbt sich um die Mitgliedschaft im Kommunalen Arbeitgeberverband."

Nach § 5 der Satzung sollen für die Beschäftigten der Gesellschaft die Bestimmungen des BAT-O gelten.

PERSONAL 2003, Nr. 2, 59 (LS); PflR 2005, 31; ZBVR 2002, 253; ZMV 2002, 296; ZTR 2003, 45.

Mit Wirkung vom 1.1.1998 wurde die Arbeitgeberin Mitglied des Diakonischen Werkes Thüringen. Nach der Präambel zu dessen Satzung ist „Diakonie Lebens- und Wesensäußerung der christlichen Kirche. Sie übermittelt das Evangelium als umfassende Nächstenhilfe, besonders an Menschen in Not- und Konfliktsituationen". Nach § 6 Abs. 2 a) der Satzung des Diakonischen Werkes Thüringen haben dessen Mitglieder u.a. die Pflicht, die satzungsmäßigen Zwecke, Aufgaben und Ziele des Diakonischen Werkes Thüringen zu fördern. Nach § 6 Abs. 2 b) der Satzung des Diakonischen Werkes Thüringen haben die Mitglieder „in ihre leitenden Organe solche Personen zu berufen, die bereit sind, ihre Leitungstätigkeit im Sinne kirchlicher Diakonie wahrzunehmen und der ev. Kirche, andernfalls einer Kirche angehören, die Mitglied der Arbeitsgemeinschaft christlicher Kirchen ist". Nach dem Aufnahmeschreiben des Diakonischen Werkes Thüringen vom 23.2.1998 kann die Arbeitgeberin dieser Pflicht „im Falle der Berufung leitender Mitarbeiter, die nicht der ev. Kirche oder einer der o.g. Arbeitsgemeinschaft christlicher Kirchen angehören, ausnahmsweise auch dadurch genügen, dass sich die betroffenen leitenden Mitarbeiter ausdrücklich bereit erklären, ihre Leitungstätigkeit im Sinne kirchlicher Diakonie wahrzunehmen". Nach § 6 Abs. 2 d) der Satzung des Diakonischen Werkes Thüringen haben dessen Mitglieder bei Satzungsänderungen die Zustimmung des Diakonischen Werkes einzuholen. Nach dem Aufnahmeschreiben vom 23.2.1998 wird das Diakonische Werk Thüringen die Zustimmung erteilen, „sofern das kirchliche Proprium nicht tangiert wird".

Am 20.10.1998 zogen die beiden Krankenhauseinrichtungen samt ihren Belegschaften in einen gemeinsamen Klinikumsneubau um. Seit 1.7.2000 ist die Arbeitgeberin Gastmitglied im Kommunalen Arbeitgeberverband Thüringen. Nach dessen Satzung kann sie insbesondere die Beratungsleistungen des Verbands in Anspruch nehmen, ist aber nicht tarifgebunden.

Am 21.2.2000 führte die Gewerkschaft ÖTV im Klinikum der Arbeitgeberin eine Betriebsversammlung durch. In dieser wurde ein Wahlvorstand zur Durchführung einer Betriebsratswahl gewählt. Dieser Wahlvorstand, der Beteiligte zu 2, verlangte von der Arbeitgeberin Unterlagen zur Erstellung eines Wählerverzeichnisses.

In dem daraufhin am 9.3.2000 eingeleiteten arbeitsgerichtlichen Beschlussverfahren hat die Arbeitgeberin die Auffassung vertreten, aufgrund ihrer Mitgliedschaft im Diakonischen Werk Thüringen sei das von ihr betriebene Klinikum eine karitative Einrichtung einer Religionsgemeinschaft und daher vom Anwendungsbereich des Betriebsverfassungsgesetzes ausgenommen.

Im vorliegenden Verfahren begehrt die Antragstellerin, dem Antragsgegner zu untersagen, eine Betriebsratswahl durchzuführen.

Der Wahlvorstand hat die Auffassung vertreten, das für eine karitative Einrichtung erforderliche Mindestmaß an kirchlicher Einflussmöglichkeit sei nicht gegeben. Die Satzung der Arbeitgeberin regele ein paritätisches Verhältnis der beiden Gesellschafter. Durch die Mitgliedschaft der Arbeitgeberin im Diakonischen Werk Thüringen könne eine Einflussnahme der Kirche nicht verbindlich geregelt werden. Es sei unzulässig, Beschlüsse der Gesellschafterversammlung an die Zustimmung des Diakonischen Werks zu binden. Die Anwendung des BAT-O zeige, dass die für einen staatlichen Arbeitgeber geltenden Regelungen zu beachten seien.

Das Arbeitsgericht hat dem Antrag der Arbeitgeberin stattgegeben. Das Landesarbeitsgericht hat die Beschwerde des Wahlvorstands zurückgewiesen.

Die hiergegen erhobene Rechtsbeschwerde des Wahlvorstands blieb ohne Erfolg.

Aus den Gründen:

B. Die Rechtsbeschwerde ist unbegründet. Die Vorinstanzen haben dem Unterlassungsantrag der Arbeitgeberin zu Recht entsprochen. In dem von der Arbeitgeberin betriebenen Krankenhaus ist kein Betriebsrat zu wählen. Wie das Landesarbeitsgericht zutreffend erkannt hat, ist das Klinikum eine nach § 118 Abs. 2 BetrVG vom Anwendungsbereich des Betriebsverfassungsgesetzes ausgenommene karitative Einrichtung einer Religionsgemeinschaft. Die Arbeitgeberin kann deshalb von dem Wahlvorstand in entsprechender Anwendung des § 1004 Abs. 1 Satz 2 BGB die Unterlassung der beabsichtigten Durchführung der Betriebsratswahl verlangen.

I. Das von der Arbeitgeberin betriebene Klinikum ist eine karitative Einrichtung.

1. Nach der ständigen Rechtsprechung des Bundesarbeitsgerichts dient ein Unternehmen karitativen Bestimmungen, wenn es sich den sozialen Dienst an körperlich oder seelisch leidenden Menschen zum Ziel gesetzt hat, sofern diese Betätigung ohne die Absicht der Gewinnerzielung erfolgt und das Unternehmen selbst nicht von Gesetzes wegen unmittelbar zu derartiger Hilfeleistung verpflichtet ist. Dagegen ist unerheblich, wer rechtlich oder wirtschaftlich an dem privatwirtschaftlich organisierten Unternehmen beteiligt ist oder darauf einen beherrschenden Einfluss ausübt (24.5.1995 - 7 ABR 48/94 - AP BetrVG 1972 § 118 Nr. 57 - EzA BetrVG 1972 § 118 Nr. 63, zu B I der Gründe; 22.11.1995 - 7 ABR 12/95 - BAGE 81, 311 ff., AP BetrVG 1972 § 118 Nr. 58, zu B II 1 der Gründe). Dementsprechend ist es für die karitative Bestimmung eines Unternehmens unschädlich, wenn an ihm ein Unternehmensträger beteiligt ist, der selbst aufgrund gesetzlicher Normen verpflichtet ist, derartige Hilfeleistungen zu erbringen oder zumindest die Kosten für solche Hilfeleistungen zu tragen. Maßgeblich für die karitative Bestimmung sind viel-

mehr die Statuten des Unternehmens selbst (BAG 24.5.1994 - 7 ABR 48/94 - AP BetrVG 1972 § 118 Nr. 57, EzA BetrVG 1972 § 118 Nr. 63, zu B I 1 der Gründe).

2. Hiernach ist das Klinikum eine karitative Einrichtung. Es dient dem sozialen Dienst an körperlich oder seelisch leidenden Menschen und wird, wie sich aus § 3 der Satzung der Arbeitgeberin ergibt, ohne Gewinnerzielungsabsicht betrieben. Die Arbeitgeberin ist zu dieser Hilfeleistung nicht von Gesetzes wegen unmittelbar verpflichtet, sondern hat sich diese Aufgabe in ihrer Satzung freiwillig gesetzt. Dem steht nicht entgegen, dass die Gewährleistung der bedarfsgerechten Versorgung der Bevölkerung eine gesetzliche Aufgabe der S. und damit der Alleingesellschafterin eines der beiden Unternehmensträger, der H. GmbH, ist. Entscheidend ist, dass sich die karitative Bestimmung aus den Statuten der Arbeitgeberin ergibt.

II. Bei dem von der Arbeitgeberin betriebenen Krankenhaus handelt es sich um die Einrichtung einer Religionsgemeinschaft iSv § 118 Abs. 2 BetrVG.

1. Die in § 118 Abs. 2 BetrVG normierte Herausnahme der Kirchen und ihrer karitativen und erzieherischen Einrichtungen aus dem Geltungsbereich des Betriebsverfassungsgesetzes beruht auf dem den Religionsgemeinschaften durch Art. 140 GG iVm. Art. 137 Abs. 3 WRV gewährleisteten Recht, ihre Angelegenheiten innerhalb der Schranken der für alle geltenden Gesetze zu ordnen und zu verwalten (BVerfG 11.10.1977 - 2 BvR 209/76 - BVerfGE 46, 73 ff., AP GG Art. 140 Nr. 1, zu B II 4 der Gründe, KirchE 16, 189; BAG 24.7.1991 - 7 ABR 34/90 - BAGE 68, 170 ff., AP BetrVG 1972 § 118 Nr. 48, zu B II 2 der Gründe, KirchE 29, 255; 30.4.1997 - 7 ABR 60/95 - AP BetrVG 1972 § 118 Nr. 60, EzA BetrVG 1972 § 118 Nr. 66, zu B 1 der Gründe, KirchE 35, 153).

a) Wie in § 118 Abs. 2 BetrVG ausdrücklich bestimmt, ist die Unanwendbarkeit des Betriebsverfassungsgesetzes nicht abhängig von der Rechtsform der Einrichtung. Dies entspricht verfassungsrechtlichen Vorgaben (BVerfG 11.10.1977 - 2 BvR 209/76 - BVerfGE 46, 73 ff., AP GG Art. 140 Nr. 1, zu B II 4 der Gründe, KirchE 16, 189). Denn nach Art. 137 Abs. 3 WRV sind nicht nur die organisierte Kirche und die rechtlich selbstständigen Teile dieser Organisation, sondern alle der Kirche in bestimmter Weise zugeordneten Einrichtungen ohne Rücksicht auf ihre Rechtsform Objekte, bei deren Ordnung und Verwaltung die Kirche grundsätzlich frei ist, wenn sie nach kirchlichem Selbstverständnis ihrem Zweck oder ihrer Aufgabe entsprechend berufen sind, ein Stück Auftrag der Kirche in dieser Welt wahrzunehmen und zu erfüllen (BVerfG 11.10.1977 - 2 BvR 209/76 - aaO, zu B II 2a der Gründe mit zahlreichen Nachweisen, KirchE 16, 189; 25.3.1980 - 2 BvR 208/76 - BVerfGE 53, 366 ff., AP GG Art. 140 Nr. 6, zu C I 2a der Gründe, KirchE 18, 69). Daher steht das verfassungsrechtlich garantierte Selbstbestimmungsrecht den Kirchen nicht nur hinsichtlich ihrer körperschaftlichen

Organisation und Ämter zu, sondern auch hinsichtlich ihrer Vereinigungen, die sich nicht die allseitige, sondern nur die partielle Pflege des religiösen oder weltanschaulichen Lebens ihrer Mitglieder zum Ziel gesetzt haben (BVerfG 11.10.1977 - 2 BvR 209/76 - BVerfGE 46, 73 ff., AP GG Art. 140 Nr. 1, zu B II 4 der Gründe, KirchE 16, 189; 25.3.1980 - 2 BvR 208/76 - BVerfGE 53, 366 ff., AP GG Art. 140 Nr. 6, zu C I 2a der Gründe, KirchE 18, 69; BAG 30.4.1997 - 7 ABR 60/95 - AP BetrVG 1972 § 118 Nr. 60, EzA BetrVG 1972 § 118 Nr. 66, zu B 1 der Gründe, KirchE 35, 153). Maßgebendes Kriterium für die Zuordnung einer Einrichtung zur Kirche ist danach nicht etwa die Zugehörigkeit zur Kirchenverwaltung; es genügt vielmehr, dass die Einrichtung der Kirche so nahe steht, dass sie Teil hat an der Verwirklichung eines Stücks Auftrag der Kirche im Geist christlicher Religiosität, im Einklang mit dem Bekenntnis der christlichen Kirche und in Verbindung mit den Amtsträgern der Kirche (BVerfG 25.3.1980 - 2 BvR 208/76 - aaO, zu C I 2a der Gründe, KirchE 18, 69). Die Mitwirkung von Laien bei der Verwaltung solcher Einrichtungen steht der Zuordnung zur Kirche nicht entgegen (BVerfG 25.3.1980 - 2 BvR 208/76 - aaO, zu C I 2a der Gründe, KirchE 18, 69).

b) Für die Zuordnung einer rechtlich selbstständigen Einrichtung zur Kirche ist allerdings nicht ausreichend, dass die Einrichtung ihrem Zweck nach auf die Verwirklichung eines kirchlichen Auftrags gerichtet ist. Hinzukommen muss ein Mindestmaß an Einflussmöglichkeiten der Kirche, um auf Dauer eine Übereinstimmung der religiösen Betätigung der Einrichtung mit kirchlichen Vorstellungen gewährleisten zu können. Der ordnende Einfluss der Kirche bedarf keiner satzungsmäßigen Absicherung. Die Kirche muss jedoch in der Lage sein, einen etwaigen Dissens in religiösen Angelegenheiten zwischen ihr und der Einrichtung unterbinden zu können (stRspr. des Bundesarbeitsgerichts, zuletzt 30.4.1997 - 7 ABR 60/95 - AP BetrVG 1972 § 118 Nr. 60, EzA BetrVG 1972 § 118 Nr. 66, zu B 2 der Gründe mwN, KirchE 35, 153).

2. Das Landesarbeitsgericht ist von diesen Grundsätzen ausgegangen und ist in deren Anwendung rechtsfehlerfrei zu dem Ergebnis gelangt, dass es sich bei dem von der Arbeitgeberin betriebenen Krankenhaus um eine Einrichtung der Ev.-Luth. Kirche in Thüringen handelt.

a) Das Krankenhaus ist seinem Zweck nach auf die Verwirklichung eines christlichen Auftrags ausgerichtet. Nach dem Selbstverständnis der ev. und kath. Kirche beschränkt sich die Religionsausübung nicht auf den Bereich des Glaubens und des Gottesdienstes, sondern umfasst insbesondere auch das karitative Wirken. Zu diesem gehört die kirchlich getragene Krankenpflege (BVerfG 25.3.1980 - 2 BvR 208/76 - BVerfGE 53, 366 ff., AP GG Art. 140 Nr. 6, zu C I 2 b der Gründe, KirchE 18, 69). Diesem Auftrag entspricht das in § 4 der Satzung der Arbeitgeberin statuierte kirchliche Proprium. Nach § 4 Abs. 1 der Satzung weiß sich der Gesellschafter Stiftung S. dem Auftrag verpflichtet, das Evangelium von Jesus Christus in Wort und Tat zu bezeugen, und betreibt die Krankenpflege in Wahrnehmung des kirchlich-diakonischen Auftrags. Nach § 4 Abs. 2 Satz 1 der Satzung trägt der Gesellschafter H. GmbH dieses kirchliche Proprium bei der Betreibung des Krankenhauses mit. Damit ist der Betrieb des Krankenhauses statutarisch auf die Verwirklichung eines christlichen Auftrags festgelegt. Die Bindung der Arbeitgeberin an den kirchlich-diakonischen Auftrag ergibt sich außerdem aus ihrer Mitgliedschaft im Diakonischen Werk Thüringen. Denn nach § 6 Abs. 2 a) der Satzung des Diakonischen Werks Thüringen ist die Arbeitgeberin verpflichtet, dessen Zwecke, Aufgaben und Ziele zu fördern. Diese sind auf die Verwirklichung des karitativen Auftrags gerichtet. Denn wie sich bereits aus der Präambel zur Satzung des Diakonischen Werks Thüringen ergibt, versteht diese Diakonie als Lebens- und Wesensäußerung der christlichen Kirche. Wie das Landesarbeitsgericht zutreffend ausgeführt hat, kann entgegen der Auffassung des Rechtsbeschwerdeführers aus § 3 der Satzung der Arbeitgeberin nicht auf deren weltanschaulich-religiöse Neutralität geschlossen werden. Der Umstand, dass dort neben dem kirchlichen auch gemeinnützige und mildtätige Zwecke im Sinne der Abgabenordnung genannt sind, hat ersichtlich lediglich steuerliche Bedeutung. Entgegen der Auffassung des Rechtsbeschwerdeführers steht der christlichen Ausrichtung der Arbeitgeberin vorliegend auch nicht der Umstand entgegen, dass die Alleingesellschafterin eines der beiden Gesellschafter, die S., zur weltanschaulich-religiösen Neutralität verpflichtet ist. Im Rahmen des § 118 Abs. 2 BetrVG ist die Ausrichtung der Arbeitgeberin entscheidend. Die Ausrichtung eines Anteilseigners kann allenfalls ein bei dieser Beurteilung zu berücksichtigender Umstand sein. Ist aber, wie vorliegend, der Arbeitgeber nach seinen Statuten zweifelsfrei der Verwirklichung des christlichen Auftrags verpflichtet, so ist es unerheblich, wenn dies bei einem oder mehreren seiner Anteilseigner bzw. Gesellschafter nicht der Fall ist.

b) Wie das Landesarbeitsgericht gleichfalls zutreffend erkannt hat, ist das erforderliche Mindestmaß an Einflussmöglichkeiten der Amtskirche auf die von der Arbeitgeberin betriebene Einrichtung gewährleistet. Dieses folgt bereits aus der Mitgliedschaft der Arbeitgeberin im Diakonischen Werk Thüringen. Daher kommt es vorliegend nicht darauf an, ob der maßgebliche Einfluss der Amtskirche auch dadurch ausreichend gewährleistet ist, dass die zum Diakonischen Werk Thüringen gehörende Gesellschafterin Stiftung S. gemäß § 4 Abs. 2 der Satzung von der anderen Gesellschafterin, der H. GmbH, die Beachtung des kirchlichen Propriums verlangen und dieser gegenüber erforderlichenfalls auch durchsetzen kann.

aa) Die Satzung des Diakonischen Werks Thüringen sichert der Amtskirche ein ausreichendes Maß an inhaltlicher und personeller Einflussnahme auf das Diakonische Werk. Denn nach dieser Satzung ist das Diakonische Werk an die Grundentscheidungen der Kirche gebunden. Die Wahl des Vorsitzenden der Diakonischen Konferenz und des Vorsitzenden des Vorstands, die Aufnahme und der Ausschluss von Mitgliedern sowie Satzungsänderungen bedürfen der Zustimmung des Landeskirchenrats. Der Leiter des Diakonischen Werks, der ein ordinierter Pfarrer sein soll, wird durch die Synode gewählt. Auch die Zusammensetzung der Diakonischen Konferenz gewährleistet einen bestimmenden Einfluss der Amtskirche.

bb) Wie das Landesarbeitsgericht ebenfalls zutreffend ausgeführt hat, besteht die maßgebliche inhaltliche und personelle Einflussmöglichkeit der Ev.-Luth. Kirche Thüringen auch gegenüber der Arbeitgeberin. Als Mitglied des Diakonischen Werks Thüringen ist diese nach § 6 Abs. 2 a) der Satzung des Diakonischen Werks verpflichtet, dessen satzungsmäßigen Zwecke, Aufgaben und Ziele zu fördern, und damit an die Grundentscheidungen der Kirche gebunden. Nach § 6 Abs. 2 b) der Satzung des Diakonischen Werks Thüringen ist die Arbeitgeberin grundsätzlich verpflichtet, in ihre leitenden Organe nur solche Personen zu berufen, die einer christlichen Kirche angehören. Zwar kann die Arbeitgeberin nach dem Aufnahmeschreiben des Diakonischen Werks vom 23.2.1998 von dieser Verpflichtung ausnahmsweise abweichen. Der leitende Mitarbeiter muss sich dann aber ausdrücklich bereit erklären, die Leitungstätigkeit im Sinne kirchlicher Diakonie wahrzunehmen. Der über die Mitgliedschaft der Arbeitgeberin im Diakonischen Werk Thüringen gewährleistete maßgebliche Einfluss der Amtskirche zeigt sich ferner darin, dass nach § 6 Abs. 2 d) der Satzung des Diakonischen Werks die Arbeitgeberin bei einer Änderung ihrer Satzung verpflichtet ist, die Zustimmung des Diakonischen Werks einzuholen und die Erteilung der Zustimmung davon abhängig ist, dass durch die Satzungsänderung das kirchliche Proprium nicht tangiert wird. Entgegen der Auffassung des Rechtsbeschwerdeführers liegt darin keine unzulässige Abspaltung von Stimmrechten. Die Wirksamkeit einer durch die Gesellschafterversammlung der Arbeitgeberin beschlossenen Satzungsänderung hängt nicht von der Zustimmung des Diakonischen Werks Thüringen ab. Eine das kirchliche Proprium berührende Satzungsänderung könnte allerdings vereinsrechtliche Folgen bis hin zum Ausschluss aus dem Diakonischen Werk Thüringen haben und möglicherweise dann auch zur Unanwendbarkeit des § 118 Abs. 2 BetrVG führen. Solange aber die Arbeitgeberin das kirchliche Proprium in ihrer Satzung statuiert und die sich aus der Mitgliedschaft im Diakonischen Werk Thüringen ergebenden Pflichten beachtet, ist der Einfluss der Amtskirche gewährleistet, der den Ausschluss des staatlichen Mitbestimmungsrechts im Betrieb der Arbeitgeberin rechtfertigt.

cc) Zutreffend hat das Landesarbeitsgericht auch erkannt, dass der Anwendung des § 118 Abs. 2 BetrVG weder die - mit dem Diakonischen Werk Thüringen abgestimmte - Anwendung des BAT-O auf die Arbeitsverhältnisse entgegensteht noch der Umstand, dass nach § 4 Abs. 2 Satz 2 der Satzung der Arbeitgeberin den von der H. GmbH übernommenen Beschäftigten kein Nachteil - aus dem kirchlichen Proprium - entstehen darf. § 118 Abs. 2 BetrVG schützt seinem Zweck nach nicht das Bestehen einer christlich motivierten Lebensgemeinschaft. Vielmehr steht es der Kirche aufgrund ihres verfassungsrechtlich garantierten Selbstordnungs- und Selbstverwaltungsrechts frei, in eigener Verantwortung zu entscheiden, inwiefern sie von den Beschäftigten die Einhaltung der kirchlichen Lebensordnung verlangt (BAG 30.4.1997 - 7 ABR 60/95 - AP BetrVG 1972 § 118 Nr. 60, EzA BetrVG 1972 § 118 Nr. 66, zu B 3 c cc der Gründe, KirchE 35, 153). Ebenfalls zutreffend hat das Landesarbeitsgericht schließlich auch erkannt, dass durch die Gastmitgliedschaft der Arbeitgeberin im Kommunalen Arbeitgeberverband weder die kirchliche Ausrichtung des Krankenhauses noch die Einflussmöglichkeiten der Amtskirche beseitigt oder eingeschränkt werden.

7

Zur Frage der Einbeziehung eines Geländestreifens, der früher als katholischer Friedhof genutzt worden ist, in ein Planfeststellungsverfahren für öffentliches Straßenland.

Art. 4 Abs. 1 u. 2, 140 GG, 138 Abs. 2 WRV
OVG Saarland, Beschluss vom 6. August 2002 - 2 U 3/02[1] -

Die Antragstellerin (kath. Kirchengemeinde) beantragt im vorliegenden Verfahren die Anordnung der gemäß den §§ 80 Abs. 2 Satz 1 Nr. 3 VwGO, 29 Abs. 6 Satz 2 PBefG ausgeschlossenen aufschiebenden Wirkung ihrer Klage gegen einen Planfeststellungsbeschluss der Beklagten. Sie macht u.a. geltend, dass die dem angefochtenen Planfeststellungsbeschluss zugrunde liegende Abwägung an beachtlichen Mängeln leidet; diese beträfen die Behandlung ihrer im Anhörungsverfahren vorgebrachtes Interesse, dass die Standsicherheit ihres Kirchengebäudes nicht durch von vorbeifahrenden Stadtbahnzügen ausgelöste Erschütterungen beeinträchtigt und dass nicht - zur Anlegung der Haltestelle „Post" - in das Gelände des vor längerer Zeit geschlossenen katholischen Friedhofs eingegriffen wird.

Der Senat gibt dem Aussetzungsantrag statt. Der folgende Auszug wird auf die Erwägung beschränkt, dass das Planfeststellungsverfahren

---

[1] NVwZ 2003, 1004; UPR 2003, 119 (LS). Das Hauptsacheverfahren (1 M 1/03) wurde am 19.11.2003 durch Vergleich erledigt, der jedoch später von der Antragstellerin angefochten wurde. Den Antrag auf Fortsetzung des Verfahrens (nunmehr 1 M 1/06) hat die Antragstellerin am 21.3.2006 mit Zustimmung der Beklagten zurückgenommen, so dass Einstellung des Verfahrens erfolgte.

eine angemessene Berücksichtigung staatskirchenrechtlicher Aspekte hinsichtlich der Inanspruchnahme des Friedhofsgeländes vermissen lasse.

Aus den Gründen:

Ebenso wie (...) unter dem Gesichtspunkt der Behandlung der von der Antragstellerin vorgebrachten Bedenken hinsichtlich der Erhaltung der Standsicherheit ihres Kirchengebäudes ist mit hoher Wahrscheinlichkeit von einem beachtlichen Abwägungsfehler auszugehen, was die Pflicht zur bedeutungsangemessenen Berücksichtigung ihres Interesses anbelangt, eine unmittelbare Inanspruchnahme des auf der Parzelle Nr. 32/44 gelegenen Friedhofs zur Anlegung vor allem der Haltestelle „Post" zu vermeiden. Nach den Angaben im planfestgestellten Grunderwerbsverzeichnis (laufende Nrn. 309.01 bis 309.03) und des Grunderwerbsplanes sollen von der früher als katholischer Friedhof genutzten insgesamt 10.914 m^2 großen Parzelle 951 m^2 auf Dauer und 688 m^2 vorübergehend für das Vorhaben in Anspruch genommen werden. Die Antragstellerin hat sich innerhalb der Einwendungsfrist unter anderem gegen den vorgesehenen Eingriff in das Friedhofsgelände gewandt und (...) geltend gemacht, sie sei in ihrer Rolle als Religionsgemeinschaft über die rein eigentumsrechtliche Position hinaus auch dort tangiert, wo der frühere Friedhof zu einem wesentlichen Teil als Bahnstation genutzt werden solle. Das verletze erheblich die Gefühle der Mitglieder ihrer Kirchengemeinde, die ihre Vorfahren hier bestattet wüssten. Ferner hat sie im Zusammenhang mit ihrer Forderung, die Trasse im Bereich der Haltestelle „Post" eingleisig auszugestalten, auf den ihr zukommenden Schutz durch Art. 140 GG und die danach fortgeltenden (Kirchen-)Bestimmungen der Weimarer Reichsverfassung sowie auf die Betroffenheit der Religionsausübung durch den Eingriff in das Friedhofsgelände hingewiesen (...). Der Antragsgegner hat sich zwar ausweislich des angefochtenen Planfeststellungsbeschlusses (...) mit den Einwendungen gegen den vorgesehenen Eingriff in das Friedhofsgelände befasst und diesen die für die vorgesehene Planung sprechenden Gründe gegenübergestellt. Auch sind die insoweit angestellten Erwägungen - worauf hier nicht im Einzelnen eingegangen werden soll - gemessen an der Bedeutung des durch Art. 14 Abs. 1 GG gewährleisteten Eigentumsrechts bei den vorliegenden Gegebenheiten aller Voraussicht nach nicht als im Verständnis von § 28 Abs. 8 Satz 1 PBefG erheblich abwägungsfehlerhaft zu beanstanden. Die Ausführungen im Planfeststellungsbeschluss lassen jedoch erkennen, dass der Antragsgegner sich, möglicherweise, weil er - worauf Ausführungen unter dem Stichwort „Pietätsverletzung" sowie im Antrags- und im Klageverfahren hindeuten - nicht von einem Fortbestand des Friedhofs nach Einstellung der Bestattungen ausgegangen ist, nicht mit dessen Bedeutung als Gegenstand der Religionsausübung und dem insoweit durch Art. 4 Abs. 1 u. 2 GG sowie durch Art. 140 GG in Verbindung mit dem in das Grundgesetz inkorporierten Art. 138 Abs. 2 WRV gewährten Schutz auseinander gesetzt hat.

Insoweit ist für die Beurteilung im vorliegenden Verfahren aufgrund der von der Antragstellerin vorgelegten Lagepläne und dem ebenfalls eingereichten Auszug aus ihrem Lagerbuch mit überwiegender Wahrscheinlichkeit zunächst davon auszugehen, dass das in Rede stehende Flurstück Nr. 32/44 im 19. und in den Anfangsjahren des 20. Jahrhunderts als entsprechend geweihter katholischer Friedhof genutzt wurde. Der Senat hält es ferner für glaubhaft, dass diese Zweckbestimmung auch nicht ausdrücklich durch entsprechenden kirchlichen Akt aufgehoben wurde. Ferner ist weder aufgezeigt noch erkennbar, dass eine Säkularisation des Friedhofs konkludent - etwa durch anderweitige Verwendung von Friedhofsflächen - erfolgt wäre. Die diesbezügliche Aufklärungsverfügung vom 18.6.2002 hat insoweit keinerlei Hinweise erbracht, die Anlass zu einer dahingehenden Annahme geben könnten. Gegen die Vornahme einer „Entwidmung" spricht mit Gewicht, dass die Antragsgegnerin das Friedhofsgelände, das vormals offenbar im Eigentum der Gemeinde R. gestanden hat, erst im Jahre 1949 im Wege eines Geländetauschs als Eigentum übernommen hat, obwohl seinerzeit die Nutzung des Friedhofs zu Bestattungszwecken bereits eingestellt war. Dieser Vorgang lässt sich nicht zuletzt mit Blick auf das Schicksal des unmittelbar benachbarten evangelischen Friedhofs, der inzwischen offenbar teilweise bebaut ist, nach dem derzeitigen Stand durchaus dahin verstehen, dass es der Antragstellerin um die Sicherstellung des Fortbestandes ihres Friedhofs gegangen ist, an dessen Nutzung derzeit ein offenbar nach wie vor unterhaltenes und als Andachtsort genutztes Kreuz erinnert.

Die Zweckbestimmung der Parzelle Nr. 32/44 als - katholischer - Friedhof ist auch nicht durch die im Jahre 1919 ordnungsbehördlich abgelehnte Wiederbelegung des Friedhofs und die ab dem Jahre 1934 erfolgte Einstellung der Bestattungen entfallen. Ebenso wenig führt der Ablauf der Ruhezeiten zu einer Aufhebung des Friedhofs. Insoweit ist zu unterscheiden zwischen einer Schließung des Friedhofs und seiner Entwidmung (vgl. Gaedke, Handbuch des Friedhofs- und Bestattungsrechts, 8. Aufl. 2000, S. 62 - 66). Die bloße Schließung als Außerdienststellung eines Friedhofs in dem Sinne, dass dort keine weiteren Bestattungen mehr erfolgen, ändert nichts am Fortbestand seiner Zweckbestimmung als Ort der Totenruhe und -verehrung. Diese Zweckbestimmung wird einem Friedhof erst durch Entwidmung - als actus contrarius zur Widmung - entzogen, für die bei kirchlichen Friedhöfen allein die betreffende Kirchengemeinde zuständig ist (vgl. auch Gaedke, aaO, S. 41, zur Zuständigkeit der Kirchengemeinde für die Widmung; OVG Hamburg, Beschluss vom 9.4.1992, NVwZ 1992, 1212 [1213], KirchE 30, 204). Dass eine solche Entwidmung (Säkularisation) des hier in Rede stehenden

Friedhofs ausdrücklich oder zumindest konkludent (etwa durch Nutzungsänderung) erfolgt wäre, ist - wie bereits angesprochen - nach dem derzeitigen Kenntnisstand weder aufgezeigt noch erkennbar. Es spricht danach alles dafür, dass die Zweckbestimmung des Flurstücks Nr. 32/44 als katholischer Friedhof nach wie vor andauert. Als katholischer Friedhof ist das betreffende Gelände indes Gegenstand der Religionsausübung und unterliegt als solches dem Schutz des Art. 4 Abs. 1 u. 2 GG sowie des Art. 140 GG iVm Art. 138 Abs. 2 WRV (vgl. zum Beispiel Gaedke, aaO, S. 19; Schlink, Neuere Entwicklungen im Recht der kirchlichen und öffentlichen Sachen und der res sacrae, NVwZ 1987, 633 [640 mwN]). Nach der Rechtsprechung des Bundesverwaltungsgerichts besteht der Zweck des über Art. 140 GG in das Grundgesetz inkorporierten Art. 138 Abs. 2 WRV darin, die besondere Funktion des Kirchenguts (als Gegenstand der Religionsausübung) gegenüber Zugriffen des Staates zu schützen. Gegenstand des Schutzes ist der Bestand des Vermögens der Religionsgesellschaften und dessen widmungsgemäße Funktion bei der Erfüllung der von ihnen eigenständig gesetzten Aufgaben. Vor allem dieser funktionelle Schutzzweck hebt die Gewährleistung des Art. 138 Abs. 2 WRV über die allgemeine Eigentumsgarantie des Art. 14 GG hinaus und vermittelt ihr im Vergleich zu jener Garantie einen eigenständigen Schutzbereich (so ausdrücklich BVerwG, Urteil vom 15.11.1990, BVerwGE 87, 115 [121], KirchE 28, 294). Träger der Berechtigung aus Art. 140 GG iVm Art. 138 Abs. 2 WRV können nicht nur die Religionsgemeinschaften als Ganzes, sondern auch deren Untergliederungen, mithin auch Kirchengemeinden als Friedhofsträger sein (vgl. Maunz, in: Maunz-Dürig, Grundgesetz, Art. 140 Rn 8; BVerwG, Urteil vom 15.11.1990, BVerwGE 87, 115 [123], KirchE 28, 294). Der Schutz des kirchlichen Friedhofs durch Art. 140 GG iVm Art. 138 Abs. 2 WRV besteht ferner unabhängig davon, ob er zugleich die Eigenschaft einer öffentlichen Sache hat (BVerwG, Urteil vom 15.11.1990, BVerwGE 87, 115 [131], KirchE 28, 294; im Übrigen Schlink, aaO, NVwZ 1987, 633 [636]).

Ist danach nach dem derzeitigen Erkenntnisstand mit zumindest überwiegender Wahrscheinlichkeit davon auszugehen, dass die zur Inanspruchnahme für Zwecke der Stadtbahn vorgesehene Parzelle Nr. 32/44 nach wie vor der Zweckbestimmung als katholischer Friedhof unterliegt und insoweit als Gegenstand der Religionsausübung gemäß Art. 4 Abs. 1 u. 2 GG sowie Art. 140 GG iVm Art. 138 Abs. 2 WRV einem besonderen Schutz unterliegt, so bedeutet das freilich nicht, dass sie deswegen jeglichem staatlichen Zugriff entzogen wäre. In Literatur und Rechtsprechung ist nämlich anerkannt, dass auch Sachen, die einer religiösen Zweckbestimmung unterliegen, durchaus aufgrund der durch Art. 140 GG, 137 Abs. 3 WRV begründeten Bindung auch der Religionsgesellschaften an die für alle geltenden Gesetze von staatlichen - zum Beispiel ordnungsbehördlichen - Maßnahmen und Planungen erfasst und auch enteignet werden können (vgl. zum Beispiel Schlink, aaO, NVwZ 1987,

633 [634, 639]; Papier, in: Maunz/Dürig, GG, Art. 14 Rn 214; BVerwG, Urteil vom 7.10.1983, BVerwGE 68, 62 [65], KirchE 21, 251, betreffend liturgisches Glockenläuten, sowie Urteil vom 15.11.1990, BVerwGE 87, 115 [124 f.], KirchE 28, 294, und Beschluss vom 19.10.1999 - 4 BN 40.99 -, soweit ersichtlich nicht veröffentlicht). Voraussetzung für einen solchen staatlichen Zugriff ist jedoch, dass dieser durch das Ergebnis einer der Bedeutung der Gewährleistungen des Art. 4 Abs. 1 u. 2 GG und des Art. 140 GG iVm Art. 138 Abs. 2 GG konkret fallbezogen Rechnung tragenden Abwägung des Interesses an der Erhaltung des potenziell betroffenen Gegenstandes in seiner ihm zugedachten religiösen Funktion mit den gegenläufigen für das Vorhaben sprechenden Gemeinwohlbelangen gerechtfertigt ist (vgl. in diesem Zusammenhang BVerwG, Urteil vom 7.10.1983, BVerwGE 68, 62 [66], KirchE 21, 251, und Urteil vom 15.11.1990, BVerwGE 87, 115 [127], KirchE 28, 294).

Der Vornahme einer solchen Abwägung dürfte vorliegend auch unter einem anderen Gesichtspunkt besondere Bedeutung zukommen: Gemäß § 30 PBefG äußert der Planfeststellungsbeschluss sogenannte „enteignungsrechtliche Vorwirkung“. Eine Enteignung wiederum ist nur zulässig, wenn der mit ihr verfolgte Zweck erreicht werden kann; nur dann kann sie im Verständnis von Art. 14 Abs. 3 GG als zum Wohl der Allgemeinheit erforderlich angesehen werden. Die Verwendung eines Friedhofs zu anderen öffentlichen (oder gar privaten) Zwecken setzt freilich voraus, dass dessen bisherige Widmung als Ort der Bestattung, der Totenruhe und des Totengedenkens aufgehoben wird. Soweit es sich um einen kirchlichen Friedhof handelt, bedarf es insoweit der Entwidmung (Säkularisation) durch die ihn tragende Kirchengemeinde. Erforderlich ist insoweit im „Außenverhältnis“ eine entsprechende Entwidmungserklärung - Willenserklärung - (BVerwG, Urteil vom 15.11.1990, BVerwGE 87, 115 [132], KirchE 28, 294; Schlink, aaO, NVwZ 1987, 633 [639]), deren Abgabe, da sie in den Bereich des kirchlichen Selbstbestimmungs- und -verwaltungsrechts fällt, durch die dem Planfeststellungsbeschluss zukommende Konzentrationswirkung (§§ 72 Abs. 1, 75 Abs. 1 (S)VwVfG) nicht ersetzt wird, die vielmehr erforderlichenfalls einzuklagen ist (BVerwG, Urteil vom 15.11.1990, BVerwGE 87, 115 [132], KirchE 28, 294; Schlink, a.a.O, NVwZ 1987, 633, 634, 639). Hiervon ausgehend spricht alles dafür, dass die im Planfeststellungsbeschluss zu treffende Entscheidung über die grundsätzliche Rechtfertigung der Enteignung für Zwecke des Vorhabens auch die Vornahme der vorbeschriebenen, die Gewährleistungen des Art. 4 Abs. 1 u. 2 GG und des Art. 140 GG iVm Art. 138 Abs. 2 WRV berücksichtigenden Abwägung voraussetzt, damit feststeht, dass die für das Vorhaben sprechenden Belange auch die Aufhebung der religiösen Zweckbindung der Sache rechtfertigen und sich deshalb unter diesen Gesichtspunkten kein Hindernis für die Erreichung des Enteignungszwecks ergibt (vgl. insoweit auch Schlink, aaO, NVwZ 1987, 633 [634, 639]).

Die danach im vorliegenden Fall geboten gewesene Abwägung des durch die genannten Grundrechtsartikel besonders geschützten Interesses an der Erhaltung des Friedhofs in seiner bisherigen Zweckbestimmung als Gegenstand der Religionsausübung mit den für die Inanspruchnahme für Zwecke des Stadtbahnprojektes sprechenden Interesses hat der Antragsgegner, möglicherweise weil er, worauf seine Erwägungen unter dem Stichwort „Pietätsverletzung“ im Planfeststellungsbeschluss (...) hindeuten, von einer Beendigung der Friedhofsnutzung - „dient heute als Parkanlage“ - ausgegangen ist, bislang nicht vorgenommen. Er hat sich vielmehr darauf beschränkt, das von der Antragstellerin vorgebrachte Interesse an der Vermeidung des vorgesehenen Eingriffs unter den Gesichtspunkten der Eigentumsinanspruchnahme und der Wahrung der Pietät in die Abwägung einzustellen, wobei er unter dem letztgenannten Begriff, wie seine diesbezüglichen Ausführungen zeigen, ersichtlich nicht die Berücksichtigung der religiösen Zweckbestimmung, sondern einen taktvollen Umgang mit im Zuge der Bauarbeiten möglicherweise anzutreffenden Gräbern versteht.

Das insoweit festzustellende Abwägungsdefizit ist auch offenkundig im Verständnis von § 29 Abs. 8 Satz 1 PBefG, da es aus dem Planfeststellungsbeschluss und den Unterlagen des Planfeststellungsverfahrens hervorgeht. Zudem ist es nach dem derzeitigen Erkenntnisstand zumindest wahrscheinlich, dass der Mangel auch kausal für die getroffene Entscheidung war. Insbesondere kann aus den Erwägungen im Planfeststellungsbeschluss unter den Stichworten „Eigentumsinanspruchnahme“ und „Pietätsverletzung“ nicht geschlossen werden, dass der Antragsgegner auch in Kenntnis der Pflicht zur Berücksichtigung des grundgesetzlich geschützten Interesses an der Erhaltung des Friedhofs als Gegenstand der Religionsausübung die Planung in dem betreffenden Bereich unverändert festgesetzt hätte. Zwar mag es durchaus sein, dass die von ihm unter den angeführten Stichworten angestellten Erwägungen es rechtfertigen können, auch das Interesse an der Erhaltung des Friedhofsgeländes in seiner religiösen Funktion zugunsten der Planung hintanzustellen, wenn es zutrifft, dass das Vorhaben nur in einen Randbereich eingreift, mit dem aufgrund eines über Jahrzehnte herangewachsenen Baumbestandes praktisch niemand mehr das Vorhandensein von Gräbern verbindet, während der weitaus überwiegende Teil der Fläche mit dem Kreuz als zentraler Andachtsstätte und Gedenkstätte unberührt bleibt. Auf der anderen Seite besteht indes durchaus die Möglichkeit, dass der Antragsgegner den hier in Rede stehenden Belang der Antragstellerin mit Blick auf das ihm durch die Gewährleistungen des Art. 4 Abs. 1 u. 2 GG sowie des Art. 140 GG iVm Art. 138 Abs. 2 WRV vermittelte Gewicht auch bei den vorliegenden Gegebenheiten zum Anlass genommen hätte, sich für eine - nunmehr von der Beigeladenen ins Gespräch gebrachte - Verlegung der Trasse zur anderen Straßenseite hin zu entscheiden (vgl. in diesem Zusammenhang BVerwG, Urteil vom

28.2.1996, NVwZ 1996, 1011 [1015], wonach der Aspekt der Wahrung der Totenruhe durch Vermeidung eines Eingriffs in einen Friedhof die Inanspruchnahme von Privateigentum rechtfertigen kann; bei dem jener Entscheidung zugrunde liegenden Sachverhalt stand allerdings im Unterschied zu der hier vorliegenden Konstellation ein Eingriff in einen kirchlichen Friedhof im Raum, der die Umbettung von mehr als 2000 Grabstätten erforderlich gemacht hätte). Zwar ist zuzugeben, dass sich eine solche Lösung bei den vorliegenden Gegebenheiten nicht gerade aufdrängt; sie bewegt sich jedoch bei hier nur möglicher summarischer Würdigung durchaus im Bereich des Möglichen.

Ist danach auch was die Einbeziehung des von der Antragstellerin geltend gemachten Interesses an dem unveränderten Fortbestand ihres Friedhofs als Gegenstand der Religionsausübung anbelangt, mit hoher Wahrscheinlichkeit ein nach Maßgabe von § 29 Abs. 8 Satz 1 PBefG erheblicher Abwägungsfehler zu beanstanden, so kann dieser Mangel freilich nach den bereits dargelegten Grundsätzen gleichfalls in einem ergänzenden Verfahren, in dem die unterbliebene Abwägung nachgeholt wird, ausgeräumt werden und führt deswegen im Hauptsacheverfahren nicht zur Aufhebung des angefochtenen Planfeststellungsbeschlusses.

Das ändert freilich nichts daran, dass derzeit eine überwiegende Wahrscheinlichkeit dafür spricht, dass im Hauptsacheverfahren aus den dargelegten Gründen die Rechtswidrigkeit und Nichtvollziehbarkeit des angefochtenen Planfeststellungsbeschlusses ausgesprochen werden wird, soweit er das Grundeigentum der Antragstellerin betrifft. Das rechtfertigt es, der Antragstellerin im vorliegenden Verfahren einen Anspruch auf Aussetzung der sofortigen Vollziehbarkeit dieser Verwaltungsentscheidung zuzubilligen, zumal Interessen von außergewöhnlichem Gewicht, die es - ausnahmsweise - auch in dieser Konstellation rechtfertigen könnten, den öffentlichen und Beigeladeneninteressen an einer durch die aufschiebende Wirkung eines Rechtsbehelfs nicht behinderten umgehenden Ausnutzung des Planfeststellungsbeschlusses einen Vorrang vor den gegenläufigen Antragstellerinteressen zuzuerkennen, weder dargetan noch erkennbar sind.

8

Zur Zulässigkeit von kritischen Informationen einer Landesregierung über Tätigkeit und Ziele religiös-weltanschaulicher Vereinigungen.

Art. 4 GG vermittelt religiösen und weltanschaulichen Gemeinschaften nicht das Recht, von anderen (hier: in einem vom baden-württembergischen Kultusministerium herausgegebenen Bericht) nur so dargestellt zu werden, wie sie sich selbst sehen. Denn auch

der in religiös-weltanschaulichen Angelegenheiten zur Neutralität verpflichtete Staat ist nicht gehindert, das tatsächliche Verhalten einer religiösen oder weltanschaulichen Gruppierung oder das ihrer Mitglieder nach weltlichen Kriterien zu beurteilen, selbst wenn dieses Verhalten letztlich religiös oder weltanschaulich motiviert ist (im Anschluss an BVerfGE 102, 370 [394], KirchE 38, 502; BVerfG, Beschluss vom 26.6.2002 - 1 BvR 670/91 - KirchE 40, 336).

Art. 4 Abs. 1 u. 2 GG, Art. 45 LV.BW
BVerfG, Nichtannahmebeschluss vom 12. August 2002
- 1 BvR 1044/93[1] -

Die Verfassungsbeschwerde betrifft Äußerungen einer Landesregierung über die Bewegung des Rajneesh Chandra Mohan und die ihr angehörenden Gemeinschaften.

Der Beschwerdeführer ist ein - als eingetragener Verein des bürgerlichen Rechts geführter - Meditationsverein der so genannten Osho-Bewegung. Er wandte sich im Ausgangsverfahren gegen die Nennung dieser Bewegung in einem „Bericht über Aufbau und Tätigkeit der sog. Jugendsekten“ des Ministeriums für Kultus und Sport Baden-Württemberg, der 1987 im Auftrag der Landesregierung veröffentlicht, 1988 nachgedruckt und unter anderem in Schulen verbreitet wurde (näher zu dem Bericht: KirchE 30, S. 270 [270 ff.]). Das Verwaltungsgericht hat der Unterlassungsklage stattgegeben (vgl. KirchE ebd., 273 ff.), der VGH Baden-Württemberg hat sie dagegen mit dem angegriffenen Urteil im Wesentlichen abgewiesen (vgl. KirchE 30, 270). Das Bundesverwaltungsgericht (KirchE 31, 145) hat die Beschwerde gegen die Nichtzulassung der Revision mit dem ebenfalls angegriffenen Beschluss zurückgewiesen.

Die Verfassungsbeschwerde, mit der der Beschwerdeführer die Verletzung von Art. 4 Abs. 1 u. 2 GG rügt und einen Verstoß gegen Art. 103 Abs. 1 GG geltend macht, wurde nicht zur Entscheidung angenommen.

Aus den Gründen:

1. Der Verfassungsbeschwerde kommt grundsätzliche verfassungsrechtliche Bedeutung nicht zu. Die verfassungsrechtlichen Grundsatzfragen, die nach Auffassung des Beschwerdeführers auch das vorliegende Verfassungsbeschwerdeverfahren prägen, hat der Erste Senat des Bundesverfassungsgerichts in dem Beschluss vom 26.6.2002 - 1 BvR 670/91 - (KirchE 40, 336) entschieden (vgl. auch den Beschluss vom selben Tage

---

[1] NVwZ-RR 2002, 801.

in den Verfahren 1 BvR 558/91 u. 1428/91 - Glykol). Das gilt sowohl, was den Prüfungsmaßstab des Art. 4 Abs. 1 u. 2 GG und die Bedeutung des staatlichen Neutralitätsgebots in religiös-weltanschaulichen Fragen für die Bestimmung des Schutzbereichs dieses Grundrechts angeht, als auch, was das grundsätzliche Recht der Bundesregierung anbelangt, im Rahmen der Wahrnehmung der ihr unmittelbar in der Verfassung zugewiesenen Aufgabe der Staatsleitung durch Informationshandeln zu aktuellen Geschehnissen und Entwicklungen im Bereich von Staat und Gesellschaft Stellung zu nehmen, dabei den Bürgern Verhaltensempfehlungen zu geben und erforderlichenfalls auch Warnungen auszusprechen, und zwar ohne weitere einfachgesetzliche Ermächtigung auch dann, wenn das Informationshandeln zu mittelbar-faktischen Grundrechtsbeeinträchtigungen führt. Auch die begrenzenden Anforderungen des Verhältnismäßigkeitsgrundsatzes bei Inanspruchnahme der Kompetenz zur staatsleitenden Informationstätigkeit sind für die Zukunft in grundsätzlicher Weise geklärt worden.

Dabei hat das Bundesverfassungsgericht - in beiden unter dem 26.6.2002 ergangenen Entscheidungen - ausdrücklich vorausgesetzt, dass im Rahmen ihres Verantwortungsbereichs auch die Landesregierungen unmittelbar von Verfassungs wegen zum Informationshandeln ermächtigt sein können. Ob dies der Fall ist, ist nach Landesverfassungsrecht zu beurteilen. Es ist deshalb aus der Sicht des Bundesverfassungsrechts nicht zu beanstanden, dass im Ausgangsverfahren angenommen worden ist, die gegenüber der Osho-Bewegung und den ihr angehörenden Gemeinschaften kritischen Äußerungen und Bewertungen in dem vom baden-württembergischen Kultusministerium herausgegebenen Bericht seien im Grundsatz durch das unmittelbar aus Art. 45 der Landesverfassung folgende Äußerungs- und Informationsrecht der Landesregierung gedeckt.

Mehr an Grundsätzlichem wird - wohl auch nach Auffassung des Beschwerdeführers - im vorliegenden Verfahren nicht aufgeworfen. Dieser hat in der Beschwerdeschrift immer wieder darauf hingewiesen, dass die verfassungsrechtliche Problematik derjenigen gleiche, über die in dem - vom Beschwerdeführer mit betriebenen - Verfahren 1 BvR 670/91 entschieden worden ist.

2. Die Annahme der Verfassungsbeschwerde zur Entscheidung ist auch nicht zur Durchsetzung der vom Beschwerdeführer als verletzt gerügten Verfassungsrechte angezeigt. Denn die Verfassungsbeschwerde hat keine Aussicht auf Erfolg.

a) Das ergibt sich, soweit der Beschwerdeführer einen Verstoß gegen die Gewährleistung des rechtlichen Gehörs in Art. 103 Abs. 1 GG geltend macht, schon daraus, dass diese Rüge den Begründungserfordernissen des § 92 iVm § 23 Abs. 1 Satz 2 Halbsatz 1 BVerfGG nicht genügt.*(wird ausgeführt)*

b) Auch die weiteren Rügen bleiben ohne Erfolg.

aa) Dazu kann, soweit der Beschwerdeführer eine Verletzung von Art. 4 Abs. 1 u. 2 GG geltend macht, auf die Ausführungen in der Senatsentscheidung 1 BvR 670/91 vom 26.6.2002 verwiesen werden. Dass Gruppierungen, die wie der Beschwerdeführer zumindest weltanschauliche Ziele verfolgen und sich deshalb auf Art. 4 Abs. 1 u. 2 GG berufen können, es hinnehmen müssen, dass sich der Staat und seine Organe mit ihnen in der Öffentlichkeit - auch kritisch - auseinander setzen, wird in jener Entscheidung näher begründet. Aus ihr lässt sich auch entnehmen, dass die Landesregierung - im Lichte der vorstehenden Ausführungen unter 1) - zu der Herausgabe des streitgegenständlichen Berichts dem Grunde nach ohne weitere gesetzliche Ermächtigung berechtigt war und in diesem Bericht die Begriffe „Jugendsekte“, „Sekte“ und „Jugendreligion“ mit Bezug auf Gruppen wie den Beschwerdeführer in verfassungsrechtlich unbedenklicher Weise verwendet hat. Dass die Verwaltungsgerichte insoweit Beanstandungen nicht vorgenommen haben, begegnet deshalb aus der Sicht des Bundesverfassungsrechts ebenfalls keinen Bedenken.

Soweit der Beschwerdeführer außerdem rügt, dem Selbstverständnis der Osho-Bewegung sei in dem Bericht des Landesministeriums wie in den angegriffenen Entscheidungen nicht ausreichend Rechnung getragen worden, lässt er unberücksichtigt, dass Art. 4 GG religiösen und weltanschaulichen Gemeinschaften - wie Art. 12 Abs. 1 GG Wirtschaftsunternehmen nach der dazu ergangenen Senatsentscheidung 1 BvR 558/91 u. 1428/91 vom 26.6.2002- nicht das Recht vermittelt, von anderen nur so dargestellt zu werden, wie sie sich selbst sehen. Denn auch der in religiös-weltanschaulichen Angelegenheiten zur Neutralität verpflichtete Staat ist nicht gehindert, das tatsächliche Verhalten einer religiösen oder weltanschaulichen Gruppierung oder das ihrer Mitglieder nach weltlichen Kriterien zu beurteilen, selbst wenn dieses Verhalten letztlich religiös oder weltanschaulich motiviert ist (vgl. BVerfGE 102, 370 [394], KirchE 38, 502; BVerfG, Beschluss vom 26.6.2002 - 1 BvR 670/91 -, KirchE 40, 336).

9

Die „Katholische Junge Gemeinde“ ist nicht Teil der röm.-kath. Kirche als öffentlich-rechtliche Religionsgemeinschaft iSd § 2 Abs. 1 Nr. 10 SGB VII, sondern eine eigenständige Organisation auf vereinsrechtlicher Grundlage; ehrenamtliche Tätigkeit für eine solche Vereinigung steht nicht unter Versicherungsschutz nach § 2 Abs. 1 Nr. 10 SGB VII. Die Vorschrift ist nicht erweiternd dahin auszulegen, dass Unfallversicherungsschutz bereits dann gegeben ist, wenn

eine ehrenamtliche Tätigkeit der betreffenden öffentlich-rechtlichen Religionsgemeinschaft lediglich allgemein zuzurechnen ist.

Zur Frage, wann Versicherungsschutz nach § 2 Abs. 2 Satz 1 iVm Abs. 1 Nr. 1 SGB VII für den Betreuer einer Jugendfreizeit entfällt, weil die zum Unfall führende Handlung aufgrund mitgliedschaftlicher Verpflichtung erfolgte.

BSG, Urteil vom 13. August 2002 - B 2 U 5/02 R[1] -

Der 1982 geborene Kläger ist seit 1990 Mitglied der Katholischen Jungen Gemeinde (KJG) C. in L. und seit etwa 1995/96 Mitglied des Leitungsteams. In der Zeit vom 29.5.bis zum 1.6.1998 nahm er als Betreuer an einer „Pfingstfreizeit" der KJG in K. teil. Bei einer im Rahmen dieser Veranstaltung durchgeführten Nachtwanderung wollte er vor den Teilnehmern eine Einlage als „Feuerspucker" geben. Dabei atmete er versehentlich Lampenöl ein, sodass ein Teil davon in seine Lunge gelangte. Bei der stationären Krankenhausbehandlung wurde eine Pneumonie nach Petroleumaspiration diagnostiziert.

Mit den angefochtenen Bescheiden lehnte es Beklagte ab, den Unfall als Arbeitsunfall zu entschädigen. Unfallversicherungsschutz habe nicht gemäß § 2 Abs. 1 Nr. 1 SGB VII bestanden, weil der Kläger nicht in einem Beschäftigungsverhältnis zur KJG gestanden habe. Da er auch nicht für die röm.-kath. Kirche, sondern für die KJG tätig geworden sei, habe er auch nicht als ehrenamtlich für eine Körperschaft des öffentlichen Rechts Tätiger zum Kreis der unfallversicherten Personen gehört. Er sei auch nicht gemäß § 2 Abs. 2 SGB VII wie ein Beschäftigter, sondern im Rahmen seiner mitgliedschaftlichen Vereinspflichten für die KJG tätig gewesen.

Das Sozialgericht hat den Gemeindereferenten und geistlichen Leiter der Pfarrleitung der KJG S. als Zeugen vernommen und den Leiter des Bischöflichen Jugendamtes Pfarrer M. angehört. Sodann hat es die Beklagte unter Aufhebung der angefochtenen Bescheide verurteilt, eine chronische Bronchitis mit postinfektiöser bronchialer Hyperreagibilität als gesundheitliche Folge des Unfalls vom 30.5.1998 anzuerkennen; die darüber hinaus auf die Gewährung von Entschädigungsleistungen gerichtete Klage hat es als zu unbestimmt abgewiesen. Für den Kläger habe Unfallversicherungsschutz gemäß § 2 Abs. 1 Nr. 10 SGB VII bestanden. Diese Vorschrift sei angesichts dessen, dass nach dem SGB VII Unfallversicherungsschutz „wie ein ehrenamtlich Tätiger" anders als nach den Vorgängervorschriften (§ 539 Abs. 2 RVO iVm § 539 Abs. 1 Nr. 13 RVO) nicht mehr vorgesehen sei, andererseits aber nicht davon auszugehen sei, dass der Gesetzgeber diesen Unfallversicherungsschutz

[1] HVBG-INFO 2002, 2623.

habe einschränken wollen, und der Wichtigkeit des ehrenamtlichen Engagements in der heutigen Gesellschaft weit auszulegen. Es genüge, dass die ehrenamtliche Tätigkeit der öffentlich-rechtlichen Religionsgemeinschaft allgemein zuzurechnen sei. Dies sei hier bei der Tätigkeit des Klägers als Betreuer der Fall gewesen, weil die „Pfingstfreizeit" als Teil des öffentlich-rechtlichen Aufgabenbereichs der röm.-kath. Kirche angesehen werden müsse.

Auf die Berufung der Beklagten hat das Landessozialgericht das erstinstanzliche Urteil aufgehoben und die Klage in vollem Umfang abgewiesen.

Die Revision des Klägers blieb ohne Erfolg.

Aus den Gründen:

Die Revision des Klägers ist unbegründet. Er hat keinen Anspruch auf Anerkennung des Unfalls vom 30.5.1998 als Arbeitsunfall, wie das LSG zutreffend entschieden hat.

Gemäß § 8 Abs. 1 SGB VII sind Arbeitsunfälle Unfälle von Versicherten infolge einer den Versicherungsschutz nach den §§ 2, 3 oder 6 begründenden Tätigkeit (versicherte Tätigkeit). Der Kläger stand bei der Tätigkeit, die zum Unfall führte, weder nach § 2 Abs. 1 Nr. 10 SGB VII noch nach § 2 Abs. 1 Nr. 1 oder nach § 2 Abs. 2 Satz 1 iVm Abs. 1 Nr. 1 SGB VII, die bei der vorliegenden Sachlage allein in Betracht kommen, unter dem Schutz der gesetzlichen Unfallversicherung.

Nach § 2 Abs. 1 Nr. 10 SGB VII sind kraft Gesetzes versichert u.a. Personen, die für Körperschaften, Anstalten oder Stiftungen des öffentlichen Rechts oder deren Verbände oder Arbeitsgemeinschaften oder für öffentlich-rechtliche Religionsgemeinschaften ehrenamtlich tätig sind. Diese Regelung hat den Versicherungsschutz der ehrenamtlich für öffentlich-rechtliche Einrichtungen Tätigen aus der Vorgängervorschrift des § 539 Abs. 1 Nr. 13 RVO übernommen und auf „deren Verbände oder Arbeitsgemeinschaften", die privatrechtlichen Zusammenschlüsse dieser öffentlich-rechtlichen Einrichtungen, erweitert; gleichzeitig werden nunmehr ausdrücklich öffentlich-rechtliche Religionsgemeinschaften den genannten Körperschaften des öffentlichen Rechts im engeren Sinne gleichgestellt (vgl. amtliche Begründung in BT-Drs 13/2204 S. 74; Burchardt ZTR 1998, 109). Da sich der Versicherungsschutz für die ehrenamtliche Tätigkeit in Verbänden oder Arbeitsgemeinschaften ausdrücklich auf diejenigen von Körperschaften, Anstalten oder Stiftungen des öffentlichen Rechts bezieht („oder deren Verbände ...") und bei den daneben genannten öffentlich-rechtlichen Religionsgemeinschaften keine entsprechende Erweiterung aufgeführt wird, fällt die ehrenamtliche Tätigkeit in deren privatrechtlichen Verbänden oder Arbeitsgemeinschaften nicht unter die Nr. 10 aaO (vgl. Kater/Leube, SGB VII, § 2 Rn 249).

Zwar sind die Kirchen und ihre Kirchengemeinden, die nach Art. 140 GG iVm Art. 137 WRV Körperschaften des öffentlichen Rechts sind, nach der ständigen Rechtsprechung des BSG auch als Körperschaften iSd § 539 Abs. 1 Nr. 13 RVO anzusehen (vgl. BSGE 34, 163 [164], SozR Nr. 28 zu § 539 RVO, KirchE 12, 472; BSGE 40, 139 [140], SozR 2200 § 539 Nr. 10, KirchE 15, 13; BSG SozR 3-2200 § 539 Nr. 31, KirchE 32, 401). Durch die ausdrückliche Benennung der öffentlich-rechtlichen Religionsgemeinschaften in § 2 Abs. 1 Nr. 10 SGB VII ist jedoch klargestellt, dass mit den dort genannten Körperschaften des öffentlichen Rechts - anders als in § 539 Abs. 1 Nr. 13 RVO - allein die Körperschaften des öffentlichen Rechts im engeren Sinne gemeint sind, zu denen die Kirchen nicht gehören (vgl. amtliche Begründung in BT-Drs 13/2204, S. 75; Brackmann/Wiester, SGB VII, § 2 Rn 555). Für das vom Kläger angenommene „redaktionelle Versehen des Gesetzgebers“, der übersehen habe, dass auch öffentlich-rechtliche Religionsgemeinschaften Verbände oder Arbeitsgemeinschaften gebildet hätten, findet sich kein Anhalt. Aus der amtlichen Begründung (aaO) ist vielmehr zu entnehmen, dass die öffentlich-rechtlichen Religionsgemeinschaften den Körperschaften des öffentlichen Rechts im engeren Sinne ausdrücklich gleichgestellt werden sollten, ohne dass an eine Erweiterung des Versicherungsschutzes auf privatrechtliche Zusammenschlüsse gedacht war.

Der Kläger gehörte nicht zu dem nach § 2 Abs. 1 Nr. 10 SGB VII versicherten Personenkreis, denn er ist weder unmittelbar noch mittelbar für die röm.-kath. Kirche als öffentlich-rechtliche Religionsgemeinschaft ehrenamtlich tätig geworden. Nach den tatsächlichen Feststellungen des LSG, die nicht mit zulässigen und begründeten Verfahrensrügen angegriffen und daher für den Senat bindend (§ 163 SGG) sind, war Veranstalter der „Pfingstfreizeit“, an welcher der Kläger als Betreuer teilnahm, ausschließlich die KJG C. und nicht - auch nicht neben dieser Organisation - die Kirchengemeinde C., die Teil der röm.-kath. Kirche als öffentlich-rechtliche Religionsgemeinschaft ist. Der KJG, deren Leitungsteam der Kläger angehörte und für die er als Betreuer tätig wurde, oblag die organisatorische Durchführung, und sie trat als verantwortliche Veranstalterin auf. Dass die Veranstaltung von der Kirchengemeinde begrüßt und auch bezuschusst wurde, reicht für eine entsprechende Zuordnung nicht aus.

Die KJG ist nicht Teil der röm.-kath. Kirche als öffentlich-rechtliche Religionsgemeinschaft iSd § 2 Abs. 1 Nr. 10 SGB VII, sondern eine eigenständige Organisation auf vereinsrechtlicher Grundlage; ehrenamtliche Tätigkeit für eine solche Vereinigung steht nicht unter Versicherungsschutz nach § 2 Abs. 1 Nr. 10 SGB VII (vgl. zu § 539 Abs. 1 Nr. 13 RVO BSG SozR 3-2200 § 539 Nr. 41 mwN). Zu diesem Ergebnis ist das LSG auf der Grundlage seiner bindenden tatsächlichen Feststellungen rechtlich zutreffend gekommen. Danach besteht zwar eine enge ideelle, organisatorische und finanzielle Verknüpfung mit der röm.-kath. Kirche. Die ideelle Verbindung ist daraus ersichtlich, dass sich in der KJG junge Christinnen und Christen zusammenschließen, denen sie einen Zugang zum christlichen Glauben ermöglicht und die sie zu einem selbstverantworteten religiösen Leben ermutigt (Satzung der KJG Diözesanverband S. [im Folgenden „KJG-Satzung"], „Grundlagen und Ziele"). Darüber hinaus fördert sie auf vielfältige Weise, soziale, pädagogische und politische Verantwortung zu übernehmen und unterstützt die Entwicklung persönlicher Interessen und Fähigkeiten (vgl. KJG-Satzung aaO). Finanziell liegen insoweit Verbindungen vor, als die Veranstaltungen der KJG zum Teil durch das Bistum über die Gewährung von Zuschüssen finanziert werden. Die organisatorische Verknüpfung besteht darin, dass sich die Strukturen der KJG eng an die der verfassten röm.-kath. Kirche anlehnen. Eine organisatorische Eingliederung in diese bestehenden Strukturen besteht indes nicht. Die KJG ist vielmehr auf allen Ebenen als rechtlich eigenständiger, unabhängiger Verband organisiert. Basis der Organisation sind die „Pfarrgemeinschaften", die von den Mitgliedern der KJG in der jeweiligen Pfarrei gebildet werden (KJG-Satzung, 1. Rn 6) und die Mitglied im betreffenden Diözesanverband der KJG sind (Rn 7 aaO), der sich wiederum in den Dekanaten entsprechende Bezirke gliedert. Die „Pfarrgemeinschaft" kann sich eine Pfarrsatzung geben (Rn 13 aaO) und Träger von Vermögens- bzw. Eigentumsrechten sein (Rn 39 aaO); sie handelt durch eigene, selbst bestimmte Organe (Mitgliederversammlung, Leitungsteam und Pfarrleitung), deren Aufgaben und Kompetenzen in der KJG-Satzung geregelt sind (1.3 aaO). Eine Weisungsbefugnis der verfassten Kirche oder eine tatsächliche Steuerung durch diese ist nach den berufungsgerichtlichen Feststellungen nicht gegeben. Die einzige in der Satzung vorgesehene organisatorische Verknüpfung mit der verfassten Kirche - die Notwendigkeit der Besetzung einer Position der vierköpfigen Pfarrleitung mit einem in der Gemeinde dienenden Priester als „Geistlicher Leiter" (Rn 36 aaO) - dient nach den Feststellungen des LSG nicht der Steuerung der KJG durch die Kirche, sondern soll lediglich das religiöse Element der KJG durch entsprechend ausgebildete Fachkräfte Gewähr leisten. Zutreffend hat sich das LSG in diesem Zusammenhang auch auf die Entscheidung des BSG vom 24.3.1998 (SozR 3-2200 § 539 Nr. 41, KirchE 36, 106) gestützt, in der ein ähnlich vereinsrechtlich strukturierter katholischer Jugendverband (Deutsche Pfadfinderschaft St. Georg) nicht als Teil der röm.-kath. Kirche angesehen und damit Unfallversicherungsschutz bei ehrenamtlicher Tätigkeit für diesen Verband abgelehnt wurde. Der Umstand, dass dort als Ausdruck der rechtlichen Unabhängigkeit dieses Jugendverbandes die Möglichkeit des Bestehens eines Pfadfinderstammes für mehrere Kirchengemeinden genannt wurde, führt hier entgegen der Ansicht des Klägers zu keiner anderen Beurteilung. In der genannten Entscheidung wird dieser Gesichtspunkt als ein Ausdruck (unter anderen) der Unabhängigkeit, nicht als zwingende Voraussetzung für deren Vorliegen angeführt. Im Falle der KJG wären als weitere Anzeichen der rechtlichen Unabhängigkeit von der verfassten Kirche etwa zu nennen, dass Mitglied der KJG „jeder junge Mensch" - unabhängig von der Konfession - werden kann, „der die Grundlagen und Ziele des Verbandes bejaht" (1. Rn 1aaO) und dass eine Kirchengemeinde eine KJG-Pfarrgemeinschaft nicht zwingend aufweisen muss (arg aus 1. Rn 2 aaO).

Da nach den obigen Feststellungen nicht die Kirchengemeinde, sondern die von dieser unabhängige KJG Christ König Veranstalterin der „Pfingstfreizeit" war, kommt auch eine mittelbare ehrenamtliche Tätigkeit des Klägers für sie in der Weise, dass dieser als Funktionsträger der KJG für die Gemeinde bei deren Veranstaltung tätig geworden wäre, (ähnlich wie in BSG SozR 3-2200 § 539 Nr. 41, KirchE 36, 106) nicht in Betracht. Bei der sog „Brauchtumsentscheidung" des BSG (SozR 2200 § 539 Nr. 95), auf die sich der Kläger beruft, war hingegen die (kommunale) Gemeinde selbst Veranstalterin einer einem alten Brauch entsprechenden Feier, bei der ein Bürger ehrenamtlich mitwirkte, damit unmittelbar für diese öffentlich-rechtliche Körperschaft tätig wurde und dementsprechend bei einem dabei erlittenen Unfall gemäß § 539 Abs. 1 Nr. 13 RVO versichert war.

Entgegen der sich auf das erstinstanzliche Urteil stützenden Ansicht des Klägers ist § 2 Abs. 1 Nr. 10 SGB VII auch nicht erweiternd dahin auszulegen, dass Unfallversicherungsschutz bereits dann gegeben ist, wenn eine ehrenamtliche Tätigkeit der betreffenden öffentlich-rechtlichen Religionsgemeinschaft lediglich allgemein zuzurechnen ist. Aus dem Wortlaut dieser Rechtsnorm ist eine solche Erweiterung des Tatbestandes der Vorgängervorschrift des § 539 Abs. 1 Nr. 13 RVO nicht zu entnehmen; es wird insoweit ausdrücklich - entsprechend der Formulierung der Vorgängervorschrift („die für ... ehrenamtlich Tätigen") - auf die ehrenamtliche Tätigkeit „für Körperschaften ..." abgestellt, ohne dass ein Hinweis auf geringere Anforderungen hinsichtlich der Zuordnung der Tätigkeit zu den öffentlich-rechtlichen Religionsgemeinschaften gegeben wird. Eine solche Erweiterung sollte - mit Ausnahme der ausdrücklichen Einbeziehung der ehrenamtlichen Tätigkeit für die privatrechtlichen Zusammenschlüsse der öffentlich-rechtlichen Körperschaften usw. im engeren Sinne - durch § 2 Abs. 1 Nr. 10 SGB VII auch gerade nicht erfolgen (vgl. amtliche Begründung in BT-Drs 13/2204 S. 75). Dass § 2 Abs. 2 Satz 1 SGB VII den Unfallversicherungsschutz nur noch auf Personen ausdehnt, die wie nach § 2 Abs. 1 Nr. 1 SGB VII Versicherte tätig werden, während die Vorgängervorschrift des § 539 Abs. 2 RVO dies noch für alle Tätigkeiten des dem § 2 Abs. 1 SGB VII im Wesentlichen entsprechenden § 539 Abs. 1 RVO und damit auch für die Nr. 13 aaO, vorsah, führt entgegen der Ansicht des Sozialgerichts zu keiner anderen Beurteilung. Die Beschränkung der Erweiterung des Unfallversicherungsschutzes auf die wie nach § 2 Abs. 1 Nr. 1 SGB VII Versicherten ist vom Gesetzgeber im Hinblick darauf, dass die Bestimmung hinsichtlich der übrigen Tatbestände keine praktische Bedeutung erlangt (s. etwa KassKomm/Ricke, § 539 RVO Rn 107) und zu Zweifelsfragen geführt hatte, beabsichtigt (vgl. amtliche Begründung in BT-Drs. 13/2204 S. 75). Für die vom Sozialgericht für eine weite Auslegung des § 2 Abs. 1 Nr. 10 SGB VII weiter angeführte Überlegung, diese sei wegen der Wichtigkeit des ehrenamtlichen Engagements angezeigt, finden sich weder im Gesetzestext noch in den Motiven des erst am 1.1.1997 und damit zu einem Zeitpunkt in Kraft getretenen SGB VII, zu welchem dem Gesetzgeber entsprechende Entwicklungen bekannt gewesen sein müssen, irgendwelche Hinweise. Unter diesen Umständen könnte eine solche Ausweitung des Unfallversicherungsschutzes nicht von der Rechtsprechung im Wege erweiternder Auslegung bzw. richterlicher Rechtsfortbildung vorgenommen werden, sondern nur durch eine entsprechende Maßnahme des Gesetzgebers.

Der Kläger war im Unfallzeitpunkt auch weder nach § 2 Abs. 1 Nr. 1 SGB VII noch nach § 2 Abs. 2 iVm Abs. 1 Nr. 1 SGB VII gegen Arbeitsunfall versichert. Unfallversicherungsschutz nach § 2 Abs. 1 Nr. 1 SGB VII scheidet hier bereits deshalb aus, weil auf der Grundlage der bindenden berufungsgerichtlichen Feststellungen Anhaltspunkte für das Vorliegen einer persönlichen Abhängigkeit und damit eines abhängigen Beschäftigungsverhältnisses zwischen dem Kläger und der KJG C. als Arbeitgeberin nicht ersichtlich sind (vgl. BSG SozR 2200 § 539 Nr. 114, 123).

Aber auch die Voraussetzungen des § 2 Abs. 2 Satz 1 SGB VII sind nicht gegeben. Danach sind Personen unfallversichert, die wie nach § 2 Abs. 1 Nr. 1 SGB VII Versicherte tätig werden. Dies erfordert - wie bei der Vorgängervorschrift des § 539 Abs. 2 RVO - eine ernsthafte, dem Unternehmen zu dienen bestimmte und seinem wirklichen oder mutmaßlichen Willen entsprechende Tätigkeit, die ihrer Art nach sonst von Personen verrichtet werden könnte, die in einem dem allgemeinen Arbeitsmarkt zuzurechnenden Beschäftigungsverhältnis stehen, und die unter solchen Umständen geleistet wird, dass sie einer Tätigkeit aufgrund eines Beschäftigungsverhältnisses ähnlich ist. Eines persönlichen oder wirtschaftlichen Abhängigkeitsverhältnisses bedarf es bei einem Tätigwerden nach § 2 Abs. 2 Satz 1 SGB VII nicht (s. zu § 539 Abs. 2 iVm Abs. 1 Nr. 1 RVO: BSGE 5, 168; 17, 211; BSG SozR 2200 § 539 Nr. 123; BSG, Urteil vom 24.2.2000 - B 2 U 4/99 R - HVBG-Info 2000, 1253; Brackmann/Wiester, SGB VII, § 2 Rn 841 f. mwN).

Die Betreuung der Kinder und Jugendlichen im Rahmen einer Freizeit stellt zwar eine ernsthafte, dem Willen der KJG C. entsprechende Arbeitsleistung dar. Sie stand jedoch nicht unter Unfallversicherungsschutz, denn sie ist als Ausfluss der Mitgliedschaft des Klägers in dem nicht rechtsfähigen Verein KJG C. zu werten, wie es das LSG zutreffend getan hat. Nach dessen bindenden Feststellungen war der Kläger seit

1990 Mitglied der KJG und seit ungefähr 1995/96 Mitglied des Leitungsteams. Dies umfasst die Feststellung, dass die Mitgliedschaft in der KJG und im Leitungsteam wirksam war. Wenn der Kläger nunmehr sinngemäß vorträgt, die Übernahme der Funktion im Leitungsteam sei damals (möglicherweise) ohne die erforderliche Einwilligung bzw. Genehmigung seiner Eltern als den damaligen gesetzlichen Vertretern geschehen und wegen seiner damaligen beschränkten Geschäftsfähigkeit als Minderjähriger unwirksam, weil nicht nur mit rechtlichen Vorteilen verbunden, kann er mit dem neuen tatsächlichen Vorbringen im Revisionsverfahren nicht mehr gehört werden. Selbst wenn man in diesem Vorbringen des Klägers insoweit eine Verfahrensrüge wegen Verletzung der Amtsermittlungspflicht (§ 103 SGG) durch Unterlassung von Ermittlungen hinsichtlich der Einwilligung bzw. Genehmigung der Übernahme der Funktion im Leitungsteam durch die Eltern sähe, wäre diese unzulässig. Denn es mangelt an der Darlegung, aus welchem Grunde sich das LSG auf der Grundlage seiner Rechtsauffassung angesichts der damaligen Sachlage zu entsprechenden - vom Kläger nicht näher bezeichneten - Ermittlungen hätte gedrängt fühlen müssen. Dazu hätte indes Anlass bestanden, da der Kläger nach seinen eigenen Angaben vor dem LSG zum Zeitpunkt des Unfalls diese Funktion bereits seit etwa zwei Jahren ausgeübt hatte und sich weder aus seinem Vortrag noch aus anderen Gegebenheiten irgendein Hinweis dafür ergab, der zu Zweifeln am Vorliegen der Einwilligung oder zumindest konkludenten Genehmigung durch Duldung der gesetzlichen Vertreter - spätestens aufgrund der Art der Vertretung im Verwaltungsverfahren - hätte führen müssen.

Nach der ständigen Rechtsprechung des BSG schließt die Mitgliedschaft in einem - rechtsfähigen oder nicht rechtsfähigen - Verein die Begründung eines Beschäftigungsverhältnisses nach § 539 Abs. 1 Nr. 1 RVO nicht von vornherein aus und damit auch nicht schlechthin eine versicherte Tätigkeit wie ein Beschäftigter iSv § 539 Abs. 2 iVm Abs. 1 Nr. 1 RVO aus (BSGE 14, 1; 17, 211; 52, 11; BSG SozR 2200 § 539 Nr. 101, 114, 123; BSG SozR 3-2200 § 539 Nr. 18; BSG, Urteil vom 26.1.1982 - 2 RU 43/80 - USK 8252; Urteil vom 19.5.1983 - 2 RU 55/82 - USK 8366; Urteil vom 24.1.1992 - 2 RU 23/9 - USK 9204 und Urteil vom 2.2.1999 - B 2 U 7/98 R - HVBG-Info 1999, 1057, KirchE 37, 22 jeweils mwN). Die Anwendung dieser Vorschriften setzt aber - wie auch sonst - voraus, dass das Vereinsmitglied als ein bzw. wie ein in einem Arbeits-, Dienst- oder Lehrverhältnis Stehender tätig wird. Ist für ein Arbeits-, Dienst- oder Lehrverhältnis kein Raum, weil die Tätigkeit nicht aufgrund eines solchen Verhältnisses, sondern aufgrund von Mitgliedspflichten ausgeübt worden ist, so entfällt die Anwendung des § 539 Abs. 1 Nr. 1 RVO und damit auch des § 539 Abs. 2 RVO (vgl. BSG SozR 3-2200 § 539 Nr. 18 mwN). Diese Rechtsprechung ist auch auf die Rechtslage nach dem SGB VII anzuwenden, da dessen einschlägige Vorschriften (§ 2 Abs. 2 Satz 1 iVm Abs. 1 Nr. 1 SGB VII) insoweit keine inhaltliche Änderung gegenüber denen der RVO aufweisen, die eine andere rechtliche Beurteilung rechtfertigen würde.

Mitgliedspflichten können sich aus der Satzung des Vereins, den Beschlüssen der zuständigen Vereinsorgane oder auch aufgrund allgemeiner Vereinsübung ergeben (BSG SozR 3-2200 § 539 Nr. 41, KirchE 36, 106). Es kann dahingestellt bleiben, ob die in der KJG-Satzung (1. Rn 30) dem Leitungsteam vorbehaltene Aufgabe der „Planung, Beschlussfassung und Sorge für die Durchführung der Veranstaltung und Aktionen der Pfarrgemeinschaft" auch die Verpflichtung der einzelnen Mitglieder des Leitungsteams zur Teilnahme an einer Veranstaltung wie der „Pfingstfreizeit" als Betreuer enthält. Denn der Kläger hat die Betreuungstätigkeit, zu der auch die zum Unfall führende Aktion des „Feuerspuckens" gehörte, jedenfalls aus auf allgemeiner Vereinsübung bestehender Mitgliedschaftsverpflichtung verrichtet.

Zu den auf allgemeiner Vereinsübung beruhenden Mitgliedspflichten zählen nach der ständigen Rechtsprechung des BSG im Allgemeinen Tätigkeiten, die ein Verein von jedem seiner Mitglieder erwarten kann und die von den Mitgliedern dieser Erwartung entsprechend auch verrichtet werden (BSGE 14, 1; 17, 211; BSG, Urteil vom 22.9.1988 - 2/9b RU 78/87 - HV-Info 1988, 2178; BSG SozR 3-2200 § 539 Nr. 18 u. 41, KirchE 36, 106; Brackmann/Wiester, SGB VII, § 2 Rn 862; Schlegel, in: Schulin, HS-UV, § 14 Rn 56). Gekennzeichnet sind diese geringfügigen Tätigkeiten regelmäßig dadurch, dass sie nach Art und Umfang nur wenig zeitlichen oder sachlichen Arbeitsaufwand erfordern (s. z.B. BSG SozR 2200 § 539 Nr. 123; BSG SozR 3-2200 § 539 Nr. 41, KirchE 36, 106; BSG, Urteil vom 19.5.1983 - 2 RU 55/82 - USK 8366), wobei die Geringfügigkeitsmarke je nach Verein verschieden sein kann. Wenn die Bereitschaft der Vereinsmitglieder, Arbeiten für den Verein zu verrichten, größer ist, wird auch die Grenze, von der an der Verein diese Arbeiten allgemein aufgrund einer sich so entwickelnden Vereinsübung von seinen Mitgliedern erwarten kann und die von den Mitgliedern entsprechend dieser Erwartung verrichtet werden, höher liegen. Die Grenze der Geringfügigkeit ist dort überschritten, wo sich eine Arbeitsleistung von wirtschaftlichem Wert deutlich erkennbar von dem Maß an vergleichbarer Aktivität abhebt, das die Vereinsmitglieder üblicherweise aufwenden.

Der Maßstab für die allgemeine Vereinsübung ist nicht notwendig für alle Mitglieder gleich (vgl. BSG SozR 3-2200 § 539 Nr. 41, KirchE 36, 106; Schlegel, in: Schulin, HS-UV, § 14 Rn 55). Hebt der Verein bestimmte Personen dadurch aus dem Kreis seiner Mitglieder heraus, dass er ihnen ehrenamtliche Vereinsfunktionen überträgt, treffen diese Funktionäre auch qualitativ und quantitativ andere Mitgliedspflichten als „einfache Vereinsmitglieder" (BSG SozR 3-2200 § 539 Nr. 18, 41, KirchE 36, 106). Dementsprechend war hier die Frage nach Mitgliedschaftspflichten aufgrund allgemeiner Vereinsübung auf das Leitungsteam zu beschränken. Nach den bindenden Feststellungen des LSG, die es ausgehend von diesen Grundsätzen aufgrund seiner freien, aus dem Gesamtergebnis des Verfahrens gewonnenen Überzeugung getroffen hat, erfüllte der Kläger als Mitglied des Leitungsteams eine herausgehobene Funktion in der KJG C., und gehörte die Mitarbeit bei der „Pfingstfreizeit" als Betreuer zu den Aufgaben, deren Erfüllung die KJG grundsätzlich von Mitgliedern des Leitungsteams erwartete. Dabei hat es das LSG zu Recht für die Frage der Vereinsüblichkeit als unbeachtlich angesehen, dass auch die Betreuer einen Unkostenbeitrag zu entrichten hatten. Entscheidend ist, dass die KJG erwarten konnte, dass diese Aufgaben unter den gebotenen Bedingungen, zu denen auch die Leistung eines Unkostenbeitrages gehören kann (so auch in BSG SozR 3-2200 § 539 Nr. 41, KirchE 36, 106), regelmäßig von geeigneten Mitgliedern des Leitungsteams in genügender Anzahl wahrgenommen wurden. Dass dies hier der Fall war, hat das LSG indes rechtsfehlerfrei festgestellt; es entsprach danach auch der Vereinswirklichkeit, dass sich immer eine ausreichende Zahl von Vereinsmitgliedern aus dem Leitungsteam gefunden hat, um die Durchführung dieser einen wesentlichen Bestandteil der Arbeit der KJG darstellenden Veranstaltung zu ermöglichen. Das Vorbringen des Klägers, es sei unwidersprochen vorgetragen worden, dass es Fälle gegeben habe, bei denen mangels einer genügenden Anzahl von zur Betreuertätigkeit bereiten Mitgliedern hauptamtliche Kräfte aus der kirchlichen Jugendarbeit mit der Betreuung hätten betraut werden müssen, ist als neues Tatsachenvorbringen oder als eigene Beweiswürdigung im Revisionsverfahren unerheblich. (*wird ausgeführt*)

Soweit der Kläger weiter vorträgt, die Übernahme der Betreuerpflichten sei im Hinblick auf die Dauer der Freizeit von zwei Wochen nicht geringfügig iSd Rechtsprechung des BSG, geht er ersichtlich von unzutreffenden Tatsachen aus. Zwar wird im Tatbestand des angefochtenen Berufungsurteils ausgeführt, die „Pfingstfreizeit" habe vom 19.5.bis zum 1.6.1998 stattgefunden, jedoch handelt es sich dabei um einen offensichtlichen Schreibfehler. Aus den Prozess- und Verwaltungsakten - insbesondere auch aus dem Tatbestand des erstinstanzlichen Urteils -, auf die sich das LSG zur Ergänzung des Tatbestands bezogen hat, geht nämlich eindeutig hervor, dass es sich tatsächlich um die Zeit vom 29.5.bis zum 1.6.1998, also einen Zeitraum von lediglich vier Tagen, handelte. Unabhängig davon, ob dieser Gesichtspunkt hier entscheidungserheblich wäre, kann ein Zeitraum von vier Tagen nicht von vornherein als nicht mehr geringfügig angesehen werden (vgl. etwa BSG SozR 3-2200 § 539 Nr. 41, KirchE 36, 106 mwN).

Auch der Vortrag des Klägers, sein Motiv für die Übernahme der Betreuertätigkeit, die „Freude an der Jugendarbeit", habe mit der Erfüllung einer Pflicht wegen Vereinsüblichkeit nichts zu tun, ist für die rechtliche Beurteilung unerheblich. Der Beweggrund des einzelnen Vereinsmitglieds für die Übernahme einer vereinsüblichen Tätigkeit ist für die Frage, ob diese auf mitgliedschaftsrechtlicher Verpflichtung beruhte, ohne Bedeutung. Die Vereinsüblichkeit selbst ist unabhängig von den subjektiven Motiven der davon betroffenen Mitglieder allein aus der Sicht des Vereins zu beurteilen. Im Übrigen dürfte die Freude an der Jugendarbeit ein Motiv für die Tätigkeit als Gruppenleiter bzw. Betreuer überhaupt sein, das - ausgesprochen oder unausgesprochen - den Mitgliedern des Leitungsteams im Allgemeinen zueigen ist, von dem auch der Verband ausgeht und ohne das ein wesentlicher Teil von dessen Jugendarbeit gar nicht denkbar wäre.

Entgegen der Ansicht des Klägers ist die Aktion des „Feuerspuckens" nicht isoliert als Einzelhandlung zu betrachten und rechtlich besonders zu beurteilen, sondern kann von der Betreuungstätigkeit nicht getrennt werden. Zu diesem Ergebnis ist das LSG aufgrund einer Betrachtung der gesamten Umstände auf der Grundlage seiner bindenden tatsächlichen Feststellungen in rechtlich nicht zu beanstandender Weise gelangt. Insbesondere hat die KJG danach den Kläger nicht einzeln für diese Vorführung „engagiert", sondern sie war Teil des den Teilnehmern im Rahmen der „Pfingstfreizeit" gebotenen Programms, an dem alle in ihren Funktionen teilnahmen. Dabei entspricht es einer natürlichen Betrachtungsweise, die Handlungen der einzelnen Betreuer, die diese im Rahmen der gesamten Veranstaltung zur Erfüllung des Programms vornehmen, als einheitliche Betreuungstätigkeit nach Maßgabe der individuellen Fähigkeiten und Interessen, die der Einzelne einbringt, zu sehen. Ob dabei eine solche Einzelhandlung auch von anderen Mitgliedern des Leitungsteams erbracht oder erwartet wurde, ist unbeachtlich; entscheidend ist die Gesamtheit der Handlungen und die sich daraus ergebende einheitliche Tätigkeit.

Da somit ein Tätigwerden des Klägers bei der zum Unfall führenden Handlung aufgrund mitgliedschaftlicher Verpflichtung vorgelegen hat, hat das LSG zu Recht auch den Versicherungsschutz nach § 2 Abs. 2 Satz 1 iVm Abs. 1 Nr. 1 SGB VII verneint. Die Revision des Klägers war nach alledem zurückzuweisen.

10

Tätigkeiten im gehobenen Kirchendienst können insbesondere angesichts der dort wahrzunehmenden Arbeitstechniken (Rechtsanwendung, Umsetzung in Verwaltungsentscheidungen/Verwaltungsakte) für eine spätere richterliche Tätigkeit im Landesdienst förderlich und daher als ruhegehaltfähige Vordienstzeiten anerkennungsfähig sein.

§ 11 Abs. 1 Nr. 1 BeamtVG
VG Hannover, Urteil vom 13. August 2002 - 13 A 4008/00[1] -

Die Klägerin ist Richterin im niedersächsischen Landesdienst. In der Zeit vom 1.9.1985 bis zum 14.2.1999 war sie als Beamtin des gehobenen Dienstes der Ev.-luth. Landeskirche N. tätig. Während dieser Zeit war sie teilweise beurlaubt und absolvierte das Jurastudium sowie das Rechtsreferendariat. Am 15.2.1999 wurde sie zur Richterin ernannt.

Mit dem angefochtenen Bescheid lehnte der Beklagte den Antrag der Klägerin auf Anerkennung der Vordienstzeiten im Kirchendienst als ruhegehaltfähig ab, da die Tätigkeit im gehobenen Kirchendienst nicht im inneren Zusammenhang mit der richterlichen Tätigkeit stehe und insoweit der richterlichen Tätigkeit nicht förderlich sei.

Mit der nach erfolglosem Widerspruch erhobenen Klage macht die Klägerin im wesentlichen geltend, der Erlass des Niedersächsischen Finanzministeriums vom 31.10.1980 (Nds.MBl. S. 1466) schränke das Ermessen dahingehend ein, dass Kirchendienstzeiten regelmäßig als ruhegehaltfähig anzuerkennen seien. Nach Maßgabe dieses Erlasses sei das Ermessen in der Weise zu handhaben, dass - sofern auch die sonstigen Voraussetzungen erfüllt seien - kirchliche Vordienstzeiten bei der Bemessung des Ruhegehalts stets als ruhegehaltfähige Dienstzeiten berücksichtigt werden, es sei denn, dass besondere Gründe im Einzelfall eine Berücksichtigung nicht gerechtfertigt erscheinen ließen.

Im Übrigen erfülle sie auch Ziffer 11.1.5 der Verwaltungsvorschriften zum Beamtenversorgungsgesetz. Danach könnten Zeiten nach § 11 Abs. 1 Nr. 1 BeamtVG berücksichtigt werden, wenn die Tätigkeit im inneren Zusammenhang mit den dem Beamten zuerst übertragenen Aufgaben gestanden habe. Die Zeiten im Kirchendienst seien für die richterliche Tätigkeit förderlich gewesen.

Der Beklagte ist der Auffassung, dass der Runderlass vom 31.10.1980 nicht in der von der Klägerin vorgenommenen Weise zu interpretieren sei. Nach dem Wortlaut des Erlasses werden die entsprechenden Zeiten dann berücksichtigt, sofern auch die sonstigen Voraussetzungen erfüllt seien. Als sonstige Voraussetzungen seien hier nicht die Tatbestandsvoraussetzungen des § 11 Nr. 1 BeamtVG, sondern die ermessensleitenden Verwaltungsvorschriften zu § 11 BeamtVG zu sehen. In diesem Sinne interpretiere auch der Urheber des Erlasses den Erlass. - Die Voraussetzungen der Ziffer 11.1.5 der Verwaltungsvorschriften zum BeamtVG lägen im Falle der Klägerin nicht vor. Danach könnten Zeiten berücksichtigt werden, wenn die Tätigkeit im inneren Zusammenhang mit den dem Beamten zuerst übertragenen Aufgaben gestanden habe. Nach der Rechtsprechung des Bundesverwaltungsgerichts liege ein innerer Zu-

---

[1] KuR 2003, 264(LS); NVwZ 2003, 633; ZevKR 48 (2003), 325. Das Urteil ist rechtskräftig.

sammenhang dann vor, wenn die Tätigkeit für die Wahrnehmung der später im Beamtenverhältnis ausgeübten Aufgaben förderlich gewesen sei. Die förderliche Tätigkeit setze einen inneren Zusammenhang dergestalt voraus, dass der Beamte durch die frühere Tätigkeit Kenntnisse, Fähigkeiten und Erfahrungen erworben habe, die mit seiner Beamtentätigkeit in wesentlichen Merkmalen funktionell vergleich seien. Ein innerer Zusammenhang bestehe somit nur, wenn die erworbenen Kenntnisse, Fähigkeiten und Erfahrungen der Klägerin als Kirchenbeamtin im allgemeinen gehobenen Verwaltungsdienst in wesentlichen Merkmalen mit ihrer jetzigen Tätigkeit vergleichbar seien. Diese vergleichbaren wesentlichen Merkmale lägen nicht vor.

Unter Aufhebung der angefochtenen Bescheide verpflichtet die Kammer den Beklagten, die Klägerin unter Beachtung der Rechtsauffassung des Gerichts neu zu bescheiden.

Aus den Gründen:

Die Klage ist begründet. Die angefochtenen Bescheide erweisen sich als rechtswidrig und verletzen die Klägerin in ihren Rechten.

Gemäß § 11 Nr. 1 BBesG können Zeiten, während der ein Beamter nach Vollendung des 17. Lebensjahres vor der Berufung in das Beamtenverhältnis hauptberuflich im Dienst öffentlich-rechtlicher Religionsgesellschaften oder ihrer Verbände (Art. 140 GG) tätig gewesen ist, als ruhegehaltfähige Dienstzeit berücksichtigt werden.

Die tatbestandlichen Voraussetzungen des § 11 Abs. 1 Nr. 1 b) BeamtVG sind in Ansehung der Tätigkeit der Klägerin im Dienste der Ev.-luth. Landeskirche N. erfüllt. Davon gehen die Beteiligten auch übereinstimmend aus.

Ist ein Tatbestand des § 11 Abs. 1 BeamtVG erfüllt, so hat die Behörde nach ihrem pflichtgemäßen Ermessen zu entscheiden. Bei der Ausübung des eröffneten Ermessens muss den Umständen des Einzelfalles Rechnung getragen werden. Insofern spielt allgemein die Frage nach der Förderlichkeit der früheren Tätigkeit für die Wahrnehmung der im Beamtenverhältnis übertragenen Aufgabe eine Rolle; der Gesetzgeber hat die Möglichkeit, die Zeit der Vortätigkeit als ruhegehaltfähige Dienstzeit zu berücksichtigen, in Erwägung einer solchen Förderlichkeit geschaffen. Nach Ziffer 11.1.5 der Verwaltungsvorschriften zum BeamtVG können Zeiten nach § 11 Abs. 1 Nr. 1 BeamtVG berücksichtigt werden, wenn die Tätigkeit im inneren Zusammenhang mit den dem Beamten zuerst übertragenen Aufgaben bestanden hat. Dies stellt eine Richtlinie zur Steuerung des Verwaltungsermessens dar. Die Richtlinie besagt im Hinblick auf die Anrechnung einer Kirchendienstzeit auf die ruhegehaltfähige Dienstzeit, dass im Rahmen der erforderlichen Ermessensentscheidung der Frage Bedeutung zukommt, ob die frühere Tätigkeit des Betreffenden im Dienst einer öffentlich-rechtlichen Religionsgesellschaft für die Verwendung, um derentwillen er in das Beamtenverhältnis berufen worden ist, förderlich gewesen ist; der Begriff des „inneren Zusammenhangs" ist in diesem Sinn zu verstehen (so eingehend bezüglich einer gleichlautenden Richtlinie zu § 116 BBG a.F., BVerwG, Urteil v. 28.9.1967, Buchholz 232 116 BBG Nr. 11).

Der Beklagte hat der Klägerin eine Anerkennung der fraglichen Zeit als ruhegehaltfähige Dienstzeit deshalb versagt, weil nach seiner Auffassung die Vortätigkeit nicht in dem bezeichneten Sinn förderlich gewesen ist. Diese Annahme hält einer rechtlichen Prüfung nicht stand. In Ansehung der konkreten Tätigkeiten der Klägerin im gehobenen Kirchendienst und der dort von ihr wahrzunehmenden Arbeitstechniken (Rechtsanwendung, Umsetzung in Verwaltungsentscheidungen - Verwaltungsakte) ist davon auszugehen, dass diese Vortätigkeit für die nunmehr im Landesdienst von der Klägerin wahrgenommenen Aufgaben förderlich war. Insoweit unterscheiden sich die Arbeitsfelder und die Arbeitstechniken nicht von denen eines Berichterstatters an einem Gericht oder eines Staatsanwaltes (juristische Einzelfallbearbeitung und Umsetzung in eine Entscheidung). Dass eine Vortätigkeit im gehobenen Verwaltungsdienst für den Tätigkeitsbereich eines Richters oder Staatsanwaltes generell förderlich ist, zeigen viele Beispiele von Richtern und Staatsanwälten, die zuvor im gehobenen Verwaltungsdienst tätig gewesen sind. Dass dies auch im Falle der Klägerin so war, ergibt sich aus den von ihr vorgelegten Zeugnissen während der Referendarstation und ihrer Tätigkeit als Richterin/Staatsanwältin.

Auf die von der Klägerin aufgeworfene Frage, ob nach dem Runderlass vom 31.10.1920 Kirchendienstzeiten anzurechnen seien, kommt es nicht an.

11

Zur Frage, ob ein der Scientology-Organisation angehörender Musiker durch kritische Äußerungen einer Landesregierung gegenüber dem Landtag, in denen unter anderem die Ablehnung staatlicher Kunstförderung angekündigt wird, in seinen Grundrechten beeinträchtigt sein kann.

Art. 1 Abs. 1, 2 Abs. 1, 3 Abs. 1 u. 3, Art. 4 Abs. 1, Art. 5 Abs. 3 GG
BVerfG, Nichtannahmebeschluss vom 16. August 2002 - 1 BvR 1241/97[1] -

---

[1] NJW 2002, 3458; NVwZ 2003, 342 (LS).

Der Beschwerdeführer, amerikanischer Jazz-Pianist und Mitglied der Scientology-Organisation, wandte sich vor den Verwaltungsgerichten gegen Äußerungen in einer Stellungnahme des Ministeriums für Kultus und Sport Baden-Württemberg gegenüber dem Landtag dieses Bundeslandes. Darin war der Beschwerdeführer namentlich genannt und ausgeführt worden, das Prinzip der Liberalität, an dem die finanzielle Förderung von Kulturveranstaltungen und Künstlern durch die Landesregierung ausgerichtet sei, stoße an die Grenzen des Hinnehmbaren, „wenn letztlich mit Mitteln des Landes geförderte Künstler ihren Auftritt nachweislich in der Absicht absolvieren, für die Interessen von Gruppierungen ... oder Ideen zu werben, die von der Landesregierung für bekämpfenswert erachtet werden". Künftig müsse eine „Förderung von Veranstaltungen in Frage gestellt werden", bei denen „aktiv und offen bekennende Scientologen ... auftreten". Die Landesregierung habe daher anlässlich der Leichtathletik-Weltmeisterschaft 1993 von einer ursprünglich von der beauftragten Agentur geplanten Mitwirkung des Beschwerdeführers abgesehen (LT-Drs. 11/2051).

Die Klage des Beschwerdeführers blieb in allen Instanzen erfolglos (zum Berufungsurteil vgl. VGH.BW NJW 1997, 754, KirchE 34, 381; zur Nichtzulassung der Revision BVerwG NJW 1998, 2919, KirchE 35, 171).

Mit der Verfassungsbeschwerde greift der Beschwerdeführer die gerichtlichen Entscheidungen an. Er rügt die Verletzung von Art. 2 Abs. 1 in Verbindung mit Art. 1 Abs. 1 und von Art. 2 Abs. 1, Art. 3 Abs. 1 u. 3, Art. 4 Abs. 1, Art. 5 Abs. 3, Art. 19 Abs. 4 und Art. 103 Abs. 1 GG.

Die Verfassungsbeschwerde wurde nicht zur Entscheidung angenommen.

Aus den Gründen:

Die Annahmevoraussetzungen des § 93a Abs. 2 BVerfGG liegen nicht vor.

1. Der Verfassungsbeschwerde kommt grundsätzliche verfassungsrechtliche Bedeutung nicht zu. Die für ihre Beurteilung maßgeblichen verfassungsrechtlichen Fragen sind ausweislich der nachstehend unter 2) zitierten Entscheidungen in der Rechtsprechung des Bundesverfassungsgerichts schon geklärt.

2. Die Annahme der Verfassungsbeschwerde ist auch nicht zur Durchsetzung der vom Beschwerdeführer als verletzt gerügten Verfassungsrechte angezeigt. Denn die Verfassungsbeschwerde hat keine Aussicht auf Erfolg.

a) Das allgemeine Persönlichkeitsrecht des Beschwerdeführers aus Art. 2 Abs. 1 in Verbindung mit Art. 1 Abs. 1 GG ist im Ausgangsverfahren nicht verletzt worden. Die Verwaltungsgerichte haben Bedeutung und Schutzumfang dieses Grundrechts bei der Überprüfung der streitgegenständlichen Äußerung nicht grundlegend verkannt (vgl. zum Maßstab BVerfGE 18, 85 [92 f.]; stRspr.). Es schützt den Einzelnen zwar auch vor fälschlicher Zuschreibung von Mitgliedschaften in Vereinigungen, sofern die Zuschreibung Bedeutung für die Persönlichkeit und deren Bild in der Öffentlichkeit hat. Letzteres kann bei der Bekanntgabe einer Mitgliedschaft bei Scientology der Fall sein. Gegen wahre Tatsachenbehauptungen gewährt das allgemeine Persönlichkeitsrecht aber grundsätzlich keinen Schutz (vgl. BVerfGE 99, 185 [193 ff.], KirchE 36, 481).

Hier bekennt sich der Beschwerdeführer unbestritten offen zu seiner Scientology-Mitgliedschaft. Der Hinweis darauf in der Stellungnahme des baden-württembergischen Ministeriums gegenüber dem Landesparlament traf also zu. Dass die Äußerung die Intim-, Privat- oder Vertraulichkeitssphäre betroffen hätte (vgl. BVerfGE 99, 185 [196 f.], KirchE 36, 481), macht auch die Verfassungsbeschwerde nicht geltend. Soweit sie annimmt, der Beschwerdeführer werde für genauso „bekämpfenswert" gehalten wie Scientology selbst, findet das weder in der genannten Aussage noch in den Entscheidungen der Verwaltungsgerichte eine Grundlage.

b) Ein Verstoß dieser Entscheidungen gegen Art. 2 Abs. 1 GG, auf den sich der Beschwerdeführer als Ausländer zum Schutz seiner beruflichen Tätigkeit berufen kann (vgl. BVerfGE 78, 179 [196 f.]; 104, 337 [346]), lässt sich gleichfalls nicht feststellen. Dabei ist zu unterscheiden zwischen der Nennung des Beschwerdeführers als Scientology-Mitglied in der Äußerung der Landesregierung und deren künftiger Subventionierungspraxis bei der Veranstaltung von Jazz-Konzerten.

Hinsichtlich der Nennung des Beschwerdeführers als Mitglied von Scientology gilt im Ergebnis das, was vorstehend zum allgemeinen Persönlichkeitsrecht und im Glykol-Beschluss des Bundesverfassungsgerichts vom 26.6.2002 - 1 BvR 558 u. 1428/91 - zu Art. 12 Abs. 1 GG ausgeführt worden ist. Der Einzelne muss die Verbreitung zutreffender und sachlich gehaltener Informationen durch eine Regierung hinnehmen, auch wenn die Inhalte sich mittelbar auf die berufliche Tätigkeit negativ auswirken können, vorausgesetzt, die rechtlichen Vorgaben für das Informationshandeln der Regierung sind von dieser beachtet worden (vgl. aaO, Umdruck S. 19). Letzteres war hier der Fall. Der Beschwerdeführer bezweifelt das nur insofern, als er die Meinung vertritt, für das Handeln der Landesregierung hätte es einer einfachgesetzlichen Ermächtigungsgrundlage bedurft. Dabei wird jedoch schon nicht erkannt, dass der Schutzbereich des Art. 2 Abs. 1 GG nicht berührt ist (vgl. zu Art. 12 Abs. 1 GG BVerfG, Glykol-Beschluss vom 26.6.2002, Umdruck S. 19 ff.). Im Übrigen bedarf es für die Informationstätigkeit einer Regierung im Rahmen der ihr zugewiesenen Aufgabe der Staatsleitung über die Zuweisung dieser Aufgabe hinaus auch dann keiner besonderen gesetzlichen Ermächtigung, wenn das Informationshandeln zu mittelbar-faktischen

Grundrechtsbeeinträchtigungen führt (vgl. BVerfG, Osho-Beschluss vom 26.6.2002 - 1 BvR 670/91 - BVerfGE 105, 279, KirchE 40, 336).

Die künftige - in den Einzelheiten noch gar nicht festgelegte - Subventionierungspraxis der Landesregierung im Bereich der Förderung von Musik-Festivals der vom Beschwerdeführer mitgestalteten Art ist als solche nicht Gegenstand des Ausgangsverfahrens gewesen und deshalb wie die in diesem Verfahren ergangenen Entscheidungen insoweit auch nicht im Verfassungsbeschwerdeverfahren zu würdigen. Dem Beschwerdeführer bleibt unbenommen, insoweit im Bedarfsfall künftig Rechtsschutz in Anspruch zu nehmen.

c) Art. 3 Abs. 1 u. 3 Satz 1 GG ist durch die angegriffenen Entscheidungen ebenfalls nicht verletzt.

Der Verwaltungsgerichtshof hat die vom Beschwerdeführer zum Gegenstand seiner Klage gemachte Äußerung der Landesregierung nur am Maßstab des Art. 3 Abs. 3 Satz 1 GG überprüft und einen Verstoß dagegen deshalb verneint, weil sich die Äußerung in der Ankündigung einer bestimmten Verfahrensweise bei der künftigen Bezuschussung von Veranstaltungen Dritter erschöpfe, mit dieser Verfahrensweise aber nicht identisch sei und deshalb keine Ungleichbehandlung des Beschwerdeführers wegen seines Glaubens oder seines Bekenntnisses darstelle. Mit dieser verfassungsrechtlich nicht zu beanstandenden Würdigung setzt sich der Beschwerdeführer nicht auseinander. Stattdessen macht er geltend, im Unterschied zu Angehörigen der kath. oder der ev. Kirche, die staatlich verpflichtet seien, einen Teil ihrer Einkünfte an die Gemeinschaft abzuführen, stehe es dem Beschwerdeführer frei, Scientology über seinen Mitgliedsbeitrag hinaus durch weitere Gelder zu unterstützen. Es ist nicht ersichtlich, inwieweit es darauf im Ausgangsverfahren angekommen sein könnte; tatsächliche Feststellungen dazu sind von den Verwaltungsgerichten auch nicht getroffen worden.

d) Auch ein Verstoß gegen Art. 4 Abs. 1 GG lässt sich den Entscheidungen dieser Gerichte nicht entnehmen.

Dabei kann dahinstehen, ob das Grundrecht der Religions- und Weltanschauungsfreiheit dem Beschwerdeführer schon deshalb keinen Schutz gewährt, weil der Organisation, der er angehört, die Verfolgung religiöser oder weltanschaulicher Ziele nur als Vorwand für wirtschaftliche Aktivitäten dient (vgl. BAGE 79, 319 [338 ff.], KirchE 33, 92, und zum Maßstab BVerfG, Osho-Beschluss vom 26.6.2002, BVerfGE 105, 279, KirchE 40, 336). Auch wenn dies - wie im Beschluss der 4. Kammer des Zweiten Senats des Bundesverfassungsgerichts vom 28.3.2002 (NJW 2002, 2227 [2228], KirchE 40, 220) - offen bleibt, weil die Verwaltungsgerichte hier tatsächliche Feststellungen zu den Zielen und der Betätigung von Scientology nicht getroffen haben, kommt die Feststellung eines Verstoßes gegen Art. 4 Abs. 1 GG nicht in Betracht.

Beeinträchtigungen dieses Grundrechts in der Person des Beschwerdeführers haben die Verwaltungsgerichte nicht feststellen können. Nach der nicht angegriffenen Würdigung des Verwaltungsgerichtshofs hat der Beschwerdeführer selbst nicht geltend gemacht, dass ihm die Möglichkeit, für sein Bekenntnis zu Scientology öffentlich zu werben, beschnitten werde. Es ist auch nicht erkennbar, dass sein Recht, sich eine religiöse oder weltanschauliche Überzeugung zu bilden, sie zu haben und zu bekennen (vgl. BVerfGE 69, 1 [33 f.], KirchE 23, 80; 93, 1 [15], KirchE 33, 191), durch seine Nennung in der in Rede stehenden Regierungsäußerung, durch die Bezeichnung auch der Organisation, der er angehört, und durch die Ankündigung beeinträchtigt sein könnte, die staatliche Förderung von Veranstaltungen in Frage zu stellen, bei denen aktiv bekennende Scientologen auftreten. Gleiches gilt für die angegriffenen Gerichtsentscheidungen. Dass diese den Beschwerdeführer ebenso wenig wie die Äußerung der Landesregierung als „bekämpfenswert“ angesehen haben, ist oben zu Art. 2 Abs. 1 in Verbindung mit Art. 1 Abs. 1 GG bereits ausgeführt worden.

Soweit der Beschwerdeführer einen Verstoß gegen das Grundrecht des Art. 4 Abs. 1 GG darin erblickt, dass Konzertveranstalter keine Subventionen mehr erhielten, die Künstler auftreten ließen, die Scientology angehören, bezieht sich das Vorbringen des Beschwerdeführers auf die künftige Subventionierungspraxis der Landesregierung, die nicht Gegenstand des Ausgangsrechtsstreits war.

Sollte der Beschwerdeführer auch rügen wollen, dass Scientology selbst nicht als „bekämpfenswert“ hätte bezeichnet werden dürfen und die Verwaltungsgerichte insoweit die Neutralitätspflicht des Staates in religiös-weltanschaulichen Fragen verkannt hätten, ginge es nicht um die Verteidigung eigener Rechte. Im Übrigen bedeutet die Pflicht zur Neutralität nicht, dass es den staatlichen Verantwortungsträgern von vornherein verwehrt wäre, das Parlament über religiöse und weltanschauliche Gruppen und ihre Tätigkeit zu informieren. Art. 4 Abs. 1 u. 2 GG schützt nicht dagegen, dass sich staatliche Organe mit den Trägern dieses Grundrechts öffentlich - auch kritisch - auseinander setzen. Nur die Regelung genuin religiöser oder weltanschaulicher Fragen, nur die Partei ergreifende Einmischung in die Überzeugungen, die Handlungen und in die Darstellung Einzelner oder religiöser und weltanschaulicher Gemeinschaften sind dem Staat untersagt. Auch darf er solche Gemeinschaften nicht diffamierend, diskriminierend oder verfälschend darstellen (vgl. BVerfG, Osho-Beschluss vom 26.6.2002, BVerfGE 105, 279, KirchE 40, 336).

Es ist nicht ersichtlich, dass diese Grenzen hier überschritten wären. In der Äußerung der Landesregierung, gegen die sich der Beschwerdeführer wendet, ist Scientology als „bekämpfenswert“ bezeichnet worden. Das ist in Verbindung mit den herangezogenen Belegen weder diffamierend noch diskriminierend. Im Urteil des Verwaltungsgerichtshofs ist ausgeführt, im Verfahren seien unwidersprochen Tatsachen vorgetragen worden, die den Schluss zuließen, dass bestimmte Methoden von Scientology die Menschenwürde und die individuelle Freiheit der von ihr angeworbenen Personen gefährdeten, und dass ihre Anschauungen wegen ihrer teils menschenverachtenden und totalitären Tendenzen im Widerspruch zu den freiheitlichen und demokratischen Werten westlicher Demokratien stünden. Vor dem Hintergrund dieser Feststellungen, denen der Beschwerdeführer auch im Verfassungsbeschwerdeverfahren nicht substantiiert entgegengetreten ist, begegnet es verfassungsrechtlich keinen Bedenken, dass die Verwaltungsgerichte die Äußerung der Landesregierung gegenüber dem Landtag nicht beanstandet haben.

e) Ihre Entscheidungen beeinträchtigen auch nicht das Grundrecht des Beschwerdeführers aus Art. 5 Abs. 3 Satz 1 GG.

Die Kunstfreiheit, die in dieser Vorschrift garantiert ist, schützt nicht nur den „Werkbereich" des künstlerischen Schaffens, die eigentliche künstlerische Betätigung also, sondern auch den „Wirkbereich" der Darbietung und Verbreitung des Werks, in dem der Öffentlichkeit Zugang zu diesem verschafft wird (vgl. BVerfGE 30, 173 [188 f.]; 67, 213 [224]). Die wirtschaftliche Verwertung eines Kunstwerks wird dagegen durch Art. 5 Abs. 3 Satz 1 GG nicht gewährleistet, ausgenommen vielleicht für den Fall, dass ohne eine wirtschaftliche Auswertung die freie künstlerische Betätigung praktisch nicht mehr möglich wäre (vgl. BVerfGE 31, 229 [239 f.], KirchE 12, 220; 49, 382 [392], KirchE 17, 95).

Nach diesen Maßstäben haben die Verwaltungsgerichte im Ausgangsverfahren nicht gegen die Kunstfreiheit des Beschwerdeführers verstoßen. Der Verwaltungsgerichtshof ist, ohne dass dies verfassungsrechtlich zu beanstanden wäre, davon ausgegangen, dass durch die Äußerung der Landesregierung mit der Nennung des Beschwerdeführers und seiner Zugehörigkeit zu Scientology allein weder der Werk- noch der Wirkbereich seiner künstlerischen Tätigkeit als Musiker unmittelbar betroffen sei. Soweit das Gericht darüber hinaus mittelbare Auswirkungen auf den Beschwerdeführer geprüft hat, betreffen diese die künftige Subventionierungspraxis der Landesregierung im Bereich musikalischer Veranstaltungen. Diese Praxis ist jedoch als solche, wie schon mehrfach erwähnt, nicht Gegenstand des Ausgangsrechtsstreits gewesen.

12

Die Aufwendungen eines katholischen Priesters für ein Pädagogik-Zweitstudium und für eine Pilgerreise mit der Pfarrgemeinde nach Lourdes sind nicht als Werbungskosten abzugsfähig.

§§ 10 Abs. 1, 12 EStG
FG Münster, Urteil vom 16. August 2002 - 4 K 7997/99 E[1] -

Streitig ist, ob Aufwendungen eines katholischen Pastors für eine Pilgerreise nach Lourdes sowie für ein Studium der Pädagogik als Werbungskosten abziehbar sind.

Der Kläger ist nach abgeschlossenem Fachhochschulstudium der katholischen Theologie Diplomtheologe. Nach seiner Ausbildung im Priesterseminar in A. erhielt er im Februar 1987 die Diakonenweihe. Vom Wintersemester 1988/1989 bis zum Sommersemester 1990 studierte er Pädagogik und Geschichtswissenschaften an der Katholischen Universität in B. Im Juni 1990 wurde er zum Priester geweiht. Anschließend war er zunächst als Vikar, sodann seit dem 1.7.1993 bis zu seiner Suspendierung am 20.5.1998 als Pfarradministrator in der kath. Kirchengemeinde E. tätig; zusätzlich war er mit der Kinder- und Jugendseelsorge in der kath. Pfarrvikariegemeinde F. beauftragt.

In seinen Einkommensteuer-Erklärungen für die Streitjahre 1995 bis 1998 machte er u.a. Aufwendungen für ein im Sommersemester 1995 aufgenommenes Studium der Pädagogik an der Universität Gesamthochschule A. als Werbungskosten bei seinen Einkünften aus nichtselbständiger Arbeit geltend. Deren Höhe bezifferte er für 1995 mit 4.409,00 DM (= 3.993,60 DM [Fahrtkosten] + 415,40 DM [Immatrikulationsgebühren]), für 1996 mit 5.625,40 DM (= 5.241,60 DM + 383,80 DM), für 1997 mit 5.760,10 DM (= 5.241,60 DM + 518,50 DM) und für 1998 mit 2.000,60 DM (= 1.683,60 DM + 317,00 DM). Dazu trug der Kläger im Rahmen der Einkommensteuer-Veranlagung 1995 zunächst vor, zu Beginn des Sommersemesters 1995 am 1.4.1995 sei sein Dienstauftrag erweitert worden; er sei danach von seinem Dienstherrn zusätzlich mit dem Studium der Erziehungswissenschaften (Abschluss Diplom-Pädagogik) beauftragt worden; zum Nachweis dessen legte er eine Bescheinigung des Erzbischöflichen Generalvikariats A. vom 13.2.1995 vor. Der Kläger gab an, die Mindeststudienzeit betrage 9 Semester; aus dem abgeschlossenen Studium der Theologie seien ihm 4 Fachsemester und einige Prüfungsleistungen angerechnet worden. Nach Abschluss des Studiums sei an folgende mögliche Berufsfelder gedacht: Schulseelsorge

---

[1] EFG 2003, 767; StE 2003, 221 (LS). Die Revision des Klägers führte zur Aufhebung und Zurückverweisung, soweit das Finanzgericht die Abzugsfähigkeit von Aufwendungen für das Zweitstudium verneint; BFH, Urteil vom 9.12.2003 -VI R 8/03 - BFH/NV 2004, 768. Hinsichtlich der Einordnung der Aufwendungen für die Pilgerreise als Kosten der privaten Lebensführung enthalten die tatsächlichen und rechtlichen Ausführungen des Finanzgerichts nach Auffassung des BFH keinen Rechtsverstoß; der Senat verweist insoweit auf die BFH-Urteile vom 21.10.1996 - VI R 39/96 - BFH/NV 1997, 469, KirchE 34, 396; vom 12.10.1990 - VI R 179/87 - BFH/NV 1991, 371, sowie den BFH-Beschluss vom 9.6.1993 - I B 13/93 - BFH/NV 1993, 723.

in den Schulen in kirchlicher Trägerschaft, schulkonzeptionelle Entwicklung für Schulen in kirchlicher Trägerschaft, Leitung der erzbischöflichen Internate in G. oder H. sowie Fortbildung von ehrenamtlichen Mitarbeitern in der Gemeindeberatung und -begleitung. Studien- und Fahrtkosten sind vom Arbeitgeber nicht erstattet worden.

Darüber hinaus machte er in seiner Einkommensteuer-Erklärung für 1997 Aufwendungen für eine Pilgerfahrt zum Wallfahrtsort Lourdes/ Frankreich vom 11. bis 18.10.1997 in Höhe von 1.478,00 DM als Werbungskosten bei seinen Einkünften aus nichtselbständiger Arbeit geltend. Davon entfielen 800,00 DM auf die Reisekosten für das Busunternehmen, die übrigen Aufwendungen auf Mehraufwendungen für Verpflegung.

Der Beklagte (Finanzamt) ließ zunächst die für 1995 und 1996 geltend gemachten Aufwendungen für das Pädagogikstudium zum Abzug als Werbungskosten zu - nach § 164 Abs. 1 AO unter dem (später aufgehobenen) Vorbehalt der Nachprüfung ergangener Einkommensteuer-Bescheid 1995 zu. Im Rahmen der Einkommensteuer-Veranlagung für 1997 wurde dem Beklagte bekannt, dass der Kläger die Bescheinigung vom 13.2.1995 über die Zusatzbeauftragung auf Blankobögen des Generalvikariats selbst erstellt hatte und der Dienstauftrag des Klägers daher das Studium der Erziehungswissenschaften nicht enthielt. Der Beklagte vertrat daraufhin die Auffassung, die Aufwendungen des Kläger für das Pädagogikstudium stellten nicht Fortbildungskosten in einem ausgeübten Beruf und damit Werbungskosten bei den Einkünften aus nichtselbständiger Arbeit dar, sondern seien als Aufwendungen des Kläger für seine Berufsausbildung und damit als beschränkt abziehbare Sonderausgaben iSd § 10 Abs. 1 Nr. 7 EStG zu behandeln. Sie seien daher nur mit dem Höchstbetrag von 900,00 DM (1995) bzw. 1.800,00 DM (1996 bis 1998) zu berücksichtigen. Dem stehe nicht entgegen, dass dem Kläger aufgrund seines abgeschlossenen Diplomstudiengangs Katholischer Theologie vier Fachsemester auf den Diplomstudiengang Erziehungswissenschaften angerechnet und das Praktikum Grundstudium (6 Wochen), das Praktikum Hauptstudium (12 Wochen) sowie für die Zulassung zur Diplom-Vorprüfung erforderliche Leistungsnachweise (1 Seminarschein Erziehungswissenschaft, 1 Seminarschein Psychologie und 1 Teilnahmeschein Grundkurs Erziehungswissenschaften) anerkannt worden sind. Denn bei dem Zweitstudium des Klägers handele es sich entgegen der Auffassung des Klägers nicht um ein Ergänzungs- und Zusatzstudium zu dem bereits abgeschlossenen Studium der Katholischen Theologie.

Der Beklagte erließ daraufhin für 1995 und 1996 nach § 173 Abs. 1 Satz 1 Nr. 1 AO entsprechend geänderte Bescheide. Für 1997 vertrat er die Ansicht, die Aufwendungen des Kläger für die Reise nach Lourdes stellten Aufwendungen des Klägers für die Lebensführung iSd § 12 Nr. 1 EStG dar und seien deshalb nicht als Werbungskosten abziehbar. Für 1998 ließ er die geltend gemachten Aufwendungen des Pädagogikstudiums nicht zum Abzug als Werbungskosten zu. Diese Bescheide für die Steuerjahre 1995 bis 1998 sind Gegenstand des vorliegenden Verfahrens.

Mit den hiergegen eingelegten Einsprüchen trug der Kläger hinsichtlich der Aufwendungen für das Pädagogikstudium zunächst vor, er habe bei Aufnahme des Studiums nicht beabsichtigt, seine Stellung als Pastor aufzugeben und einen gänzlich anderen Beruf auszuüben. Er habe vielmehr das bisherige Wissen im Gebiet Pädagogik vertiefen wollen, um sich auf dem Gebiet der kirchlichen Erwachsenenbildung, des Gemeindedienstes und der Jugendarbeit zu spezialisieren. Im Hinblick darauf, dass das Studium der Theologie mit 4 Fachsemestern und mit Prüfungsleistungen auf das Studium der Erziehungswissenschaften angerechnet wurde, sei das hier zu beurteilende Studium als Ergänzungs- bzw. Zusatzstudium zu bewerten. Später trug er vor, er sei von seinem Arbeitgeber vom Dienst suspendiert worden. Es sei daher fraglich, ob er in seinem erlernten Beruf als Priester jemals wieder tätig werden könne. Auch vor diesem Hintergrund seien die Aufwendungen für das Studium als Werbungskosten anzusehen.

Die Pilgerfahrt nach Lourdes habe der Kläger nicht als normaler Teilnehmer unternommen. Vielmehr habe es sich um eine Gemeindefahrt gehandelt. Der Kläger habe ausschließlich ältere Gemeindemitglieder, die er sonst in der Gemeinde seelsorgerisch betreue, während der Fahrt begleitet und betreut.

Der Beklagte wies die Einsprüche hinsichtlich der hier streitigen Punkte als unbegründet zurück. Er vertrat weiter die Auffassung, die Aufwendungen für das Pädagogikstudium seien nicht als Werbungskosten zu qualifizieren. Aufwendungen für ein sog. Aufbaustudium seien nur dann Werbungskosten, wenn das Aufbaustudium keinen Wechsel in eine neue Berufsart zulasse. Der Kläger betreibe das Studium jedoch deshalb, weil aufgrund des laufenden Disziplinarverfahrens und der Suspendierung vom Dienst nicht klar sei, ob er den erlernten Beruf als Pastor jemals wieder aufnehmen könne. - Die Teilnahme des Klägers an der Reise nach Lourdes falle in den Bereich der privaten Lebensführung. Ein unmittelbarer beruflicher Anlass für die Teilnahme an der Reise könne nicht daraus abgeleitet werden, dass er als geistlicher Betreuer die Reise begleitet habe und diese Art von Reisen zu den Aufgaben eines Gemeindepfarrers zähle. Für eine private Mitveranlassung spreche insbesondere, dass die Fahrt vom heimischen Schützenverein durchgeführt worden sei.

Mit der hiergegen erhobenen Klage verfolgt der Kläger sein Begehren weiter und lässt hierzu im Wesentlichen vortragen:

Hinsichtlich der Aufwendungen für das Pädagogikstudium bestreitet er nunmehr, das Studium mit dem Ziel betrieben zu haben, seine Stellung als Pastor aufzugeben und einen anderen Beruf auszuüben. Er habe das Studium bereits vor Beginn des - inzwischen nach § 153a StPO eingestellten - Disziplinarverfahrens aufgenommen; mit Schreiben vom

3.2.2000 sei der Kläger vom Erzbischöflichen Generalvikariat aufgefordert worden, seine Bereitschaft zu erklären, im Erzbistum A. wieder einen Dienst zu übernehmen. Mit dem Studium habe er sein bisheriges Wissen auf dem Gebiet der Pädagogik nur vertiefen wollen, um sich auf dem Gebiet der Erwachsenenbildung, des Gemeindedienstes und der Jugendarbeit zu spezialisieren. Sollten die Aufwendungen nicht als Werbungskosten bei seinen Einkünften aus nichtselbständiger Arbeit anzuerkennen sein, stellten sie jedenfalls voll abziehbare vorweggenommene Betriebsausgaben dar.

Auch die Aufwendungen für die Teilnahme an der Pilgerfahrt nach Lourdes seien Werbungskosten. Die Pilgerfahrt nach Lourdes sei von der katholischen Schützenbrüderschaft organisiert worden. Diese sei ein katholischer Verein der Gemeinde, in dessen Vorstand der Kläger damals gewesen sei. Die Pilgerfahrt sei mit Unterstützung des Klägers vorbereitet und durchgeführt worden. Der Kläger sei während der Fahrt in ständiger Begleitung der Gemeindemitglieder und daher immer im Dienst gewesen. Die Gemeindemitglieder seien täglich durch Eucharistiefeiern, Beichtgelegenheiten, Andachten, Ansprachen und Vorträge seelsorgerisch durch den Kläger betreut worden. Für private Unternehmungen des Klägers sei daher keine Zeit geblieben. Die Fahrt habe demzufolge in der Dienstzeit ohne Anrechnung auf den Urlaub des Klägers stattgefunden. Der Wallfahrtsort Lourdes sei dem Kläger schon zuvor durch einen Privatbesuch gut bekannt gewesen; ein privates Interesse an einem erneuten Besuch habe daher nicht bestanden.

Das Finanzgericht weist die Klage ab.

Aus den Gründen:

Die Klage ist unbegründet.

1. Der Beklagte hat die dem Kläger in den Streitjahren entstandenen Aufwendungen für das Studium der Erziehungswissenschaften zurecht nicht zum Abzug als Werbungskosten bei dessen Einkünften aus nichtselbständiger Arbeit zugelassen, sondern diese als nach § 10 Abs. 1 Nr. 7 EStG nur bis zu einem Höchstbetrag von 900,00 DM (1995) bzw. 1.800,00 DM (1996 bis 1998) beschränkt abziehbare Sonderausgaben behandelt.

Die Aufwendungen des Klägers für das Studium der Erziehungswissenschaften an der Universität/Gesamthochschule A. sind nicht im Rahmen eines Ausbildungsarbeitsverhältnisses entstanden. Nach der ständigen Rechtsprechung des Bundesfinanzhofs sind zwar Aufwendungen für ein Hochschul- oder Fachhochschulstudium, die bei isolierender Betrachtung als Ausbildungskosten iSd § 10 Abs. 1 Nr. 7 EStG zu beurteilen wären, dann als Werbungskosten abziehbar, wenn die Berufsausbildung in der Weise Gegenstand des Dienstverhältnisses ist, dass die vom Arbeitnehmer geschuldete Leistung in der Teilnahme an den Berufsausbildungsmaßnahmen besteht (BFH, Urteil vom 15.4.1996 - VI R 99/95 - BFH/NV 1996, 804). Das Studium der Erziehungswissenschaften durch den Kläger war jedoch, wie inzwischen von dem Kläger eingeräumt worden ist, nicht Inhalt des ihm erteilten Dienstauftrages.

Nach der Rechtsprechung des BFH, der der Senat folgt, sind Aufwendungen für ein erstmaliges Hochschul- oder Fachhochschulstudium stets als Ausbildungskosten und damit als nach § 10 Abs. 1 Nr. 7 EStG nur beschränkt abziehbare Sonderausgaben zu qualifizieren (BFH, Urteil vom 17.4.1996 - VI R 94/94 - BStBl. II 1996, 450). Dagegen können die Kosten eines Zweitstudiums oder Aufbaustudiums an einer Universität oder Fachhochschule als Fortbildungskosten und damit als Werbungskosten zu qualifizieren sein, wenn bereits das Erststudium zu einem Berufsabschluss geführt hat und es sich bei dem Zweitstudium um ein darauf aufbauendes Zusatzstudium handelt, durch das die im Rahmen des Erststudiums erworbenen Kenntnisse ergänzt und vertieft werden und das nicht den Wechsel in einen anders gearteten Beruf ermöglicht (BFH, Urteil vom 19.4.1996 - VI R 24/95 - BStBl. II 1996, 452). Bei dem *(erziehungswissenschaftlichen)* Studium des Klägers handelt es sich um ein Studium, das den Wechsel in einen anders gearteten Beruf ermöglicht. Die Aufwendungen des Klägers sind danach nicht als Werbungskosten zu qualifizieren.

Die Aufwendungen des Kläger für das Studium der Erziehungswissenschaften könnten auch dann nicht als Werbungskosten qualifiziert werden, wenn nicht darauf abgestellt würde, ob das Zweitstudium den Wechsel in einen anders gearteten Beruf objektiv ermöglicht, sondern darauf, ob durch das Zweitstudium ein Wechsel in einen anders gearteten Beruf - subjektiv - angestrebt wird (so Drenseck, in: Schmidt, § 19 EStG Rz. 60 „Ausbildungskosten"). Denn der Senat kann nicht feststellen, ob der Kläger mit dem hier zu beurteilenden Studium einen Wechsel in einen anderen Beruf angestrebt hat oder nicht. Die Angaben des Klägers dazu sind widersprüchlich.*(wird ausgeführt)*. Die Feststellungslast für das Vorliegen der Voraussetzungen des Werbungskostenabzugs trägt der Kläger.

Schließlich steht der Annahme einer beruflichen Veranlassung des Studiums des Kläger entgegen, dass die zur Suspendierung des Kläger führende dienstrechtliche Auseinandersetzung mit dem Generalvikariat nach eigenen Angaben des Kläger durch dessen Gehorsamsverweigerung ausgelöst wurde und vor allem die Frage der Verwendung des Studiums der Pädagogik im kirchlichen Dienst betraf.

Bei den Aufwendungen des Klägers für das Studium handelt es sich auch nicht, wie der Kläger annimmt, um vorweggenommene Betriebsausgaben. Der Kläger hat nicht dargetan, mit welcher konkreten betrieblichen Tätigkeit die Aufwendungen unmittelbar zusammenhängen sollen.

2. Der Beklagte hat auch die Aufwendungen des Klägers für dessen Teilnahme an der Pilgerfahrt nach Lourdes im Jahr 1997 zu Recht nicht zum Abzug als Werbungskosten bei dessen Einkünften aus nichtselbständiger Arbeit zugelassen. Der Senat geht zwar davon aus, dass die Aufwendungen auch zur Förderung des Berufs des Klägers als Pastor erfolgt sind. Die Reise ist von der kath. Schützenbruderschaft D. organisiert worden. An der Reise haben nach den vom Beklagten nicht bestrittenen Angaben des Kläger ältere Gemeindemitglieder der Gemeinde D. teilgenommen, die der Kläger während dieser Reise begleitet und seelsorgerisch betreut hat.

Gleichwohl handelt es sich bei den streitigen Aufwendungen um sog. gemischte, d.h. auch durch die Lebensführung des Kläger mitveranlasste Aufwendungen iSd § 12 Nr. 1 EStG. Dies ergibt sich zur Überzeugung des Senats aus folgendem: Gleichartige Aufwendungen entstehen einer Vielzahl von katholischen Gläubigen, die eine Pilgerreise wie hier zum Wallfahrtsort Lourdes unternehmen. Dabei handelt es sich um Aufwendungen für die Lebensführung iSd § 12 Nr. 1 EStG. Der Kläger hat Kosten der Busreise offenbar wie jeder andere Reiseteilnehmer an das Reiseunternehmen J. gezahlt. Er hat dafür von seinem Arbeitgeber keinen Kostenzuschuss erhalten (vgl. BFH, Urteil vom 26.11.1982 - VI R 125/79 - n.v.)

Von dem Aufteilungs- und Abzugsverbot gemischter Aufwendungen macht die Rechtsprechung allerdings eine Ausnahme, wenn der Bezug zur privaten Lebensführung von untergeordneter Bedeutung ist, d.h. die Verfolgung privater Interessen, wie Erholung, Bildung, Erweiterung des allgemeinen Gesichtskreises, nach Anlass der Reise, dem vorgesehenen Programm und der tatsächlichen Durchführung nahezu ausgeschlossen ist (ständige Rechtsprechung; vgl. BFH, Urteil vom 29.6.1993 - VI R 77/91 - BStBl. II 1993, 837). Diese Grundsätze gelten für alle Berufsgruppen; sie sind daher auch auf einen Pastor anzuwenden (BFH, Beschluss vom 9.6.1993 - I B 13/93 - n.v.). Dass die private Mitveranlassung für den Kläger angesichts des Umfangs der beruflichen Veranlassung von untergeordneter Bedeutung gewesen sei, kann der Senat jedoch nicht feststellen. Der Kläger hat zur beruflichen Veranlassung im Laufe des Verfahrens unterschiedliche Angaben gemacht. In der Anlage zur Einkommen-Erklärung 1997 hat er nur angegeben, die Reiseleitung und geistliche Begleitung vorgenommen zu haben. Das beigefügte Rundschreiben des Reiseunternehmens vom 8.9.1997 enthält zur Funktion des Klägers während der Fahrt keine Angaben. Im Einspruchsverfahren hat der Kläger vorgetragen, er sei kein normaler Teilnehmer der Pilgerreise nach Lourdes gewesen, sondern habe bei der sog. Gemeindefahrt ausschließlich ältere Gemeindemitglieder, die er sonst innerhalb der Gemeinde seelsorgerisch betreue, während der Fahrt begleitet und betreut. Er sei in ständiger Begleitung seiner Gemeindemitglieder gewesen. Im Klageverfahren hat er zunächst nur den Vortrag im Einspruchsverfahren wiederholt und um den Hinweis ergänzt, dass es sich bei der katholischen Schützenbruderschaft D. um einen kirchlichen Verein der Gemeinde handele. Mit Schriftsatz vom 12.7.2002 hat der Kläger schließlich behauptet, er habe die Gemeindemitglieder während der Pilgerfahrt täglich durch Eucharistiefeiern, Beichtgelegenheiten, Andachten, Ansprachen und Vorträge seelsorgerisch betreut. Der Wallfahrtsort Lourdes sei dem Kläger bereits durch einen Privatbesuch gut bekannt.

Der Senat kann unentschieden lassen, ob die private Mitveranlassung dann nicht ins Gewicht fiele, wenn der Kläger die Gemeindemitglieder tatsächlich in der erstmals im Schriftsatz vom 12.7.2002 dargestellten Form seelsorgerisch betreut hätte. Denn der Senat kann nicht feststellen, dass die Behauptung des Klägers zutrifft. Der Kläger hat für den Nachweis der Richtigkeit seiner Behauptung keine Beweismittel vorgelegt oder benannt. Ein detailliertes Reiseprogramm hat er nicht beigebracht. Aus dem Rundschreiben des Reiseunternehmens vom 8.9.1997 ergeben sich keine Anhaltspunkte für die Durchführung oder die organisatorische Vorbereitung der vom Kläger behaupteten Maßnahmen.

13

Der von der Synode als innerkirchlich zuständigem Gesetzgebungsorgan erlassene Kirchensteuerbeschluss unterfällt als autonomes Satzungsrecht einer Körperschaft des öffentlichen Rechts nicht dem Anwendungsbereich des Art. 100 Abs. 1 GG.

Die Religionsgemeinschaften sind bei Inanspruchnahme des Besteuerungsrechts als hoheitliche Befugnis an die grundgesetzliche Ordnung, vor allem an die Grundrechte, gebunden.

Die Erhebung von Kirchensteuer nach unterschiedlichen Hebesätzen in Schleswig-Holstein und Hamburg ist weder grundrechtskonform noch vom kirchlichen Selbstbestimmungsrecht gedeckt.

Art. 2 Abs. 1, 3 Abs. 1, 20 Abs. 3, 100 Abs. 1, 101 Abs. 1, 140 GG, 137 Abs. 3 u. 6 WRV, §§ 2 Abs. 2 SH.KiStG, § 4 Abs. 1 Hmbg.KiStG
BVerfG, Nichtannahmebeschluss vom 19. August 2002 - 2 BvR 443/01[1] -

Die Klägerin des Ausgangsverfahrens, die Mitglied der Nordelbischen Ev.-Luth. Kirche ist und in dem in Schleswig-Holstein gelegenen Kirchenkreis Oldenburg wohnt, wurde mit Bescheid des Finanzamts Oldenburg für das Jahr 1994 zur Kirchensteuer in Höhe von 9 v.H. der von ihr

[1] BFH/NV 2003, Beilage 2, 136; DÖV 2003, 159; DVBl. 2002, 1624; HFR 2002, 1129; JuS 2003, 391 (LS); NJW 2003, 345 (LS); NJW 2003, 2084 (LS); NordÖR 2003, 58; NVwZ 2002, 1496; SchlHA 2003, 17; ZevKR 48, 510 (2003) (LS).

zu entrichtenden Lohnsteuer herangezogen. Nach erfolgloser Durchführung des (kirchlichen) Vorverfahrens erhob sie vor dem Schleswig- Holsteinischen Verwaltungsgericht Anfechtungsklage, mit der sie die Herabsetzung der Kirchensteuer unter Zugrundelegung des in Hamburg geltenden niedrigeren Hebesatzes von 8 v.H. begehrte. Zur Begründung trug sie im Wesentlichen vor, die unterschiedliche Höhe der Steuersätze in den Teilgebieten Nordelbiens bedeute eine sie benachteiligende Ungleichbehandlung im Verhältnis zu den Kirchenangehörigen in Hamburg, die nicht nur einen Verstoß gegen innerkirchliches Recht, sondern zugleich einen Verstoß gegen Art. 3 Abs. 1 GG darstelle.

Das Verwaltungsgericht wies die Klage als unbegründet ab. Zur Begründung führte es im Wesentlichen aus, dass die kirchenrechtliche Festlegung unterschiedlicher Hebesätze je danach, ob ein Kirchenmitglied in den Ländern Hamburg oder Schleswig-Holstein wohne, zwar an Art. 3 Abs. 1 GG zu messen, aber sachlich gerechtfertigt sei. Neben der Komplexität des Entscheidungsprozesses der Vereinheitlichung der in den ursprünglich selbstständigen Gebietsteilen geltenden Hebesätze und den hiermit verbundenen innerkirchlichen Abstimmungsproblemen habe die Kirche die unterschiedlich hohen Hebesätze wegen der unterschiedlichen Steuerkraft der Kirchenmitglieder in beiden Ländern beibehalten. Hamburg weise ein deutlich höheres Einkommensniveau auf; der niedrigere Hebesatz führe daher - bei gleichem Finanzbedarf der Kirche pro Kirchenmitglied - zu einem höheren Kirchensteueraufkommen in Hamburg.

Auf die Berufung der Klägerin des Ausgangsverfahrens gab das Schleswig-Holsteinische Oberverwaltungsgericht (KirchE 38, 314) der Klage statt.

Die von den Beschwerdeführern erhobene Beschwerde gegen die Nichtzulassung der Revision hat das Bundesverwaltungsgericht (KirchE 39, 2) zurückgewiesen

Mit der gegen das Urteil des Oberverwaltungsgerichts und den Beschluss des Bundesverwaltungsgerichts gerichteten Verfassungsbeschwerde rügen die Beschwerdeführer eine Verletzung ihrer Grundrechte aus Art. 4 Abs. 1 und Abs. 2 iVm Art. 140 GG iVm Art. 137 Abs. 3 u. 6 WRV, aus Art. 3 Abs. 1 GG und aus Art. 101 Abs. 1 Satz 2 GG. Die angegriffenen Entscheidungen beruhten auf der unzutreffenden Annahme einer Grundrechtsbindung der Kirchen im Bereich des Kirchensteuerrechts und auf einer unzutreffenden Beurteilung des Gewährleistungsgehalts des Art. 140 GG iVm Art. 137 Abs. 6 WRV.

Art. 137 Abs. 6 WRV räume den Kirchen die Befugnis zur Steuererhebung von Verfassungs wegen ein; der Staat sei verpflichtet, seinen Beitrag zur Erfüllung dieser „gemeinsamen Angelegenheit von Staat und Kirche“ zu leisten, der in dem Erlass von Landesgesetzen als Voraussetzung für die Steuererhebung und ihrer zwangsweisen Beitreibung bestehe. Die Kirche leiste ihren Beitrag durch Ermittlung ihres Finanzbedarfs, durch Erstellung einer Steuerkalkulation und durch die Festlegung des Kirchensteuerhebesatzes. Die Entscheidung über die Höhe des Hebesatzes sei innerkirchliche Angelegenheit und unterliege keiner Bindung an die Grundrechte. Der Kirche stehe es frei, in Teilen ihres Kirchengebiets unterschiedliche Kirchensteuerhebesätze zu bestimmen. Aber auch bei Annahme einer Bindung der Kirche an Art. 3 Abs. 1 GG halte das Kirchengesetz über die Höhe der Hebesätze einer Überprüfung stand. Die von der Kirche vorgenommene Differenzierung der Höhe der Hebesätze je nach Zugehörigkeit eines Gebiets zu verschiedenen Ländern sei in der Verfassungsgarantie des Art. 137 Abs. 6 WRV, der den Kirchen das Besteuerungsrecht „nach Maßgabe der landesrechtlichen Bestimmungen“ garantiere, angelegt und daher ohne Weiteres sachlicher Grund für eine unterschiedliche Regelung. Im Übrigen bestehe für die kirchensteuerberechtigten Kirchen eines Landes die Notwendigkeit, sich auf einheitliche Steuersätze zu verständigen, damit der Staat die Verwaltung der Kirchensteuern übernehme. Auch dies rechtfertige unterschiedliche Hebesätze in den verschiedenen Ländern.

Das Oberverwaltungsgericht habe Art. 101 Abs. 1 Satz 2 GG verletzt, weil es seiner Vorlagepflicht aus Art. 100 Abs. 1 GG nicht nachgekommen sei; es sei verpflichtet gewesen, in direkter oder analoger Anwendung dieser Vorschrift das Verfahren auszusetzen und dem Bundesverfassungsgericht das kirchliche Gesetz über die Festsetzung der Höhe der Hebesätze zur Prüfung auf seine Vereinbarkeit mit der Verfassung vorzulegen.

Schließlich habe das Oberverwaltungsgericht Art. 3 Abs. 1 GG verletzt, weil es von der Entscheidung des Bundesverwaltungsgerichts vom 11.11.1988 - 8 C 10.87 -, NJW 1989, 1747 ff., KirchE 26, 359, abgewichen sei. Das Bundesverwaltungsgericht habe hinsichtlich des Kirchgelds eine unterschiedliche Regelung in Hamburg und Schleswig-Holstein als mit Art. 3 Abs. 1 GG vereinbar angesehen.

Die Verfassungsbeschwerde wurde nicht zur Entscheidung angenommen.

Aus den Gründen:

Die Verfassungsbeschwerde ist nicht gemäß § 93a Abs. 2 BVerfGG zur Entscheidung anzunehmen.

1. a) Der Verfassungsbeschwerde kommt grundsätzliche verfassungsrechtliche Bedeutung nicht zu (§ 93a Abs. 2 Buchstabe a BVerfGG). Diese ist nur gegeben, wenn die Verfassungsbeschwerde eine verfassungsrechtliche Frage aufwirft, die sich nicht ohne Weiteres aus dem Grundgesetz beantworten lässt und durch die verfassungsgerichtliche Rechtsprechung noch nicht geklärt ist oder durch veränderte Verhältnis-

se erneut klärungsbedürftig geworden ist (vgl. BVerfGE 90, 22 [24 f.]; 96, 245 [248]).

b) Die hier mit der Verfassungsbeschwerde aufgeworfenen Fragen sind hinreichend geklärt. Sie lassen sich mit Hilfe der in der Rechtsprechung des Bundesverfassungsgerichts entwickelten Maßstäbe ohne Weiteres entscheiden. Das Bundesverfassungsgericht hat die für das Kirchensteuerrecht maßgeblichen Verfassungsfragen bereits beantwortet (vgl. BVerfGE 19, 206 [217 f.], KirchE 7, 338; 19, 226 [236 f.], KirchE 7, 310; 19, 248 [251 f.], KirchE 7, 323; 19, 253 [257 f.], KirchE 7, 327; 19, 268 [281], KirchE 7, 352; 30, 415 [422 f.], KirchE 12, 101; 44, 37 [56 f.], KirchE 16, 47; 73, 388 [399 f.], KirchE 24, 267).

2. Die Annahme der Verfassungsbeschwerde ist auch nicht zur Durchsetzung der in § 90 Abs. 1 BVerfGG bezeichneten Rechte angezeigt (§ 93a Abs. 2 Buchstabe b BVerfGG). Die Verfassungsbeschwerde hat keine hinreichende Aussicht auf Erfolg; denn sie ist teils unzulässig und im Übrigen unbegründet.

a) Ein Verstoß der Fachgerichte gegen das grundrechtsgleiche Recht auf den gesetzlichen Richter, auf das sich auch die im fachgerichtlichen Verfahren beigeladene Beschwerdeführerin zu 1) berufen kann (vgl. BVerfGE 18, 441 [447]), liegt nicht vor. Zwar kann Art. 101 Abs. 1 Satz 2 GG verletzt sein, wenn ein Gericht entgegen Art. 100 Abs. 1 GG seiner Verpflichtung zur Aussetzung des Verfahrens und Vorlage an das Bundesverfassungsgericht nicht nachkommt (vgl. BVerfGE 23, 288 [319]). Hier fehlt es jedoch an einer Vorlagepflicht der Fachgerichte. Das Oberverwaltungsgericht war ermächtigt und verpflichtet, in eigener Zuständigkeit als Vorfrage zu der von ihm zu treffenden Entscheidung über die Rechtmäßigkeit der festgesetzten Kirchensteuer zu prüfen, ob § 1 Abs. 1 des Kirchensteuerbeschlusses mit dem Grundgesetz in Einklang steht und damit im staatlichen Bereich Geltung beanspruchen kann (vgl. BVerfGE 19, 248 [253], KirchE 7, 323; 19, 268 [281], KirchE 7, 352; A. v. Campenhausen, in: v. Mangoldt/Klein/Starck, GG III, 4. Aufl., Art. 137 WRV Rn 297).

Der von der Synode als innerkirchlich zuständigem Gesetzgebungsorgan erlassene Kirchensteuerbeschluss unterfällt als autonomes Satzungsrecht einer Körperschaft des öffentlichen Rechts nicht dem Anwendungsbereich des Art. 100 Abs. 1 GG (vgl. BVerfGE 19, 253 [266 f.], KirchE 7, 327; Marré, Das kirchliche Besteuerungsrecht, in: HdbStKirchR, Bd. 1, § 37, S. 1116, 1117; von Busse, Gemeinsame Angelegenheiten von Staat und Kirche, S. 173; Leibholz/Rinck/Hesselberger, GG, Art. 140 Rn 317).

b) Die angegriffenen Entscheidungen verletzen die Beschwerdeführer nicht in ihrem durch Art. 140 GG iVm Art. 137 Abs. 3 WRV geschützten Selbstbestimmungsrecht.

aa) (1) Nach Art. 140 GG iVm Art. 137 Abs. 6 WRV sind die korporierten Religionsgemeinschaften berechtigt, von ihren Mitgliedern Steuern zu erheben. Das Besteuerungsrecht als mit der Verleihung des Körperschaftsstatus verbundene Befugnis sichert den Religionsgemeinschaften finanzielle Unabhängigkeit und Eigenständigkeit und leistet damit einen Beitrag zur Sicherung ihrer durch Art. 140 iVm Art. 137 Abs. 3 WRV garantierten Freiheit (vgl. zuletzt BVerfGE 102, 370 [371], KirchE 38, 502; Marré, Das kirchliche Besteuerungsrecht, in:HdbStKirchR, Bd. 1, § 37, S. 1101 [1102]; A. v. Campenhausen, in: v. Mangoldt/Klein/Starck, GG III, 4. Aufl., Art. 137 WRV Rn 270). Der Staat ist verpflichtet, den Religionsgemeinschaften mit Körperschaftsstatus das Besteuerungsrecht als hoheitliche Befugnis zu verleihen. Als echte, von einer Gegenleistung unabhängige und im Falle der Nichtzahlung notfalls im Wege des Verwaltungszwangs beizutreibende Steuer unterscheidet die Kirchensteuer sich von Mitgliedsbeiträgen, die die Religionsgemeinschaften ohne Mitwirkung des Staates von ihren Mitgliedern fordern können (vgl. BVerfGE 19, 206 [217], KirchE 7, 338; 73, 388 [398 ff.], KirchE 24, 267). Daher sind die Religionsgemeinschaften bei Inanspruchnahme des Hoheitsrechts an die grundgesetzliche Ordnung, vor allem an die Grundrechte, gebunden (vgl. BVerfGE 30, 415 [422], KirchE 12, 101; Listl, Das kirchliche Besteuerungsrecht in der neueren Rechtsprechung der Gerichte der Bundesrepublik Deutschland, in: Kirche im freiheitlichen Staat, 2. Halbband, 1996, S. 733 [759]; Ehlers, in: Sachs, GG, 2. Aufl., 1999, Art. 140 GG/Art. 137 WRV Rn 21; A. v. Campenhausen, aaO, Art. 137 WRV Rn 271; M. Morlok, in: H. Dreier [Hrsg.], GG, 2000, Art. 140 GG/Art. 137 WRV Rn 83; Hermann Weber, Die Religionsgemeinschaften als Körperschaften des öffentlichen Rechts im System des Grundgesetzes, 1966, S. 149). Die Religionsgemeinschaften können nicht erwarten, dass der Staat ihnen seine Hoheitsgewalt zur Verfügung stellt oder sie bei der Durchsetzung von Maßnahmen unterstützt, wenn hierauf gerichtete staatliche Akte zu einer Grundrechtsverletzung führen müssten (vgl. F. Hammer, Rechtsfragen der Kirchensteuer, 2002, S. 294). Andernfalls würden staatliche Stellen entgegen Art. 1 Abs. 3 GG von ihrer strikten Bindung an die Grundrechtsordnung (vgl. BVerfGE 6, 386 [387]; stRspr) befreit. Der Staat muss deshalb seine Mitwirkung an der Kirchensteuererhebung versagen, wenn dadurch Grundrechte missachtet würden (vgl. BVerfGE 30, 415 [422 f.], KirchE 12, 101). Wollen sich die Kirchen bei ihrer Finanzierung staatlicher Hoheitsgewalt bedienen, bleibt ihnen deshalb nur, die staatlichen Grundrechte umfassend zu beachten und ihr Handeln hiernach auszurichten (vgl. BVerfGE 30, 415 [422]; F. Hammer, Rechtsfragen der Kirchensteuer, 2002, S. 295). Rechtssetzung und Vollzug der Kirchensteuer unterliegen der Rechtskontrolle durch staatliche Gerichte und müssen darüber hinaus auch rechtsstaatlichen Grundsätzen genügen (vgl. BVerfGE 19, 206 [217]; Marré, Zum Wesen des gegenwärtigen kirchlichen Besteuerungsrechts, in: Gedächtnisschrift für Hans Peters, 1967, S. 302 [325 f.]; Paul Mikat, Grundfragen des Kirchensteuerrechts unter besonderer Berücksichtigung der Verhältnisse in

Nordrhein-Westfalen, in: Gedächtnisschrift für Hans Peters, 1967, S. 328 [344 ff., 347]). Wollen sie diese Bindung vermeiden, müssen sie sich der Finanzierung durch private Mitgliedsbeiträge bedienen (vgl. F. Hammer, Rechtsfragen der Kirchensteuer, 2002, S. 295).

(2) Der Staat kommt seiner Verpflichtung aus Art. 137 Abs. 6 WRV nach, wenn er die rechtlichen Voraussetzungen für das Besteuerungsrecht schafft und dabei die Möglichkeit zwangsweiser Beitreibung vorsieht (vgl. BVerfGE 19, 206 [217 f.], KirchE 7, 338; 44, 37 [57], KirchE 16, 47; 73, 388 [399], KirchE 24, 267). Dem Landesgesetzgeber steht es dabei frei, ob er sich auf den Erlass von Rahmengesetzen beschränkt, das Besteuerungsrecht selbst in allen Einzelheiten regelt oder durch Abschluss staatskirchenrechtlicher Vereinbarungen den Rahmen schafft, den die Religionsgemeinschaften in Wahrnehmung des Rechts, ihre Angelegenheiten selbst zu ordnen und zu verwalten, durch Erlass kirchlicher Steuergesetze ausfüllen können (vgl. BVerfGE 19, 253 [258], KirchE 7, 327; 73, 388 [401], KirchE 24, 267; Marré, aaO; vgl. auch Leibholz/Rinck/Hesselberger, GG, Art. 140 Rn 317). Das Kirchensteuerrecht gehört daher zu den gemeinsamen Angelegenheiten von Staat und Kirche (vgl. BVerfGE 19, 206 [217], KirchE 7, 338; 44, 37 [57], KirchE 16, 47; 73, 388 [399], KirchE 24, 267).

(3) Hat der Landesgesetzgeber sich - wie hier in Schleswig- Holstein und in Hamburg - darauf beschränkt, die Kirchensteuerarten zu regeln und die Ermächtigungsgrundlage für den Erlass kirchlicher Steuergesetze zu schaffen, und hat er die Ausfüllung dieses Rahmens - ohne hierzu von Verfassungs wegen verpflichtet zu sein - den Religionsgemeinschaften überlassen, so obliegt es jenen in eigener Verantwortung, kirchliche Steuergesetze und Hebesatzbeschlüsse zu erlassen. Sie unterliegen dabei, weil das Besteuerungsrecht ein staatlich verliehenes Hoheitsrecht ist, der Bindung an die verfassungsmäßige Ordnung, insbesondere an die Grundrechte (vgl. BVerfGE 30, 415 [422], KirchE 12, 101; Ehlers, in: Sachs, GG, 2. Aufl., 1999, Art. 140 GG/Art. 137 WRV Rn 21; Heinrich List, Kirchensteuer, BB 1997, S. 17 [18]). Die kirchlichen Steuernormen müssen daher die Mindestanforderungen rechtsstaatlicher Steuererhebung erfüllen (vgl. BVerfGE 19, 248 [251]; Christian Meyer, Das geltende Kirchensteuerrecht im Bereich der Evangelischen Kirche in Deutschland, in: Lienemann, Die Finanzen der Kirche, 1989, S. 173 [179]; Gehm, Das Kirchensteuersystem in der Bundesrepublik Deutschland, StuW 1999, S. 243 [246]). Der den Religionsgemeinschaften eröffnete Gestaltungsraum ist aber weit. Es steht ihnen frei, ein eigenes Besteuerungssystem zu entwickeln oder die Kirchensteuer als Zuschlagsteuer zu bestimmten staatlichen Maßstabsteuern, etwa - wie hier - als Zuschlag zur Einkommen-(Lohn-)steuer, auszugestalten (vgl. Ferdinand Kirchhof, Verwerfungen der Kirchenzuschlagsteuern wegen des Maßstabs der Einkommensteuer, in: Festschrift für Martin Heckel zum 70. Geburtstag, Hrsg.: H. Kästner/K. Nörr/K. Schlaich, 1999, S. 373 [374]; Paul Kirchhof,

Die Einkommensteuer als Maßstab für die Kirchensteuer, DStZ 1986, 25 [26]). Entscheidet sich eine Religionsgemeinschaft dafür, die Kirchensteuer gleichsam als Annex zur staatlichen Einkommensteuer auszugestalten, so gewinnt das aus Art. 3 Abs. 1 GG fließende Gebot der Besteuerung nach der wirtschaftlichen Leistungsfähigkeit auch für die kirchliche Entscheidung Bedeutung (vgl. Marré, in: Tipke/Lang, Steuerrecht, 16. Aufl., 1998, § 10 Kirchensteuer, Rn 10; Ehlers, in: Sachs, GG, 2. Aufl., 1999, Art. 140 GG/Art. 137 WRV Rn 23; BVerwG, NJW 1989, 1747 [1748]; siehe auch BVerfGE 30, 415 [422], KirchE 12, 101).

(4) Die Prüfung, ob die kirchlichen Steuernormen rechtsstaatlichen Mindestanforderungen genügen, obliegt den staatlichen Gerichten, wenn und soweit Kirchenglieder staatlichen Rechtsschutz begehren (vgl. BVerfGE 19, 206 [217 f.], KirchE 7, 338; siehe auch A. v. Campenhausen, aaO, Rn 297; Ferdinand Kirchhof, aaO, S. 382 f.). Dabei entspricht es dem verfassungsrechtlichen Verständnis des Verhältnisses von Staat und Kirche, dass die Gerichte im Rahmen der von ihnen vorzunehmenden Prüfung auf einen verfassungsrechtlich tragfähigen Ausgleich des Spannungsverhältnisses zwischen kirchlicher Selbstbestimmung einerseits und den Anforderungen der rechtsstaatlichen Ordnung andererseits achten (vgl. BVerfGE 73, 388 [401], KirchE 24, 267; A. v. Campenhausen, aaO, Rn 150; M. Morlok, aaO, Rn 84; M. Heckel, Religionsfreiheit und Staatskirchenrecht in der Rechtsprechung des Bundesverfassungsgerichts, in: Festschrift 50 Jahre Bundesverfassungsgericht, Hrsg.: P. Badura/ H. Dreier, Bd. II, S. 379 [408]).

bb) Diesen verfassungsrechtlichen Anforderungen wird das Urteil des Oberverwaltungsgerichts gerecht.

(1) Es hat angenommen, dass die Festlegung der Höhe der Kirchensteuer zu den durch Art. 140 GG iVm Art. 137 Abs. 3 Satz 1 WRV geschützten eigenen Angelegenheiten der Kirche zählt und sie in Ausübung des ihr verliehenen Hoheitsrechts an die Grundrechte gebunden ist. Daher hat das Gericht die für die Höhe der Kirchensteuer maßgebliche Vorschrift des § 2 Abs. 1 des Kirchensteuerbeschlusses an Art. 3 Abs. 1 GG gemessen.

Der von den Beschwerdeführern erhobene Einwand, Bezugspunkt für eine Prüfung am Maßstab des Art. 3 Abs. 1 GG sei nicht das kirchliche Gesetz, sondern die im steuerberechtigten Kirchenkreis Oldenburg geltende Höhe der Kirchensteuer, geht fehl. Zwar ist richtig, dass ein Träger hoheitlicher Gewalt durch den Gleichheitssatz nur für den Bereich seiner eigenen Zuständigkeit verpflichtet werden kann (BVerfGE 21, 54 [68]; 79, 127 [158]). Daraus folgt jedoch nicht, dass die gleichheitsrechtliche Prüfung im vorliegenden Fall nur den Kirchenkreis Oldenburg ins Auge zu fassen hätte. Zwar hat die Beschwerdeführerin zu 1. sich in Wahrnehmung ihres Rechts, ihre eigenen Angelegenheiten ohne Einmischung des Staates zu ordnen und zu verwalten, gegen das von den kirchensteuerberechtigten Körperschaften weiterhin praktizierte Modell der

Landeskirchensteuer oder Ortskirchensteuer entschieden und die Verwaltung der Kirchensteuer auf die Kirchenkreise übertragen (vgl. Klaus Blaschke, Kirchliches Finanz- und Haushaltsrecht, ZevKR 27 [1982], S. 45 [54]). Unabhängig davon obliegt aber die Ordnung der Kirchensteuer, vor allem die Festlegung der Höhe des Kirchensteuerhebesatzes, der Nordelbischen Ev.-Luth. Kirche (vgl. Art. 111 der Verfassung der NEK). Bei dieser Sachlage ist der Ausgangspunkt des Gerichts für eine Prüfung am Maßstab des Art. 3 Abs. 1 GG richtig gewählt.

(2) Auch ist gegen das vom Oberverwaltungsgericht unter Zugrundelegung dieses Prüfungsmaßstabs gewonnene Auslegungsergebnis von Verfassungs wegen nichts zu erinnern. Das Gericht hat weder Bedeutung und Tragweite des Art. 140 GG iVm Art. 137 Abs. 6 WRV noch das kirchliche Selbstbestimmungsrecht verkannt.

(a) Zutreffend hat das Oberverwaltungsgericht angenommen, dass der von den Beschwerdeführern vorgetragene Gesichtspunkt unterschiedlich hoher Durchschnittseinkommen der Kirchenglieder in den Ländern Hamburg und Schleswig-Holstein die unterschiedliche Höhe der Hebesätze nicht zu rechtfertigen vermochte. Die Wahl dieses Merkmals als Anknüpfungspunkt, um in dem Erhebungsgebiet mit dem geringeren Durchschnittseinkommen einen höheren Hebesatz vorzusehen, gerät vielmehr in Konflikt mit Art. 3 Abs. 1 GG, der im Steuerrecht eine Besteuerung nach der wirtschaftlichen Leistungsfähigkeit der Steuerpflichtigen gebietet (BVerfGE 66, 214 [223]; stRspr). Dieser für den staatlichen Steuergesetzgeber Verbindlichkeit beanspruchende Maßstab ist auch Leitlinie für den kirchlichen Steuergesetzgeber, wenn er sich - wie hier - dafür entscheidet, die Kirchensteuer in Anbindung an die Einkommensteuer zu erheben (vgl. BVerfGE 30, 415 [422], KirchE 12, 101; siehe auch Paul Kirchhof, aaO, S. 27 ff.; ders., Die Kirchensteuer im System des deutschen Staatsrechts, in: Kirchensteuer, Notwendigkeit und Problematik, Hrsg.: F. Fahr, 1996, S. 53 [70 f.]; Marré, Die Kirchenfinanzierung in Kirche und Staat der Gegenwart, 3. Aufl., 1991, S. 48; weiter gehend Paul Mikat, Grundfragen des Kirchensteuerrechts unter besonderer Berücksichtigung der Verhältnisse in Nordrhein-Westfalen, in: Gedächtnisschrift für Hans Peters, 1967, S. 328 [342]). Das im Land Schleswig-Holstein erzielte niedrigere Durchschnittseinkommen, das Ausdruck einer geringeren finanziellen Leistungsfähigkeit der Kirchenglieder ist (vgl. BVerfGE 19, 268 [274], KirchE 7, 352), vermag daher einen höheren Hebesatz nicht zu rechtfertigen (vgl. Rudolf Titzck, Gleichheitssatz und Kirchensteuerrecht, NordÖR 2000, 280 [282]).

(b) Der Einwand der Beschwerdeführer, der Bedeutungsgehalt des Art. 137 Abs. 6 WRV lege nahe, die Zugehörigkeit von Teilen des Kirchengebiets zu verschiedenen Ländern ohne Hinzutreten weiterer Umstände als hinreichenden Grund für eine Differenzierung anzusehen, greift nicht durch. Der hierfür in Bezug genommene Wortlaut des durch Art. 140 GG inkorporierten Art. 137 Abs. 6 WRV, der den Religionsgesellschaften das Besteuerungsrecht „nach Maßgabe der landesrechtlichen Bestimmungen“ garantiert, ist historisch zu erklären und als Regelungsauftrag an den (staatlichen) Gesetzgeber zu verstehen (vgl. Jeand'Heur/Korioth, Grundzüge des Staatskirchenrechts, 2000, S. 183; A. v. Campenhausen, in: v. Mangoldt/Klein/Starck, GG III, 4. Aufl., Art. 137 WRV Rn 265 ff.; Ernst Rudolf Huber, Deutsche Verfassungsgeschichte seit 1789, Band VI, Die Weimarer Reichsverfassung, 1981, S. 894 ff.; Gerhard Anschütz, Die Verfassung des Deutschen Reiches vom 11.8.1919, Nachdruck der 14. Aufl., 1968, S. 648; Werner Weber, Das kirchenpolitische System der Weimarer Reichsverfassung im Rückblick, in: Staat und Kirche in der Gegenwart, 1978, S. 311 [322]; Marré, Das kirchliche Besteuerungsrecht, in: HdbStKirchR, Bd. 1, § 37, S. 1101 [1111]). Die Verfassungsnorm weist den Ländern die Gesetzgebungskompetenz für den Bereich des Kirchensteuerrechts zu und verpflichtet sie zum Erlass entsprechender Landesgesetze. Ein weiter gehender Bedeutungsgehalt ist ihr nicht zu entnehmen. Die Religionsgemeinschaften sind darin frei, im Rahmen ihres durch Art. 140 GG iVm Art. 137 Abs. 3 WRV geschützten Selbstbestimmungsrechts ihren räumlichen Wirkungsbereich ohne Anbindung an Ländergrenzen zu bestimmen. Unterschiedliche ländergesetzliche Regelungen können daher zwar Anlass für eine Religionsgemeinschaft sein, in Teilen ihres Gebiets, die unterschiedlichen Ländern zugehören, unterschiedliche Regelungen vorzusehen. Ein solcher Fall liegt hier jedoch nicht vor. Die Kirchensteuergesetze von Schleswig-Holstein und Hamburg, die den Gestaltungsraum der Kirche bestimmen, überlassen die Festsetzung der Kirchensteuerhebesätze ohne weitere Vorgaben den steuerberechtigten Kirchen (vgl. § 2 Abs. 2 KiStG Schleswig- Holstein und § 4 Abs. 1 KiStG der Freien und Hansestadt Hamburg).

(c) Verfassungsrechtlich unangreifbar ist das Oberverwaltungsgericht weiter davon ausgegangen, dass die unterschiedlichen Hebesätze auch nicht mit dem Verweis darauf gerechtfertigt werden können, die Angleichung erfordere einen - bislang nicht hergestellten - Konsens mit der kath. Kirche. Auf eine Abstimmung mit der kath. Kirche kommt es, wie das Oberverwaltungsgericht zutreffend ausgeführt hat, nur insofern an, als nach schleswig-holsteinischem wie auch nach hamburgischem Kirchensteuerrecht die Verwaltung der Kirchensteuern durch die Finanzämter voraussetzt, dass die Kirchensteuer im ganzen Lande nach einheitlichen Grundsätzen und mit gleichen Steuersätzen für alle Kirchen erhoben wird. Eine diesbezügliche Übereinstimmung zwischen den Kirchen ist demnach für die staatliche Verwaltung der Kirchensteuer, nicht aber für die Beseitigung unterschiedlicher Hebesätze innerhalb der Nordelbischen Evangelisch-Lutherischen Kirche erforderlich. Das durch die Kirchensteuergesetze der Länder eröffnete und durch Staatskirchenverträge abgesicherte Angebot, staatliche Hilfe für die Verwaltung der Kirchensteuer in Anspruch zu nehmen, geht über den Gewährleistungsgehalt des Art. 137 Abs. 6 WRV hinaus (vgl. Ehlers, aaO, Rn 24; A. v. Campenhausen, aaO, Rn 291; Hermann Weber, Staat und Kirchen unter dem Grundgesetz, in: Kirche und moderne Gesellschaft, 1976, S. 84 [109]; Rüfner, Zur Frage der Verfassungsmäßigkeit der Kirchensteuer, NJW 1971, 15 [18]). Schon deshalb kann das Interesse an der Inanspruchnahme dieses Angebots nicht zur Rechtfertigung von Ungleichbehandlungen dienen. Das Oberverwaltungsgericht hat in diesem Zusammenhang im Übrigen zutreffend berücksichtigt, dass die Beschwerdeführerin zu 1. selbst in Art. 111 Satz 1 ihrer Verfassung die Festlegung einheitlicher Kirchensteuerhebesätze als Ziel formuliert hat. Dieser Programmsatz der kirchlichen Verfassung belegt, dass es dem Selbstverständnis und dem Willen der aus dem Zusammenschluss mehrerer ursprünglich selbstständiger Landeskirchen hervorgegangenen Nordelbischen Evangelisch-Lutherischen Kirche entspricht, alle Mitglieder ihres Gebietes unabhängig von ihrer Zugehörigkeit zu verschiedenen Ländern gleichmäßig zur Kirchensteuer heranzuziehen.

c) Der zur Begründung des behaupteten Verstoßes gegen die Rechtsanwendungsgleichheit angeführte Hinweis auf eine Entscheidung des Bundesverwaltungsgerichts zur unterschiedlichen Höhe des Kirchgelds in Hamburg und in Schleswig-Holstein (vgl. BVerwG, NJW 1989, 1747 ff., KirchE 26, 359) geht fehl. Unabhängig von der Frage, inwieweit die dieser Entscheidung zu Grunde liegende Fallkonstellation, die das von den Kirchengemeinden ohne Anbindung an staatliche Steuertarife erhobene Kirchgeld betraf, mit der Kirchensteuer nach Einkommen überhaupt vergleichbar ist, scheidet der insoweit geltend gemachte Grundrechtsverstoß aus. Die Rechtspflege ist wegen der Unabhängigkeit der Richter konstitutionell uneinheitlich (vgl. BVerfGE 78, 123 [126]; 87, 273 [278]). Selbst abweichende Auslegungen derselben Norm verletzen das Gleichbehandlungsgebot daher nicht ohne Weiteres. Einen Verstoß gegen Art. 3 Abs. 1 GG in seiner Ausprägung als Willkürverbot haben die Beschwerdeführer nicht substantiiert dargetan.

14

Eine aus Glaubensgeboten hergeleitete Ablehnung der Mitwirkung bei der Vorbereitung und Durchführung von politischen Wahlen kann als Bestandteil einer glaubensgeleiteten Lebensführung unter den Schutzbereich des Art. 4 GG fallen.

Gerät die Glaubensfreiheit mit einem anderen Recht von Verfassungsrang, wie hier mit der Institution allgemeiner öffentlicher Wahlen, in Widerstreit, so genießt keines der Verfassungsgüter stets und ausnahmslos Vorrang. Vielmehr müssen beide mit dem Ziel der Optimierung zu einem angemessenen Ausgleich gebracht werden. Dabei kommt dem Grundsatz der Verhältnismäßigkeit besondere

Bedeutung zu. Es muss im Wege einer Abwägung der widerstreitenden Belange eine Konkordanz der Verfassungsgüter hergestellt werden.

Die ordnungsgemäße Durchführung von Wahlen wird nicht dadurch beeinträchtigt, dass im Einzelfall eine Befreiung von der allgemeinen Pflicht hingenommen wird.

OVG Nordrhein-Westfalen, Urteil vom 3. September 2002
- 15 A 1676/00[1] -

Der Kläger, der der Religionsgemeinschaft der Zeugen Jehovas angehört, begehrte die Feststellung, dass er aufgrund seiner spezifischen religiösen Einstellung zu öffentlichen Wahlen befugt sei, ehrenamtliche Wahlhelfertätigkeit abzulehnen.

Das Verwaltungsgericht hat der Klage stattgegeben. Die Berufung des beklagten Landes blieb ohne Erfolg.

Aus den Gründen:

Der Verwaltungsrechtsweg ist gegeben. Die Frage, ob der Kläger als Wahlhelfer zu einer Tätigkeit in Zusammenhang mit der Vorbereitung und Durchführung von Kommunal-, Landtags-, Bundestags- oder Europaparlamentswahlen herangezogen werden kann, ist nicht nach den in den jeweiligen Wahlgesetzen enthaltenen Regelungen (§ 26 Abs. 4 EuWahlG, § 49 BWahlG, § 1 Wahlprüfungsgesetz.NW, § 39 KWahlG.NW) in einem Wahlprüfungsverfahren zu überprüfen (vgl. zum fehlenden Ausschluss des Verwaltungsrechtswegs durch § 26 Abs. 4 EuWahlG für Klagen gegen die Berufung zu einem Wahlehrenamt BVerwG, Urteil vom 10.4.2002 - 6 C 22/01 -, NJW 2002, 2263 mwN.

Auch im Übrigen ist die Klage zulässig. Sie stellt eine sog. vorbeugende Feststellungsklage iSd § 43 Abs. 1 VwGO dar. Das danach für die Zulässigkeit einer solchen Klage erforderliche besondere Feststellungsinteresse liegt - wie das VG zutreffend dargelegt hat - vor. Der Kläger wendet sich mit der Klage gegen die Auffassung der Beklagten, er könne gegenüber der Heranziehung zu einer ehrenamtlichen Tätigkeit bei der Vorbereitung und Durchführung von Kommunal-, Landtags-, Bundestags- oder Europaparlamentswahlen nicht geltend machen, er unterliege aufgrund seines Glaubens einem Gewissenskonflikt, der ihm eine solche Tätigkeit verbiete. Zur Heranziehung des Klägers zu einer solchen ehrenamtlichen Tätigkeit - auch in Zukunft - hält sich die Beklagte für berechtigt. Dies begründet ein rechtliches Interesse des Klägers, im Hinblick auf eine mit

[1] DVBl. 2003, 288 (LS); NWVBl. 2003, 102.

hinreichender Sicherheit zu erwartende neuerliche Heranziehung vorbeugend gerichtlich feststellen zu lassen, dass der von ihm geltend gemachte Gewissenskonflikt einen „wichtigen Grund" iSd Wahlbestimmungen darstellt. Es ist ihm auch nicht zuzumuten, sich - wie in der Vergangenheit geschehen - gegen jeden einzelnen Heranziehungsbescheid der Beklagten zu wehren. Er darf vielmehr zwecks Erlangung eines wirksamen Rechtsschutzes die Heranziehungspraxis der Beklagten ihm gegenüber insgesamt zur gerichtlichen Überprüfung stellen (vgl. z.B. BVerwG, Urteile vom 26.6.1974 - VII C 36.72 -, BVerwGE 45, 224 [226], KirchE 14, 97; und vom 27.3.1992 - 7 C 21/90 -, BVerwGE 90, 112 [114 f.], KirchE 30, 151).

Mit dem Klageantrag wird auch ein feststellungsfähiges, hinreichend konkretisiertes Rechtsverhältnis bezeichnet, weil die Anwendung bestimmter Normen des öffentlichen Rechts auf einen bereits überschaubaren Sachverhalt streitig ist (vgl. zur Feststellungsfähigkeit eines Rechtsverhältnisses BVerwG, Urteil vom 23.1.1992 - 3 C 50.89 -, BVerwGE 89, 327 [329 f.]).

Mit der Beschränkung auf „allgemeine Wahlen" wird hinreichend deutlich gemacht, dass es um die vom Prinzip der Allgemeinheit geprägten öffentlichen Wahlen geht, von deren Vorbereitung und Durchführung im Wege ehrenamtlicher Tätigkeit der Kläger glaubt, aus Glaubensgründen befreit zu sein. Das sind die Kommunal-, die Landtags-, die Bundestags- und die Europaparlamentswahlen.

Die Klage ist auch begründet. Der Kläger ist aus einem „wichtigen Grund" iSd Wahlbestimmungen berechtigt, bei allgemeinen Wahlen die Heranziehung zu einer ehrenamtlichen Tätigkeit aus Glaubensgründen abzulehnen.

Bei der Tätigkeit im Wahlvorstand bei Europaparlaments-, Bundestags-, Landtags- und Kommunalwahlen handelt es sich um eine ehrenamtliche Tätigkeit, zu deren Übernahme jeder Einwohner (§ 2 Abs. 7 NW.KWahlG, § 12 NW.LWahlG, jeweils iVm § 28 Abs. 1 NW.GO) bzw. jeder Wahlberechtigte (§ 11 Abs. 1 BWahlG, § 4 EuWahlG iVm § 11 BWahlG) grundsätzlich verpflichtet ist. Diese ehrenamtliche Tätigkeit kann jedoch aus einem „wichtigen Grund" abgelehnt werden (§ 2 Abs. 7 NW.KWahlG bzw. § 12 NW.LWahlG, jeweils iVm § 29 Abs. 1 NW.GO, § 11 Satz 3 BWahlG, § 4 EuWahlG iVm § 11 Satz 3 BWahlG). Welche Umstände einen „wichtigen Grund" iSd Regelungen darstellen, ist in den zu den Gesetzen erlassenen Wahlordnungen z.T. konkretisiert (§ 9 BWO, § 9 EuWahlO). Die in diesen Regelungen ausdrücklich erwähnten Gründe sind nicht abschließend, sondern nach dem eindeutigen Wortlaut („oder") nur beispielhaft genannt (Vgl. zur BWO Schreiber, Handbuch des Wahlrechts zum Deutschen Bundestag, 5. Aufl. 1994, zu § 11 BWG, Rn 3).

Entgegen der Auffassung der Beklagten kann sich der Kläger gegen die Heranziehung zu einer Tätigkeit bei der Vorbereitung und Durchführung der genannten Wahlen auf einen „wichtigen Grund" berufen. Auch wenn dieser unbestimmte Rechtsbegriff restriktiv auszulegen ist, weil dadurch eine Ausnahme von der nach dem Willen des Gesetzgebers allgemeinen Staatsbürgerpflicht zur Unterstützung demokratischer Wahlen gerechtfertigt werden soll, ergibt die verfassungskonforme Anwendung, dass ein „wichtiger Grund“ für die Ablehnung jedenfalls dann anzunehmen ist, wenn die Durchsetzung der Pflicht die Glaubensfreiheit aus Art. 4 GG des Betroffenen verletzen würde.

Der Kläger wird durch die Heranziehung zu einer ehrenamtlichen Tätigkeit bei der Vorbereitung und Durchführung der genannten Wahlen in seinem Grundrecht aus Art. 4 Abs. 1 GG verletzt, weil ihm seine Glaubensüberzeugung diese Tätigkeit verbietet. Die in den Wahlgesetzen allgemein normierte Pflicht zur Ausübung einer solchen Tätigkeit muss dahinter zurücktreten; damit ist zugleich gesagt, dass ein „wichtiger Grund“ iSd Wahlregelungen gegeben ist.

Nach Art. 4 Abs. 1 GG ist die Freiheit des Glaubens unverletzlich. Religiös fundierter Glauben in diesem Sinne setzt eine mit der Person des Menschen verbundene Gewissheit über bestimmte Aussagen zum Weltganzen sowie zur Herkunft und zum Ziel des menschlichen Lebens voraus, wobei eine den Menschen überschreitende und umgreifende („transzendente“) Wirklichkeit zu Grunde gelegt wird (vgl. BVerwG, Urteil vom 27.3.1992 - 7 C 21/90-, aaO, 115).

Einen solchen auf der Religion der Zeugen Jehovas basierenden Glauben hat der Kläger. (*wird ausgeführt*)

Aus dem für den Staat verbindlichen Gebot weltanschaulich-religiöser Neutralität und dem Grundsatz der Parität der Kirchen und Bekenntnisse folgt, dass die zahlenmäßige Stärke oder soziale Relevanz einer bestimmten Glaubenshaltung keine Rolle spielen kann. Als spezifischer Ausdruck der in Art. 1 Abs. 1 GG garantierten Menschenwürde schützt Art. 4 Abs. 1 GG gerade auch die vereinzelt auftretende Glaubensüberzeugung, die von den Lehren der Kirchen und Religionsgemeinschaften abweicht. Dem Staat ist es verwehrt, bestimmte Bekenntnisse zu privilegieren oder den Glauben oder Unglauben seiner Bürger zu bewerten (vgl. BVerfG, Beschluss vom 11.4.1972 - 2 BvR 75/71 - BVerfGE 33, 23 [28 f.], NJW 1972, 1183 ff., KirchE 12, 410).

In den Schutzbereich der Glaubensfreiheit des Art. 4 Abs. 1 GG fällt nicht nur das Glaubendürfen als solches. Art. 4 Abs. 1 GG schützt auch die äußere Freiheit des Einzelnen, sein gesamtes Verhalten an den Lehren des Glaubens auszurichten und seiner inneren Glaubensüberzeugung gemäß zu handeln (stRspr., grundlegend BVerfG, Beschluss vom 19.10.1971 - 1 BvR 387/65 -, BVerfGE 32, 98 [106 f.], NJW 1972, 327 ff., KirchE 12, 294; Beschluss vom 11.4.1972 - 2 BvR 75/71 - aaO).

Daher kann auch eine aus Glaubensgeboten hergeleitete Ablehnung der Mitwirkung bei der Vorbereitung und Durchführung von politischen Wahlen als Bestandteil einer glaubensgeleiteten Lebensführung unter den Schutzbereich des Art. 4 GG fallen.

Angesichts dieses weiten, im Sinne einer umfassenden Verwirklichungsfreiheit interpretierten Schutzbereichs des Art. 4 GG sind bei den Voraussetzungen für das Vorliegen eines Eingriffs in die Glaubensfreiheit strenge Anforderungen zu stellen. Es ist ein Widerspruch zu einer persönlichen Entscheidung zu verlangen, die den Charakter einer ernstlichen Gewissens-, Glaubens- oder Bekenntnisentscheidung erreichen muss (vgl. BVerwG, Urteil vom 26.6.1974 - VII C 36.72 - BVerwGE 45, 224 [234 f.], KirchE 14, 97). Denn nur wenn der Betroffene eine solche Entscheidung getroffen hat, kann ein Konflikt zwischen einem staatlichem Gebot und einem Glaubensgebot ihn „in seiner geistig-sittlichen Existenz als autonome Persönlichkeit" (vgl. BVerfG, Urteil vom 11.4.1972, aaO, S. 1184) und damit in der durch Art. 4 in spezifischer Weise geschützten Menschenwürde berühren. Ein Eingriff in den Schutzbereich des Art. 4 Abs. 1 GG liegt daher nicht schon bei jedweder Tangierung von behaupteten Glaubensinhalten und Glaubensgeboten vor. Vielmehr wird erst dann in die Glaubensfreiheit eingegriffen, wenn der Betroffene sich durch verbindliche Ge- oder Verbote seines Glaubens gehindert sieht, einer gesetzlichen Pflicht zu genügen, und als Konsequenz aus dem Zwang, der eigenen Glaubensüberzeugung zuwiderzuhandeln, in einen Gewissenskonflikt gestürzt würde (Vgl. BVerwG, Urteil vom 25.8.1993 - 6 C 8/91 - NVwZ 1994, 578 [579], KirchE 31, 328).

Die Verweigerung einer allgemeinen Pflicht muss auf einer ernsten, sittlichen Entscheidung beruhen, gegen die der Betroffene nicht ohne seelische Not handeln kann (so ausdrücklich im Fall einer religiös motivierten Gewissensentscheidung BVerwG, Urteil vom 29.6.1999 - 1 D 104/97 [BDiszG] - NJW 2000, 88, mwN, KirchE 37, 222). Hierfür trägt der Betroffene die Darlegungslast. Er muss die religiösen oder weltanschaulichen Motive seines Handelns als für ihn verpflichtend darstellen und begründen können. Er trägt auch die Darlegungslast dafür, dass er eine Gewissensentscheidung getroffen hat und deshalb in einen Gewissenskonflikt gestürzt würde, wenn er entgegen diesen Ge- oder Verboten die gesetzliche Pflicht erfüllen müsste (vgl. BVerwG, Urteil vom 25.8.1993, aaO, S. 579; OVG.NW, Urteil vom 12.7.1991 - 1 A 1706/90 - NWVBl. 1992, 35 [37], mwN, KirchE 29, 231).

Der Senat hat aufgrund der Parteivernehmung des Klägers in der mündlichen Verhandlung die Überzeugung gewonnen, dass die Weigerung des Klägers, bei der Vorbereitung und Durchführung der genannten Wahlen als Wahlhelfer mitzuwirken, auf einer von ihm für sich persönlich getroffenen und damit individuellen ernsten Gewissensentscheidung beruht, gegen die er nicht ohne seelische Not handeln kann. (*wird ausgeführt*)

Dieser Eingriff in die Glaubensfreiheit des Klägers ist verfassungsrechtlich nicht gerechtfertigt.

Die Glaubensfreiheit ist unbeschränkt gewährleistet. Sie darf weder durch die allgemeine Rechtsordnung noch durch eine unbestimmte Güterabwägungsklausel relativiert werden. Ihre Grenzen werden allein durch andere Rechtsgüter mit Verfassungsrang, insbesondere Grundrechte Dritter, gezogen (vgl. BVerfG, Beschluss vom 19.10.1971 - 2 BvR 387/65 - aaO, 329; Beschluss vom 11.4.1972 - 2 BvR 75/71 - aaO, 1184).

Die Glaubensüberzeugung des Klägers kollidiert mit der allgemeinen Pflicht zur Übernahme einer ehrenamtlichen Tätigkeit als Wahlhelfer. Diese Tätigkeit dient der ordnungsgemäßen Durchführung allgemeiner öffentlicher Wahlen. Diese genießen Bedeutung von Verfassungsrang. Das ergibt sich für Europaparlamentswahlen aus Art. 23 Abs. 1 Satz 1 GG, wonach die Bundesrepublik Deutschland bei der Entwicklung der Europäischen Union mitwirkt, die u.a. demokratischen Grundsätzen verpflichtet ist. Der Verfassungsrang von Bundestagswahlen folgt aus dem Demokratieprinzip des Art. 20 Abs. 1 GG sowie der Regelung in Art. 38 Abs. 1 Satz 1 GG, der die allgemeine, unmittelbare, freie, gleiche und geheime Wahl der Bundestagsabgeordneten vorschreibt. Für den Verfassungsbereich der Länder ergibt sich der bundesrechtliche Verfassungsrang von Landtags- und Kommunalwahlen aus dem Homogenitätsprinzip des Art. 28 Abs. 1 Satz 1 GG, wonach die verfassungsmäßige Ordnung in den Ländern u.a. den demokratischen Grundsätzen im Sinne des Grundgesetzes entsprechen muss. Insbesondere schreibt das Bundesverfassungsrecht in Art. 28 Abs. 1 Satz 2 GG die Existenz von Volksvertretungen in den Ländern, Kreisen und Gemeinden vor, die aus allgemeinen, unmittelbaren, freien, gleichen und geheimen Wahlen hervorgegangen sind.

Gerät die Glaubensfreiheit mit einem anderen Recht von Verfassungsrang, wie hier mit der Institution allgemeiner öffentlicher Wahlen, in Widerstreit, so genießt keines der Verfassungsgüter stets und ausnahmslos Vorrang. Vielmehr müssen beide mit dem Ziel der Optimierung zu einem angemessenen Ausgleich gebracht werden. Dabei kommt dem Grundsatz der Verhältnismäßigkeit besondere Bedeutung zu. Es muss im Wege einer Abwägung der widerstreitenden Belange eine Konkordanz der Verfassungsgüter hergestellt werden (vgl. BVerfG, Beschluss vom 27.11.1990 - 1 BvR 402/87 - BVerfGE 83, 130 [139, 143]).

Die ordnungsgemäße Durchführung von Wahlen wird nicht dadurch beeinträchtigt, dass im Einzelfall eine Befreiung von der allgemeinen Pflicht hingenommen wird. Die Freistellung von der gesetzlichen in den Wahlgesetzen niedergelegten Pflicht zur Übernahme der ehrenamtlichen Tätigkeit im Einzelfall hebt die generelle Gültigkeit der pflichtbegründenden Norm nicht auf (so zur Freistellung von der allgemeinen Pflicht zur Eidesleistung BVerfG, Beschluss vom 11.4.1972 - 2 BvR 75/71 - aaO, 1184).

Soweit der Beklagte einwendet, dass - sollte dieses Beispiel Schule machen - in letzter Konsequenz die Abhaltung von Wahlen als Grundlage demokratischer Willensbildung und damit die Demokratie schlechthin gefährdet werden könnte, liegt eine solche Gefahr zurzeit nicht vor, da derartige Glaubensüberzeugungen wie die des Klägers nach den tatsächlichen Erfahrungswerten schon zahlenmäßig nicht ins Gewicht fallen.

Demgegenüber würde das Beharren auf einem Einsatz des Klägers als Wahlhelfer diesen, wie oben ausgeführt, in eine ernste glaubensfundierte Gewissensnot bringen, die ihn zwänge, entweder gegen sein als innerlich zwingend empfundenes religiöses Verhaltensgebot zu allgemeinen öffentlichen Wahlen zu verstoßen oder aber sich bußgeldbewehrt rechtswidrig und möglicherweise auch disziplinarrechtlich relevant zu verhalten. Angesichts der hier auftretenden Schwere der Glaubensbeeinträchtigung auf der einen Seite und der fehlenden Gefahr für die ordnungsgemäße Durchführung allgemeiner öffentlicher Wahlen auf der anderen Seite fällt die Abwägung in diesem Einzelfall zu Gunsten des Klägers aus.

Sieht man die Glaubensfreiheit entgegen der Rechtsprechung des BVerfG durch Art. 140 GG iVm Art. 136 WRV unter den Vorbehalt der allgemeinen Gesetze gestellt (so nunmehr BVerwG, Urteil vom 23.11.2000 - 3 C 40/99 - NJW 2001, 1225 [1226], mwN, KirchE 38, 471; ebenso v. Mangoldt/Klein/Starck, GG, 4. Aufl. 1999, zu Art. 4, Rn 75-77, 80) ergibt sich nichts anderes. Auch nach dieser Auffassung kann nämlich bei der Auslegung und Anwendung der allgemeinen Gesetze eine etwaige Beschränkung des Grundrechts der Glaubensfreiheit nicht unberücksichtigt bleiben. Die allgemeinen Gesetze müssen zurückweichen, wenn - wie hier - der konkrete Konflikt zwischen einer nach allgemeinen Anschauungen bestehenden Rechtspflicht und einem Glaubensgebot den Betroffenen in eine seelische Bedrängnis bringt, die unter dem Gesichtspunkt der Verhältnismäßigkeit nicht zu verantworten ist (BVerwG, aaO, 1227).

15

Die Mitgliedschaft in der Ev.-Luth. Kirche in Bayern knüpft an Taufe und Wohnsitz an.

Zu den Beweisanforderungen für die rechtsgültige Abgabe einer Kirchenaustrittserklärung in der ehemaligen DDR.

Art. 140 GG, 137 Abs. 3 WRV, § 6 Abs. 1 BayKiStG
FG Nürnberg, Urteil vom 4. September 2002 - VI 338/2001[1] -

Streitig ist, ob das beklagte ev.-luth. Kirchensteueramt zu Recht für das Jahr 1998 Kirchensteuer auch gegenüber dem Kläger festgesetzt hat.

Der 1966 in A. (Sachsen) in der ehemaligen DDR geborene und am 1967 in der ev. Kirche zu B. (Sachsen) getaufte Kläger ist seit 1.8.1991 in C. in Bayern gemeldet und hier - ebenso wie beim zuständigen Finanz-

---

[1] DStRE 2004, 1284. Das Urteil ist rechtskräftig.

amt D. - „ohne Konfession“ erfasst. Seit1998 ist er mit der Klägerin, deren Zugehörigkeit zur Ev.-Luth. Kirche unstreitig ist, verheiratet.

Mit Anschreiben vom 11.11.1999 bat das Kirchensteueramt den Kläger um Mithilfe bei der Klärung seiner Konfessionszugehörigkeit. Auf dem ihm zugesandten Fragebogen teilte der Kläger am 23.11.1999 mit, dass er evangelisch getauft sei, heute aber keiner Kirche bzw. Religionsgemeinschaft mehr angehöre. Die Fragen nach einem vollzogenen Kirchenaustritt wurden von ihm nicht beantwortet.

Aufgrund einer Rückfrage des Kirchensteueramtes bei der Ev. Kirchengemeinde zu B., die ergeben hatte, dass ein Kirchenaustritt des Klägers dort nicht angezeigt sei, bat die Behörde den Kläger mit Schreiben vom 11.9.2000 erneut um Angabe, wann und wo der Kirchenaustritt erfolgt sei. Im Antwortschreiben vom 4.11.2000 führte der Kläger u.a. Folgendes aus:

„Soweit mir bekannt, hat mich meine Mutter (im Zusammenhang mit Ablehnung von Religionsunterricht und Konfirmation meinerseits) im Zeitraum von ca. 1980-1982, nach Rückfrage beim Pfarramt B. bei der zuständigen Gemeinde (vormals Einwohnermeldeamt) kirchlich abgemeldet. Eine Bescheinigung über den Kirchenaustritt liegt mir daher nicht vor.“

Nachdem das Kirchensteueramt mit Schreiben vom 28.11.1999 den Kläger auf die in der ehemaligen DDR gültigen Rechtsvorschriften über einen Kirchenaustritt hingewiesen hatte, setzte es mit Bescheid vom 10.1.2001 die Kircheneinkommensteuer 1998 in Höhe von 754,16 DM fest, ausgehend von der Kirchenzugehörigkeit beider Kläger. Zur Begründung des gegen diesen Bescheid eingelegten Einspruchs schrieb der Kläger am 8.3.2001 u.a. wie folgt:

„Desgleichen besprach ich nach 1980 mit meinen Eltern, dass ich eine weitere Kirchenzugehörigkeit ablehne. Meine Mutter versicherte mir, entsprechend behördliche Schritte bei der Gemeinde bzw. der Kirche einzuleiten. Es ist mir unbekannt, inwieweit eine Einzelerklärung bezüglich des Kirchenaustritts abgegeben wurde, bzw. ob meine Eltern eine entsprechende Austrittsbescheinigung erhielten.“

Der Einspruch der Kläger blieb ohne Erfolg.

Mit ihrer Klage wenden sich die Kläger gegen die für sie festgesetzte Kircheneinkommensteuer 1998. Zur Begründung hat ihre Prozessbevollmächtigte im Wesentlichen vorgetragen:

Der Kläger sei nicht kirchensteuerpflichtig. Die mittlerweile verstorbene Mutter des Klägers habe für ihren minderjährigen Sohn im Frühjahr 1980 den Austritt aus der Kirche vor dem zuständigen Beamten in B. (Sachsen), in beglaubigter Form, erklärt. Der hierfür zunächst als Zeuge benannte Vater des Klägers ist inzwischen verstorben.

Der fehlende Eintrag des Kirchenaustritts des Klägers in den Kirchenbüchern, wovon der Kläger bis zum Jahr 2000 nichts gewusst habe, könne keine Kirchensteuerpflicht begründen. Der Austritt sei formell ordnungsgemäß erklärt worden. Der Verlust der Austrittserklärung bei den zuständigen Behörden dürfe dem Kläger nicht zum Nachteil gereichen. Nach der Entscheidung des Bundesfinanzhofs vom 27.9.1983 (BFH/NV 1986, 176, KirchE 21, 238) könne die rechtliche Zugehörigkeit oder Nichtzugehörigkeit zu einer Kirche auch auf andere Weise als durch Urkunden und Bescheinigungen nachgewiesen werden.

Das Kirchensteueramt hat im Wesentlichen folgendes ausgeführt: Der Kirchenaustritt in der ehemaligen DDR sei streng formalisiert gewesen. Er sei seitens der zuständigen Dienststellen nach dessen rechtswirksamem Vollzug stets mit einer schriftlichen, dem Ausgetretenen als Nachweis ausgehändigten Bescheinigung quittiert worden. Weiterhin sei der Kirchenaustritt auch in der DDR dem Taufpfarramt des Ausgetretenen zum Eintrag in die Kirchenbücher übermittelt worden.

Im Streitfall deute für das beklagte Kirchensteueramt nichts darauf hin, dass der vorgebliche Kirchenaustritt (in welcher Weise auch immer) rechtswirksam vollzogen worden sei. Denn der Austritt sei weder bei kommunalen oder staatlichen Registern aktenkundig noch in den Kirchenbüchern des Taufpfarramts vermerkt. In jedem Fall fehle auch die bei einem rechtsgültigen Kirchenaustritt ausgehändigte behördliche Bescheinigung. Es erscheine auch unter Berücksichtigung der Verhältnisse in der DDR äußerst unwahrscheinlich, dass ein Kirchenaustritt rechtswirksam entsprechend den geltenden Vorschriften vollzogen worden sei und sich nirgendwo irgendwelche Spuren desselben finden ließen. Dieser fehlende Nachweis, der auch nicht durch den als Zeugen benannten Vater ersetzt werden könne, gehe zu Lasten des vorgeblich Ausgetretenen. Das von der Klägerseite zitierte Urteil des BFH vom 27.9.1983 sei auf die Zeit nach der Wende nicht mehr vollumfassend anwendbar, weil nunmehr keinerlei Einschränkungen hinsichtlich der Möglichkeiten zur Beschaffung von Beweismitteln aus der ehemaligen DDR mehr bestünden. Es könne auf sämtliche Daten der kommunalen, staatlichen und kirchlichen Organisationen bei Bedarf zurückgegriffen werden. Auch der Zugang zu den eigenen Unterlagen und Dokumenten der Bürger sei nicht mehr eingeschränkt, wie dies bei sog. Republikflüchtigen lange Zeit vor der Wende habe hingenommen werden müssen.

Die Klage blieb erfolglos.

Aus den Gründen:

Die zulässige Klage ist nicht begründet. Zu Recht hat das beklagte Kirchensteueramt auch gegenüber dem im Streitjahr kirchensteuerpflichtigen Kläger Kirchensteuer festgesetzt.

Die Ev.-Luth. Kirche in Bayern ist als Körperschaft de öffentlichen Rechts nach Art. 2 Abs. 1 iVm Art. 1 BayKiStG - berechtigt, von ihren Angehörigen Kirchensteuer zu verlangen. Wer in diesem Sinne Angehöriger einer steuererhebungsberechtigten Religionsgemeinschaft ist, bestimmt sich aufgrund des in Art. 140 GG - iVm Art. 137 Abs. 3 Satz 1 WRV verankerten Selbstverwaltungsrechts der Kirchen allein nach innerkirchlichem Recht (vgl. Urteile des BFH vom 18.1.1995 - I R 89/94 - BStBl. II 1995, 475, KirchE 33, 5 und vom 6.10.1993 - I R 28/93 - BStBl. II 1994, 253, KirchE 31, 420). Nach dem Beschluss des Bundesverfassungsgerichts vom 31.3.1971 - 1 BvR 744/67 - (BVerfGE 30, 415, DB 1971, 753, NJW 1971, 931, KirchE 12, 101) entspricht es dem Gebot staatlicher Neutralität im kirchlichen Bereich, dass nicht der Staat selbst bestimmen kann, wer einer steuerberechtigten Kirche angehört.

Nach Art. 2 Abs. 2 BayKiStG bestimmt sich der Eintritt in eine Religionsgemeinschaft nach dem jeweiligen Satzungsrecht dieser Gemeinschaft. Die im Streitfall maßgebende Grundaussage über die Kirchenmitgliedschaft findet sich in Art. 9 der Verfassung der Ev.-Luth. Kirche in Bayern (KVerf) und lautet wie folgt:

(1) Die Gliedschaft in der Kirche Jesu Christi gründet sich auf die Heilige Taufe.
(2) Mitglieder der Evangelisch-Lutherischen Kirche in Bayern sind alle getauften evangelischen Christen und Christinnen, die im Kirchengebiet ihren Wohnsitz oder gewöhnlichen Aufenthalt haben und weder ihre Kirchenmitgliedschaft nach dem geltenden Recht aufgegeben haben noch Mitglied einer anderen Kirche oder Religionsgemeinschaft sind. Damit sind sie zugleich Mitglieder einer ihrer Kirchengemeinden.

Diese in Art. 9 der Kirchenverfassung verankerten Voraussetzungen für die Kirchenmitgliedschaft - die Heilige Taufe (konfessionelle Beziehung) und der Wohnsitz oder gewöhnliche Aufenthalt im Bereich der Gliedkirche (räumliche Beziehung) - liegen beim Kläger vor. Unstreitig ist er evangelisch getauft und seit 1.8.1991 in C. und damit Bereich der Ev.-Luth. Kirche in Bayern wohnhaft. Entgegen der von Klägerseite vorgetragenen Rechtsansicht war diese durch die Taufe begründete Zugehörigkeit des Klägers zur Ev.-Luth. Kirche im Zeitpunkt seines Umzugs von Sachsen nach Bayern nicht durch einen wirksamen Austritt aus der Kirche beendet.

Wie das Kirchensteueramt zutreffend ausgeführt hat, war das Kirchenaustrittsrecht in der ehemaligen DDR streng formalisiert (vgl. hierzu die rechtskräftigen Urteile des FG Mecklenburg-Vorpommern vom

21.3.1995 - 1 K 58/94 - EFG 1995, 1115, KirchE 33, 84 und vom 8.11.1995 - 1 K 61/95 - EFG 1996, 289, KirchE 33, 473, sowie des FG München vom 16.10.1995 - 13 K 2055/95 - EFG 1996, 491, KirchE 33, 391). Nach Art. 47 der Verfassung der DDR vom 7.10.1949 (GBl. 1949, 5) iVm § 1 der Verordnung über den Austritt aus Religionsgemeinschaften öffentlichen Rechts vom 13.7.1950 (GBl. 1950, 660) hatte derjenige, der aus einer Religionsgemeinschaft austreten wollte, den Austritt bei dem örtlich zuständigen Gericht zu erklären oder dort als Einzelerklärung in öffentlich beglaubigter Form einzureichen. Gemäß § 3 Abs. 1 der Verordnung waren Standesbeamte ermächtigt, solche Einzelerklärungen öffentlich zu beglaubigen. Nach § 1 Abs. 1 der Ersten Durchführungsverordnung zur vorgenannten Verordnung (über den Austritt aus Religionsgemeinschaften öffentlichen Rechts) vom 20.3.1952 (GBl. 1952, 324) hatten die Amtsgerichte das zuständige Pfarramt von der abgegebenen Kirchenaustrittserklärung umgehend zu unterrichten. Seit 1952 waren für die Entgegennahme und Behandlung von Erklärungen über den Austritt aus einer Religionsgemeinschaft die Staatlichen Notariate zuständig (§ 3 Abs. 1 Nr. 13 der Verordnung über die Übertragung der Angelegenheiten der Freiwilligen Gerichtsbarkeit vom 15.10.1952, GBl. 1952, 1057). Nach § 68 Satz 3 der Notariatsverfahrensordnung vom 16.11.1956 (GBl. 1956, 1288) hatte das Staatliche Notariat dem betreffenden Bürger den Eingang seiner Austrittserklärung zu bestätigen.

Eine derartige Austrittserklärung hat der Kläger zur Überzeugung des Gerichts nicht abgegeben. Soweit der Kläger in seinen Schreiben an das Kirchensteueramt vom 4.11.2000 und 8.3.2001auf die von seiner Mutter für ihn „im Zeitraum von ca. 1980-1982“ bzw. „nach 1980“ abgegebene Erklärung bezüglich des Kirchenaustritts bei der zuständigen Gemeinde bzw. der Kirche verweist, stellt diese angebliche Erklärung keine Austrittserklärung im Sinne der aufgezeigten gesetzlichen Bestimmungen dar, die Frage, ob diese Erklärung tatsächlich abgegeben wurde, kann somit - weil nicht entscheidungserheblich - dahingestellt bleiben. Soweit die Klägervertreterin in ihrem Klageschriftsatz vom 21.12.2001 von einer Austrittserklärung „im Frühjahr 1980 ... vor dem Beamten in B. in beglaubigter Form“ spricht, sind diese Präzisierungen mangels jeglichen Nachweises und aufgrund der Widersprüchlichkeit zu den eigenen Angaben des Klägers nicht geeignet, einen wirksamen Kirchenaustritt des Klägers zu belegen. Auch wenn sich die Frage einer Zeugeneinvernahme des zwischenzeitlich verstorbenen Vaters des Klägers nicht mehr stellt, teilt das Gericht die Ansicht des Kirchensteueramtes, dass die Zeugeneinvernahme des Vaters - nicht über sein eigenes Tun, sondern über seine Wahrnehmung bezüglich des Tuns seiner Ehefrau („Zeuge vom Hörensagen“) - nicht geeignet erscheint, alle unstreitig fehlenden schriftlichen Nachweise über den Kirchenaustritt zu ersetzen. Die Frage, inwieweit das BFH-Urteil vom 27.9.1983 - II R 178/79 - (BFH/NV 1986, 176, KirchE

21, 238) auch nach der „Wende" noch anwendbar ist, spielt insofern keine Rolle.

Die bei der Übersiedlung aus der DDR nach Bayern somit bestehende Konfessionszugehörigkeit des Klägers zur Ev.-Luth. Kirche hat sich nach der damals gültigen Bestimmung des § 8 Abs. 2 EKD-Kirchenmitgliedschaftsgesetz (heute § 8 Kirchenmitgliedschaftsgesetz) automatisch - in Form der Mitgliedschaft in der Ev.-Luth. Kirche in Bayern - fortgesetzt. Der Angabe des Klägers „ohne Konfession" bzw. „vd" bei der Meldebehörde, auf der Lohnsteuerkarte und den Steuererklärungen für das Finanzamt kommt insofern nur deklaratorisch (rechtserläuternde) und keine konstitutive (rechtsbegründende) Wirkung zu.

Als Mitglied der Ev.-Luth. Kirche in Bayern war somit auch der Kläger im Streitjahr nach Art. 6 Abs. 1 BayKiStG kirchensteuerpflichtig.

16

Eine vor einem Scharia-Gericht in Jordanien in der Form vollzogene Ehescheidung, dass der Ehemann die Scheidung gegenüber seiner auf ihre vermögensrechtlichen Ansprüche verzichtenden Ehefrau ausspricht und der anwesende Richter die Scheidung bestätigt und beurkundet, die sogenannte „al-mukhalaa", ist eine einverständliche Privatscheidung. Einer Anerkennung steht § 1564 BGB entgegen, wenn auf die Scheidung materielles deutsches Recht anzuwenden und der die Anerkennung beantragende Ehemann ausschließlich deutscher Staatsangehöriger ist.

§§ 14 Abs. 1, 17 Abs. 1 EGBGB, 1564 BGB, 606a ZPO
BayObLG, Beschluss vom 12. September 2002 - 3 Z BR 136/02[1] -

Der Antragsteller, ein durch Einbürgerung im Jahr 1992 deutscher Staatsangehöriger, hat mit der Antragsgegnerin, einer jordanischen Staatsangehörigen, am 9.8.1993 vor einem Gericht in N./Jordanien, die Ehe geschlossen. In der jordanischen Heiratsurkunde ist für den Antragsteller die jordanische Staatsangehörigkeit vermerkt. Aus der Ehe sind zwei minderjährige Kinder hervorgegangen. Die Parteien, die ihren gemeinsamen ehelichen Wohnsitz in M. hatten, leben nach den Angaben des Antragstellers seit Anfang Januar 2000 getrennt. Zu diesem Zeitpunkt ist die Antragsgegnerin nach Jordanien ausgereist.

Die Ehe der Parteien wurde vor dem Scharia-Gericht N./Jordanien, am 15.1.2001 in der Form geschieden, dass die Antragsgegnerin gegenüber

---

[1] Amtl. Leitsätze. BayObLGR 2003, 237 (LS); FamRZ 2003, 381; IPRspr 2002, Nr. 207, 535; StAZ 2003, 108.

dem durch einen Bevollmächtigten vertretenen Antragsteller erklärte, sie verzichte auf Brautgabe, Unterhalt während der Wartezeit, den Kindesunterhalt und alle übrigen Ansprüche aus der Ehe unter der Voraussetzung, dass der Antragsteller die Scheidung ausspreche, und der Bevollmächtigte des Antragstellers daraufhin erklärte, die Antragsgegnerin sei nunmehr aus dem Eheband des Antragstellers endgültig entlassen. Der anwesende Richter erklärte anschließend gegenüber dem Bevollmächtigten des Antragstellers, dass nach dieser Erklärung der beiden Parteien in Anwesenheit von Zeugen und „in religionsrechtlich zulässigem Zustand" die Antragsgegnerin nunmehr unwiderruflich geschieden sei, und beurkundete den Vorgang.

Der Antragsteller beantragte am 23.7.2001 die Anerkennung der Ehescheidung. Die Präsidentin des Oberlandesgerichts hat am 3.5.2002 den Antrag zurückgewiesen.

Gegen diese Entscheidung wendet sich der Antragsteller mit dem Ziel, die Anerkennung der Ehescheidung vor dem religiösen Scharia-Gericht in N./Jordanien vom 15.1.2001 zu erreichen. Er ist der Ansicht, das jordanische Gericht sei international zuständig gewesen. Nach der lex fori sei die Anknüpfung an das jordanische Recht gegeben, vor allem, nachdem nach jordanischem Recht für die Ehescheidung jordanische Vorschriften - und damit das islamische Recht - allein anzuwenden seien, da bei der Heirat beide Ehegatten jordanische Staatsangehörige gewesen seien. Der Antragsteller habe die Wahl des jordanischen Rechts akzeptiert. Die angefochtene Entscheidung verkenne im Übrigen das Wesen des khul. Khul bedeute das Recht der Ehefrau, sich gegen Verzicht auf ihre Rechte aus der Ehe freizukaufen. Wenn der Ehemann dieses Angebot der Ehefrau annehme, spreche das Scharia-Gericht aus, dass die Ehefrau unwiderruflich geschieden sei.

Der Senat weist den Abänderungsantrag zurück.

Aus den Gründen:

Der Antrag auf Entscheidung durch das zuständige Bayerische Oberste Landesgericht (Art. 7 § 1 Abs. 6 Satz 2 u. 4 FamRÄndG, § 199 Abs. 1 FGG, Art. 11 Abs. 3 Nr. 3 AGGVG) ist statthaft (Art. 7 § 1 Abs. 4 FamRÄndG) und auch im Übrigen zulässig. Er ist jedoch unbegründet. Die gesetzlichen Voraussetzungen für eine Anerkennung der Ehescheidung liegen nicht vor.

1. Zu Recht hat die Präsidentin des Oberlandesgerichts München über den Anerkennungsantrag in Anwendung des Art. 7 FamRÄndG entschieden. Das Anerkennungsverfahren nach Art. 7 FamRÄndG findet nicht nur bei Ehescheidung durch gerichtliches Urteil, sondern auch bei Ehescheidungen im Wege sogenannter Privatscheidungen Anwendung,

wenn diese unter Mitwirkung einer Behörde zustande gekommen sind. Eine bloße deklaratorische Registrierung oder gerichtliche Beurkundung genügt (vgl. BayObLGZ 1998, 103 [105], KirchE 36, 137; BGHZ 110, 267 [270], jeweils mwN; Zöller/Geimer, ZPO, 23. Aufl., § 328 Rn 239). Diese Voraussetzung ist hier gegeben.

2. Über die Anerkennung ist nicht auf der Grundlage des § 328 ZPO zu entscheiden, sondern auf der Grundlage des deutschen Internationalen Privatrechts, da der Akt, dessen Anerkennung begehrt wird, keine gerichtliche Entscheidung darstellt, sondern eine Privatscheidung.

a) Die Anwendung des § 328 ZPO setzt voraus, dass ein Urteil eines ausländischen Gerichts vorliegt. Besteht der Akt, durch den die Scheidung herbeigeführt wurde, hingegen in einem Rechtsgeschäft, z.B. einem Vertrag oder der Willensäußerung eines der beiden Ehepartner, liegt eine Privatscheidung vor. Hat ein Gericht an dem anzuerkennenden Akt mitgewirkt, führt dies nicht zwangsläufig zu einer anerkennungsfähigen Entscheidung im Sinn von § 328 ZPO. Entscheidend ist vielmehr die Funktion, in der das Gericht tätig geworden ist. Von einem „Urteil" kann nur gesprochen werden, soweit der gerichtliche Akt auf die Herbeiführung der Statusänderung gerichtet ist und diese selbst herbeiführt. Wird hingegen die Statusänderung durch das Rechtsgeschäft eines Ehepartners oder beider Ehepartner konstitutiv herbeigeführt, liegt eine Privatscheidung vor, auch wenn die entsprechenden Erklärungen vor einem Gericht abgegeben werden (Staudinger/Spellenberg, BGB 13. Bearb., § 328 ZPO Rn 233; vgl. auch BayObLGZ 1998, 103 [105], KirchE 36, 137). Hat das Gericht lediglich eine Erklärung der Beteiligten beurkundet, liegt eine Privatscheidung vor, auch wenn die Beurkundung Wirksamkeitserfordernis ist (vgl. Zöller/Geimer, § 328 Rn 74; siehe auch Lüderitz in FS Baumgärtel, 1990, S. 333 [340 u. 345]).

b) Nach diesen Grundsätzen handelt es sich bei der vor dem Scharia-Gericht in N./Jordanien vollzogenen Ehescheidung um eine Privatscheidung.

Die Ehescheidung ist gemäß Art. 102 ff. jordanisches Personenstandsgesetz (vgl. Bergmann/Ferid Internationales Ehe- und Kindschaftsrecht, Jordanien, 99. Lieferung 1989) vorgenommen worden. Es handelt sich hierbei um eine Ehescheidung auf Antrag der Ehefrau gegen Entgelt, die sogenannte „Al-Mukhalaa". Bei dieser Form der Scheidung kann sich die Ehefrau gleichsam von der Ehe freikaufen, wenn beide Ehegatten sich über die Scheidung einig sind und die Ehefrau eine Art Abstandszahlung oder eine sonstige vermögenswerte Leistung erbringt (vgl. Art. 104 jordanisches Personenstandsgesetz). Wie das durch den Antragsteller vorgelegte Protokoll zeigt, hat die Antragsgegnerin dem Antragsteller das Angebot einer vermögenswerten Leistung unter der Voraussetzung unterbreitet, dass dieser die Ehescheidung ausspricht. Ihr Angebot hat der Antragsteller durch die Worte seines Bevollmächtigten „Du bist nunmehr geschieden und frei" angenommen. Diese Vorgehensweise beinhaltet eine einverständliche Privatscheidung (vgl. Staudinger/von Bar/Mankowski, BGB, 13. Aufl. Art. 17 EGBGB Rn 62). Die eigentliche Scheidungswirkung wird durch das Einverständnis der Ehepartner über die Scheidung herbeigeführt (vgl. Rauscher, Sharia - Islamisches Familienrecht der sunna und shia, 1987, S.112 für den der Al-Mukhalaa vergleichbaren „khul“). Art. 101 des jordanischen Personenstandsgesetzes sieht als gerichtliche Handlung nur die Registrierung vor. Dementsprechend hat hier der Richter erst im Anschluss an die Erklärungen der Eheleute die Feststellung getroffen, dass durch die abgegebenen Erklärungen die Antragsgegnerin geschieden sei. Diese Äußerung ist schon nach ihrem Inhalt rein deklaratorisch und zeigt, dass die Scheidung selbst durch die Erklärung der beiden Parteien und gerade nicht durch das Gericht erfolgt ist, welches eine rein beurkundende Funktion innehatte. Allein dies ist entscheidend. Darauf, ob es sich bei dem Scharia-Gericht in N. um ein staatliches Gericht handelt oder nicht, kommt es nicht an.

Für die Einordnung der Al-Mukhalaa als Privatscheidung spricht auch, dass bei Unwirksamkeit der Erklärung der Ehefrau die Erklärung des Ehemannes als „talaq“ gewertet werden kann (Rauscher aaO). Die Ehescheidung in Form des talaq hat der Senat bereits wiederholt als Privatscheidung angesehen (BayObLG FamRZ 1985, 75; BayObLGZ 1998, 103 [105], KirchE 36, 137; vgl. auch OLG Braunschweig FamRZ 2001, 561; OLG Frankfurt/Main NJW 1990, 646). Auch dort hat das Gericht nur eine beurkundende Funktion wahrzunehmen.

c) Da keine gerichtliche Entscheidung und damit kein konstitutiver Hoheitsakt vorliegt, sondern ein rechtsgeschäftlicher privater Gestaltungsakt, können nicht die Regelungen des § 328 ZPO, sondern nur die Normen des deutschen internationalen Privatrechts zur Prüfung herangezogen werden. Anerkennung bedeutet in diesem Zusammenhang nichts anderes als die Entscheidung über die inländische Wirksamkeit der Scheidung nach den einschlägigen Normen des deutschen Kollisionsrechts (MünchKomm-BGB/Winkler von Mohrenfels 3. Aufl. Art. 17 EGBGB Rn 286). Die Frage der Zuständigkeit eines ausländischen Gerichts stellt sich nicht, da ein privates Rechtsgeschäft, keine gerichtliche Entscheidung anerkannt werden soll. Die Wirksamkeit der Scheidung ist daher nach den materiellen Voraussetzungen des Rechts zu beurteilen, das nach den Regeln des internationalen Privatrechts auf ein solches Rechtsgeschäft anzuwenden ist (vgl. BGHZ 110, 267 [272]; BayObLGZ 1998, 103 [106], KirchE 36, 137; OLG Frankfurt NJW 1990, 646; Palandt/Heldrich BGB 61. Aufl. Art. 17 EGBGB Rn 35).

3. Nach den Grundsätzen des internationalen Privatrechts ist als Scheidungsstatut für die in Jordanien vollzogene Privatscheidung deutsches Recht berufen. Daher ist ihr die Anerkennung zu versagen.

a) Auf die Scheidung, deren Anerkennung beantragt worden ist, kommt nach den Anknüpfungsregeln des Art. 17 und Art. 14 EGBGB (vgl. Zöller/Geimer, aaO; BGHZ 110, 267; BayObLG FamRZ 1994, 1263, KirchE 32, 4) deutsches Recht zur Anwendung. Maßgebend ist das Recht, das im Zeitpunkt der Scheidungsvereinbarung für die allgemeinen Wirkungen der Ehe maßgebend war (Art. 17 Abs. 1 Satz 1 EGBGB; BayObLGZ 1998, 103 [106], KirchE 36, 137). Da die Ehegatten im Zeitpunkt der Ehescheidung (vgl. Palandt/Heldrich Art. 14 Rn 6) unterschiedliche Staatsangehörigkeiten besaßen, richteten sich zu diesem Zeitpunkt die allgemeinen Ehewirkungen nach dem Recht desjenigen Staates, in dem beide Ehegatten zuletzt während der Ehe ihren gewöhnlichen Aufenthalt hatten, wenn einer von ihnen dort noch seinen gewöhnlichen Aufenthalt hatte (vgl. Art. 14 Abs. 1 Nr. 2 EGBGB), hier also nach deutschem Recht. Darauf, dass der Antragsteller möglicherweise zum Zeitpunkt der Eheschließung - wenn die Angaben in der jordanischen Heiratsurkunde zutreffen - zusätzlich neben der deutschen Staatsangehörigkeit auch die jordanische Staatsangehörigkeit besaß, kommt es wegen der Maßgeblichkeit des Zeitpunkts der Ehescheidung nicht an.

b) Eine anderslautende Rechtswahl nach Art. 14 Abs. 3 u. Abs. 4 EGBGB haben die Parteien nach dem Vorbringen des Antragstellers nicht vorgenommen. Weder bei der Eheschließung noch während der Ehe noch vor Beginn des Scheidungsverfahrens vor dem jordanischen Gericht haben die Parteien eine Vereinbarung getroffen, dass sie ihrer Ehe und damit auch dem Ehescheidungsverfahren jordanisches Recht zugrunde legen wollen. Auch aus der durch den Antragsteller vorgelegten Eheschließungsurkunde ergeben sich keine Hinweise auf eine Rechtswahl.

Eine solche Rechtswahl ist auch nicht konkludent durch die Anrufung des jordanischen Gerichts zustande gekommen. Die Rechtswahl setzt entweder notarielle Beurkundung (Art. 14 Abs. 4 Satz 1 EGBGB) oder aber die Form voraus, die für einen Ehevertrag am Ort der Rechtswahl einzuhalten ist (Art. 14 Abs. 4 Satz 2 EGBGB). Auch das jordanische Recht kennt keinen formlosen Abschluss eines Ehevertrags. Vielmehr sind Bestimmungen, die bei der Eheschließung vereinbart werden, in die Heiratsurkunde aufzunehmen (vgl. Art. 19 Abs. 1 jordanisches Personenstandsgesetz). Die Tatsache, dass ein jordanisches Gericht mit der Scheidung befasst wird, genügt diesen Anforderungen nicht.

c) Nach dem deutschen materiellen Scheidungsrecht kann eine Privatscheidung, gleichgültig, ob diese im Inland oder im Ausland erfolgt ist, nicht anerkannt werden. Das deutsche Recht kennt nur eine gerichtliche Ehescheidung (§ 1564 BGB); es räumt den Ehegatten auch bei Einvernehmen nicht die Möglichkeit ein, ihre Ehe im Wege der Vereinbarung aufzulösen. Eine Privatscheidung ist dem deutschen Recht fremd. Insoweit hat die Vorschrift des § 1564 BGB auch materiellen Gehalt. Deshalb kann eine im Ausland vorgenommene Privatscheidung bei deutschem Scheidungsstatut nicht als wirksam anerkannt werden (vgl. BGHZ 110, 267 [276]; BayObLG FamRZ 1994, 1263 [1264], KirchE 32, 4; OLG Braunschweig FamRZ 2001, 561).

d) Die Vorschrift des § 606a Abs. 1 Satz 4 ZPO steht diesem Ergebnis nicht entgegen. Zwar ermöglicht sie Ehegatten, welche verschiedenen Staaten angehören, sich an das Gericht eines ihrer Heimatstaaten zu wenden. Es war dem Antragsteller damit nicht verwehrt, sich in Jordanien scheiden zu lassen. Diese Frage ist aber von der Frage zu trennen, auf welche Art und Weise eine solche Scheidung zu vollziehen ist. Der Antragsteller ist nach seinem eigenen Vortrag nur noch deutscher Staatsangehöriger. Das deutsche Scheidungsrecht lässt, wie bereits ausgeführt, keine unmittelbar wirkende Vereinbarung der Ehegatten über die Scheidung ihrer Ehe zu. Dass sich hieran bei der Scheidung eines Deutschen im Ausland etwas ändern soll, diesem also nach deutschem materiellen Scheidungsrecht im Ausland mehr gestattet sein soll als im Inland, lässt sich den inländischen Scheidungsvorschriften, insbesondere § 1564 BGB, nicht entnehmen. Vielmehr kommt diese Bestimmung im Falle der Anwendung materiellen deutschen Rechts auch bei Scheidungen im Ausland zum Zuge mit der Folge, dass auch im Ausland vollzogene Scheidungen durch ein gerichtliches Urteil erfolgen müssen. Fehlt es an diesem Erfordernis, scheidet eine Anerkennung aus (vgl. BGHZ 110, 267 [277]; BGH FamRZ 1994, 434, KirchE 32, 31; BayObLGZ 1981, 353; Zöller/Geimer § 328 Rn 237). Aus denselben Erwägungen heraus ist es ebenfalls unerheblich, dass, da die Antragsgegnerin zur Zeit der Heirat unzweifelhaft jordanische Staatsangehörige war, vor jordanischen Gerichten gemäß Art. 15 jordanisches Personenstandsgesetz allein jordanisches materielles Recht anzuwenden ist. Ob etwas anderes gelten kann, wenn beide Ehegatten eine übereinstimmende ausländische Staatsangehörigkeit besitzen (vgl. zu diesem Problem Gottwald, Anm. zu OLG Braunschweig FamRZ 2001, 645) braucht hier nicht entschieden zu werden.

17

Der Kirchenaustritt wird erst durch den Eingang einer Erklärung beim Amtsgericht, die allen inhaltlichen und förmlichen Anforderungen des § 3 NW.KiAustrG entspricht, wirksam. Eine unvollständige Erklärung, zu der noch Angaben nachgereicht werden müssen, hat diese Wirkung erst zu dem Zeitpunkt, in dem sie vervollständigt wurde.

OLG Köln, Beschluss vom18. September 2002 - 16 Wx 165, 166/02[1] -

[1] Amtl. Leitsatz. OLGR Köln 2003, 90 (LS); NJW-RR 2003, 1224 (LS); NVwZ 2003, 1019.

Mit notariell beglaubigten Erklärungen vom 12.12.2001 erklärten die Beteiligten ihren Austritt aus der ev. Kirche. Die Erklärungen übersandte der Notar Dr. S. mit einem am 19.12.2001 eingegangenen Anschreiben an das Amtsgericht. Mit Verfügung vom 21.12.2001, die am 10.1.2002 kanzleimäßig bearbeitet wurde und am 23.1.2002 bei dem Notar einging, beanstandete der Rechtspfleger des Amtsgerichts, dass die Erklärung gem. § 3 Abs. 3 NW.KiAustrG noch der Angabe des Ortes der Geburt bedürfe. Unter dem 24.1.2002 übersandte der Notar die entsprechend ergänzte Erklärung an das Amtsgericht und der Rechtspfleger erteilte am 28.1.2002 den Beteiligten Austrittsbescheinigungen, welche als Datum ihres Wirksamwerdens den 25.1.2002 ausweisen.

Hiergegen hat der Notar namens der Beteiligten primär als Erinnerung, hilfsweise als Beschwerde bezeichnete Rechtsmittel eingelegt mit dem Ziel einer Abänderung der Bescheinigungen dahingehend, dass die Austrittserklärung bereits im Dezember des Jahres 2001 wirksam geworden sei. Der Rechtspfleger hat die Rechtsmittel als Erinnerung behandelt, ihnen nicht abgeholfen und die Sachen dem Richter vorgelegt. Dieser hat mit Beschlüssen vom 29.3.2002 die Erinnerungen zurückgewiesen. Auf die hiergegen eingelegten Beschwerden hat das Landgericht die Entscheidungen vom 29.3.2002 mangels Entscheidungskompetenz des Richters aufgehoben und die Beschwerden der Beteiligten gegen die Bescheinigungen vom 29.1.2002 über das Wirksamwerden der Kirchenaustrittserklärungen als nicht begründet zurückgewiesen.

Hiergegen richten sich die weiteren Beschwerden der Beteiligten, mit der sie ihr Begehren auf Abänderung der Bescheinigungen bezüglich des Zeitpunkts des Wirksamwerdens der Erklärungen weiterverfolgen.

Der Senat weist die Rechtsmittel als unbegründet zurück.

Aus den Gründen:

Die Rechtsmittel sind zulässig, jedoch nicht begründet.

Das Landgericht hat die Verfügung des Rechtspflegers mit Recht als eine nach dem FGG anfechtbare Entscheidung angesehen. Die nach den §§ 1, 5 NW.KiAustrG den Amtsgerichten übertragene Beurkundung der Kirchenaustrittserklärung und die Erteilung einer Bescheinigung über den vollzogenen Austritt sind landesrechtliche Angelegenheiten der freiwilligen Gerichtsbarkeit iSd § 189 FGG. Die in diesen Angelegenheiten getroffenen Verfügungen sind gem. Art. 4 des Preußischen Gesetzes über die Angelegenheiten der freiwilligen Gerichtsbarkeit vom 21.9.1899 (Preußisches FGG) mit der Beschwerde anfechtbar. Ferner sind gem. Art. 6 Abs. 1 Preußisches FGG die §§ 20 - 27, 29 FGG entsprechend anzuwenden (vgl. hierzu auch OLG Hamm NW.JMBl. 1997, 139, NJW-RR 1997, 1022, RPfleger 1997, 302, KirchE 35, 83). Die Beschwer der Beteiligten zu 1. und 2. folgt daraus, dass gem. § 3 Abs. 3 NW.KiStG die Kirchensteuerpflicht mit dem Ablauf des Kalendermonats endet, in dem die Erklärung des Kirchenaustritts wirksam geworden ist, es also letztlich auf den jeweils bescheinigten Monat des Wirksamwerdens ankommt.

Die gem. Art. 6 Abs. 1, 3 Preußisches FGG iVm § 27 Abs. 1 FGG ebenfalls statthafte und auch im Übrigen zulässigen, insbesondere in der Form des § 29 Abs. 1 Satz 2 FGG eingelegten Rechtsmittel haben indes in der Sache keinen Erfolg. Die Entscheidung des Landgerichts hält rechtlicher Überprüfung stand.

Für die Erteilung der Kirchenaustrittsbescheinigung war gem. § 1 Nr. 1 des Gesetzes zur Übertragung landesrechtlicher Geschäfte auf den Rechtspfleger vom 14.10.1975 (GV.NRW S. 562) in der Fassung des Änderungsgesetzes vom 23.6.1998 (GV.NRW S. 467) der Rechtspfleger zuständig. Die Meinung des OLG Hamm (aaO), es bestehe eine Richterzuständigkeit, bezieht sich auf die frühere Rechtslage und ist durch das Änderungsgesetz vom 23.6.1998 gegenstandslos geworden.

Der Rechtspfleger hat mit Recht ein Wirksamwerden der Kirchenaustrittserklärungen erst ab dem 25.1.2002 bescheinigt.

Gem. § 4 Abs. 2 KiAustrG wird die Austrittserklärung mit dem Ablauf des Tages wirksam, an dem die Niederschrift der Erklärung unterzeichnet worden oder die schriftliche Erklärung bei dem Amtsgericht eingegangen ist. Welchen Inhalt die Austritterklärung haben muss und welche Form bei ihrer Abgabe zu beachten ist, ist in § 3 NW.KiAustrG geregelt. Hierzu gehört gem. § 3 Abs. 3 KiAustrG u.a. die Angabe des Familiennamens, der Vornamen, des Tages und Ortes der Geburt, der Wohnung und des Familienstandes. Im Hinblick darauf, dass nach § 4 Abs. 1, 3 NW.KiAustrG iVm § 3 Abs. 3 NW.KiStG von dem Zeitpunkt der Wirksamkeit der Austrittserklärung der Fortfall von Rechten und Pflichten für den Bereich des staatlichen Rechts abhängt, hieran also weitreichende Folgen geknüpft sind, die eine exakte zeitliche Fixierung erforderlich machen, setzt der Eintritt dieser Folgen, eine Erklärung voraus, die inhaltlich und von der Form her den Anforderungen des § 3 NW.KiAustrG entspricht und bei der deshalb kein Streit um deren Wirksamkeit mehr entstehen kann. Es ist also aus Gründen der Rechtsklarheit ähnlich wie bei einer Rechtsmittelschrift eine strikte Formenstrenge geboten, die nicht mit einzelfallbezogenen Erwägungen, etwa dass die Angabe des Geburtsortes im vorliegenden Fall nicht zur Identifizierung der Beteiligten notwendig gewesen sei, unterlaufen werden kann. Mit der gleichen Erwägung könnte man dann auch beispielsweise in der Regel die Angabe des Familienstandes als überflüssig ansehen. Dem steht aber die Bindung des Richters - entsprechendes gilt für den Rechtspfleger - an das Gesetz entgegen. Das, was vom Gesetzgeber als notwendiger Inhalt einer Erklärung angesehen wird, kann von den Gerichten nicht mit der Begründung ignoriert werden, die entsprechende gesetzliche Voraussetzung sei im Einzelfall nicht notwendig. Allenfalls dann, wenn sich eine fehlende Angabe zweifelsfrei aus einem anderen eingereichtem Schriftstück, etwa einem Anschreiben des Notars, der die Austrittserklärung beglaubigt hat, ergibt, könnte in Anwendung der zu Rechtsmittelschriften entwickelten Grundsätze (vgl. hierzu z.B. Zöller/Gummer, ZPO 23. Aufl., § 511 Rdn. 30) ein Wirksamwerden bereits mit Eingang der (unvollständigen) Erklärung in Erwägung gezogen werden, was aber hier nicht zu entscheiden ist. Zum Geburtsort der Beteiligten konnte der Rechtspfleger den ihm vorliegenden Schriftstücken keinerlei Anhaltspunkte entnehmen.

Aus dem Vorstehenden folgt zugleich, dass entgegen der Meinung der Beteiligten schon mangels Bestehens einer Regelungslücke eine entsprechende Anwendung des § 18 GBO ausscheidet. Im Übrigen handelt es sich hierbei ohnehin um eine Norm, die - wie das Landgericht zutreffend ausgeführt hat - als Ausnahmevorschrift für das Grundbuchrecht einer Anwendung auf andere Regelungsbereiche, bei denen es keine konkurrierenden Anträge verschiedener Beteiligter gibt, entzogen ist.

Die von den Beteiligten begehrte Wiedereinsetzung in den vorigen Stand gem. § 22 Abs. 2 FGG scheidet aus, da sie keine Beschwerdefrist iSd § 22 Abs. 1 FGG oder eine vergleichbare Frist versäumt haben. Auch wäre ihnen nach § 22 Abs. 2 Satz 2 FGG das Verschulden ihres mit der Einreichung der Erklärung beauftragten Verfahrensbevollmächtigten, der die gesetzlichen Voraussetzungen für den Inhalt einer Austrittserklärung kennen musste bzw. sich hierüber kundig machen konnte, zuzurechnen.

Der Umstand schließlich, dass aus Gründen, die jedenfalls weitgehend im Einflussbereich des Amtsgerichts liegen, die Beanstandung des Rechtspflegers erst ca. einen Monat später bei dem Verfahrensbevollmächtigten der Beteiligten einging, ist vorliegend ohne Belang. Verfahrensmäßig könnte dies im Hinblick auf eine entsprechende Anwendung des § 167 ZPO (§ 270 Abs. 3 ZPO a.F.) nur dann relevant werden, wenn es um die Einhaltung einer Frist gegangen wäre, für deren Wahrung es auf den Zeitpunkt des Zugangs der Erklärung bei Gericht angekommen wäre. Da es aber Fristen für die Austrittserklärung nicht gibt, ist der Zeitraum zwischen der Verfügung des Rechtspflegers und ihrer Ausführung allenfalls für einen - schon wegen § 839 Abs. 1 Satz 2 BGB ohnehin kaum in Betracht kommenden - Amtshaftungsanspruch gegen den Justizfiskus von Bedeutung.

18

Die Schulpflicht hat grundsätzlich Vorrang vor dem elterlichen Erziehungsrecht sowie der Glaubens- und Gewissensfreiheit.

Art. 4, 6 Abs. 2 Satz 1 GG, §§ 35, 36, 118 BayEUG
BayVGH, Beschluss vom 18. September 2002 - 7 ZB 02.1701 -

Die Kläger wenden sich aus Glaubensgründen gegen die Schulpflicht ihrer Tochter. Sie weigern sich, ihre Tochter die Grundschule, in deren Sprengel sie wohnen, besuchen zu lassen. Stattdessen wird das Kind zusammen mit anderen Kindern von Angehörigen der Glaubensgemeinschaft, der die Kläger angehören, innerhalb dieser durch Hausunterricht unterrichtet.

Mit Bescheid vom 2.10.2001 gab das Landratsamt nach umfangreichen mündlichen und schriftlichen Verhandlungen und entsprechender Anhörung in Ziff. I.1 den Klägern auf, ihre Tochter spätestens am Tag nach der Zustellung des Bescheides bei der Volksschule D. anzumelden. In Ziff. I.2 wurde ihnen aufgegeben, dafür zu sorgen, dass ihre Tochter spätestens ab dem Tage nach der Zustellung des Bescheides regelmäßig am Unterricht der Grundschule D. teilnimmt und die sonstigen verbindlichen Schulveranstaltungen besucht. Für den Fall der Nichterfüllung der in Ziff. I.1 und I.2 festgelegten Pflichten durch den Kläger zu 1) wurde in Ziff. II des Bescheids „pro schulpflichtigem Kind" ein Zwangsgeld in Höhe von jeweils 2.000 DM angedroht und die sofortige Vollziehung der genannten Verpflichtungen angeordnet (Ziff. 3).

Mit Schreiben vom 15.10.2001 erklärte das Landratsamt gegenüber dem Kläger zu 1) ein Zwangsgeld in Höhe von 4.000 DM für fällig. Das Verwaltungsgericht Augsburg wies die gegen die genannten Bescheide nach erfolglosen Widersprüchen erhobene Klage ab.

Der Antrag auf Zulassung der Berufung blieb ebenfalls erfolglos.

Aus den Gründen:

Die Voraussetzungen für die Zulassung der Berufung wegen ernstlicher Zweifel an der Richtigkeit des angegriffenen Urteils (§ 124 Abs. 2 Nr. 1 VwGO) sowie wegen grundsätzlicher Bedeutung der Rechtssache (§ 124 Abs. 2 Nr. 3 VwGO) liegen nicht vor.

1. Soweit sich die Kläger gegen die Rechtmäßigkeit der Zwangsgeldandrohung und der ihnen gesetzten Frist wenden, liegen keine ernstlichen Zweifel an der Richtigkeit des verwaltungsgerichtlichen Urteils vor.

a) Entgegen der Auffassung der Kläger wird aus der Zwangsgeldandrohung hinreichend deutlich, dass für jede der in Ziff. I.1 und I.2 festgelegten Pflichten jeweils ein Zwangsgeld in Höhe von 2.000 DM zur Zahlung fällig wird. Den Klägern musste sich nach Auffassung des Senats aufdrängen, dass der Zusatz in der Zwangsgeldandrohung „pro schulpflichtiges Kind", der vom Landratsamt offensichtlich versehentlich in den hier vorliegenden Bescheid übernommen wurde, im Falle der Kläger überflüssig war, da es sich nur um ein schulpflichtiges Kind handelt. Auf die Verständlichkeit der Zwangsgeldandrohung konnte dies aber offensichtlich keinen Einfluss haben.

b) Auch die Kritik an der den Klägern gesetzten Tagesfrist zur Erfüllung der im streitgegenständlichen Bescheid angeordneten Pflichten greift nicht durch. Angesichts der Tatsache, dass dem Bescheid des Landratsamts bereits mehrere Gespräche und Schriftwechsel sowie eine Anhörung durch das Landratsamt zugrunde gelegen haben, konnten und mussten sich die Kläger schon seit längerer Zeit darauf einstellen, dass die Erfüllung der Schulpflicht notfalls im Wege des Verwaltungszwangs durchgesetzt werden würde (s. BayVGH v. 20.8.2002 - 7 CS 02.1302 -).

2) Der Rechtssache kommt auch keine grundsätzliche Bedeutung zu (§ 124 Abs. 2 Nr. 3 VwGO).

Die von den Klägern aufgeworfene Frage, ob und unter welchen Voraussetzungen sich ein Anspruch der Kläger aus Art. 4 Abs. 1 iVm Art. 6 Abs. 2 Satz 1 GG auf Gestattung von Heimunterricht unter Befreiung von der Schulpflicht für ihre Tochter ergibt, ist durch die ständige obergerichtliche und höchstrichterliche Rechtsprechung geklärt. Zutreffend vertritt das Verwaltungsgericht die Auffassung, dass die Kläger die Erfüllung der Schulpflicht grundsätzlich nicht unter Berufung auf ihre Glaubens- und Gewissensfreiheit verweigern können. Dadurch, dass speziellen Elternwünschen hinsichtlich der bekenntnismäßigen Ausrichtung von Schulen aufgrund der Freiheit zur Gründung privater Ersatzschulen Rechnung getragen wird, ist sichergestellt, dass Eltern und Kinder durch die allgemeine Schulpflicht nicht in einen verfassungsrechtlich unzumutbaren Glaubens- und Gewissenskonflikt geführt werden (BVerwG v. 15.11.1991 NVwZ 1992, 370, KirchE 29, 385, mwN). Zutreffend legt das Verwaltungsgericht, auf dessen eingehende und richtige Ausführungen Bezug genommen wird, unter Auseinandersetzung mit der höchstrichterlichen und der ständigen Rechtsprechung des erkennenden Senats dar, dass der Schulpflicht hier Vorrang vor dem elterlichen Erziehungsrecht sowie der Glaubens- und Gewissensfreiheit zukommt (vgl. BayVGH v. 16.3.1992, NVwZ 1992, 1224, KirchE 30, 131; v. 27.9.2000 - 7 ZS 00.2403 -; v. 9.8.2001 - 7 ZB 01.1120 -; v. 20.8.2002 - 7 CS 02.1302 -).

Entgegen der Auffassung der Kläger im Berufungszulassungsverfahren hat das Bundesverfassungsgericht in dem von ihnen zitierten Beschluss vom 5.9.1986 (BayVBl. 1986, 752, NJW 1987, 180) nicht nur festgestellt, dass die allgemeine Schulpflicht und die sich daraus ergebenden weiteren Pflichten das in Art. 6 Abs. 2 Satz 1 GG gewährleistete elterliche Bestimmungsrecht in zulässiger Weise beschränken, sondern darüber hinaus ausdrücklich klargelegt, dass die von den dortigen Beschwerdeführern in Anspruch genommene Gewissensfreiheit (Art. 4 Abs. 1 GG) ihnen nicht das Recht gebe, die Anmeldung ihres Sohnes zum Besuch der Volksschule zu unterlassen. Soweit sich die Kläger darauf berufen, der vom Verwaltungsgericht zitierte Beschluss des Bundesverwaltungsgerichts vom 15.11.1991 (BayVBl. 1992, 184, KirchE 29, 385) trage die Begründung des Verwaltungsgerichts nur bedingt, führt auch dies nicht zur Zulassung der Berufung. Denn dort hat das Bundesverwaltungsgericht in einem dem vorliegenden vergleichbaren Fall ausdrücklich entschieden, dass die durch das Schulpflichtgesetz in Nordrhein-Westfalen begründete allgemeine Schulpflicht mit den bundes-(verfassungs-)rechtlich gewährleisteten Elternrechten insbesondere im Hinblick auf die bundesverfassungsrechtliche Privatschulgarantie (Art. 7 Abs. 4 u. 5 GG) vereinbar ist, und dies mit der einschlägigen Rechtsprechung des Bundesverfassungsgerichts (insbesondere BVerfGE 41, 44, KirchE 15, 128) begründet. Das Bundesverwaltungsgericht hat in der genannten Entscheidung lediglich „im Übrigen" festgestellt, dass das Schulpflichtgesetz Nordrhein-Westfalen in seinem § 6 Abs. 4 die Möglichkeit einer Befreiung von der Pflicht zum Besuch der Grundschule für den Fall zulasse, dass „ein wichtiger Grund" vorliegt und für anderweitigen Unterricht hinreichend gesorgt ist. Es hat aber nicht entschieden, dass eine derartige Regelung aus rechtlichen Gründen in der von den Klägern angenommenen Tragweite erforderlich wäre. Schließlich enthält die Entscheidung des Verwaltungsgerichts auch keinen Widerspruch zum Urteil des Bundesverwaltungsgerichts vom 25.8.1993 (BVerwGE 94, 82, NVwZ 1994, 578, KirchE 31, 328), wonach unter bestimmten Umständen ein Anspruch auf Unterrichtsbefreiung in einem einzelnen Fach bestehen kann (dort Anspruch einer Schülerin islamischen Glaubens auf Befreiung vom koedukativen Sportunterricht). Ein solcher Fall liegt hier nicht vor, da die Kläger die Befreiung von der Schulpflicht insgesamt begehren.

19

Ein Verein kann in seiner Satzung die Leistung von Diensten in persönlicher Abhängigkeit als Mitgliedsbeitrag vorsehen. Vereinsrechtliche Arbeitspflichten dürfen aber nicht gegen §§ 134, 138 BGB verstoßen und damit zwingende arbeitsrechtliche Schutzbestimmungen umgehen.

§§ 2 Abs. 1 ArbGG, 25, 58 Nr. 2, 138, 611, 612 Abs. 1 BGB
BAG, Beschluss vom 26. September 2002 - 5 AZB 19/01[1] -

Die Parteien streiten über die Zulässigkeit des Rechtswegs.

Der Kläger beansprucht von dem Beklagten Arbeitsentgelt für die Zeit vom 2.7.1984 bis zum 4.8.1997 in Höhe von 525.470,00 DM brutto sowie Schmerzensgeld in Höhe von 100.000,00 DM. Der Beklagte ist ein eingetragener Verein, in dessen Satzung u.a. folgendes geregelt ist:

„§ 2 Zweck der Kirche
1. Der Verein ist eine Religionsgemeinschaft (Kirche). Der Zweck der Kirche ist die Pflege und Verbreitung der Scientology Religion und ihre Lehre. ...
§ 5 Verwirklichung der Zwecke der Kirche
Der in § 2 dieser Satzung festgelegte Zweck wird verwirklicht insbesondere durch ...
5. Praktische Seelsorge, damit ist gemeint die geistliche Beratung (Auditing) ...
§ 7 Gemeinnützigkeit
1. Die Kirche verfolgt ausschließlich und unmittelbar gemeinnützige Zwecke im Sinne des Abschnittes „steuerbegünstigte Zwecke" der Abgabenordnung 1977.
2. Die Kirche ist selbstlos tätig und verfolgt nicht in erster Linie eigenwirtschaftliche Zwecke. ...
§ 9 Organe der Kirche
Die Organe der Kirche sind:
a) die Mitgliederversammlung
b) der Kirchenvorstand
§ 10 Mitgliedschaft
...
2. Die Kirche besteht aus:
a) Ordentlichen Mitgliedern
...
b) Außerordentlichen Mitgliedern
...
§ 11 Rechte und Pflichten der Mitglieder
1. Alle Mitglieder, ordentliche wie außerordentliche, haben das Recht und die Pflicht, an der Verwirklichung der Aufgaben und Ziele der Kirche im Rahmen der von ihnen übernommenen Aufgabenbereiche tatkräftig mitzuwirken. Die Verpflichtung der Mitglieder zur aktiven Mitarbeit, zur Förderung durch Spendenbeiträge oder in sonstiger Weise ergibt sich direkt aus der vorliegenden Satzung.
2. Alle Mitglieder haben die Pflicht, Ehrenämter, die sie in der Kirche übernehmen, gewissenhaft zu verwalten, Mitgliedsbeiträge und Spendenbeiträge ordnungsgemäß zu leisten und durch ihre Lebensführung nach außen Zeugnis zu

[1] Amtl. Leitsätze. BAGE 103, 20; AP Nr. 83 zu § 2 ArbGG 1979; ArbuR 2002, 479 (LS); AR-Blattei ES 160.5.2 Nr. 102; ARST 2003, 112; BB 2003, 160 (LS); DRsp VI(602) 172a-b; DB 2003, 47; EBE/BAG Beilage 2002, Ls 184/02 (LS); EWiR 2002, 1071 (LS); EzA § 2 ArbGG 1979 Nr. 57; FA 2002, 387 (LS); JR 2004, 396 (LS); KuR 2003, 101; NJ 2003, 388 (LS); NZA 2002, 1412; NJW 2003, 161; RzK I 4a Nr. 158; ZTR 2003, 100 (LS).

geben, dass sie mit den Grundsätzen und Zielen der Scientology Kirche übereinstimmen.
4. Aktiv tätige Mitglieder sind diejenigen außerordentlichen und ordentlichen Mitglieder, die die Ziele der Scientology Kirche im Sinne von § 5 Ziffer 13 der Satzung intensiv unterstützen und sich durch ein schriftliches Versprechen dazu verpflichtet haben. Das schriftliche Versprechen soll zum Ausdruck bringen, dass die Person sich ganz den kirchlichen Zielen widmet und dass sie bereit ist, sich an die Schriften und die Satzung zu halten.
Die aktiven Mitglieder haben sich um die täglichen Kirchenaufgaben und Tätigkeiten gewissenhaft zu bemühen und sich dafür einzusetzen, dass die satzungsmäßigen Zwecke erreicht werden. Aktive Mitglieder sind verpflichtet, die zugewiesenen Aufgaben, Ämter und Funktionen sorgfältig und zum Besten der Gemeinde und Kirche zu erfüllen. Ihre Verpflichtung ergibt sich allein aufgrund ihrer satzungsmäßigen Mitgliedschaft.
5. Hauptamtliche (aktiv tätige) Mitglieder erhalten für ihre Tätigkeit für die Kirche unter Beachtung von § 7 dieser Satzung eine angemessene finanzielle Zuwendung entsprechend den finanziellen Möglichkeiten der Kirche.
...
§ 12 Ende der Mitgliedschaft
1. Die Mitgliedschaft endet
...
b) durch schriftlichen Austritt gegenüber der Kirche;
c) durch Ausschluss aufgrund von vereinsschädigendem Verhalten, wie Treubruch, grobes oder wiederholtes Verstoßen gegen die Satzung und durch öffentlichen, rechtlichen oder andersartigen Angriff gegen die Scientology Religion/Kirche oder den Verein oder wenn aus sonstigen Gründen die Voraussetzungen für die Mitgliedschaft weggefallen sind;
2. Über den Ausschluss eines Mitgliedes entscheidet der Kirchenvorstand. ...
...
§ 13 Der Kirchenvorstand
1. Der Vorstand der Kirche besteht aus
dem Präsidenten,
dem stellvertretenden Präsidenten,
dem Schatzmeister
und bis zu zwei weiteren Vorstandsmitgliedern gemäß § 13 Ziffer 5.
2. Der Präsident vertritt die Kirche allein, die anderen Mitglieder des Vorstandes vertreten die Kirche gemeinsam. Die Vertretung der Kirche gilt gerichtlich und außerordentlich im Sinne des § 26 BGB.
...
7. Die Vorstandsmitglieder werden von der Mitgliederversammlung mit einfacher Mehrheit der Stimmen gewählt. Die Kandidaten können nur durch ordentliche Mitglieder vorgeschlagen werden. Aktiv wahlberechtigt sind nur die ordentlichen Mitglieder.
...
§ 15 Die Mitgliederversammlung
...
4. In der Mitgliederversammlung haben die ordentlichen Mitglieder volles Stimmrecht. ...
6. Die Mitgliederversammlung entscheidet über
a) die Billigung des Jahresberichts,

b) die Billigung des Rechenschaftsberichtes des Schatzmeisters,
c) die Entlastung des Vorstandes,
d) die Neuwahl des Vorstandes.
...
§ 16 Beitrag
1. Zur Deckung der Aufwendungen der Kirche haben alle Mitglieder Beiträge zu leisten, die gemäß Beschluss des Vorstandes festgelegt werden.
2. Die Höhe der Beiträge und deren Fälligkeit werden in einer gesonderten Beitragsordnung festgelegt.
..."

Der Kläger war seit 1981 zunächst einfaches Mitglied des Beklagten. Ab 2.7.1984 wurde ihm auf seinen Antrag der Status eines ordentlichen aktiven, hauptamtlich tätigen Mitglieds verliehen. In der Anlage 2 zu dem Antrag auf Verleihung des Status eines hauptamtlich tätigen Mitglieds heißt es unter der Überschrift „Regelungen der aktiv tätigen Mitglieder der religiösen Gemeinschaft der Scientology Kirche":

„1. Hauptamtliche Mitglieder unterstützen nach besten Kräften die Kirche. Art und Umfang der Tätigkeit werden durch die jeweiligen Bedürfnisse der Kirche bestimmt. Der Kirchenvorstand und die von ihm beauftragten Personen werden hierzu die erforderlichen Anweisungen treffen. 12 ½ Stunden Studierzeit (religiöser Unterricht und Ausbildung in den religiösen Aufgaben) pro Woche sind obligatorisch. Individuell abgestimmte Stundenpläne können mit der Übereinstimmung des kirchlichen Vorgesetzten und dem Aufgabenbereich für die Betreuung der hauptamtlichen Mitglieder in Abt. 1 (HCO) vereinbart werden. ...
...
3. Mitglieder der religiösen Gemeinschaft helfen gemäß den religiösen Verpflichtungen und Überzeugungen und nicht, um Geld zu verdienen oder wegen anderer kommerzieller und materieller Interessen, Geldmotivation oder Anreize. Trotzdem gibt die Kirche gemäß ihrer kircheninternen Richtlinien eine wöchentliche Unterstützung, die jedoch nicht fest ist, sondern sich nach den Möglichkeiten der Kirche und der individuellen Leistung, Ausbildung und nach dem Kirchenamt richtet.
...
5. Mitglieder der religiösen Gemeinschaft sollen grundsätzlich jegliche ihnen zugewiesene Funktionen und Aufgaben akzeptieren, die mit den bestehenden kircheninternen Richtlinien übereinstimmen."

Als hauptamtliches Mitglied erhielt der Kläger vom Beklagten ein Taschengeld in Höhe von etwa 150,00 bis 200,00 DM pro Monat, dessen Auszahlung jedoch nicht regelmäßig erfolgte. Seinen Lebensunterhalt bestritt der Kläger überwiegend aus der in einem Arbeitsverhältnis erzielten Vergütung, das in keinem Zusammenhang mit der Tätigkeit für den Beklagten stand.

Als hauptamtliches Mitglied war der Kläger zunächst im Bereich der Öffentlichkeitsarbeit als Straßenmissionierer tätig. Er warb neue Mitglieder und nahm Testauswertungen vor. Diese Tätigkeit hatte einen

Umfang von mindestens 29,5 Wochenstunden. Weiterhin nahm der Kläger an wöchentlichen Treffen der hauptamtlichen Mitglieder teil, in denen über die Verwendung der finanziellen Mittel und organisatorische Fragen entschieden wurde.

Von Januar 1985 bis Juni 1987 machte der Kläger - mit Unterbrechungen - eine Ausbildung zum Klasse-V-Auditor in der zentralen Ausbildungseinrichtung der Scientology Organisation (Church of Scientology) in Clearwater (USA). Die reine Studierzeit für diese Ausbildung betrug jedenfalls 45 Stunden pro Woche. Unterkunft und Verpflegung wurden dem Kläger gestellt. Während dieser Zeit wurde er auch selbst auditiert, um - nach dem gemeinsamen Verständnis der Parteien - auf der „Brücke" voranzukommen und die Erlösungsstufen „Clear" und „Operating Thetan" zu erreichen. Im Anschluss an diese Ausbildung übte der Kläger von 1987 bis 1993 in Berlin die Tätigkeit eines Auditors und später eines Senior Case Supervisors aus. In der letztgenannten Funktion kontrollierte er die Einhaltung der Bestimmungen für das Auditing und überwachte Kurse für die Auditingausbildung. Von 1986 bis 1989 war der Kläger zugleich Mitglied des Exekutivrats des Beklagten, der für die Planung der Einnahmen zuständig ist. Von 1988 bis Anfang Februar 1990 nahm der Kläger als stellvertretender Vorstandsvorsitzender zusätzlich Verwaltungsaufgaben wahr. Er nahm für den Beklagten Rechtsgeschäfte vor und unterzeichnete u.a. - mit Genehmigung eines weiteren Vorstandsmitglieds - den Mietvertrag über das Anwesen des Beklagten.

Von März 1993 bis Juni 1994 ließ sich der Kläger in Kopenhagen zum Klasse-VI-Auditor ausbilden. Auch in dieser Zeit betrieb er zur persönlichen Vervollkommnung in erheblichem Umfang sog. Solo-Auditing, um eine höhere Bewusstseinsstufe zu erreichen. Hieran schloss sich in den USA von Oktober 1994 bis Juli 1996 eine Ausbildung zum Klasse-VIII-Auditor an. Zur Finanzierung seiner Ausbildung war er dort als Auditor tätig und verrichtete Garten-, Büro- und Lagerarbeiten. Im Juni/Juli 1996 wurde gegen den Kläger in den USA ein Scientology-internes Strafverfahren vor dem „Commitee of Evidence" geführt. In diesem erklärte sich der Kläger für schuldig und wurde zu einer sog. Ethik-Strafmaßnahme in das Verbindungsbüro von Scientology nach Kopenhagen versetzt, wo er nach seiner Darstellung Zwangsarbeit zu leisten hatte. Im Anschluss an seine Rückkehr nach Berlin Anfang 1997 wurde ihm die Befugnis zum Auditing entzogen. Bis zum 4.8.1997 verteilte der Kläger auf der Straße Handzettel.

Während der Zeit seiner Tätigkeit bei dem Beklagten richtete sich die Arbeitszeit des Klägers nach individuell vereinbarten Stundenplänen. Der Kläger konnte die Zeiten seiner Anwesenheit und Mitarbeit in Absprache mit den anderen aktiv tätigen Mitgliedern frei einteilen. Von dem jeweiligen Stundenplan durfte er auch abweichen. Seine Tätigkeit als Auditor und Senior Case Supervisor teilte sich der Kläger frei ein, indem er selbst die Termine für die Sitzungen festlegte.

Am 4.8.1997 beendete der Kläger seine aktive Mitarbeit. Mit Wirkung zum 1.3.1998 trat er aus dem beklagten Verein aus.

Der Kläger vertritt die Auffassung, er sei bei dem Beklagten als Arbeitnehmer beschäftigt worden. Der Beklagte sei ein wirtschaftliches Unternehmen und keine Religionsgemeinschaft.

Der Beklagte hat die Zulässigkeit des Rechtswegs zu den Gerichten für Arbeitssachen gerügt und gemeint, der Kläger sei als Vereinsmitglied ausschließlich auf der Grundlage der Satzung des Beklagten tätig geworden. Der Kläger habe hauptsächlich auditiert. Hierbei handele es sich um den Kernbereich der religiösen Lehre von Scientology, so dass ein erwerbswirtschaftlicher Bezug ausscheide. Zudem habe der Kläger als hauptamtliches Mitglied und zeitweiliges Vorstandsmitglied die Geschicke des Vereins beeinflussen können.

Das Arbeitsgericht hat den Rechtsweg zu den Gerichten für Arbeitssachen für zulässig erklärt. Auf die sofortige Beschwerde des Beklagten hat das Landesarbeitsgericht den beschrittenen Rechtsweg für unzulässig erklärt und den Rechtsstreit an das Landgericht Berlin verwiesen. Mit der zugelassenen weiteren sofortigen Beschwerde erstrebt der Kläger die Wiederherstellung der erstinstanzlichen Entscheidung.

Das Rechtsmittel wurde zurückgewiesen.

Aus den Gründen:

Die weitere sofortige Beschwerde ist nicht begründet. Der Rechtsweg zu den Gerichten für Arbeitssachen ist unzulässig.

I. Die Zuständigkeit der Gerichte für Arbeitssachen folgt nicht bereits aus der Geltendmachung einer Bruttoforderung. Hierin liegt kein sic-non-Fall im Sinne der Senatsrechtsprechung (dazu Senat 24.4.1996 - 5 AZB 25/95 - BAGE 83, 40), weil auch im Rahmen eines freien Dienstvertrags Bruttoentgeltforderungen erhoben werden können (vgl. BGH 1.12.1997 - II ZR 232/96 - NJW 1998, 1480).

II. Im Streitfall kommt für die geltend gemachten Vergütungs- und Schmerzensgeldansprüche eine Zuständigkeit der Gerichte für Arbeitssachen nur nach § 2 Abs. 1 Nr. 3a und d ArbGG in Betracht. Danach sind die Gerichte für Arbeitssachen zuständig für bürgerliche Rechtsstreitigkeiten zwischen Arbeitnehmern und Arbeitgebern aus dem Arbeitsverhältnis und unerlaubten Handlungen im Zusammenhang mit dem Arbeitsverhältnis.

1. Arbeitnehmer ist, wer aufgrund eines privatrechtlichen Vertrags im Dienste eines anderen zur Leistung weisungsgebundener, fremdbestimmter Arbeit in persönlicher Abhängigkeit verpflichtet ist (Senat 16.2.2000 - 5 AZB 71/99 - BAGE 93, 310). Das Arbeitsverhältnis ist ein auf den Austausch von Arbeitsleistung und Vergütung gerichtetes Dauerschuldver-

hältnis. Die vertraglich geschuldete Leistung ist im Rahmen einer von Dritten bestimmten Arbeitsorganisation zu erbringen. Die Eingliederung in die fremde Arbeitsorganisation zeigt sich insbesondere darin, dass der Beschäftigte einem Weisungsrecht seines Vertragspartners (Arbeitgebers) unterliegt. Das Weisungsrecht kann Inhalt, Durchführung, Zeit, Dauer und Ort der Tätigkeit betreffen. Arbeitnehmer ist derjenige Mitarbeiter, der nicht im Wesentlichen frei seine Tätigkeit gestalten und seine Arbeitszeit bestimmen kann (Senat 22.4.1998 - 5 AZR 342/97 - BAGE 88, 263 mwN; 19.1.2000 - 5 AZR 644/98 - BAGE 93, 218 [222]. Maßgeblich ist eine Gesamtwürdigung aller maßgebenden Umstände des Einzelfalls.

Andererseits kommt als Rechtsgrundlage für die Leistung von Diensten in persönlicher Abhängigkeit auch die Mitgliedschaft in einem Verein in Betracht (BAG 18.2.1956 - 2 AZR 294/54 - BAGE 2, 289; 3.6.1975 - 1 ABR 98/74 - BAGE 27, 163; 10.5.1990 - 2 AZR 607/89 - AP BGB § 611 Abhängigkeit Nr. 51; Senat 22.3.1995 - 5 AZB 21/94 - BAGE 79, 319 [357], KirchE 33, 92; 6.7.1995 - 5 AZB 9/93 - BAGE 80, 256). Der Mitgliedsbeitrag (§ 58 Nr. 2 BGB) kann in der Leistung von Diensten bestehen (Soergel/Hadding BGB 13. Aufl. § 58 Rn 3; RGRK-Steffen BGB 12. Aufl. § 58 Rn 2; Sauter/Schweyer/Waldner Der eingetragene Verein 17. Aufl. Rn 120). Dies ergibt sich aus der Vereinsautonomie, die es dem Verein ermöglicht, Rechte und Pflichten der Vereinsmitglieder und des Vereins durch Satzung zu regeln (§ 25 BGB). Rechtsgrund der Beitragsleistung ist nicht ein schuldrechtlicher gegenseitiger Austauschvertrag, sondern die Vereinssatzung mit der Beitragsabrede. Die Beitragsleistung erfolgt, um den Vereinszweck zu fördern. Durch Ausübung der Mitgliedschaftsrechte kann das Mitglied auf die Geschicke des Vereins Einfluss nehmen. Die Begründung vereinsrechtlicher Arbeitspflichten darf allerdings nicht gegen §§ 134, 138 BGB verstoßen und damit zwingende arbeitsrechtliche Schutzbestimmungen umgehen.

2. Nach den getroffenen Vereinbarungen stand der Kläger in einer vereinsrechtlichen Beziehung zum Beklagten und nicht in einem Arbeitsverhältnis. Ein Arbeitsvertrag wurde weder ausdrücklich noch konkludent geschlossen. Der Kläger erbrachte durch seine Dienstleistungen für den Beklagten vereinsrechtliche Mitgliedsbeiträge. Dem entsprach die praktische Durchführung der Rechtsbeziehungen der Parteien.

a) Nach den Feststellungen des Landesarbeitsgerichts konnte der Kläger seine Arbeitszeit im Wesentlichen frei gestalten. Er war nicht an einseitig vom Beklagten vorgegebene Arbeitszeiten gebunden. Die Termine für das Auditing wurden nicht vom Beklagten bestimmt, sondern vom Kläger selbst festgelegt. Die Stundenpläne wurden zwischen den Parteien jeweils vereinbart. Der Kläger konnte hiervon abweichen und praktizierte dies auch so. Der Beklagte hat in der Beschwerde unwidersprochen näher dargelegt, dass der Kläger erschien, wann es ihm beliebte. Soweit der Kläger dies in der Begründung seiner weiteren sofortigen Beschwerde in Abrede stellt und behauptet, der Beklagte habe die Stundenpläne einseitig vorgegeben, ist dieser Vortrag unsubstantiiert. Der Kläger führt nicht aus, wer ihm den Stundenplan vorgegeben hat.

b) Anderes ergibt sich auch nicht aus der Anlage 2 zu dem am 2.7.1984 vom Kläger gestellten Antrag auf Verleihung des Status eines hauptamtlichen Mitglieds. Nach Nr. 1 der in dieser Anlage enthaltenen Bestimmungen kann der Kirchenvorstand dem hauptamtlichen Mitglied zwar Anweisungen erteilen und das Mitglied soll nach Nr. 5 die ihm zugewiesenen Aufgaben und Funktionen akzeptieren. Mit diesen Regelungen werden die in § 11 der Satzung niedergelegten Mitwirkungsrechte und -pflichten der aktiv tätigen Mitglieder des Beklagten konkretisiert. Hieraus folgt aufgrund der bestehenden vereinsrechtlichen Beziehungen jedoch nur eine vereinsrechtliche Verpflichtung des Klägers zur Arbeit in persönlicher Abhängigkeit im Dienste des Beklagten. Ein Arbeitsverhältnis wird hierdurch allein noch nicht begründet. Denn sowohl Vereinsmitglieder, die ihren Mitgliedsbeitrag in Form von Dienstleistungen für den Verein erbringen, als auch Arbeitnehmer leisten ihre Dienste in persönlicher Abhängigkeit (BAG 3.6.1975 aaO; Senat 22.3.1995 aaO).

c) Untypisch für einen Arbeitnehmer konnte der Kläger Einfluss auf die Leitung, Organisation und Entscheidungen des Vereins nehmen. Als hauptamtliches Mitglied hatte er volles Stimmrecht in der Mitgliederversammlung (§ 15 Ziff. 4 der Satzung). Diese wählt nach § 13 Ziff. 7 der Satzung den Vorstand. Außerdem entscheidet die Mitgliederversammlung nach § 12 Ziff. 2 der Satzung über den Ausschluss eines Mitglieds, wenn dieses die zuvor vom Vorstand getroffene Entscheidung anficht. Weiterhin gab es wöchentliche Treffen der hauptamtlichen Mitglieder, in denen über die Mittelverwendung und organisatorische Fragen entschieden wurde. Der Einsatz des Klägers bewegte sich insoweit innerhalb der von ihm selbst als Mitglied mitbeeinflussten Vorgaben. Dem steht nicht entgegen, dass die Mitgliederversammlung nur im Rahmen der von der Mutterorganisation in den USA vorgegebenen Richtlinien Beschlüsse fassen konnte. Denn diese Richtlinien bestimmen den Vereinszweck, der notwendigerweise die Grenze für Beschlüsse der Mitgliederversammlung bildet.

3. Aus der fachlichen Bindung an die Grundsätze der Scientology Gemeinschaft kann nicht auf ein Arbeitsverhältnis geschlossen werden. Diese Bindung ist gerade Ausfluss des Vereinszwecks.

4. Die vereinsrechtlich begründete Dienstverpflichtung des Klägers verstößt nicht gegen § 138 BGB.

a) Für seine Tätigkeit bei dem Beklagten erhielt der Kläger zwar keine nennenswerte Vergütung, sondern nur ein monatliches Taschengeld in Höhe von etwa 150,00 bis 200,00 DM, dessen Auszahlung nicht regelmäßig erfolgte. Diese Geldleistung des Beklagten stellte jedoch keine Gegenleistung für erbrachte Arbeitsleistungen dar, sondern war nach § 11 Nr. 5 der Satzung eine Zuwendung, mit der offenbar auch besondere

Aufwendungen der hauptamtlich tätigen Mitglieder abgegolten werden sollten. Seinen Lebensunterhalt verdiente sich der Kläger anderweitig in einem Arbeitsverhältnis. Der Kläger verfolgte mit seiner Tätigkeit beim Beklagten keine Erwerbsabsichten, sondern ideelle Ziele und strebte die eigene geistige Vervollkommnung im Sinne der Lehren von Scientology an. Während seiner Mitgliedschaft in dem beklagten Verein teilte der Kläger die spirituellen Vorstellungen von Scientology vom Erreichen bestimmter Erlösungsstufen und wurde zur eigenen geistigen Vervollkommnung und Weitergabe der „Lehre" tätig. Er verfolgte in erheblichem Umfang eigene Ziele, indem er versuchte, auf der „Brücke" voranzukommen und die Erlösungsstufen „Clear" und „Operating Thetan" zu erreichen. Mit Recht hat das Landesarbeitsgericht daher darauf hingewiesen, dass dem Kläger die Erfüllung vermeintlicher Heilsvorstellungen und seine Teilhabe als ranghoher Auditor an der Macht von Scientology Lohn für die von ihm dargelegte Selbstausbeutung war.

Wesen des Arbeitsverhältnisses ist jedoch der Austausch von Arbeit und Lohn. Der dem Arbeitsverhältnis zugrunde liegende Arbeitsvertrag ist ein gegenseitiger Vertrag (§ 611 BGB). Auch wenn die Erwerbsabsicht keine notwendige Bedingung für die Arbeitnehmereigenschaft ist, spricht ihr Fehlen doch im Rahmen einer Gesamtwürdigung gegen die Annahme eines Arbeitsverhältnisses. Denn typischerweise verfolgt ein Arbeitnehmer das Ziel, für seine Arbeit ein Entgelt zu erhalten. Dass neben diesem materiellen Interesse oftmals auch immaterielle Interessen eine Rolle spielen, schließt nicht aus, die Erwerbsabsicht als wesentliches Merkmal zur Abgrenzung von Tätigkeiten heranzuziehen, die vorwiegend auf ideellen Beweggründen beruhen.

b) Einer Entscheidung, ob der Beklagte eine Religionsgemeinschaft ist oder in Wahrheit ein wirtschaftlicher Verein, bedarf es nicht. Selbst wenn der Beklagte ein Verein mit wirtschaftlicher Zielsetzung wäre (so Senat 22.3.1995 aaO, für einen anderen Verein der Scientology-Organisation; vgl. zur Abgrenzung zwischen Idealverein und wirtschaftlichem Verein innerhalb der Scientology-Organisation auch BVerwG 6.11.1997 - 1 C 18.95 - BVerwGE 105, 313, KirchE 35, 439 sowie BVerwG 3.7.1998 - 1 B 114/97 - NVwZ 1999, 766, KirchE 36, 296, bestünde zwischen den Parteien kein Arbeitsverhältnis. Entscheidend ist, dass der Beklagte dem Kläger durch die mitgliedschaftliche Betätigung im Verein die Möglichkeit eröffnet hat, an Kursen und Seminaren teilzunehmen, die ihn nach damaliger übereinstimmender Überzeugung der Parteien zu „höheren Daseinsstufen" auf der „Brücke" führen sollten. Soweit der Kläger durch seine Tätigkeit zum wirtschaftlichen Erfolg des Beklagten beigetragen hat, kann hieraus nicht auf ein Arbeitsverhältnis geschlossen werden. Auch Tätigkeiten außerhalb eines Arbeitsverhältnisses können zur Gewinnerzielung der anderen Vertragspartei geeignet sein.

Der Kläger übersieht bei seinem Prozessvortrag, der sich in weiten Teilen losgelöst von den tatsächlichen Verhältnissen seines Tätigwerdens allgemein mit dem „System Scientology“ auseinander setzt, dass es nicht Aufgabe der Gerichte für Arbeitssachen ist, alle Fälle wirklicher oder vermeintlicher Ausbeutung zu lösen. Die Ausbeutung eines Menschen durch einen anderen Menschen ist kein Wesensmerkmal des Arbeitsverhältnisses, sondern in ganz unterschiedlichen Gewalt- und Rechtsverhältnissen denkbar. Sollte der Beklagte tatsächlich ein wirtschaftlicher Verein und keine Religionsgemeinschaft sein, wie der Senat in dem Beschluss vom 22.3.1995 (aaO) angenommen hat, könnte ihm nach § 43 Abs. 2 BGB in einem Verwaltungsverfahren die Rechtsfähigkeit entzogen werden (vgl. dazu BVerwG 6.11.1997 aaO). Wenn der Kläger außerhalb eines Arbeitsverhältnisses Dienstleistungen erbracht hat, die nach den Umständen nur gegen eine Vergütung zu erwarten waren, könnte ihm nach § 612 Abs. 1 BGB ein nach § 612 Abs. 2 BGB zu bemessender Vergütungsanspruch zustehen. Hierfür sind die ordentlichen Gerichte zuständig.

III. Eine Zuständigkeit der Gerichte für Arbeitssachen ergibt sich nicht aus § 5 Abs. 1 Satz 2 ArbGG. Der Kläger war beim Beklagten nicht als arbeitnehmerähnliche Person beschäftigt.

1. Arbeitnehmerähnliche Personen sind Selbstständige und unterscheiden sich von Arbeitnehmern durch den Grad der persönlichen Abhängigkeit. Sie sind - in der Regel wegen ihrer fehlenden oder gegenüber Arbeitnehmern schwächeren Weisungsgebundenheit, oft auch wegen fehlender oder geringerer Eingliederung in eine betriebliche Organisation - in wesentlich geringerem Maße persönlich abhängig als Arbeitnehmer. An die Stelle der persönlichen Abhängigkeit tritt das Merkmal der wirtschaftlichen Abhängigkeit (BAG 19.12.2000 - 5 AZB 16/00 - AP ArbGG 1979 § 2 Zuständigkeitsprüfung Nr. 9, EzA ArbGG 1979 § 2 Nr. 52; 30.8.2000 - 5 AZB 12/00 - AP ArbGG 1979 § 2 Nr. 75, EzA ArbGG 1979 § 2 Nr. 51). Die wirtschaftliche Abhängigkeit ist gegeben, wenn der Betreffende auf die Verwertung seiner Arbeitskraft und die Einkünfte aus der Dienstleistung als Existenzgrundlage angewiesen ist.

2. Der Kläger finanzierte seinen Lebensunterhalt durch seine Erwerbstätigkeit bei Dritten. Er war daher nicht vom Beklagten wirtschaftlich abhängig.

20

Die sog. Zwölftelungsregelung ist auch im Falle der Besteuerung eines nach Kirchenaustritt, aber im selben Jahr angefallenen Veräußerungsgewinns verfassungskonform.

§ 6 Abs. 3 BayKiStG, 5 AVKiStG
FG München, Beschluss vom 9. Oktober 2002 - 13 V 3423/02 -

Streitig ist im Hauptsacheverfahren, ob der Antragsgegner (Kirchensteueramt) die Kirchensteuer 2001 zu Recht nach der sog. Zwölftelungsmethode festgesetzt hat.
Das Finanzgericht lehnt den Aussetzungsantrag des Klägers ab.

Aus den Gründen:

Der Antrag ist unbegründet.
Bei der im Aussetzungsverfahren gebotenen und auch ausreichenden summarischen Beurteilung des Sachverhalts anhand präsenter Beweismittel bestehen keine ernstlichen Zweifel im Sinne von § 69 Abs. 3 und Abs. 2 FGO an der Rechtmäßigkeit des Bescheids (vgl. BFH-Beschluss vom 24.2.2000 - IV B 83/99 - BStBl. II 2000, 298), und zwar aus folgenden Erwägungen:
Eine Aussetzung der Vollziehung kann auch in Betracht kommen, wenn erhebliche Zweifel an der Verfassungsmäßigkeit einer Norm bestehen.
Die hier einschlägige Zwölftelungsregelung ist auch, was die vorliegende Fallgestaltung (Besteuerung eines nach Kirchenaustritt, aber im selben Jahr angefallenen Veräußerungsgewinns) anbelangt, verfassungsgemäß.
Gerade weil die stillen Reserven des Betriebs, aus dessen Veräußerung der Gewinn erwirtschaftet wurde, sich fast ausschließlich während des Zeitraums der Kirchenzugehörigkeit angesammelt haben, ist eine ohnehin nur zeitanteilige Erfassung durch die Kirchensteuer zweckgerecht. Dies hat bereits das Bundesverwaltungsgericht, dessen Rechtswürdigung der Bundesfinanzhof sich angeschlossen hat (Urteil vom 15.10.1997 - I R 33/37 - BFHE 184, 187, BStBl. II 1998, 126, KirchE 35, 409), für die Besteuerung eines Veräußerungsgewinns bestätigt (Urteil vom 12.2.1988 - 8 C 16/86 - BVerwGE 79, 62, NJW 1998, 1804, KirchE 26, 17). Etwaige Sachwidrigkeiten und unbillige Härten können in einem Erlassverfahren ausgeglichen werden, über das in diesem Verfahren, wo es ausschließlich um die Rechtmäßigkeit der Besteuerung geht, nicht entschieden werden kann.

Die vom Prozessbevollmächtigten wiederholt zitierte Passage des BFH-Urteils in BFHE 184, 167, BStBl. II 1998, 126 [127], KirchE 35, 409 ist nicht dahin zu verstehen, dass eine „verdeckte Nachbesteuerung" im Streitfall bedenklich wäre. Vielmehr wollte der BFH seine Rechtsgrundsätze auf die ihm vorliegende Konstellation der Einkünfte aus Kapitalvermögen begrenzen und keine Erwägungen anstellen, die über die Lösung der von ihm zu entscheidenden Streitfrage hinausgehen (Vermeidung sog. obiter dicta).

21

Das Tragen eines - islamischen - Kopftuchs allein rechtfertigt regelmäßig noch nicht die ordentliche Kündigung einer Verkäuferin in einem Kaufhaus aus personen- oder verhaltensbedingten Gründen nach § 1 Abs. 2 KSchG.

Art. 4 Abs. 1 u. 2, Art. 12 Abs. 1, 19 Abs. 3 GG, §§ 242, 315 Abs. 1 BGB, 102 Abs. 1 BetrVG
BAG, Urteil vom 10. Oktober 2002 - 2 AZR 472/01[1] -

Die Parteien streiten über die Wirksamkeit einer ordentlichen Kündigung und über Annahmeverzugsansprüche der Klägerin.

Die 1970 in der Türkei geborene Klägerin begann am 1.8.1989 bei der Beklagten eine Ausbildung als Einzelhandelskauffrau und war seit deren Abschluss als Verkäuferin beschäftigt.

Die Beklagte betreibt in S. ein Kaufhaus mit einer Verkaufsfläche von ca. 9.000 qm. Ihr Warensortiment besteht u.a. aus Modeartikeln, sog. Accessoires, Spielsachen, Schmuck, Kosmetika, Schreib-, Leder- und Süßwaren. Lebensmittel werden nicht angeboten. Die Beklagte beschäftigt im Verkauf ca. 85 Arbeitnehmer, im Verwaltungsbereich 8 Arbeitnehmer, in der Warenannahme 2 Arbeitnehmer und mit Hausmeisteraufgaben 3 Mitarbeiter.

---

[1] Amtl. Leitsatz. BAGE 103, 111; AP Nr. 44 zu § 1 KSchG 1969 Verhaltensbedingte Kündigung; AR-Blattei ES 1020 Nr. 370; ArbRB 2003, 131; ArbuR 2003, 156; AuA 2003, Nr. 4, 53 (LS); BB 2003, 1283; BuW 2003, 435; DB 2003, 830; EBE/BAG Beilage 2003, Ls 72/03 (LS); EWiR 2003, 537 (LS); EzA § 1 KSchG Verhaltensbedingte Kündigung Nr. 58; EzAR 322 Nr. 4; FA 2003, 220 (LS); GewArch 2003, 244; InfAuslR 2003, 355; JA 2003, 622 (LS); JuS 2003, 721(LS); NJW 2003, 1685; NVwZ 2003, 1551 (LS); NZA 2003, 483; PersF 2003, Heft 7, 85 (LS); PERSONAL 2003, Nr. 6, 55 (LS); PersR 2004, 41 (LS); RdA 2003, 240; RzK I 5h Nr. 65; SAE 2003, 331; ZAR 2003, 248 (LS); ZEuP 2004, 399; ZfPR 2003, 51 (LS); ZTR 2003, 351. Die Verfassungsbeschwerde der Beklagten wurde nicht zur Entscheidung angenommen; BVerfG, Beschluss vom 30.7.2003 - 1 BvR 792/03 - NJW 2003, 2815.

Die Klägerin befand sich nach der Geburt ihres zweiten Kindes vom 15.4.1996 bis zum 26.5.1999 erneut im Erziehungsurlaub. Anfang Mai 1999 teilte sie der Beklagten mit, sie werde bei der Wiederaufnahme ihrer Tätigkeit künftig ein Kopftuch tragen. Ihre religiösen Vorstellungen hätten sich gewandelt, ihr moslemischer Glaube verbiete es ihr, sich in der Öffentlichkeit ohne Kopftuch zu zeigen. Die Personalleitung der Beklagten widersprach einem Einsatz mit Kopftuch und räumte der Klägerin eine Bedenkzeit ein. Die Klägerin blieb auch nach einem weiteren Gespräch bei ihrer Auffassung, obwohl die Beklagte ihr mitgeteilt hatte, dass dann eine Beendigung ihres Arbeitsverhältnisses unausweichlich sei.

Die Beklagte kündigte mit Schreiben vom 25.5.1999 das Arbeitsverhältnis zunächst außerordentlich. Sie nahm mit Zustimmung der Klägerin diese Kündigung später zurück.

Unter dem 19.8.1999 hörte die Beklagte den bei ihr gebildeten Betriebsrat zur beabsichtigten fristgemäßen Kündigung der Klägerin an. Im Anhörungsschreiben heißt es u.a.:

„*... Bis zum ... war sie im Mutterschutz. Sie informierte uns in der 20. KW davon, dass sie mit Beendigung des Erziehungsurlaubs wohl wieder bei uns tätig sein möchte, jedoch keinesfalls ohne Kopftuch (aus religiösen Gründen) und bis 20.00 Uhr arbeiten könnte.*
Da es nicht dem Stil unseres Hauses entspricht, Verkaufspersonal mit Kopfbedeckung zu beschäftigen und dies auch dem Großteil unserer Kunden nicht zuzumuten ist, und wir auch keine anderweitig frei Stelle im Hause haben, werden wir das Beschäftigungsverhältnis mit Frau C. zum 30.9.1999 fristgerecht kündigen. ...“

Der Betriebsrat erwiderte mit Schreiben vom 26.8.1999, er sei zu der beabsichtigten Kündigung ordnungsgemäß gehört worden und stimme der Kündigung zum 30.9.1999 einstimmig zu.

Die Beklagte kündigte mit Schreiben vom 30.8.1999 das Arbeitsverhältnis der Klägerin zum 31.10.1999.

Die Klägerin hat Kündigungsschutzklage erhoben und Ansprüche aus Annahmeverzug für den Zeitraum 1.6.1999 bis 30.4.2001 geltend gemacht. Sie hat die Auffassung vertreten, ein Kündigungsgrund liege nicht vor. Die Kündigung sei ein unzulässiger, unverhältnismäßiger Eingriff in die Freiheit ihrer Religionsausübung. Der Koran schreibe ihr das Tragen des Kopftuches verbindlich vor. Die Beklagte habe demgegenüber eine Beeinträchtigung ihrer betrieblichen oder wirtschaftlichen Interessen nicht dargelegt. Sie hätte zumindest abwarten können und müssen, ob es bei ihrem Einsatz mit einem Kopftuch zu Störungen komme.

Die Beklagte hat zur Begründung ihres Klageabweisungsantrags vorgetragen, die Kündigung sei aus personenbedingten Gründen gerechtfertigt. Die Klägerin sei zukünftig nicht mehr in der Lage, ihren bisherigen Arbeitsplatz als Verkäuferin in der Parfümerieabteilung wieder einzunehmen. Ihr Verkaufspersonal sei dem Stil des Hauses entsprechend dazu angehalten, sich bei der Ausübung der Verkaufstätigkeit gepflegt und unauffällig zu kleiden. Das Kaufhaus wolle seinen Kunden einen noblen und exklusiven Eindruck vermitteln. Die Weigerung der Klägerin, sich weiterhin in das vorgegebene einheitliche Erscheinungsbild des Verkaufspersonals einfügen zu wollen, führe zu einer Beeinträchtigung ihrer betrieblichen Interessen. Sie könne es nicht dulden, dass sich einzelne Mitarbeiter nicht mehr an die ungeschriebene und allseits akzeptierte Kleiderordnung im Betrieb hielten. Faktisch werde eine „Schleuse geöffnet". Sie würde zukünftig damit konfrontiert, auch anderen Mitarbeitern vergleichbare Wünsche zu erfüllen. Ihr sei es nicht zumutbar, die Klägerin probeweise mit einem Kopftuch zu beschäftigen. Es bestehe ein berechtigtes wirtschaftliches Interesse, mögliche Schäden durch Kundenverluste zu vermeiden

Das Arbeitsgericht hat die Klage abgewiesen. Das Landesarbeitsgericht (KirchE 39, 174) hat die Berufung der Klägerin zurückgewiesen. Mit der vom Landesarbeitsgericht zugelassenen Revision verfolgt die Klägerin ihre Klageanträge weiter.

Die Revision hatte Erfolg. Unter Aufhebung des Berufungsurteils stellt der Senat fest, dass das Arbeitsverhältnis nicht durch die ordentliche Kündigung der Beklagten vom 30.8.1999 zum 31.10.1999 aufgelöst worden ist. Bezüglich des Zahlungsantrags der Klägerin wurde der Rechtsstreit an das Landesarbeitsgericht zurückgewiesen, da es weiterer Feststellungen bedurfte.

Aus den Gründen:

B.II. Die ordentliche Kündigung vom 30.8.1999 ist (...) sozial ungerechtfertigt (§ 1 Abs. 2 KSchG). Sie ist weder durch einen im Verhalten noch - worauf sich die Beklagte in erster Linie berufen hat - einen in der Person der Klägerin liegenden Grund bedingt.

1. Bei der Frage der Sozialwidrigkeit einer Kündigung gemäß § 1 Abs. 2 KSchG handelt es sich um die Anwendung eines unbestimmten Rechtsbegriffs, die vom Revisionsgericht nur darauf überprüft werden kann, ob das Landesarbeitsgericht in dem angefochtenen Urteil den Rechtsbegriff selbst verkannt hat, ob es bei der Unterordnung des Sachverhalts unter die Rechtsnorm des § 1 KSchG Denkgesetze oder allgemeine Erfahrungssätze verletzt hat, ob es bei der gebotenen Interessenabwägung, bei der dem Tatsachenrichter ein Beurteilungsspielraum zusteht, alle wesentlichen Umstände berücksichtigt hat und ob das Urteil in sich widerspruchsfrei ist (stRspr. Senat 26.9.1996 - 2 AZR 200/96 - BAGE 84, 209 [212]; 12.4.2002 - 2 AZR 148/01 - BAGE 101, 39; AP KSchG 1969 § 1 Nr. 65 - EzA KSchG § 1 Krankheit Nr. 49).

Auch unter Zugrundelegung dieses eingeschränkten Überprüfungsmaßstabs hält das angefochtene Urteil einer revisionsgerichtlichen Überprüfung nicht stand.

2. Entgegen der Auffassung des Landesarbeitsgerichts kann das Arbeitsverhältnis der Klägerin nicht aus einem in ihrer Person liegenden Grund iSd § 1 Abs. 2 KSchG gekündigt werden. Bei zutreffender Würdigung der vom Landesarbeitsgericht getroffenen Feststellungen hat die Klägerin ihre Eignung und Fähigkeit zur Erbringung ihrer vertraglich geschuldeten Arbeitsleistung als Verkäuferin im Kaufhaus der Beklagten nicht verloren.

a) Ein personenbedingter Kündigungsgrund iSd § 1 Abs.2 KSchG kommt in Betracht, wenn der Arbeitnehmer die Fähigkeit oder Eignung zur Erfüllung der geschuldeten Arbeitsleistung verloren hat. Die Erreichung des Vertragszwecks muss durch diesen Umstand nicht nur vorübergehend zumindest teilweise unmöglich sein (KR-Etzel 6. Aufl. § 1 KSchG Rn 266; von Hoyningen-Huene/Linck KSchG 13. Aufl. § 1 Rn 176; Stahlhacke/Preis/Vossen Kündigung und Kündigungsschutz im Arbeitsverhältnis 8. Aufl. Rn 924 u. 1189; BAG 28.2.1990 - 2 AZR 401/89 - AP KSchG 1969 § 1 Krankheit Nr. 25, EzA KSchG § 1 Personenbedingte Kündigung Nr. 5). Dabei ist zu prüfen, ob dem Arbeitnehmer die Fähigkeit oder die Eignung, die geschuldete Arbeitsleistung zu erbringen, im Kündigungszeitpunkt fehlt oder ob sie erheblich eingeschränkt ist und ob mit ihrer baldigen Wiederherstellung nicht gerechnet werden kann. Dies muss zu einer konkreten Störung des Arbeitsverhältnisses führen, die im Zeitpunkt der Kündigung noch andauert und zukünftig auch zu befürchten ist und die nicht durch eine Umsetzung des Arbeitnehmers zu beseitigen ist. Schließlich muss eine umfassende Interessenabwägung vorgenommen werden, wobei vor allem zu prüfen ist, ob der Arbeitgeber die aufgrund des personenbedingten Kündigungsgrundes eingetretene Störung des Arbeitsverhältnisses billigerweise noch hinnehmen muss oder ob die Kündigung bei verständiger Würdigung und Abwägung der beiderseitigen Interessen der Vertragsparteien und des Betriebes billigenswert und angemessen erscheint (s. nur KR-Etzel aaO, § 1 KSchG Rn 271 ff.).

b) Zwar kann eine Arbeitnehmerin aufgrund von fundamentalen, unüberwindbaren Glaubenshindernissen ihre Fähigkeit und Eignung verlieren, die unmittelbar vertraglich geschuldete Arbeitsleistung überhaupt zu erbringen (vgl. BAG 24.5.1989 - 2 AZR 285/88 - BAGE 62, 59; ErfK/Ascheid 3. Aufl. KSchG § 1 Rn 261, 267; ErfK/Dieterich, 3. Aufl., GG, Art. 4, Rn 25; Stahlhacke/Preis/Vossen, aaO, Rn 1213). Vorliegend ist die Klägerin jedoch - anders etwa als eine Lehrerin an einer Grund- oder Hauptschule im Beamtenverhältnis aufgrund der Besonderheiten des öffentlichen Dienstrechts und des Art. 33 Abs. 2 GG (BVerwG 4.7.2002 - 2 C 21.01 - NJW 2002, 3344, KirchE 41, 1) - in der Lage, ihre vertraglich geschuldete Arbeitsleistung als Verkäuferin auch dann noch zu erfüllen, wenn sie bei ihrer Tätigkeit ein - islamisches - Kopftuch trägt. Hierdurch wird weder ein von der Klägerin zu führendes Verkaufsgespräch unmöglich gemacht noch ein von ihr betreuter Verkaufsvorgang so behindert, dass nicht mehr von einer branchenüblichen Tätigkeit einer Verkäuferin einerseits oder - ohne weitere detaillierte Darlegungen durch die Beklagte - von einer wirtschaftlich wertlosen Arbeitsleistung der Klägerin oder einer den Arbeitgeber sogar schädigenden Tätigkeit andererseits gesprochen werden kann. Dies gilt um so mehr, als die Klägerin nach ihrem Arbeitsvertrag nur als „Verkäuferin" bei der Beklagten angestellt ist und sie deshalb grundsätzlich nicht nur in der Parfümerieabteilung beschäftigt, sondern auch in einer anderen Abteilung des Kaufhauses zukünftig eingesetzt werden kann. Die Annahme eines personenbedingten Grundes im vorstehenden Sinne ist daher nicht gerechtfertigt.

3. Die Kündigung ist auch nicht aus einem im Verhalten der Klägerin liegenden Grund sozial gerechtfertigt.

a) Es kann dahingestellt bleiben, ob die Beklagte mit der Ablehnung eines Einsatzes der Klägerin mit einem - islamischen - Kopftuch im Zusammenhang mit den zwischen den Parteien geführten Gesprächen eine Weisung hinsichtlich ihrer bei der Arbeit zu tragenden Kleidung - zumindest konkludent - erteilt hat oder ob sich die Beklagte mit ihrem Hinweis auf die „ungeschriebene Kleiderordnung" nur auf eine Verletzung der allgemeinen vertraglichen Nebenpflicht zur Rücksichtnahme berufen will. Denn sowohl bei der Ausübung ihres Weisungsrechts als auch bei der Ausgestaltung dieser vertraglichen Pflicht ist das spezifische, durch Art. 4 Abs. 1 u. 2 GG grundrechtlich geschützte Anliegen der Klägerin, aus religiösen Gründen nicht mehr ohne ein Kopftuch zu arbeiten, zu beachten. Auf Grund der verfassungsrechtlich gewährleisteten, im Arbeitsverhältnis bei der Ausübung des Weisungsrechts oder der Ausgestaltung der vertraglichen Rücksichtnahmepflicht zu berücksichtigenden Glaubens- und Bekenntnisfreiheit der Klägerin kann deshalb die Beklagte nicht ohne Weiteres die Einhaltung der in ihrem Betrieb allgemein üblichen Bekleidungsstandards verlangen und die Klägerin zur Arbeitsleistung ohne ein Kopftuch wirksam auffordern.

b) Grundsätzlich kann ein Arbeitgeber von seiner Arbeitnehmerin mit Kundenkontakt allerdings erwarten, sich dem Charakter des Handelsgeschäfts und dessen Kundenstamm entsprechend branchenüblich zu kleiden. Eine solche Pflicht kann, wenn eine ausdrückliche vertragliche Vereinbarung im Arbeitsvertrag oder eine Regelung in einer Betriebsvereinbarung nach § 87 Abs.1 Nr.1 BetrVG fehlt - vorbehaltlich von Mitbestimmungsrechten des Betriebsrats (vgl. zuletzt BAG 11.6.2002 - 1 ABR 46/01, BAGE 101, 285, AP BetrVG 1972 § 87 Ordnung des Betriebes Nr. 38) durch eine Weisung des Arbeitgebers begründet werden oder sich aus einer vertraglichen Rücksichtnahmepflicht (§ 242 BGB; jetzt ausdrücklich § 241 Abs. 2 BGB nF) ergeben (ErfK/Dieterich, 3. Aufl.,

Art. 2 GG Rn 88; BAG 10.12.1992 - 2 ABR 32/92 - AP ArbGG 1979 § 87 Nr. 4, EzA BetrVG 1972 § 103 Nr. 33). Ausnahmsweise können danach der durch das grundrechtlich geschützte Persönlichkeitsrecht der Arbeitnehmerin garantierten freien Gestaltung ihres Äußeren und ihrer Kleidung Grenzen gesetzt werden, um dem berechtigten Interesse des Arbeitgebers nach einem einheitlichen Erscheinungsbild und den Erwartungen der Kundschaft Rechnung zu tragen (ErfK/Preis, aaO, § 611 BGB, Rn 805; ErfK/Dieterich, aaO, Art. 2 GG Rn 88; LAG Hamm 22.10.1991 - 13 TaBV 36/91 - LAGE § 611 BGB Direktionsrecht Nr.11). Insbesondere kann der Arbeitgeber den „Stil des Hauses" vorgeben und grundsätzlich durch Einzelanweisungen die Arbeitsverhältnisse seiner Mitarbeiter ausgestalten.

c) Das Weisungsrecht, das seine Grenzen in den gesetzlichen Regelungen, im Kollektiv- und im Einzelvertragsrecht findet, darf jedoch nach § 315 Abs. 1 BGB nur nach billigem Ermessen ausgeübt werden (BAG 27.3.1980 - 2 AZR 506/78 - BAGE 33, 71; 20.12.1984 - 2 AZR 436/83 - BAGE 47, 363; 24.5.1989 - 2 AZR 285/88 - aaO). Die in § 315 Abs. 1 BGB geforderte Billigkeit wird inhaltlich durch die Grundrechte, hier vor allem durch die Glaubens- und Bekenntnisfreiheit des Art. 4 Abs. 1 GG und die Gewährleistung der ungestörten Religionsausübung des Art. 4 Abs. 2 GG, mitbestimmt (siehe insbesondere BAG 24.5.1989 - 2 AZR 285/88 - aaO). Kollidiert das Recht des Arbeitgebers, im Rahmen seiner gleichfalls grundrechtlich geschützten unternehmerischen Betätigungsfreiheit (Art. 12 Abs. 1 GG), die auch für die Beklagte als juristische Person nach Art. 19 Abs. 3 GG gewährleistet ist (ErfK/Dieterich, aaO, Art. 12 GG, Rn 13; BVerfG 17.2.1998 - 1 BvF 1/91 - BVerfG 97, 228), den Inhalt der Arbeitsverpflichtung des Arbeitnehmers näher zu konkretisieren, mit grundrechtlich geschützten Positionen des Arbeitnehmers, so ist das Spannungsverhältnis im Rahmen der Konkretisierung und Anwendung der Generalklausel des § 315 BGB einem grundrechtskonformen Ausgleich der Rechtspositionen zuzuführen. Dabei sind die kollidierenden Grundrechte in ihrer Wechselwirkung zu sehen und so zu begrenzen, dass die geschützten Rechtspositionen für alle Beteiligten möglichst weitgehend wirksam werden (praktische Konkordanz: BVerfG 18.10.1993 - 1 BvR 1044/89 - BVerfGE 89, 214; Hesse, Grundzüge des Verfassungsrechts der Bundesrepublik Deutschland 20. Aufl. Rn 317 ff.): Bei dieser Abwägung ist die Intensität der umstrittenen Freiheitsbeschränkung genauso zu berücksichtigen wie die von den Vertragspartnern durch den Abschluss des Vertrags selbst eingeräumte Begrenzung ihrer grundrechtlichen Freiheiten, der Rang und das Gewicht des mit dem Eingriff verfolgten Ziels sowie die spezifische Bedeutung und der spezielle Gehalt des betroffenen Grundrechts bzw. der kollidierenden Grundrechtspositionen in Bezug auf den umstrittenen Regelungskonflikt (ErfK/Dieterich 1. Aufl. Vorbem. GG Rn 84).

Gleiches gilt auch bei der Ausformung der vertraglichen Rücksichtnahmepflicht im Rahmen des § 242 BGB (vgl. beispielsweise BK-Zippelius, Stand September 2002, Art. 4 Rn 82).

aa) Das von der Beklagten nicht akzeptierte Tragen des - islamischen - Kopftuchs während der Arbeit führt unmittelbar zu einer Beeinträchtigung der Grundrechte der Klägerin. Sie leitet das von ihr als verpflichtend angesehene Gebot des Kopftuchtragens aus ihrem Glauben her. Damit genießt sie den Grundrechtsschutz aus Art. 4 Abs. 1 u. 2 GG (so zuletzt BVerwG 4.7.2002 - 2 C 21.01 - NJW 2002, 3344, KirchE 41, 1; Böckenförde NJW 2001, 723 [724]; Janz/Rademacher NVwZ 1999, 706 [710]). Das Tragen eines Kopftuchs aus religiöser Überzeugung fällt in den Schutzbereich der Glaubens- und Bekenntnisfreiheit (Art. 4 Abs. 1 GG), die durch die Gewährleistung der ungestörten Religionsausübung (Art. 4 Abs. 2 GG) noch verstärkt wird (BVerfG 16.10.1968 - 1 BvR 241/66 - BVerfGE 24, 236 [245], KirchE 10, 181). Das Grundrecht umfasst die Freiheit, nach eigener Glaubensüberzeugung zu leben und zu handeln (BVerfG 19.1.1971 - 1 BvR 387/65 - BVerfGE 32, 98 [106]; 16.5.1995 - 1 BvR 1087/91 - BVerfGE 93, 1 [15], KirchE 33, 191). Dabei schützt es nicht nur christliche Glaubensentscheidungen und Religionsausübungen, sondern ist offen für die Entfaltung verschiedener Religionen und Bekenntnisse (BVerfG 19.1.1971 - 1 BvR 387/65 - aaO) und beschränkt sich als sog. Jedermannrecht nicht allein auf die deutschen Staatsbürger (BK-Zippelius, aaO, Art. 4, Rn 30 u. 66; Hillgruber JZ 1999, 538, 540 f.; Böckenförde NJW 2001, 723, 724).

Das - islamische - Kopftuch stellt ein Symbol für eine bestimmte religiöse Überzeugung dar. Mit dem Tragen dieses Kopftuchs macht die Klägerin von ihrem Grundrecht Gebrauch (BVerfG 16.5.1995 - 1 BvR 1087/91 - aaO). Das Kopftuch kann nicht ohne spezifischen Bezug zu den Glaubensinhalten des Islams gesehen und auf ein lediglich allgemeines - kulturelles - Zeichen einer ethnischen Gruppe reduziert werden. Wegen der Bedeutung, die Muslime dem Kopftuch beilegen, gilt es als Sinnbild einer bestimmten Glaubensüberzeugung, als Ausdruck des Bekenntnisses der Trägerin zum islamischen Glauben und damit als sichtbares Zeichen für die Ausübung ihrer Religion (so zusammenfassend zuletzt BVerwG 4.7.2002 - 2 C 21.01 - NJW 2002, 3344, KirchE 41, 1; siehe auch von Mangoldt/Klein/Starck, GG, 4. Aufl., Art. 4 Rn 35; ErfK/Dieterich, GG, 3. Aufl., Art. 4, Rn 12; BK-Zippelius, aaO, Rn 95; Hillgruber JZ 1999, 541; Böckenförde NJW 2001, 723, 726). Dabei kann dahinstehen, ob das Kopftuchtragen Ausdruck eines zwingenden religiösen Gebots des Korans ist, was unter den islamischen Autoritäten umstritten sein mag. Art. 4 Abs. 1 und Abs. 2 GG gewährleistet nämlich als Grundrecht nicht nur die persönliche Freiheit, nach Maßgabe einer autoritativen oder allgemein anerkannten Lehre einer Religionsgemeinschaft zu leben, sondern auch die individuelle Religionsfreiheit als Recht des einzelnen, sein gesamtes Verhalten an den Lehren seines Glaubens auszurichten und seiner inneren Glaubensüberzeugung gemäß zu handeln (BVerfG 19.1.1971 - 1 BvR 387/65 - aaO). Insbesondere überlässt das Grundrecht es dem Einzelnen, welche religiösen Symbole er anerkennt und verwendet (BVerfG 16.5.1995 - 1 BvR 1087/91 - aaO). Das in Rede stehende Verhalten muss nicht allgemein von den Gläubigen geteilt werden. Für eine zulässige Berufung auf Art. 4 GG kommt es nur darauf an, dass es überhaupt von einer wirklichen religiösen Überzeugung - wie hier bei der Klägerin - getragen und nicht anders motiviert ist. Andernfalls würde den Gerichten eine Bewertung von Glaubenshaltungen oder die Prüfung von theologischen Lehren aufgebürdet, die sie nicht leisten können und nicht leisten dürfen (ErfK/Dieterich, aaO, Art. 4 GG, Rn 9; Böckenförde NJW 2001, 723 [724]; Hillgruber JZ 1999, 541).

bb) Demgegenüber kommt zwar als konkurrierende, durch Art. 12 Abs. 1 GG grundrechtlich geschützte Position der Beklagten vor allem ihre Unternehmerfreiheit in Betracht. In welcher Intensität dieses Recht der Beklagten betroffen ist, kann aber aufgrund ihres nicht hinreichend konkreten Sachvortrags nicht festgestellt werden. Es sind von der insoweit darlegungspflichtigen Beklagten keine Tatsachen vorgetragen worden, aufgrund derer es bei einem weiteren Einsatz der Klägerin als Verkäuferin mit einem - islamischen - Kopftuch zu konkreten betrieblichen Störungen oder wirtschaftlichen Einbußen kommen würde.

Die für das Kaufhaus der Beklagten bisher ungewohnte Bekleidung der Klägerin und die Auffälligkeit des Kopftuchs mit den sich daraus ergebenden Assoziationen zum Islam rechtfertigen jedenfalls nicht per se eine andere Beurteilung. In Anbetracht des hohen Stellenwerts des Grundrechts der Glaubens- und Religionsfreiheit sind entgegen der Auffassung des Landesarbeitsgerichts solche realen Gefährdungen konkret darzulegen. Es ist nach der Lebenserfahrung eben nicht „nahe liegend" und ohne dezidierten Tatsachenvortrag auch nicht „gut nachvollziehbar", dass sie sich realisieren. Bloße Vermutungen und Befürchtungen der Beklagten ersetzen kein notwendiges, konkretes und der Darlegungslast entsprechendes Sachvorbringen. Dies gilt um so mehr, als bei der Herbeiführung eines schonenden Ausgleichs der unterschiedlichen grundrechtlichen Positionen zu berücksichtigen ist, dass Grundrechte nicht auf einen möglichen „Verdacht" hin beiseite gestellt werden können (Böckenförde NJW 2001, 723, 728).

d) Unter Berücksichtigung des besonders hohen Stellenwertes der grundrechtlich und auch nach Art. 9 der Europäischen Menschenrechtskonvention (siehe hierzu EGMR 15.2.2001 - 42393/98 - NJW 2001, 2871, KirchE 39, 38) gewährleisteten Glaubens- und Religionsfreiheit ist es demnach der Beklagten zuzumuten, die Klägerin als Verkäuferin weiterhin einzusetzen und ggf. abzuwarten, ob sich ihre Befürchtungen in nennenswertem Maße realisieren. Zu prüfen wäre nach dem Verhältnismäßigkeitsgrundsatz dann zunächst auch, ob etwaigen Störungen nicht auf andere Weise als durch eine Kündigung zu begegnen wäre.

e) Der weitere Einwand der Beklagten, sie müsse ggf. auch den anderen Mitarbeitern aus Gleichbehandlungsgründen gestatten, aus der allseits akzeptierten Kleiderordnung „auszubrechen“, rechtfertigt keine andere Bewertung. Vorliegend geht es allein um die besonderen aus Art. 4 Abs. 1 und Abs. 2 GG fließenden Anforderungen an die Ausgestaltung des Weisungsrechts des Arbeitgebers bzw. der vertraglichen Rücksichtnahmepflicht und deren Harmonisierung mit den grundrechtlichen Anforderungen.

III. Da das Arbeitsverhältnis der Klägerin nicht durch die Kündigung vom 30.8.1999 wirksam zum 31.10.1999 beendet worden ist, steht der Klägerin ein Anspruch auf Zahlung der begehrten Vergütung aus Annahmeverzug gemäß § 615 Satz 1 BGB zu. Entgegen der Annahme des Landesarbeitsgerichts war die Klägerin auch nicht iSv § 297 BGB dauernd außer Stande, ihre Leistungspflicht innerhalb ihres Arbeitsverhältnisses zu erbringen, weil sie nur noch eine Tätigkeit mit einem - islamischen - Kopftuch ausüben wollte.

Gleichwohl war insoweit der Rechtsstreit an das Landesarbeitsgericht zurückzuverweisen (§ 565 Abs. 1 Satz 1 ZPO a.F.), weil das Berufungsgericht - konsequenterweise - die notwendigen Tatsachen zur Berechnung der Höhe der Forderung nicht näher festgestellt hat. Dies gilt vor allem für die von der Klägerin in Anrechnung gebrachten und von der Beklagten bestrittenen geleisteten Beträge der Bundesanstalt für Arbeit.

22

Die „Katholischen Frauengemeinschaft Deutschlands“ (kfd) ist nicht Teil der röm.-kath. Kirche als öffentlich-rechtliche Religionsgemeinschaft iSd § 2 Abs. 1 Nr. 10 SGB VII, sondern eine eigenständige Organisation auf vereinsrechtlicher Grundlage; ehrenamtliche Tätigkeit für eine solche Vereinigung steht nicht unter Versicherungsschutz nach § 2 Abs. 1 Nr. 10 SGB VII. Die Vorschrift ist nicht erweiternd dahin auszulegen, dass Unfallversicherungsschutz bereits dann gegeben ist, wenn eine ehrenamtliche Tätigkeit der betreffenden öffentlich-rechtlichen Religionsgemeinschaft lediglich allgemein zuzurechnen ist.

Zur Frage, wann Versicherungsschutz nach § 2 Abs. 2 Satz 1 iVm Abs. 1 Nr. 1 SGB VII für die Helferin bei einem Pfarrgemeindefest entfällt, weil die zum Unfall führende Handlung aufgrund mitgliedschaftlicher Verpflichtung erfolgte.

BSG, Urteil vom 10. Oktober 2002 - B 2 U 14/02 R[1] -

---

[1] HVBG-INFO 2002, 3468.

Zwischen den Beteiligten ist streitig, ob es sich bei dem Unfall der Klägerin am 30.8.1998 um einen Arbeitsunfall handelte.

Die im Jahre 1952 geborene Klägerin ist selbstständige Kauffrau und seit Jahren Mitglied der „Katholischen Frauengemeinschaft Deutschlands (kfd), Pfarrgemeinde St. M. in W.“, eines nicht eingetragenen Vereins, dessen Tätigkeiten nach Nr. 2.2 seiner Satzung u.a. in musischem Tun, Sport und Geselligkeit sowie in der Zusammenarbeit mit anderen Verbänden und Gruppen in der Gemeinde liegen. Nach Nr. 4.2 der Satzung bildet die kfd in der Gemeinde für pastorale und organisatorische Aufgaben einen Kreis von Mitarbeiterinnen (Helferinnen). Diesem Kreis gehörte auch die Klägerin als ordentliche Helferin an. Als auf Beschluss des Pfarrers und des Pfarrgemeinderates der katholischen Pfarrei St. M. in W. am 30.8.1998 ein Pfarrgemeindefest zu veranstalten war, dessen Erlös dieser Kirchengemeinde zufließen sollte, war die kfd in die Organisation dieses Festes in der Weise einbezogen, dass sie im Rahmen der Absprachen mit dem Pfarrer und dem Pfarrgemeinderat einzelne Arbeiten, insbesondere auch die Betreibung eines Waffelstandes übernahm. Die Klägerin erklärte sich nach ihrem eigenen Vorbringen auf einer Liste der kfd zur Hilfe am Pfarrgemeindefest bereit und wurde sodann auf diesem Fest, auf dem insgesamt 50 Helfer eingesetzt waren, am Waffelstand unentgeltlich tätig. Nachdem sie dort etwa zwei Stunden Waffeln gebacken und verkauft hatte, stürzte sie auf die rechte Hand und zog sich dabei eine Radiusfraktur zu. Sie war bis zum 12.1.1999 arbeitsunfähig krank. Der behandelnde Chirurg schätzte die unfallbedingte Minderung der Erwerbsfähigkeit über die 26. Woche nach dem Unfall hinaus auf 20 vH ein.

Das katholische Pfarramt St. M in W zeigte den Unfall am 24.9.1998 als Arbeitsunfall an. Auf Rückfrage der Beklagten teilte es u.a. mit, die Klägerin habe auf Anweisung des Vorstands der kfd und des Pfarrers gehandelt. Die Tätigkeit sei ehrenamtlich gewesen. Die Klägerin gab gegenüber der Beklagten u.a. an, sie sei am Unfalltag im Rahmen der Mitgliedschaft bei der kfd tätig geworden.

Die Beklagte lehnte eine Entschädigung ab. Ein Versicherungsschutz nach § 2 Abs. 1 Nr. 10 SGB VII sei nicht gegeben, weil die Klägerin nicht für die kath. Kirche, sondern für die kfd ehrenamtlich tätig geworden sei. Versicherungsschutz lasse sich auch nicht aus § 2 Abs. 2 SGB VII herleiten; die Klägerin habe keine arbeitnehmerähnliche Tätigkeit verrichtet. Der Waffelverkauf gehöre zu einer freiwillig übernommenen Aufgabe im Rahmen der typischen Tätigkeit eines Mitglieds der Frauengemeinschaft.

Im Widerspruchsverfahren trug die Klägerin nunmehr vor, sie sei im ausschließlichen Auftrag der Kirchengemeinde tätig geworden, die Veranstalterin des Pfarrfestes gewesen sei. Der gesamte Erlös habe ausschließlich Aufgaben der Kirchengemeinde gedient. Sie sei als Helferin beim Pfarrgemeindefest arbeitnehmerähnlich tätig geworden. Ihre Mitgliedschaft bei der kfd sei nicht Voraussetzung für den Einsatz als Helferin gewesen, sondern rein zufällig. Das katholische Pfarramt St. M. teilte der Beklagten mit Schreiben vom 22.4.1999 mit, die Pfarrgemeinde führe jedes Jahr ihr Pfarrfest durch. Zu diesem Zwecke würden rechtzeitig alle Vereine eingeladen und beauftragt, ihre Aktionen im Rahmen der Gesamtmaßnahme durchzuführen. Fast alle der beteiligten Frauen seien Mitglieder der kfd. Dies spiele aber im Blick auf die Beteiligung am Pfarrfest keine spezifische Rolle, denn auch alle Männer und viele Kinder, die auch Gruppierungen angehörten, engagierten sich als Mitglieder der Pfarrgemeinde. Das erzbischöfliche Generalvikariat in P. teilte mit Schreiben vom 21.4.1999 die Auffassung der Klägerin. Der Widerspruch wurde zurückgewiesen.

Das Sozialgericht hat die Beklagte verurteilt, der Klägerin unter Anerkennung des Unfalls vom 30.8.1998 als Arbeitsunfall Entschädigungsleistungen nach Maßgabe der gesetzlichen Bestimmungen zu gewähren. Es habe Versicherungsschutz nach § 2 Abs. 1 Nr. 10 SGB VII bestanden.

Das Landessozialgericht hat das Urteil des SG aufgehoben und die Klage abgewiesen. Die Beklagte habe es zu Recht abgelehnt, den Unfall der Klägerin als Arbeitsunfall zu entschädigen. Versicherungsschutz nach § 2 Abs. 1 Nr. 1 SGB VII habe nicht bestanden, weil die Klägerin weder Beschäftigte der kath. Kirche noch der kfd gewesen sei. Die Klägerin gehöre auch nicht zu dem Personenkreis, der nach § 2 Abs. 1 Nr. 10 SGB VII versichert sei, weil er für eine öffentlich-rechtliche Religionsgemeinschaft ehrenamtlich tätig sei. Dabei könne offen bleiben, ob sie nach ihrer Handlungstendenz für die röm.-kath. Kirche oder in Erfüllung ihrer Mitgliedschaftspflichten für die kfd tätig geworden sei. In letzterem Fall scheitere der Versicherungsschutz nach § 2 Abs. 1 Nr. 10 SGB VII bereits daran, dass es sich bei der kfd um einen privatrechtlich organisierten nicht rechtsfähigen Verein handele, der nicht Teil der röm.-kath. Kirche sei.

Auf jeden Fall aber habe die Klägerin kein kirchliches Ehrenamt ausgeübt. Sie sei zwar unentgeltlich tätig geworden. Darin erschöpfe sich aber der Sinn des Begriffs Ehrenamt nicht. Es bestehe darüber hinaus die Notwendigkeit, den Kreis der Versicherten noch mehr einzugrenzen, um die gesetzliche Unfallversicherung vor einer „sinnlosen Ausuferung zu bewahren". Ein Ehrenamt übe deshalb nur aus, wer innerhalb eines bestimmten qualifizierten Aufgaben- und organisatorischen Verantwortungsbereichs der röm.-kath. Kirche in deren ausdrücklichen oder stillschweigenden Auftrag tätig werde. Es sei zwar davon auszugehen, dass die Klägerin, wie auch die anderen Helfer, beim Pfarrgemeindefest im zumindest stillschweigend erteilten Auftrag des Gemeindepfarrers tätig geworden sei. Dies reiche aber allein nicht aus, um ein kirchliches Ehrenamt anzunehmen. Insoweit fehle es an einem der Klägerin zugewiesenen und durch kirchliche Regelungen bestimmten, umgrenzten und geordneten Wirkungskreis. Diese rechtliche Einschätzung werde auch vom bischöflichen Generalvikariat Münster geteilt, das in der Verlautbarung vom 11.12.1998 die Helfer bei der Durchführung von Pfarrgemeindefesten nicht ausdrücklich zu den kirchlichen Ehrenamtsträgern zähle, sondern zu den arbeitnehmerähnlichen Personen (KABl. Münster 1999, 14).

Die Klägerin sei auch nicht nach § 2 Abs. 2 Satz 1 iVm Abs. 1 Nr. 1 SGB VII wie eine beschäftigte Person, sondern aufgrund mitgliedschaftlicher Pflichten gegenüber der kfd tätig geworden. Die unfallbringende Tätigkeit sei von der Handlungstendenz der Klägerin her von ihrer Mitgliedschaft in der kfd entscheidend geprägt gewesen. Zwar sei das Pfarrgemeindefest auf Beschluss des Pfarrers und des Pfarrgemeinderates von der Kirchengemeinde veranstaltet worden, der auch der Erlös des Festes zugute gekommen sei. Die kfd sei aber in die Organisation dieses Festes in der Weise einbezogen gewesen, dass sie im Rahmen der Absprachen mit dem Pfarrer und dem Pfarrgemeinderat einzelne Arbeiten übernommen habe, insbesondere auch die Betreuung des Waffelstandes. Solche Aktivitäten lägen im Rahmen der satzungsmäßigen Aufgaben der kfd. Ausweislich der Unfallanzeige des katholischen Pfarramts habe die Klägerin den Unfall während der Tätigkeit als Helferin der kfd erlitten. Sie habe in ihrer Stellungnahme vom 9.1.1999 angegeben, sie sei im Rahmen ihrer Mitgliedschaft in der kfd tätig geworden. Angesichts dieser ersten übereinstimmenden Angaben könne das spätere Vorbringen der Klägerin nicht überzeugen, sie sei im ausschließlichen Auftrag der Kirchengemeinde tätig geworden.

Die Klägerin sei im Rahmen ihrer Mitgliedschaft auch zur Verrichtung der unfallbringenden Tätigkeit verpflichtet gewesen. Dies ergebe sich aus allgemeiner Vereinsübung. Die Tätigkeit der Klägerin am Waffelstand, die ohne den Unfall etwa drei Stunden gedauert hätte, habe sich im Rahmen solcher von den Vereinsmitgliedern zu fordernden geringfügigen Tätigkeiten gehalten. Auch zeige der Einsatz von 50 Helfern beim Pfarrgemeindefest, dass solche Tätigkeiten, wie die Klägerin sie ausgeübt habe, im Rahmen dessen geblieben seien, was die Mitglieder kirchlicher Gemeinden üblicherweise leisteten.

Versicherungsschutz könne auch nicht aus § 2 Abs. 1 Nr. 10 iVm § 2 Abs. 2 Satz 1 SGB VII oder dem Gesichtspunkt hergeleitet werden, die Klägerin sei wie eine ehrenamtlich tätige Person zu behandeln; denn anders als die Vorgängervorschrift § 539 Abs. 2 der Reichsversicherungsordnung (RVO) beziehe sich § 2 Abs. 2 Satz 1 nur auf nach § 2 Abs. 1 Satz 1 SGB VII versicherte Beschäftigte.

Mit der Revision rügt die Klägerin eine Verletzung materiellen Rechts. Entgegen der Auffassung des LSG sei bei ihr Versicherungsschutz nach § 2 Abs. 1 Nr. 10 SGB VII anzunehmen, da sie für eine öffentlich-rechtliche Religionsgemeinschaft ehrenamtlich tätig gewesen sei. Der Einschätzung und Bewertung sowie auch Auslegung des Begriffes des kirchlichen Ehrenamtes durch das LSG könne nicht gefolgt werden.

Zunächst habe sie die ersten beiden Elemente der Definition des kirchlichen Ehrenamtes erfüllt, sie sei unentgeltlich und auch zumindest stillschweigend im Auftrage des Gemeindepfarrers bzw. Pfarrgemeinderates tätig geworden. Ferner habe es auch nicht an einem ihr zugewiesenen und durch kirchliche Regelung bestimmten, umgrenzten und geordneten Wirkungskreis gefehlt. Es habe sich nicht um eine Freizeittätigkeit gehandelt, schon gar nicht um eine von den einzelnen Untergruppierungen, wie den Pfadfindern, kfd, Caritas oder ähnlichen Gruppen veranstaltete. Es sei vielmehr eine Veranstaltung der Pfarrgemeinde selbst gewesen, deren Ziel es u.a. gewesen sei, die Pfarrgemeindemitglieder nach dem soeben durchgeführten Gottesdienst zusammenzubringen, wie auch eine gewisse Außenwirkung auf Nichtmitglieder zu erzielen und die Tätigkeit der Pfarrgemeinde selbst nach außen deutlich zu machen. Des Weiteren habe das Pfarrgemeindefest das konkrete bestimmte Ziel gehabt, einen Erlös zu erzielen, mit dem die Tätigkeit der Pfarrgemeinde unterstützt werde. All dies gehöre auch zum Kernbereich der kath. Kirche. Das LSG bewerte im Übrigen ihre Mitgliedschaft in der kfd in diesem Zusammenhang falsch. Die Tätigkeit auf einem Pfarrgemeindefest sei unabhängig von einer möglichen Mitgliedschaft in einer Unterorganisation zu sehen. Selbst Pfarrgemeindemitglieder ohne Mitgliedschaft in einer sonstigen Untergruppierung würden auf einem Pfarrgemeindefest tätig, so dass es für dessen Durchführung überhaupt keine Rolle spiele, ob eine Mitgliedschaft in einer anderweitigen Unterorganisation bestehe oder nicht. Es gehe nicht an, dass das bloße Pfarrgemeindemitglied bei einem Pfarrfest als Helfer unter dem Schutz der gesetzlichen Unfallversicherung stehe, das zusätzlich noch in einer Untergruppierung organisierte Pfarrgemeindemitglied als Helfer jedoch nicht.

Zu Unrecht habe das LSG auch einen Versicherungsschutz nach § 2 Abs. 2 Satz 1 iVm § 2 Abs. 1 Nr. 1 SGB VII verneint. Mit seiner Annahme, die unfallbringende Tätigkeit sei hinsichtlich der Handlungstendenz entscheidend von ihrer Mitgliedschaft in der kfd geprägt gewesen, verkenne das LSG, dass die Mitgliedschaft in der kfd sowie die Tatsache, dass die kfd an der Planung und auch Durchführung des Pfarrgemeindefestes beteiligt gewesen sei, nichts mit ihrer eigentlichen Tätigkeit zu tun gehabt habe. Der Umstand, dass sie im Rahmen der ersten Schilderung gegenüber der Beklagten angegeben habe, sie sei als Mitglied der kfd tätig geworden, habe auf der Unkenntnis der tatsächlichen Vorgänge beruht. Hieraus dürfe nicht der Schluss gezogen werden, die Mitgliedschaft in der kfd sei das Entscheidende gewesen.

Das Rechtsmittel blieb ohne Erfolg.

Aus den Gründen:

Die Revision der Klägerin ist unbegründet. Sie hat keinen Anspruch auf Anerkennung des Unfalls vom 30.8.1998 als Arbeitsunfall, wie das LSG zutreffend entschieden hat.

Gemäß § 8 Abs. 1 SGB VII sind Arbeitsunfälle Unfälle von Versicherten infolge einer den Versicherungsschutz nach den §§ 2, 3 oder 6 begründenden Tätigkeit (versicherte Tätigkeit). Die Klägerin stand bei der Tätigkeit, die zum Unfall führte, weder nach § 2 Abs. 1 Nr. 10 SGB VII noch nach § 2 Abs. 1 Nr. 1 oder nach § 2 Abs. 2 Satz 1 iVm Abs. 1 Nr. 1 SGB VII, die bei der vorliegenden Sachlage allein in Betracht kommen, unter dem Schutz der gesetzlichen Unfallversicherung.

Nach § 2 Abs. 1 Nr. 10 SGB VII sind kraft Gesetzes versichert u.a. Personen, die für Körperschaften, Anstalten oder Stiftungen des öffentlichen Rechts oder deren Verbände oder Arbeitsgemeinschaften oder für öffentlich-rechtliche Religionsgemeinschaften ehrenamtlich tätig sind. Diese Regelung hat den Versicherungsschutz der ehrenamtlich für öffentlich-rechtliche Einrichtungen Tätigen aus der Vorgängervorschrift des § 539 Abs. 1 Nr. 13 RVO übernommen und auf „deren Verbände oder Arbeitsgemeinschaften", die privatrechtlichen Zusammenschlüsse dieser öffentlich-rechtlichen Einrichtungen, erweitert; gleichzeitig werden nunmehr ausdrücklich öffentlich-rechtliche Religionsgemeinschaften den genannten Körperschaften des öffentlichen Rechts im engeren Sinne gleichgestellt (vgl. amtliche Begründung in BT-Drs 13/2204 S. 74; Burchardt ZTR 1998, 109). Da sich der Versicherungsschutz für die ehrenamtliche Tätigkeit in Verbänden oder Arbeitsgemeinschaften ausdrücklich auf diejenigen von Körperschaften, Anstalten oder Stiftungen des öffentlichen Rechts bezieht („oder deren Verbände ...") und bei den daneben genannten öffentlich-rechtlichen Religionsgemeinschaften keine entsprechende Erweiterung aufgeführt wird, fällt die ehrenamtliche Tätigkeit in deren privatrechtlichen Verbänden oder Arbeitsgemeinschaften nicht unter die Nr. 10 aaO, (vgl. Kater/Leube, SGB VII, § 2 Rn 249).

Zwar sind die Kirchen und ihre Kirchengemeinden, die nach Art. 140 GG) iVm Art. 137 WRV Körperschaften des öffentlichen Rechts sind, nach der ständigen Rechtsprechung des Bundessozialgerichts auch als Körperschaften iSd § 539 Abs. 1 Nr. 13 RVO anzusehen (vgl. BSGE 34, 163 [164], SozR Nr. 28 zu § 539 RVO, KirchE 12, 472; BSGE 40, 139 [140], SozR 2200 § 539 Nr. 10, KirchE 15, 13; BSG SozR 3-2200 § 539 Nr. 31, KirchE 32, 401). Durch die ausdrückliche Benennung der öffentlich-rechtlichen Religionsgemeinschaften in § 2 Abs. 1 Nr. 10 SGB VII ist jedoch klargestellt, dass mit den dort genannten Körperschaften des öffentlichen Rechts - anders als in § 539 Abs. 1 Nr. 13 RVO - allein die Körperschaften des öffentlichen Rechts im engeren Sinne gemeint sind, zu denen die Kirchen nicht gehören (vgl. amtliche Begründung in BT-

Drs. 13/2204 S. 75; Brackmann/Wiester, SGB VII, § 2 Rn 555). So ist der amtlichen Begründung (aaO) zu entnehmen, dass die öffentlich-rechtlichen Religionsgemeinschaften den Körperschaften des öffentlichen Rechts im engeren Sinne ausdrücklich gleichgestellt werden sollten, ohne dass an eine Erweiterung des Versicherungsschutzes auf privatrechtliche Zusammenschlüsse gedacht war.

Die Klägerin gehörte nicht zu dem nach § 2 Abs. 1 Nr. 10 SGB VII versicherten Personenkreis, denn sie ist für die röm.-kath. Kirche als öffentlich-rechtliche Religionsgemeinschaft nicht ehrenamtlich tätig geworden. Ehrenamtliche Tätigkeit ist ein Unterfall der unentgeltlichen Tätigkeit und setzt diese zwar voraus (Kater/Leube, aaO, § 2 Rn 251 mwN; vgl. auch § 2 Abs. 1 Nr. 9 SGB VII). Sie erfüllt aber den Begriff der ehrenamtlichen Tätigkeit nicht, weil sonst jede unentgeltliche Tätigkeit für die öffentliche Hand zugleich eine ehrenamtliche Tätigkeit wäre (BSG SozR 3-2200 § 539 Nr. 14 mwN). Vielmehr setzt dieser Begriff nach der Rechtsprechung des BSG zu § 539 Abs. 1 Nr. 13 RVO, die auch auf § 2 Abs. 1 Nr. 10 SGB VII anzuwenden ist, des Weiteren einen bestimmten, qualifizierten Aufgaben- und organisatorischen Verantwortungsbereich der öffentlich-rechtlichen Körperschaft voraus, innerhalb dessen die ehrenamtliche Tätigkeit für die Körperschaft ausgeübt werden muss (BSG SozR 3-2200 § 539 Nr. 11 u. 14). Wenn dieser in Bezug auf die fragliche Veranstaltung nicht bereits gesetz- oder satzungsmäßig von vornherein festgelegt ist, bedarf es für die betreffende einzelne Veranstaltung eines gesamtbezogenen, eigenständigen Annahmeaktes der Körperschaft als Zuordnungsgrund (BSG SozR 3-2200 § 539 Nr. 10 und Nr. 31, KirchE 32, 401; Brackmann/Wiester, SBG VII, § 2 Rn 560; Riebel in Hauck/Noftz, SGB VII § 2 Rn 136a). Dabei muss die Veranstaltung für die Körperschaft insgesamt bedeutsam sein; das nur auf einzelne Bürger (oder Kirchengemeindeglieder) beschränkte Interesse genügt nicht (BSG SozR 2200 § 539 Nr. 95). Ehrenamtlich iSd § 539 Abs. 1 Nr. 13 RVO wird in diesem Rahmen derjenige tätig, der entweder einen ausdrücklichen (BSG SozR 3-2200 § 539 Nr. 14) oder einen stillschweigenden Auftrag (BSG SozR 2200 § 539 Nr. 95) zum Tätigwerden erhalten hat. Der stillschweigende Auftrag setzt einen klaren Zuordnungsgrund zum Aufgaben- und organisatorischen Verantwortungsbereich der Körperschaft (BSG SozR 3-2200 § 539 Nr. 10) sowie - z.B. durch laufende Förderung eines langjährigen Brauchtums - eine erkennbare Bereitschaft der öffentlich-rechtlichen Körperschaft voraus, jeden einzelnen, der dem Brauch entsprechend mitarbeitet, stillschweigend demgemäß zu beauftragen (BSG SozR 2200 § 539 Nr. 95). Denn nicht jeder, der mit Arbeiten befasst ist, die zugleich auch der Veranstaltung einer öffentlich-rechtlichen Körperschaft dienen, wird für diese ehrenamtlich tätig (BSG SozR 3-2200 § 539 Nr. 31). Ohne die Zuordnungsvoraussetzungen zur öffentlich-rechtlichen Körperschaft können allein die Handlungstendenz einer Person und ihre subjektive Vorstellung, für wen sie ehrenamtlich tätig wird, keinen Unfallversicherungsschutz nach § 2 Abs. 1 Nr. 10 SGB VII begründen. Diese subjektiven Tatsachen indizieren nur den inneren Zusammenhang zwischen der unfallbringenden Handlung und dem Kernbereich der den Unfallversicherungsschutz begründenden Tätigkeit (BSG SozR 3-2200 § 539 Nr. 10).

Nach den tatsächlichen Feststellungen des LSG wurde das Pfarrgemeindefest am 30.8.1998 aufgrund eines Beschlusses des Pfarrers und des Pfarrgemeinderates der katholischen Pfarrei St. M in W veranstaltet. Dabei wurde die kfd in die Organisation des Festes in der Weise einbezogen, dass sie im Rahmen der Absprachen mit dem Pfarrer und dem Pfarrgemeinderat einzelne Arbeiten, insbesondere auch die Betreibung eines Waffelstandes übernahm. Die Klägerin erklärte sich auf einer Liste der kfd zur Hilfe am Pfarrgemeindefest bereit und ist sodann im Rahmen ihrer Mitgliedschaft in der kfd tätig geworden. Diese tatsächlichen Feststellungen sind für den Senat wegen § 163 SGG bindend; denn sie sind von der Klägerin nicht mit zulässigen und begründeten Verfahrensrügen angegriffen worden. Zwar wird von der Revision vorgetragen, der Umstand, dass sie im Rahmen der ersten Schilderung gegenüber der Beklagten angegeben habe, sie sei als Mitglied der kfd tätig geworden, habe auf der Unkenntnis der tatsächlichen Vorgänge beruht; hieraus dürfe nicht der Schluss gezogen werden, die Mitgliedschaft in der kfd sei das Entscheidende gewesen. In diesem Vorbringen liegt jedoch keine zulässige Verfahrensrüge. Die genannten Feststellungen des LSG beruhen auf einer vom Tatsachengericht gemäß § 128 Abs. 1 Satz 1 SGG nach dem Gesamtergebnis des Verfahrens unter Einschluss der Beweisaufnahme nach der Überzeugungskraft der jeweiligen Beweismittel frei vorzunehmende Würdigung (vgl. Meyer-Ladewig, SGG, 7. Aufl., § 128 Rn 4 mwN). Diese darf das Revisionsgericht nur darauf prüfen, ob das Tatsachengericht die Grenzen der freien Beweiswürdigung nicht überschritten hat (BSG, Urteil vom 31.5.1996 - 2 RU 24/95 - HVBG-Info 1996, 2071; BSG SozR 3-2200 § 539 Nr. 19 mwN). Daher kann das Revisionsgericht bei geltend gemachten Verstößen gegen sie nur prüfen, ob das Tatsachengericht bei der Beweiswürdigung gegen Denkgesetze oder allgemeine Erfahrungssätze verstoßen hat und ob es das Gesamtergebnis des Verfahrens berücksichtigt hat (BSG, Urteil vom 6.4.1989 - 2 RU 69/87 - HV-Info 1989, 1368; BSG SozR 1500 § 164 Nr. 31; BSG SozR 3-2200 § 539 Nr. 19; Krasney/Udsching, Handbuch des sozialgerichtlichen Verfahrens, 3. Aufl., III, Rn 162 f. sowie IX, Rn 286). Die genannten Einwände der Revision erfüllen diese Voraussetzungen nicht.

Wenn auch nach diesen Feststellungen die Pfarrgemeinde der eigentliche Veranstalter des Pfarrgemeindefestes, die kfd an dessen Durchführung nur hinsichtlich eines organisatorischen Teilbereichs beteiligt war, sind die Voraussetzungen des § 2 Abs. 1 Nr. 10 SGB VII bei der Klägerin gleichwohl nicht erfüllt gewesen. Dabei lässt der Senat offen, ob - wie das LSG unter Hinweis auf Stimmen im Schrifttum (vgl. Brackmann/

Wiester, SGB VII, § 2 Rn 559a) meint - bei der Auslegung des § 2 Abs. 1 Nr. 10 SGB VII eine Notwendigkeit besteht, den Kreis der Versicherten noch mehr einzugrenzen, um die gesetzliche Unfallversicherung vor einer „sinnlosen Ausuferung zu bewahren“. Ferner kann dahinstehen, ob die Veranstaltung eines Pfarrgemeindefestes durch langjähriges Brauchtum bestimmt zum klar zuordenbaren Aufgaben- und Verantwortungsbereich der röm.-kath. Kirche zählt. Jedenfalls fehlt es an der erforderlichen personenbezogenen (individuellen) Zuordnung eines Ehrenamtes, wenn bestimmte Gemeinschaftsaufgaben nicht Einzelpersonen, sondern einer (privaten) Personengesamtheit zugewiesen sind, ohne dass die Körperschaften des öffentlichen Rechts oder die sonst in § 2 Abs. 1 Nr. 10 SGB VII genannten Institutionen Einfluss darauf nehmen, wer die Aufgabe letztlich erledigt (vgl. Schlegel in Schulin, HS-UV, § 17 Rn 115 mwN). Solches aber war bei der Klägerin der Fall; denn die kfd, und nicht deren einzelne Mitglieder, sind von den Organen der Pfarrgemeinde mit bestimmten Aufgaben beim Pfarrgemeindefest beauftragt worden. Der kfd oblag es sodann, die Mitglieder, die in diesem Rahmen auf dem Fest eingesetzt werden sollten, auf einer von ihr geführten Liste zusammenzustellen. Darin liegt aber keine erkennbare Bereitschaft der Pfarrgemeinde, jeden einzelnen, der an dem Pfarrgemeindefest mitarbeitet, stillschweigend demgemäß zu beauftragen. Vielmehr ist dieser Auftrag an die kfd gerichtet, der es oblag, für die Heranziehung der erforderlichen Helferinnen aus dem Kreis ihrer Mitglieder zu sorgen. Dass die für die kfd ausgeübte Tätigkeit der Klägerin mittelbar auch der Pfarrgemeinde und damit der röm.-kath. Kirche zugute kam, ersetzt in diesem Falle nicht den erforderlichen Annahmeakt dieser öffentlich-rechtlichen Religionsgemeinschaft.

Die kfd ist auch nicht Teil der röm.-kath. Kirche als öffentlich-rechtliche Religionsgemeinschaft iSd § 2 Abs. 1 Nr. 10 SGB VII, sondern eine eigenständige Organisation auf vereinsrechtlicher Grundlage; ehrenamtliche Tätigkeit für eine solche Vereinigung steht nicht unter Versicherungsschutz nach § 2 Abs. 1 Nr. 10 SGB VII (vgl. zu § 539 Abs. 1 Nr. 13 RVO BSG SozR 3-2200 § 539 Nr. 41 mwN, KirchE 36, 106). Zu diesem Ergebnis ist das LSG auf der Grundlage seiner bindenden tatsächlichen Feststellungen rechtlich zutreffend gekommen. Danach besteht zwar eine ideelle und organisatorische Verknüpfung mit der röm.-kath. Kirche, die ihren Ausdruck in der Zielsetzung der kfd (Nr. 2.1 der Satzung) und in der engen Anlehnung an die Strukturen der verfassten röm.-kath. Kirche findet. Eine organisatorische Eingliederung in diese bestehenden Strukturen besteht indes nicht. Die kfd ist vielmehr nach ihrer vom LSG herangezogenen, bei den Gerichtsakten befindlichen Satzung auf ihren drei Ebenen (Pfarrebene, Diözesanverbände und Bundesverband) rechtlich eigenständig und unabhängig organisiert. Basis der Organisation sind ihre in den Pfarreien gebildeten Vereine (pfarrliche Gemeinschaften), die von den Mitgliedern der kfd in der jeweiligen Pfarrei gebildet werden (Nr. 1 der Satzung) und die Mitglied im betreffenden Diözesanverband der kfd sind, der sich wiederum in - den Dekanaten entsprechende - Bezirke gliedert. Jedes Mitglied der kfd auf Pfarrebene ist zugleich Mitglied des Gesamtverbandes (Nr. 3.1 Satz 3 der Satzung). Die pfarrliche Gemeinschaft der kfd hat eine eigene Satzung, sie erhebt selbständig Mitgliedsbeiträge, welche die Durchführung ihrer satzungsmäßigen Aufgaben gewährleisten müssen, und handelt nach Nr. 4 der Satzung durch eigene, selbst bestimmte Organe (Mitgliederversammlung, Vorstand). Eine Weisungsbefugnis der verfassten Kirche oder eine tatsächliche Steuerung durch diese lässt sich weder der kfd-Satzung noch den Feststellungen des LSG entnehmen. Wie der Senat in seinem Urteil vom 13.8.2002 - B 2 U 5/02 R - (KirchE 41, 37) näher begründet hat, ist § 2 Abs. 1 Nr. 10 SGB VII auch nicht erweiternd dahin auszulegen, dass Unfallversicherungsschutz bereits dann gegeben ist, wenn eine ehrenamtliche Tätigkeit der betreffenden öffentlich-rechtlichen Religionsgemeinschaft lediglich allgemein zuzurechnen ist.

Die Klägerin war im Unfallzeitpunkt auch weder nach § 2 Abs. 1 Nr. 1 SGB VII noch nach § 2 Abs. 2 iVm Abs. 1 Nr. 1 SGB VII gegen Arbeitsunfall versichert. Unfallversicherungsschutz nach § 2 Abs. 1 Nr. 1 SGB VII scheidet hier bereits deshalb aus, weil auf der Grundlage der bindenden Feststellungen des LSG Anhaltspunkte für das Vorliegen einer persönlichen Abhängigkeit und damit eines abhängigen Beschäftigungsverhältnisses zwischen der Klägerin und der kfd als Arbeitgeberin nicht ersichtlich sind (vgl. BSG SozR 2200 § 539 Nr. 114, 123).

Aber auch die Voraussetzungen des § 2 Abs. 2 Satz 1 SGB VII sind nicht gegeben. Danach sind Personen unfallversichert, die wie nach § 2 Abs. 1 Nr. 1 SGB VII Versicherte tätig werden. Dies erfordert - wie bei der Vorgängervorschrift des § 539 Abs. 2 RVO - eine ernsthafte, dem Unternehmen zu dienen bestimmte und seinem wirklichen oder mutmaßlichen Willen entsprechende Tätigkeit, die ihrer Art nach sonst von Personen verrichtet werden könnte, die in einem dem allgemeinen Arbeitsmarkt zuzurechnenden Beschäftigungsverhältnis stehen, und die unter solchen Umständen geleistet wird, dass sie einer Tätigkeit aufgrund eines Beschäftigungsverhältnisses ähnlich ist. Eines persönlichen oder wirtschaftlichen Abhängigkeitsverhältnisses bedarf es bei einem Tätigwerden nach § 2 Abs. 2 Satz 1 SGB VII nicht (s. zu § 539 Abs. 2 iVm Abs. 1 Nr. 1 RVO: BSGE 5, 168; 17, 211; BSG SozR 2200 § 539 Nr. 123; BSG, Urteil vom 24.2.2000 - B 2 U 4/99 R - HVBG-Info 2000, 1253; BSG, Urteil vom 13.8.2002 - B 2 U 5/02 R - (KirchE 41, 37); Brackmann/ Wiester, aaO, § 2 Rn 841 f. mwN).

Das Backen und Verkaufen von Waffeln auf einem Pfarrgemeindefest stellt zwar eine ernsthafte, dem Willen der kfd entsprechende Arbeitsleistung dar, zumal nach Nr. 2.2 ihrer Satzung zu den Aufgaben u.a. musisches Tun, Sport, Geselligkeit, Zusammenarbeit mit anderen Verbänden und Gruppen in der Gemeinde sowie die Öffentlichkeitsarbeit gehören.

Die im Unfallzeitpunkt ausgeübte Tätigkeit der Klägerin stand jedoch nicht unter Unfallversicherungsschutz, denn sie ist als Ausfluss ihrer Mitgliedschaft in dem nicht rechtsfähigen Verein „Katholische Frauengemeinschaft Deutschlands (kfd), Pfarrgemeinde St. M in W" zu werten, wie es das LSG zutreffend getan hat. Nach dessen bindenden Feststellungen war sie seit Jahren Mitglied dieses Vereins und gehörte als ordentliche Helferin dessen nach Nr. 4.2 der Satzung gebildeten Kreis von Mitarbeiterinnen (Helferinnen) für pastorale und organisatorische Aufgaben in der Gemeinde an. Im Übrigen war sie - wie bereits ausgeführt - nach den bindenden Feststellungen des LSG im Unfallzeitpunkt für die kfd, und nicht, wie sie später vorgetragen hat, im ausschließlichen Auftrag der Kirchengemeinde tätig.

Nach der ständigen Rechtsprechung des BSG schließt die Mitgliedschaft in einem - rechtsfähigen oder nicht rechtsfähigen - Verein die Begründung eines Beschäftigungsverhältnisses nach § 539 Abs. 1 Nr. 1 RVO nicht von vornherein aus und damit auch nicht schlechthin eine versicherte Tätigkeit wie ein Beschäftigter iSv § 539 Abs. 2 iVm Abs. 1 Nr. 1 RVO aus (BSGE 14, 1; 17, 211; 52, 11; BSG SozR 2200 § 539 Nr. 101, 114, 123; BSG SozR 3-2200 § 539 Nr. 18; BSG, Urteil vom 26.1.1982 - 2 RU 43/80 - USK 8252; Urteil vom 19.5.1983 - 2 RU 55/82 - USK 8366; Urteil vom 24.1.1992 - 2 RU 23/91 - USK 9204 und Urteil vom 2.2.1999 - B 2 U 7/98 R - HVBG-Info 1999, 1057, KirchE 37, 22, jeweils mwN). Die Anwendung dieser Vorschriften setzt aber - wie auch sonst - voraus, dass das Vereinsmitglied als ein bzw. wie ein in einem Arbeits-, Dienst- oder Lehrverhältnis Stehender tätig wird. Ist für ein Arbeits-, Dienst- oder Lehrverhältnis kein Raum, weil die Tätigkeit nicht aufgrund eines solchen Verhältnisses, sondern aufgrund von Mitgliedspflichten ausgeübt worden ist, so entfällt die Anwendung des § 539 Abs. 1 Nr. 1 RVO und damit auch des § 539 Abs. 2 RVO (vgl. BSG SozR 3-2200 § 539 Nr. 18 mwN). Diese Rechtsprechung ist auch auf die Rechtslage nach dem SGB VII anzuwenden, da dessen einschlägige Vorschriften (§ 2 Abs. 2 Satz 1 iVm Abs. 1 Nr. 1 SGB VII) insoweit keine inhaltliche Änderung gegenüber denen der RVO aufweisen, die eine andere rechtliche Beurteilung rechtfertigen würde (BSG, Urteil vom 13.8.2002 - B 2 U 5/02 R - KirchE 41, 37).

Mitgliedspflichten können sich aus der Satzung des Vereins, den Beschlüssen der zuständigen Vereinsorgane oder auch aufgrund allgemeiner Vereinsübung ergeben (BSG SozR 3-2200 § 539 Nr. 41). Es kann dahingestellt bleiben, ob die in der kfd-Satzung den Helferinnen zugewiesenen organisatorischen Aufgaben in der Gemeinde auch die Verpflichtung der einzelnen Mitglieder der Helferinnengruppe zur Teilnahme an einer Veranstaltung wie dem Pfarrgemeindefest als Betreiber eines Waffelstandes enthält. Denn die Klägerin hat diese Tätigkeit jedenfalls aus auf allgemeiner Vereinsübung bestehender Mitgliedschaftsverpflichtung verrichtet.

Zu den auf allgemeiner Vereinsübung beruhenden Mitgliedspflichten zählen nach der ständigen Rechtsprechung des BSG im Allgemeinen Tätigkeiten, die ein Verein von jedem seiner Mitglieder erwarten kann und die von den Mitgliedern dieser Erwartung entsprechend auch verrichtet werden (BSGE 14, 1; 17, 211; BSG, Urteil vom 22.9.1988 - 2/9b RU 78/87 - HV-Info 1988, 2178; BSG SozR 3-2200 § 539 Nr. 18 u. 41, KirchE 36, 106; Brackmann/Wiester, aaO, § 2 Rn 862; Schlegel in Schulin, aaO, § 14 Rn 56). Gekennzeichnet sind diese geringfügigen Tätigkeiten regelmäßig dadurch, dass sie nach Art und Umfang nur wenig zeitlichen oder sachlichen Arbeitsaufwand erfordern (s z.B. BSG SozR 2200 § 539 Nr. 123; BSG SozR 3-2200 § 539 Nr. 41, KirchE 36, 106; BSG, Urteil vom 19.5.1983 - 2 RU 55/82 - USK 8366), wobei die Geringfügigkeitsmarke je nach Verein verschieden sein kann. Wenn die Bereitschaft der Vereinsmitglieder, Arbeiten für den Verein zu verrichten, größer ist, wird auch die Grenze, von der an der Verein diese Arbeiten allgemein aufgrund einer sich so entwickelnden Vereinsübung von seinen Mitgliedern erwarten kann und die von den Mitgliedern entsprechend dieser Erwartung verrichtet werden, höher liegen. Die Grenze der Geringfügigkeit ist dort überschritten, wo sich eine Arbeitsleistung von wirtschaftlichem Wert deutlich erkennbar von dem Maß an vergleichbarer Aktivität abhebt, das die Vereinsmitglieder üblicherweise aufwenden.

Der Maßstab für die allgemeine Vereinsübung ist nicht notwendig für alle Mitglieder gleich (vgl. BSG SozR 3-2200 § 539 Nr. 41, KirchE 36, 106; Schlegel, in: Schulin, aaO, § 14 Rn 55). Hebt der Verein bestimmte Personen dadurch aus dem Kreis seiner Mitglieder heraus, dass er ihnen ehrenamtliche Vereinsfunktionen überträgt, treffen diese Funktionäre auch qualitativ und quantitativ andere Mitgliedspflichten als „einfache Vereinsmitglieder" (BSG SozR 3-2200 § 539 Nr. 18, 41, KirchE 36, 106). Dementsprechend war hier die Frage nach Mitgliedschaftspflichten aufgrund allgemeiner Vereinsübung auf den Mitarbeiterinnenkreis für pastorale und organisatorische Aufgaben (Nr. 4.2 der Satzung) zu beschränken. Nach den bindenden (§ 163 SGG) Feststellungen des LSG erfüllte die Klägerin als Mitglied dieses Helferinnenkreises eine besondere Funktion in der kfd, und gehörte die Mitarbeit beim Pfarrgemeindefest als Waffelbäckerin und -verkäuferin zu den Aufgaben, deren Erfüllung die kfd grundsätzlich von den Mitgliedern dieser Gruppe erwartete. Da nach den bindenden (§ 163 SGG) Feststellungen des LSG die Klägerin ohne den Unfall etwa drei Stunden mit dem Backen und Verkaufen von Waffeln beschäftigt gewesen wäre, ist auch die Grenze der Geringfügigkeit nicht überschritten (vgl. BSG SozR 3-2200 § 539 Nr. 41 mwN, KirchE 36, 106).

23

Die Kosten für eine angemessene Konfirmationsfeier können einen Sonderbedarf begründen, wenn ein Ansparen nicht verlangt werden konnte. Kosten für Fahrten mit der Kirchengemeinde sind nach Anlass und Höhe in der Regel nicht geeignet, eine Ausnahme von dem Grundsatz zu rechtfertigen, dass es im Zweifel bei der laufenden Unterhaltsrente sein Bewenden hat.

§ 1613 Abs. 2 Nr. 1 BGB
KG Berlin, Beschluss vom 15. Oktober 2002 - 19 WF 259/02[1] -

Die Klägerin begehrt Prozesskostenhilfe für eine Unterhaltsklage, mit der sie Sonderbedarf wegen Kosten einer Konfirmationsfeier und der Teilnahme u.a. an einer von der Kirchengemeinde durchgeführten Fahrt geltend machen will.

Das Amtsgericht hat die Prozesskostenhilfe insoweit versagt.

Die sofortige Beschwerde hatte hinsichtlich der Prozesskostenhilfe für die Geltendmachung von Sonderbedarf wegen Konfirmationskosten Erfolg.

Aus den Gründen:

Die gemäß § 127 Abs. 2 ZPO zulässige sofortige Beschwerde der Klägerin gegen die Versagung der Prozesskostenhilfe hat in der Sache teilweise Erfolg.

Voraussetzung dafür, dass die Klägerin von dem Beklagten eine Übernahme der Kosten für die Fahrten und die Konfirmation verlangen kann, ist, dass es sich um nicht aus dem laufenden Unterhalt zu deckenden Sonderbedarf handelt. Sonderbedarf ist nach der Legaldefinition in § 1613 Abs. 2 Nr. 1 BGB ein „unregelmäßiger außergewöhnlich hoher Bedarf". Ob Sonderbedarf vorliegt, lässt sich nur von Fall zu Fall für die jeweilige Aufwendung beurteilen. Unregelmäßig ist nach der Rechtsprechung des Bundesgerichtshofs ein Bedarf, der nicht mit Wahrscheinlichkeit vorauszusehen war und deshalb bei der Bemessung der laufenden Unterhaltsrente nicht berücksichtigt werden konnte (BGH NJW 1982, 328; 1984, 2826). In der Wortwahl des Gesetzes, das nur einen „außergewöhnlich" hohen Bedarf als Sonderbedarf gelten lässt, kommt zum Ausdruck, dass es im Zweifel bei der laufenden Unterhaltsrente sein Bewenden haben und nur in Ausnahmefällen die gesonderte Ausgleichung zusätzlicher unvorhergesehener Ausgaben erfolgen soll. Das liegt auch

---

[1] KGR Berlin 2003, 145; FamRZ 2003, 1584.

im Interesse einer Befriedigung und Beruhigung des Verhältnisses von Unterhaltsgläubiger und Unterhaltsschuldner, das durch allzu häufige Einzelanforderungen in unerwünschter Weise belastet werden könnte (BGH aaO).

Hinsichtlich der Frage, ob es sich bei den Kosten für die Konfirmation oder Kommunion um Sonderbedarf in diesem Sinne handelt, besteht in der Rechtsprechung keine Einigkeit (vgl. die Nachweise bei Borth in: Handbuch des Scheidungsrechts, 4. Aufl., Teil IV Rn 132 in Fn. 118 sowie Wendl/Scholz, Unterhaltsrecht, 5. Aufl., § 6 Rn 16 Fn. 22). Der Senat bejaht diese Frage.

Die ablehnenden Entscheidungen berufen sich u.a. darauf, dass diese Kosten regelmäßig vorhersehbar und daher nicht als Sonderbedarf anzuerkennen seien. Nach Auffassung des Senats kann das Argument der Vorhersehbarkeit hingegen nicht unabhängig von dem Zweck dieses Kriterium herangezogen werden. Es soll in Ausfüllung des Begriffs „unregelmäßiger ... Bedarf" verhindern, dass als Sonderbedarf ein Bedarf anerkannt wird, der bereits bei der Bemessung des laufenden Unterhalts hätte Berücksichtigung finden können (vgl. BGH aaO). Gerade die Bemessung des Unterhalts minderjähriger Kinder hat sich zwischenzeitlich aber von konkreten Bedarfsfaktoren gelöst und orientiert sich regelmäßig in Anwendung der Düsseldorfer (bzw. der Berliner) Tabelle an dem Einkommen des Verpflichteten. In einem solchen Fall kann sachgerecht ein „unregelmäßiger außergewöhnlich hoher Bedarf" dann angenommen werden, wenn eine nicht regelmäßig wiederkehrende Ausgabenposition auch bei vorausschauender Bedarfsplanung durch Bildung von Rücklagen nicht angespart werden kann (ähnlich OLG Köln NJW-RR 1988, 1476; OLG Frankfurt FamRZ 1988, 100, KirchE 25, 239; OLG Düsseldorf FamRZ 1990, 1144, KirchE 28, 67; OLG Dresden OLGR 2000, 96, KirchE 37, 136; Borth in: Handbuch des Scheidungsrechts, 4. Aufl., Teil IV Rn 131; Wendl/Scholz, Unterhaltsrecht, 5. Aufl., § 6 Rn 4). Im Rahmen dieser Beurteilung kommt der Vorhersehbarkeit der Ausgaben Bedeutung zu, aber auch z.B. der Höhe des gezahlten Unterhalts sowie der Höhe der entstandenen Kosten.

Hier geht der Senat angesichts der Höhe des gezahlten Unterhalts davon aus, dass von der Klägerin ein Ansparen der Kosten für eine angemessene Konfirmationsfeier nicht verlangt werden konnte. Geschuldet sind aber nur die Kosten für eine angemessene Feier (vgl. z.B. Wendl/ Scholz, Unterhaltsrecht, 5. Aufl., § 6 Rn 16), wobei der Senat unter Berücksichtigung der Einkommens- und Vermögensverhältnisse der Familie eine Inanspruchnahme des Beklagten, die 1.500,00 DM nicht übersteigt, als angemessen ansieht. Hinsichtlich einer Klage in dieser Höhe besteht daher eine hinreichende Erfolgsaussicht der Klage.

Sonderbedarf wird zwar wie der laufende Unterhalt nur geschuldet, soweit der Schuldner leistungsfähig ist, § 1603 Abs. 1 BGB (BGH NJW 1982, 328). Dabei kommt es auf den Zeitpunkt der Fälligkeit des Sonderbedarfs an (vgl. Wendl/Scholz, Unterhaltsrecht, 5. Aufl., § 6 Rn 7; KG NJW-RR 1993, 1223; OLG Karlsruhe NJW-RR 1998, 1226). Andererseits muss der Schuldner nicht in der Lage sein, den Sonderbedarf aus dem Einkommen eines Monats decken zu können (so zutreffend Wendl/Scholz aaO), da anderenfalls wegen des Erfordernisses der außergewöhnlichen Höhe grundsätzlich bestehender Sonderbedarf nur im Ausnahmefall durchgesetzt werden könnte. Ob unter Berücksichtigung dieser Grundsätze der Beklagte nicht in vollem Umfang leistungsfähig ist, hängt u.a. davon ab, ob er auch zur Zahlung von Sonderbedarf für die Klassenreise nach Italien verpflichtet ist, und kann daher erst im Hauptsacheverfahren entschieden werden. Eine völlige Leistungsunfähigkeit des Beklagten vermag der Senat nicht anzunehmen, da ihm auch unter Berücksichtigung seiner Unterhaltspflichten und der (...) Kreditverpflichtung ein Einkommen oberhalb des Selbstbehalts verbleibt. Im Hauptsacheverfahren ist auch zu beurteilen, ob die Mutter der Klägerin über den faktisch von ihr (weil 1.500,00 DM übersteigend) zu finanzierenden Kostenanteil hinaus weitergehend an dem Sonderbedarf zu beteiligen ist (vgl. BGH NJW 1983, 2082).

Die weitergehende Beschwerde hat keinen Erfolg.

Die Aufwendungen der Klägerin für die Klassen- und Gemeindefahrten, soweit sie Gegenstand des Beschwerdeverfahrens sind, sind nicht als Sonderbedarf anzuerkennen. Auch wenn die Fahrten mit der Kirchengemeinde ihr durch die Festigung der Bindung an die Gemeinde einen sozialen Bezugsrahmen sichern, wie sie geltend macht, handelt es sich um Aufwendungen, die weder einmalig noch so außergewöhnlich hoch waren, dass eine Ausnahme von dem Grundsatz gerechtfertigt ist, dass es im Zweifel bei der laufenden Unterhaltsrente sein Bewenden hat. Bei den Bedarfssätzen der Düsseldorfer Tabelle, an der sich die Bemessung des laufenden Unterhalts ersichtlich orientiert, handelt es sich um Pauschalen, die den gesamten laufenden Lebensbedarf eines Kindes abdecken sollen, darunter auch Reisen (vgl. z.B. BGH NJW 1983, 1429; Wendl/Scholz, Unterhaltsrecht, 5. Aufl., § 2 Rn 214), unabhängig davon, ob sie im Familienverband, mit Organisationen oder privat vorgenommen werden. Es entspricht der Eigenart derartiger Pauschalen, dass der in einzelnen Monaten entstehende höhere Bedarf einem geringeren Bedarf in anderen Monaten gegenüber steht. Es obliegt grundsätzlich dem Unterhaltsgläubiger bzw. dem Sorgeberechtigten, die Unterhaltsbeträge auf die einzelnen Bedarfspositionen zu verteilen und dabei entsprechende Gewichtungen nach den Bedürfnissen des Berechtigten vorzunehmen.

Vergleichbares gilt nach Auffassung des Senats für die Klassenfahrt. (*wird ausgeführt*).

24

1. Die Anmeldung der allgemeinen Bezeichnung des religiösen Oberhaupts einer ausländischen Glaubensgemeinschaft als Marke verletzt jedenfalls dann das religiöse Empfinden und ist deshalb gemäß § 8 Abs. 2 Nr. 5 MarkenG zurückzuweisen, wenn die maßgeblichen inländischen Durchschnittsverbraucher wegen besonderer Umstände mit diesem Namen und seiner religiösen Bedeutung weitgehend vertraut sind.

2. Als religiös anstößig iSv § 8 Abs. 2 Nr. 5 MarkenG können auch unwesentliche Abwandlungen der korrekten Schreibweise des Namens anzusehen sein, welche die Identifizierung des Namensträgers in keiner Weise berühren.

3. „Dalailama" als unerhebliche Abwandlung von „Dalai-Lama" ist als Bezeichnung des religiösen Oberhaupts der Tibeter nicht eintragungsfähig.

BPatG München, Beschluss vom 16. Oktober 2002 - 24 W (pat) 140/01[1] -

Die Wortmarke *Dalailama* ist für die folgenden Waren und Dienstleistungen zur Eintragung in das Markenregister angemeldet:

„Wasch- und Bleichmittel; Putz-, Polier-, Fettentfernungs- und Schleifmittel; Seifen; Parfümerien, ätherische Öle, Mittel zur Körper- und Schönheitspflege, Haarwässer; Zahnputzmittel; pharmazeutische und veterinärmedizinische Erzeugnisse sowie Präparate für die Gesundheitspflege; diätetische Erzeugnisse für medizinische Zwecke, Babykost; Pflaster, Verbandsmaterial; Zahnfüllmittel und Abdruckmassen für zahnärztliche Zwecke; Desinfektionsmittel; Mittel zur Vertilgung von schädlichen Tieren; Fungizide, Herbizide; Papier, Pappe (Karton) und Waren aus diesen Materialien, soweit in Klasse 16 enthalten, Druckereierzeugnisse, Buchbindeartikel, Photographien, Schreibwaren, Klebstoffe für Papier- und Schreibwaren oder für Haushaltszwecke, Künstlerbedarfsartikel, Pinsel, Schreibmaschinen und Büroartikel (ausgenommen Möbel); Lehr- und Unterrichtsmaterial (ausgenommen Apparate); Verpackungsmaterial aus Kunststoff, soweit in Klasse 16 enthalten; Spielkarten; Drucklettern; Druckstöcke; Kaffee, Tee, Kakao, Zucker, Reis, Tapioka, Sago, Kaffee-Ersatzmittel; Mehle und Getreidepräparate; Brot, feine Backwaren und Konditorwaren, Speiseeis; Honig, Melassesirup; Hefe, Backpulver; Salz; Senf; Essig, Saucen (Würzmittel); Gewürze; Kühleis; Verpflegung, Bewirtung und Beherbergung von Gästen, nämlich der Gastronomie, insbesondere der Erlebnis- und Aktionsgastronomie, ärztliche Versorgung, Gesundheits- und Schönheitspflege; Dienstleistungen auf dem Gebiet der Tiermedizin und der Landwirtschaft; wissenschaftliche und industrielle Forschung; Erstellen von Programmen für die Datenverarbeitung"

---

[1] BPatGE 46, 66; BlPMZ 2003, 217; MittdtschPatAnw 2003, 423 (LS).

Die Markenstelle für Klasse 3 des Deutschen Patent- und Markenamtes hat die Anmeldung durch zwei Beschlüsse, von denen einer im Erinnerungsverfahren ergangen ist, gemäß §§ 8 Abs. 2 Nr. 5, 37 Abs. 1 MarkenG wegen Verstoßes gegen die guten Sitten zurückgewiesen.

Die angemeldete Marke sei die orthografisch abgewandelte, aber wesensgleiche Bezeichnung des politischen und religiösen Oberhauptes der Tibeter, des Dalai Lama. Da der Dalai Lama als Wiedergeburt des Buddhas des Erbarmens die lebende Gestalt eines Aspektes des universalen Buddha-Geistes darstelle, handle es sich insoweit um einen abstrakt religiösen Begriff. Die Person des jetzigen 14. Dalai Lama sei international bekannt und habe - nach Ansicht der deutschen Evangelischen Zentrale für Weltanschauungsfragen - auch in Deutschland viele Anhänger. Für die rein kommerzielle Verwendung eines religiösen Begriffs, der für Gläubige und Nichtgläubige zum Symbol für echte Menschlichkeit und interreligiöse Verständigung geworden sei, durch ein von staatlicher Seite erteiltes Monopol werde ein erheblicher Teil des angesprochenen Verkehrs kein Verständnis aufbringen und dies als anstößig empfinden. Die Eintragung möglicherweise ähnlicher Marken verschaffe kein Recht auf Eintragung.

Hiergegen richtet sich die Beschwerde der Anmelder. Sie berufen sich im Wesentlichen auf ihr Vorbringen vor der Markenstelle. Dort haben sie ausgeführt, dass die angemeldete abgewandelte Form der Titelbezeichnung des religiösen Oberhauptes der Tibeter anders zu beurteilen sei als die Titelbezeichnung selbst. Bei Dalai-Lama handle es sich lediglich um den Titel einer natürlichen Person, der ebenso eintragungsfähig sei wie die Titel „Bischof, Kardinal, König, Kaiser" oder „Fürst". Die Eintragung dürfe nur verweigert werden, wenn sie von einem beachtlichen Teil der beteiligten Verkehrskreise als eine grobe Geschmacksverletzung empfunden werde. Es sei aber nicht davon auszugehen, dass sich ein beachtlicher Teil der deutschen Bevölkerung zu den Tibetern bekenne. Auch die Ausführungen der deutschen Evangelischen Zentrale für Weltanschauungsfragen seien insofern zu unbestimmt und nicht mit Zahlen belegt. Es sei nicht ersichtlich, dass die Eintragung der Wortneuschöpfung das selbstverständliche Gebot der Tolerierung und Achtung fremder Religionen verletze. Das Deutsche Patent- und Markenamt habe die von den Anmeldern ebenfalls angemeldete Bezeichnung „Mutter Teresa" letztlich für eintragungsfähig erachtet. Nach Ansicht der Anmelder bestehe zwischen den Titeln „Mutter Teresa" und „Dalai-Lama" kein Unterschied, weshalb auch die Marke „Dalailama" eintragungsfähig sei. Zudem werde auf weitere Eintragungen religiöser Marken wie „Hildegard von Bingen" und „Pfarrer Kneipp" hingewiesen. Zu berücksichtigen seien außerdem die geänderten religiösen Verhältnisse in Deutschland, insbesondere dass die Religiosität stark eingebüßt habe. So empfinde es der Verkehr heute generell nicht mehr als anstößig, wenn eine Person des öffentlichen Lebens ihren Namen zu Werbezwecken zur Verfügung stelle, jedenfalls soweit dies in Verbindung mit Waren geschehe, die einem eher neutralen Bereich zugeordnet würden und der Verkehr darin keine Herabwürdigung der Person sehe.

Die Anmelder beantragen, die angefochtenen Beschlüsse der Markenstelle aufzuheben.

Die Beschwerde blieb ohne Erfolg.

Aus den Gründen:

Die zulässige Beschwerde hat in der Sache keinen Erfolg. Auch nach Auffassung des Senates ist die Eintragung der angemeldeten Marke wegen Verstoßes gegen die guten Sitten iSv § 8 Abs. 2 Nr. 5 MarkenG von der Eintragung ausgeschlossen. Die Markenstelle hat die Anmeldung daher zu Recht nach § 37 Abs. 1 MarkenG zurückgewiesen.

Gegen die guten Sitten verstoßen u.a. Marken, die geeignet sind, das Empfinden eines beachtlichen Teils der beteiligten Verkehrskreise zu verletzen, indem sie religiös anstößig wirken (vgl. BGH GRUR 1964, 136 [137] „Schweizer"). Dies ist hier der Fall.

Der „Dalai-Lama" (mongolisch/tibetisch = „Ozean des gelehrten Wissens") ist - neben dem „Pantschen-Lama" - der höchste geistliche Würdenträger des Lamaismus, des tibetischen Buddhismus. Der Dalai-Lama stellt seit dem 16. Jahrhundert das religiöse und politische Oberhaupt Tibets dar. Er gilt im Lamaismus als die Inkarnation des Bodhisattwa Awalokiteshwara, einem - göttlichen - Erleuchtungswesen auf dem Weg zur Buddhaschaft, welches als die Personifizierung des Mitgefühls gilt. Im Hinblick darauf, dass - nach lamaistischem Glauben - der Dalai-Lama die Inkarnation einer Gottheit darstellt, geht der Begriff „Dalai-Lama" daher in seiner Bedeutung über die eines bloßen Titels für einen hohen bzw. den höchsten geistlichen Würdenträger einer Religionsgemeinschaft hinaus und beinhaltet, worauf die Markenstelle zutreffend hingewiesen hat, auch einen abstrakten religiösen Aspekt. Insofern kann er in seiner religiösen Bedeutung nicht mit den von den Anmeldern angeführten bloßen Titeln geistlicher und/oder weltlicher Oberhäupter (z.B. Bischof, Kardinal, König, Fürst etc.) gleichgesetzt werden.

Die Bedeutung, die der Dalai-Lama für das tibetische Volk sowohl in politischer wie auch in religiöser Hinsicht besitzt, ist im Inland breiten Verkehrskreisen, wenngleich nicht in allen Einzelheiten, so doch in den wesentlichen Grundzügen durch die Person des gegenwärtigen 14. Dalai-Lama, Tenzin Gyatso, bekannt, der weltweit als einer der bedeutenden religiösen Repräsentanten der Gegenwart gilt. Auf internationaler Ebene setzt sich der Dalai-Lama für Toleranz zwischen den Religionen und Völkern und die Wahrnehmung der globalen Verantwortung der Menschheit ein. U.a. für seine Bemühungen, auf friedlichem Weg einen

Ausgleich in der tibetischen Frage zu erlangen, erhielt er 1989 den Friedensnobelpreis. Der Dalai-Lama ist der deutschen Bevölkerung außerdem aus zahlreichen Berichten in den Medien (Presse, Rundfunk und Fernsehen) sowie aus von ihm und über ihn erschienenen Büchern, nicht zuletzt aus dem populären Buch von Heinrich Harrer „Sieben Jahre in Tibet“ sowie aus dem gleichnamigen, 1997 von dem Regisseur Jean-Jacques Annaud gedrehten Film bekannt.

Vor dem Hintergrund der dargelegten Bedeutung des Dalai-Lama, insbesondere auch in religiöser Hinsicht, ist davon auszugehen, dass die Verwendung dieser Bezeichnung als Marke im Geschäftsverkehr, d.h. als kommerzielle Produkt- oder Dienstleistungskennzeichnung, sowie die Gewährung eines ausschließlichen Schutzrechtes hieran durch die von staatlicher Seite erfolgende Registrierung, den religiösen oder ethischen Wertvorstellungen beachtlicher Teile des angesprochenen inländischen Publikums widerspricht und als anstößig empfunden wird. Dies trifft nicht nur für die - sicherlich in Deutschland eine Minderheit bildenden - gläubigen Lamaisten zu, bei denen es sich wohl in erster Linie um im Exil lebende Tibeter sowie eine gewisse Zahl sonstiger Anhänger dieser buddhistischen Glaubensrichtung handelt, sondern ebenso für eine erhebliche Zahl der in Deutschland überwiegend lebenden katholischen und evangelischen Christen sowie für Anhänger anderer Religionsgemeinschaften und für konfessionslose Mitbürger. Trotz der zu beobachtenden generellen Tendenz zur Lockerung religiöser Bindungen ist die Tolerierung und Achtung fremder Religionen nach wie vor ein selbstverständliches Gebot und eine Grundvoraussetzung für das gedeihliche Zusammenleben in einer pluralistischen Gesellschaft und gehört mit zu ihren tragenden ethischen Grundwerten (vgl. auch BPatGE 28, 41, 43 „CORAN“). Das gilt auch für die Respektierung des religiösen Empfindens von Minderheiten (vgl. dazu auch Eidgenössische Rekurskommission für geistiges Eigentum sic! 2001, 31 [33] „Siddhartha“). Gerade weil der derzeitige Dalai-Lama durch sein beständiges Wirken für die Verständigung zwischen den Religionen und für Menschlichkeit die Glaubensinhalte und religiösen Werte des buddhistischen Lamaismus auch der anders- oder nichtgläubigen Bevölkerung in Deutschland ebenso wie den Menschen in vielen anderen Ländern der Welt nahe gebracht hat, werden beachtliche Verkehrskreise in Deutschland den Einsatz der Bezeichnung des religiösen Oberhauptes der Tibeter als Marke für rein kommerzielle Zwecke als religiös bzw. ethisch anstößig empfinden. In diesem Zusammenhang ist zu berücksichtigen, dass im gesamten Markenrecht auf die Sicht der „durchschnittlich informierten, aufmerksamen und verständigen Durchschnittsverbraucher“ (vgl. EuGH GRUR Int 1998, 795 [797] „Gut Springenheide“), nicht der flüchtigen und völlig uninformierten Abnehmer abzustellen ist.

Da sich die Anstößigkeit schon grundsätzlich aus dem - kommerziellen - Einsatz der Bezeichnung als Marke ergibt, ist ein Sittenverstoß unabhängig davon anzunehmen, ob die Marke in Bezug auf einzelne beanspruchte Waren und Dienstleistungen, z.B. Mittel zur Vertilgung von schädlichen Tieren oder Erlebnis- und Aktionsgastronomie, zudem im Hinblick auf die Person des Dalai-Lama als herabwürdigend und auch insofern als anstößig empfunden wird, oder ob es sich um wertneutrale Produkte handelt.

Ferner ist der Dalai-Lama als gegenwärtiges religiöses Oberhaupt der lamaistischen Tibeter nicht Heiligen gleichzusetzen, deren Namen und Abbildungen traditionsgemäß in bestimmten Produktbereichen zu gewerblichen Zwecken verwendet werden, abgesehen davon, dass sich eine entsprechende Tradition, die Titel oder Gottheiten anderer Religionen zur Produktkennzeichnung zu verwenden, nicht feststellen lässt.

Eine andere Beurteilung ergibt sich schließlich nicht aus dem Umstand, dass nicht die in der deutschen Sprache eingebürgerte Schreibweise „Dalai-Lama" bzw. zum Teil auch „Dalai Lama", sondern die hiervon orthografisch leicht abgewandelte zusammengeschriebene Wiedergabe „Dalailama" angemeldet ist. Im Hinblick auf die sonst identische Schreibweise sowie die Klangübereinstimmung wird das angesprochene Publikum das Markenwort nämlich ohne Weiteres mit dem Begriff „Dalai-Lama" gleichsetzen, entweder weil sich die inländischen Verkehrsteilnehmer über die korrekte Schreibweise des aus dem Tibetischen und Mongolischen stammenden Wortes häufig nicht sicher sein, sie die Abweichung gar nicht bemerken oder sie darin eine zusätzlich mögliche - richtige - Schreibweise des Begriffes sehen werden. Hierbei ist auch der Unterschied zwischen beschreibenden und sittenwidrigen Bezeichnungen zu berücksichtigen. Während Abwandlungen beschreibender Angaben (iSv § 8 Abs. 2 Nr. 2 MarkenG) möglicherweise mit der Begründung als Marken eingetragen werden können, durch entsprechende Einschränkungen des Schutzbereichs sei eine ungerechtfertigte Monopolisierung der Sachangaben selbst zu verhindern, bleibt diese Erwägung bei anstößigen Bezeichnungen iSv § 8 Abs. 2 Nr. 5 MarkenG unbehelflich. Vielmehr kommt es in diesem Zusammenhang ausschließlich darauf an, ob die angesprochenen Verkehrskreise durch die abgewandelte Form ebenso wie durch die konkrete Schreibweise in ihrem religiösen Empfinden beeinträchtigt werden. Das ist im vorliegenden Fall zu bejahen, weil auch durch die angemeldete Form „Dalailama" die Identifizierung des religiösen Oberhaupts der Tibeter unberührt bleibt.

Soweit sich die Anmelder auf die Eintragung ihrer Meinung nach vergleichbarer religiöser Begriffe, wie „Hildegard von Bingen", „Pfarrer Kneipp" und insbesondere ihre im Erinnerungsverfahren vor dem Deutschen Patent- und Markenamt für eintragungsfähig erachtete Marke punkt des Gleichbehandlungsgrundsatzes (Art. 3 GG) kein Eintragungsanspruch herleiten. Wie bereits die Markenstelle zutreffend festgestellt hat, handelt es sich bei der Entscheidung über die Eintragbarkeit einer Marke nicht um eine Ermessens-, sondern um eine gebundene Entscheidung (vgl. u.a. BGH GRUR 1997, 527 [529] „Autofelge"; BlfPMZ 1998, 248 [249] „Today"). Weiter muss die Beachtung des Grundsatzes der Gleichbehandlung mit der Beachtung des Gebots rechtmäßigen Handelns in Einklang gebracht werden, das besagt, dass sich niemand auf eine fehlerhafte Rechtsanwendung zugunsten eines anderen berufen kann (vgl. EuGH MarkenR 2002, 260 [266] „SAT.2"). Im Übrigen sind die Unterschiede zwischen den genannten, jeweils konkrete Personen betreffenden Marken und der allgemeinen Bezeichnung des Oberhaupts einer Religionsgemeinschaft unverkennbar, die durchaus eine andere markenrechtliche Beurteilung verlangt.

25

Zur Frage eines klagefähigen Rechtsanspruchs auf Zulassung zum Studium an einer Fachhochschule in kirchlicher Trägerschaft.

Art. 12, 140 GG, 137 Abs. 3 WRV, §§ 40 Abs. 1 VwGO, 3 Abs. 2 Berl.HZG, 124 Abs. 1 Berl.HG
VG Berlin, Beschluss vom 22. Oktober 2002 - 12 A 687.021 -

Aus den Gründen:

Der Antrag auf Erlass einer einstweiligen Anordnung im Sinne von § 123 Abs. 1 VwGO, mit dem die Antragstellerin/der Antragsteller die vorläufige Zulassung zum Studium im Studiengang Sozialarbeit/Sozialpädagogik im 1. Fachsemester an der Evangelischen Fachhochschule B. vom Wintersemester 2002/2003 an mit der Begründung erstrebt, es seien noch zusätzliche Studienplätze vorhanden, hat keinen Erfolg.

Der Antrag ist zwar zulässig. Gemäß § 40 Abs. 1 VwGO ist der Verwaltungsrechtsweg in allen öffentlich-rechtlichen Streitigkeiten nichtverfassungsrechtlicher Art gegeben, soweit die Streitigkeiten nicht durch Bundesgesetz einem anderen Gericht ausdrücklich zugewiesen sind. Das vorliegende, gegen eine in der Trägerschaft der ev. Kirche als Körperschaft des öffentlichen Rechts stehende Hochschule geführte Verfahren, ist eine solche durch die Verwaltungsgerichte zu entscheidende „verwaltungsrechtliche" Streitsache (vgl. auch: VGH.BW DÖV 1981, 65, KirchE 18, 224; OVG.NW, WissR 1983, Beiheft 8, 154 [155], KirchE 20, 79).

Der Antrag hat jedoch in der Sache keinen Erfolg. Wegen des im einstweiligen Anordnungsverfahren (§ 123 Abs. 1 VwGO) grundsätzlich

---

[1] KMK-HSchR/NF 41C Nr. 37. Der Beschluss ist rechtskräftig.

zu beachtenden Verbots, die Entscheidung in einem Klageverfahren in der Hauptsache vorwegzunehmen, käme der Erlass der begehrten, dem möglichen Prozessergebnis in der Hauptsache weitgehend vorgreifenden einstweiligen Anordnung nur dann in Betracht, wenn mit hoher Wahrscheinlichkeit zu erwarten wäre, dass die Antragstellerin/der Antragsteller in dem Klageverfahren in der Hauptsache Erfolg haben wird und durch die Verweisung auf den Ausgang des Hauptsacheverfahrens unzumutbare, irreparable Nachteile entstehen werden. Bereits an der erstgenannten Voraussetzung fehlt es im vorliegenden Falle. Denn die Antragstellerin/der Antragsteller hat nicht glaubhaft gemacht, dass die Antragsgegnerin sie/ihn zum Wintersemester 2002/2003 zum Studium im Studiengang Sozialarbeit/Sozialpädagogik im 1. Fachsemester aufzunehmen hat und daher mit hoher Wahrscheinlichkeit im Klageverfahren in der Hauptsache unterlegen sein wird (§§ 123 Abs. 3 VwGO, 920 Abs. 2, 294 ZPO).

Bei der im Verfahren des einstweiligen Rechtsschutzes nur möglichen und gebotenen summarischen Prüfung konnte das Gericht nicht mit der für den Erlass einer einstweiligen Anordnung erforderlichen Gewissheit feststellen, dass die Antragstellerin/der Antragsteller gegenüber der Antragsgegnerin als nach § 124 Abs. 1 Satz 1 des Gesetzes über die Hochschulen im Land Berlin (Berliner Hochschulgesetz - Berl.HG) in der Fassung vom 17.11.1999 (GVBl. S. 630), zuletzt geändert durch Gesetz vom 8.10.2001 (GVBl. S. 534) staatlich anerkannter kirchlicher Fachhochschule einen allein auf Art. 12 GG, Art. 20 der Verfassung von Berlin zu stützenden Anspruch auf Zulassung zum Studium außerhalb der festgesetzten Kapazität und damit auch auf Überprüfung derselben hat. Zwar regelt sich die Studienplatzvergabe in allen zulassungsbeschränkten Studiengängen der staatlichen und staatlich anerkannten Hochschulen des Landes Berlin - mithin auch der Antragsgegnerin - nach den Bestimmungen des Gesetzes über die Zulassung zu den Hochschulen des Landes Berlin in zulassungsbeschränkten Studiengängen (Berliner Hochschulzulassungsgesetz - Berl.HZG -) vom 29.5.2000 (GVBl. S. 327) sowie des Staatsvertrages über die Vergabe von Studienplätzen vom 24.6.1999 - StV -, § 1 Abs. 2 Berl.HZG. Da gemäß Art. 16 Abs. 1 Nr. 15 StV die Länder durch Rechtsverordnungen insbesondere die Normwerte sowie die Einzelheiten für die Kapazitätsermittlung und für die Festsetzung von Zulassungszahlen nach Art. 7 StV - unabhängig davon, ob der zulassungsbeschränkte Studiengang in das Verfahren der Vergabe durch die Zentralstelle einbezogen ist oder nicht (Art. 7 Abs. 1 u. 6 StV) - bestimmen, führt dies im Hinblick auf die Antragsgegnerin an sich dazu, dass diese bei der Festlegung der semesterlichen Zulassungszahl für Studienanfänger den Vorschriften der Kapazitätsverordnung unterworfen ist.

Es ist jedoch bereits zweifelhaft, ob aus Art. 12 GG gegenüber kirchlichen (Fach-)Hochschulen ein auch verwaltungsgerichtlich nachprüfbares

Teilhaberecht auf Zulassung zum Studium herzuleiten ist (offen gelassen ebenso von: VGH Mannheim, aaO; OVG.NW, aaO S. 156; ablehnend: VGH München, NVwZ 1992, 1225 [1226], KirchE 30, 185; OVG Saarlouis, NVwZ 1996, 1237, KirchE 33, 340). Hieran bestehen große Zweifel insbesondere im Hinblick darauf, dass den kirchlichen (Fach-)Hochschulen kein faktisches Ausbildungsmonopol - auf welchen Umstand das sog. erste Numerus clausus-Urteil des Bundesverfassungsgerichts (BVerfGE 33, 303 ff.) maßgeblich abhebt - zukommt, denn der von der Antragsgegnerin angebotene Studiengang wird in Berlin auch von staatlichen Fachhochschulen angeboten. Die Bedeutung der nichtstaatlichen, u.a. kirchlichen Hochschulen liegt auch insgesamt bildungspolitisch vornehmlich in einer qualitativen Bereicherung des Hochschulwesens (vgl. VGH München, aaO).

Unabhängig hiervon spricht nach Auffassung der Kammer keine hohe Wahrscheinlichkeit für die Annahme einer uneingeschränkten Bindung der Antragsgegnerin an die Bestimmungen der (für staatliche Hochschulen entwickelten) Kapazitätsverordnung im Hinblick auf die gleichrangig neben Art. 12 GG durch die Art. 140 GG, 137 Abs. 3 WRV verfassungskräftig verbürgten Autonomie der Religionsgesellschaften. Diese garantiert den Kirchen, ihre eigenen Angelegenheiten - speziell auch hinsichtlich der ihnen nachgeordneten Einrichtungen - selbständig innerhalb der Schranken der für alle geltenden Gesetze zu ordnen und zu verwalten. Daher spricht vieles für die Annahme, dass die Antragsgegnerin die semesterliche Zulassungszahl festsetzen kann, ohne an alle Einzelheiten der Kapazitätsverordnung gebunden zu sein, solange ihre Festsetzung nicht willkürlich erfolgt. Angesichts der von der Antragsgegnerin vorgelegten Kapazitätsrechnung sprechen für eine willkürliche Festlegung der Kapazität keinerlei Anhaltspunkte.

Die Sach- und Rechtslage ist auch nicht deshalb anders zu beurteilen, weil die nichtstaatlichen, speziell kirchlichen, Hochschuleinrichtungen vom Staat weitgehend finanziell gefördert werden. Eine derartige staatliche Unterstützung führt in diesem Zusammenhang zunächst nur dazu, dass die Antragsgegnerin als staatlich anerkannte Hochschule des Landes Berlin bei der Festsetzung ihrer semesterlichen Zulassungszahlen nach § 3 Abs. 2 Berl.HZG der Bestätigung der für die Hochschulen zuständigen Senatsverwaltung bedarf. Ein Zulassungsanspruch des Antragstellers/der Antragstellerin nach Maßgabe der für staatliche Hochschulen konzipierten Kapazitätsvorschriften lässt sich daraus nicht mit der für den Erlass der begehrten einstweiligen Anordnung notwendigen Sicherheit ableiten (ebenso: VGH München, aaO, 1226; VG Osnabrück, Beschluss vom 24.9.1999 - 3 B 41/99 - KirchE 37, 327; auch OVG Saarlouis, aaO).

26

Eine in der Rechtsform einer GmbH betriebene Einrichtung der katholischen Kirche ist nach § 118 Abs. 2 BetrVG vom Geltungsbereich des Betriebsverfassungsgesetzes ausgenommen, wenn sie karitative oder erzieherische Zwecke verfolgt. Ob dies der Fall ist, bestimmt sich nach dem Selbstverständnis der Kirche.

Art. 140 GG, Art. 137 Abs. 3 WRV, § 118 Abs. 2 BetrVG
BAG, Beschluss vom 23. Oktober 2002 - 7 ABR 59/01[1] -

---

[1] Amtl. Leitsätze. BAGE 103, 163. Nach Zurückverweisung hat das LAG Berlin mit Beschluss vom 23.11.2003 (8 TaBV 647/03) die Anträge der Arbeitgeberin insgesamt zurückgewiesen. In den Beschlussgründen ist u.a. ausgeführt:

„Die erneute Anhörung hat ergeben, dass der zulässige Hauptantrag der Arbeitgeberin unbegründet ist. Sie kann nicht die Feststellung begehren, dass sie eine karitative Einrichtung der kath. Kirche im Sinne des § 118 Abs. 2 BetrVG ist.
1.1 Entgegen der zuletzt von der Arbeitgeberin noch vertretenen Auffassung folgt nicht bereits aus ihrem Unternehmensgegenstand, dass sie eine karitative Einrichtung der katholischen Kirche im Sinne des § 118 Abs. 2 BetrVG ist. Diese Rechtsauffassung hat das Bundesarbeitsgericht in dem Beschluss vom 23. Oktober 2002, dem sich das Beschwerdegericht anschließt, abgelehnt und ausgeführt, dass die verfassungsrechtlich gebotene Respektierung des kirchlichen Selbstbestimmungsrechts nicht zur Folge habe, dass überhaupt keine Kontrolle der staatlichen Gerichte für Arbeitssachen darüber stattfinden könne, ob das Betriebsverfassungsgesetz Anwendung finde, sondern das die bisherige Tatsachenfeststellung eine Entscheidung darüber, ob und ggf. unter welchen Voraussetzungen der Bau, die Verwaltung und Vermietung von Wohnungen nach dem Selbstverständnis der kath. Kirche karitativ sei, nicht zulasse.
1.2 Nach dem Vortrag der Beteiligten im vorliegenden Beschlussverfahren kann nicht festgestellt werden, dass die Arbeitgeberin eine karitative Einrichtung der katholischen Kirche ist. Die Arbeitgeberin betreibt den Bau, die Verwaltung und Vermietung von Wohnungen und - wie der Wahlvorstand zuletzt aufgezeigt hat - auch die Errichtung und den Verkauf von Eigenheimen gehobenen Standards. - Soweit das Beschwerdegericht der Arbeitgeberin aufgegeben hat, über den bisherigen Sachvortrag hinaus im Hinblick auf die Ausführungen des Bundesarbeitsgerichts ergänzend vorzutragen, hat sie keine ausreichenden Tatsachen dargelegt, die es ermöglicht hätten, ihre Besonderheiten gegenüber einem reinen Wirtschaftsunternehmen, die das Bundesarbeitsgericht z.B. in einer Versorgung sozialschwacher und wirtschaftlich Bedürftiger mit Wohnungen ohne Verfolgung einer Gewinnerzielungsabsicht sieht, festzustellen. In ihrer ergänzenden Stellungnahme hat die Arbeitgeberin allein darauf verwiesen, dass sie ihre Gewinne an das E. Berlin abführt. Dagegen fehlt jeder weitergehende Sachvortrag dafür, dass die Arbeitgeberin - anders als andere im Wohnungsbau und der Wohnungswirtschaft tätige Wirtschaftsunternehmen - über die staatlichen Regelungen des sozialen Wohnungsbaus, des Mietrechts und der Wohnungsbauförderung hinaus besondere Leistungen erbringt und weitergibt. Da die gerichtlichen Fest-

Die Beteiligten streiten darüber, ob die antragstellende Arbeitgeberin eine karitative Einrichtung der kath. Kirche und deshalb nach § 118 Abs. 2 BetrVG vom Geltungsbereich des Betriebsverfassungsgesetzes ausgenommen ist. Hilfsweise begehrt die Arbeitgeberin die Feststellung, dass der zu 2) beteiligte Wahlvorstand nicht ordnungsgemäß besetzt und die Wahl zum Wahlvorstand nichtig ist.

Die Arbeitgeberin ist eine in der Rechtsform einer GmbH betriebene katholische Wohnungsbau- und Siedlungsgesellschaft. Gegenstand des Unternehmens ist laut Eintragung im Handelsregister:

„1. Eine sichere und sozial verantwortbare Wohnungsversorgung der breiten Schichten der Bevölkerung (kirchlich-sozialer Zweck). Die Gesellschaft nimmt damit teil an der Erfüllung des kirchlichen Auftrages.
2. Die Gesellschaft errichtet, betreut, bewirtschaftet und verwaltet Bauten in allen Rechts- und Nutzungsformen, darunter Eigenheime und Eigentumswohnungen. Sie kann außerdem alle im Bereich der Wohnungswirtschaft, des Städtebaus, der Dorferneuerung und der Infrastruktur anfallenden Aufgaben übernehmen, Grundstücke erwerben, belasten und veräußern sowie Erbbaurechte ausgeben. Sie kann Gemeinschaftsanlagen und Folgeeinrichtungen, Läden und Gewerbebauten, soziale, wirtschaftliche, ökologische und kulturelle Einrichtungen und Dienstleistungen bereitstellen. Die Gesellschaft ist berechtigt, Zweigniederlassungen zu errichten, andere Unternehmen zu erwerben oder sich an solchen zu beteiligen.“

Gesellschafter der Arbeitgeberin sind die Erzbischöfliche Vermögensverwaltungs GmbH, eine 100-prozentige Tochter des Erzbistums Berlin, und der Caritasverband Berlin e.V. Ihrem aus sechs Personen bestehenden Aufsichtsrat gehören u.a. zwei Mitglieder der Caritas bzw. des Caritasverbands für das Erzbistum Berlin, ein Pfarrer, der Finanzdezernent des Erzbistums Berlin und der Geschäftsführer des Morus-Verlags, einer im Kirchenbesitz befindlichen Verlagsanstalt, an. Die Arbeitgeberin ist vor allem mit der Wohnungsvermietung und der Baubetreuung, vornehmlich für Kirchen und kirchennahe Einrichtungen, sowie dem Bau von Eigenheimen befasst. Überwiegend verwaltet sie Wohnungen, die zu etwa 90 vH zum öffentlich geförderten Wohnungsbau gehören.

Auf Einladung der Industriegewerkschaft Bauen-Agrar-Umwelt fand für den Betrieb der Arbeitgeberin eine Betriebsversammlung statt. Daran nahmen u.a. zwei Arbeitnehmer der Märkischen Grundstücks- und Wohnungsbaugesellschaft mbH (MGW) teil, die nach Auffassung des Wahlvorstands mit der Arbeitgeberin einen Gemeinschaftsbetrieb führen soll. Es wurde der zu 2) beteiligte Wahlvorstand zur Durchführung der Wahl

---

stellungen auch im arbeitsgerichtlichen Beschlussverfahren auf der Grundlage des entsprechenden Sachvortrags der Beteiligten zu erfolgen haben, hat das Beschwerdegericht von weiteren Erhebungen, insbesondere von der Einholung von Auskünften der kath. Kirche abzusehen gehabt.“

eines Betriebsrats gewählt. Dem Wahlvorstand gehören ausschließlich Arbeiter an. Als Ersatzmitglieder wurden u.a. zwei Mitarbeiter der MGW gewählt.

Die Arbeitgeberin hat die Auffassung vertreten, die Wahl des Wahlvorstands sei nichtig. Ihr Betrieb sei eine karitative Einrichtung der kath. Kirche. Für ihn gelte deshalb das Betriebsverfassungsgesetz nicht. Außerdem sei der Wahlvorstand nicht ordnungsgemäß gewählt worden.

Der Wahlvorstand hat geltend gemacht, die Arbeitgeberin sei keine karitative Einrichtung der kath. Kirche iSv § 118 Abs. 2 BetrVG, sondern ein reines Wirtschaftsunternehmen, das sich mit der Absicht der Gewinnerzielung am Markt betätige. Der Wahlvorstand sei ordnungsgemäß gewählt worden und besetzt.

Die Arbeitgeberin beantragt, 1. festzustellen, dass die Antragstellerin karitative Einrichtung einer Religionsgemeinschaft iSd § 118 Abs. 2 BetrVG ist, 2. festzustellen, dass die Wahl eines Wahlvorstandes zur Vorbereitung und Durchführung von Betriebsratswahlen im Betrieb der Antragstellerin unzulässig ist, 3. hilfsweise zu den Anträgen zu 1) und 2) festzustellen, dass der gebildete Wahlvorstand nicht ordnungsgemäß besetzt und wegen Verstoßes gegen § 16 Abs. 1 Satz 1 BetrVG die Wahlen zum Wahlvorstand nichtig sind.

Das Arbeitsgericht hat den Hauptanträgen stattgegeben. Das LAG Berlin (KirchE 39, 319) hat die Beschwerde des Wahlvorstands zurückgewiesen. Mit der Rechtsbeschwerde verfolgt der Wahlvorstand seinen Antrag auf Zurückweisung des Hauptantrags zu 1) und des Hilfsantrags weiter, nachdem die Arbeitgeberin den Hauptantrag zu 2) mit Zustimmung des Wahlvorstands in der mündlichen Anhörung vor dem Senat zurückgenommen hat.

Die Rechtsbeschwerde hatte Erfolg. Sie führt zur Aufhebung des angefochtenen Beschlusses und zur Zurückverweisung des Verfahrens an das Landesarbeitsgericht.

Aus den Gründen:

Nach den bisher getroffenen Tatsachenfeststellungen kann der Senat nicht abschließend entscheiden, ob die Arbeitgeberin eine karitative Einrichtung der kath. Kirche iSv § 118 Abs. 2 BetrVG und deshalb vom Geltungsbereich des Betriebsverfassungsgesetzes ausgenommen ist. Eine Entscheidung über den Hilfsantrag ist dem Senat daher ebenfalls nicht möglich.

I. Der Hauptantrag ist zulässig. Insbesondere ist das nach § 256 Abs. 1 ZPO erforderliche Feststellungsinteresse gegeben.

1. Der Hauptantrag ist auf die Feststellung eines Rechtsverhältnisses gerichtet. Mit der Entscheidung über die Frage, ob die Arbeitgeberin eine

karitative Einrichtung iSv § 118 Abs. 2 BetrVG ist, wird das Bestehen oder Nichtbestehen eines Rechtsverhältnisses zwischen den Beteiligten geklärt. Ist die Arbeitgeberin eine karitative Einrichtung und deshalb vom Geltungsbereich des Betriebsverfassungsgesetzes ausgenommen, ist die Wahl zum Wahlvorstand nichtig, so dass zwischen den Beteiligten ein Rechtsverhältnis nicht zur Entstehung gelangen konnte. Die Beteiligten haben ein rechtliches Interesse an der alsbaldigen Klärung dieser Frage.

2. Der Zulässigkeit des Hauptantrags steht nicht entgegen, dass die Arbeitgeberin die Wahl zum Wahlvorstand analog § 19 BetrVG anfechten kann. Die Arbeitgeberin hat unabhängig von einem Wahlanfechtungsverfahren ein rechtliches Interesse daran, ihren Status als karitative Einrichtung einer Religionsgemeinschaft gerichtlich feststellen zu lassen. Damit wird - im Gegensatz zur Wahlanfechtung, die sich nur auf eine ganz bestimmte Wahl bezieht - auch für die Zukunft geklärt, ob im Betrieb der Arbeitgeberin ein Betriebsrat gewählt werden darf oder nicht.

II. Der Senat kann nicht abschließend entscheiden, ob der Hauptantrag begründet ist. Die Arbeitgeberin ist entgegen der Auffassung des Landesarbeitsgerichts nicht bereits deswegen als karitative Einrichtung der kath. Kirche iSv § 118 Abs. 2 BetrVG anzusehen, weil sie durch ihren Unternehmensgegenstand deutlich gemacht hat, durch ihre Betätigung die sichere und sozial verantwortbare Wohnungsversorgung breiter Schichten der Bevölkerung und damit einen nach ihrem Verständnis sozialen Zweck im Sinne einer karitativen Betätigung zu verfolgen. Zwar ist die Arbeitgeberin, wie das Landesarbeitsgericht zutreffend angenommen hat, eine Einrichtung einer Religionsgemeinschaft iSd § 118 Abs. 2 BetrVG, nämlich der kath. Kirche. Ob sie karitativ ist, hängt jedoch davon ab, ob der von der Arbeitgeberin verfolgte Zweck und die Art ihrer Betätigung nach dem Selbstverständnis der kath. Kirche als karitativ anzusehen sind. Feststellungen dazu, ob und ggf. unter welchen Voraussetzungen der Bau und die Verwaltung und Vermietung von Wohnungen nach dem Selbstverständnis der kath. Kirche karitativ sind, hat das Landesarbeitsgericht bislang nicht getroffen. Diese Feststellungen sind nachzuholen. Erst dann kann geprüft werden, ob die Betätigung der Arbeitgeberin dem kirchlichen Selbstverständnis von Caritas entspricht.

1. Nach § 118 Abs. 2 BetrVG findet das Betriebsverfassungsgesetz keine Anwendung auf Religionsgemeinschaften und deren karitative und erzieherische Einrichtungen unbeschadet deren Rechtsform. Dies beruht auf dem den Religionsgemeinschaften durch Art. 140 GG iVm. Art. 137 Abs. 3 WRV gewährleisteten Recht, ihre Angelegenheiten innerhalb der Schranken der für alle geltenden Gesetze zu ordnen und zu verwalten (BVerfG 11.10.1977 - 2 BvR 209/76 - BVerfGE 46, 73 [95] AP GG Art. 140 Nr. 1, KirchE 16, 189). Der Gesetzgeber des Betriebsverfassungsgesetzes hat mit dieser Vorschrift dem den Religionsgemeinschaften verfas-

sungsmäßig garantierten Freiheitsraum Rechnung getragen, der sie berechtigt, ihre Angelegenheiten selbst zu ordnen und zu verwalten. Zu diesen Angelegenheiten gehört nach Auffassung des Bundesverfassungsgerichts auch das Recht, Vertretungsorgane entsprechend dem Charakter der Religionsgemeinschaften für die bei ihr tätigen Arbeitnehmer einzurichten und zu gestalten (BVerfG 11.10.1977 - 2 BvR 209/76 - aaO; BAG 6.12.1977 - 1 ABR 28/77 - BAGE 29, 405, AP BetrVG 1972 § 118 Nr. 10, zu III 2 der Gründe, KirchE 16, 254). Das Betriebsverfassungsgesetz nimmt daher mit der Regelung in § 118 Abs. 2 BetrVG nach der ausdrücklich geäußerten Ansicht des Bundesverfassungsgerichts auf das verfassungsrechtliche Gebot aus Art. 140 GG iVm. Art. 137 Abs. 3 WRV Rücksicht. Damit ist zugleich gesagt, dass die Ausklammerung der Religionsgemeinschaften und ihrer karitativen und erzieherischen Einrichtungen aus dem Geltungsbereich des Betriebsverfassungsgesetzes nicht gegen Verfassungsgrundsätze und damit entgegen der beiläufig geäußerten Rechtsauffassung des Wahlvorstands auch nicht gegen das Sozialstaatsprinzip verstößt. An diese Rechtsauffassung des Bundesverfassungsgerichts sind die Gerichte gemäß Art. 31 Abs. 1 BVerfGG gebunden (BAG 6.12.1977 - 1 ABR 28/77 - aaO, zu III 2 der Gründe).

2. Das Selbstbestimmungsrecht der Kirchen bezieht sich nicht nur auf die organisierte Kirche und ihre rechtlich selbstständigen Teile. Vielmehr sind alle der Kirche in bestimmter Weise zugeordneten Einrichtungen ohne Rücksicht auf ihre Rechtsform Objekte, bei deren Ordnung und Verwaltung die Kirche grundsätzlich frei ist, wenn die Einrichtung nach kirchlichem Selbstverständnis ihrem Zweck oder ihren Aufgaben entsprechend berufen ist, ein Stück Auftrag der Kirche in dieser Welt wahrzunehmen und zu erfüllen (BVerfG 11.10.1977 - 2 BvR 209/76 - aaO, zu B II 2a der Gründe; BAG 24.7.1991 - 7 ABR 34/90 - BAGE 68, 170, AP BetrVG 1972 § 118 Nr. 48, zu B II 2 der Gründe, KirchE 29, 255). Die verfassungsrechtlich garantierte Freiheit der Kirche im Staat schließt es ein, dass sich die Kirche zur Erfüllung ihres Auftrags auch der Organisationsformen des staatlichen Rechts bedienen kann, ohne dass dadurch die Zugehörigkeit der auf dieser Rechtsgrundlage begründeten Einrichtungen zur Kirche aufgehoben würde (BAG 24.7.1991 - 7 ABR 34/90 - aaO, mwN).

3. Für die Zuordnung einer rechtlich selbstständigen Einrichtung zur Kirche ist allerdings nicht ausreichend, dass die Einrichtung ihrem Zweck nach auf die Verwirklichung eines kirchlichen Auftrags gerichtet ist. Hinzukommen muss ein Mindestmaß an Einflussmöglichkeiten der Kirche, um auf Dauer eine Übereinstimmung der religiösen Betätigung der Einrichtung mit kirchlichen Vorstellungen gewährleisten zu können. Dabei bedarf der ordnende Einfluss der Kirche zwar keiner satzungsmäßigen Absicherung. Die Kirche muss aber in der Lage sein, einen etwaigen Dissens in religiösen Angelegenheiten zwischen ihr und der Einrichtung zu unterbinden (stRspr., vgl. etwa BAG 30.4.1997 - 7 ABR 60/95 -

AP BetrVG 1972 § 118 Nr. 60, EzA BetrVG 1972 § 118 Nr. 66, zu B 2 der Gründe mwN, KirchE 35, 153).

4. Ob die Arbeitgeberin nach diesen Grundsätzen eine karitative Einrichtung der kath. Kirche ist und deshalb nach § 118 Abs. 2 BetrVG dem Geltungsbereich des Betriebsverfassungsgesetzes nicht unterfällt, vermag der Senat aufgrund der bislang festgestellten Tatsachen nicht zu entscheiden.

a) Die kath. Kirche verfügt über das erforderliche Mindestmaß an Einflussmöglichkeiten, um die Übereinstimmung der Betätigung der Arbeitgeberin mit den Vorstellungen der Kirche gewährleisten zu können. Das ist zwischen den Beteiligten nicht umstritten. Der Einfluss wird bereits durch die Gesellschafter der Arbeitgeberin sichergestellt. Die Erzbischöfliche Vermögensverwaltungs GmbH steht als 100 vH-ige Tochtergesellschaft des Erzbistums Berlin ihrerseits unter dem bestimmenden Einfluss der Amtskirche. Der Deutsche Caritasverband ist ein von den deutschen Bischöfen als legitime Vertretung der kirchlichen Liebestätigkeit anerkannter kirchlicher Verband. In den einzelnen Diözesan-Caritasverbänden stehen den jeweiligen Bischöfen Mitwirkungsrechte in wichtigen Angelegenheiten, meist in Form von Genehmigungsvorbehalten, zu (vgl. dazu Schmitz-Elsen, in: Lexikon für Kirchen- und Staatskirchenrecht Stichwort „Caritas").Damit verfügt die Amtskirche über maßgebliche Einflussmöglichkeiten auf die Gesellschafter der Arbeitgeberin und über diese auf die Arbeitgeberin selbst.

b) Nach den bisherigen Feststellungen des Landesarbeitsgerichts kann jedoch nicht beurteilt werden, ob die Wohnungsbau betreibende Arbeitgeberin karitativ iSv § 118 Abs. 2 BetrVG ist.

aa) Der Begriff der „karitativen Einrichtung" in § 118 Abs. 2 BetrVG ist nach dem Selbstverständnis der Kirche zu bestimmen. Dies folgt aus dem den Kirchen durch Art. 140 GG iVm. § 137 Abs. 3 WRV garantierten Selbstverwaltungsrecht. Dieses umfasst auch die Befugnis der Kirche, selbst darüber zu entscheiden, durch welche Mittel und Einrichtungen sie ihren Auftrag in dieser Welt wahrnehmen und erfüllen will. Die Beurteilung, ob eine Betätigung „Caritas" ist, obliegt daher allein der Kirche. Eine Vorgabe staatlicher Organe, welche Art kirchlicher Betätigung karitativ ist, wäre ein unzulässiger Eingriff in das verfassungsrechtlich garantierte Selbstverwaltungsrecht der Kirche (BAG 6.10.1977 - 1 ABR 28/77 - aaO, zu III 1 der Gründe; 24.11.1981 - 1 ABN 12/81 - AP ArbGG 1979 § 72a Divergenz Nr. 10, EzA ArbGG 1979 § 72a Nr. 37, KirchE 19, 151; Richardi Arbeitsrecht in der Kirche 3. Aufl. § 3 Rn 15; Beckers ZTR 2000, 63, 65; a.A. ErfK/Hanau/Kania 3. Aufl. § 118 BetrVG Rn 32; Däubler/Kittner/Klebe BetrVG 8. Aufl. § 118 Rn 7; GK-BetrVG-Fabricius/Weber 7. Aufl. § 118 Rn 225).

bb) Die verfassungsrechtlich gebotene Respektierung des kirchlichen Selbstbestimmungsrechts hat allerdings nicht zur Folge, dass überhaupt keine Kontrolle der staatlichen Gerichte für Arbeitssachen darüber stattfinden kann, ob das Betriebsverfassungsgesetz Anwendung findet. Ihre Prüfungskompetenz erstreckt sich jedenfalls darauf festzustellen, welchen Inhalt die Religionsgemeinschaft dem Begriff „karitativ" iSd § 118 Abs. 2 BetrVG gibt und ob die jeweilige Einrichtung diese Vorgaben bei ihrer Tätigkeit erfüllt. Dazu müssen die Tatsachengerichte im Rahmen der Untersuchungsmaxime die erforderlichen Tatsachen sowohl zum Inhalt von Caritas als auch zur konkreten Betätigung der Einrichtung feststellen. Das hat das Beschwerdegericht bisher nicht in dem erforderlichen Umfang getan, so dass das Verfahren zurückverwiesen werden muss.

cc) Das Landesarbeitsgericht wird in dem erneuten Beschwerdeverfahren zu ermitteln haben, ob und ggf. unter welchen Voraussetzungen der Bau und die Verwaltung und Vermietung von Wohnungen und Eigenheimen nach den Grundsätzen der kath. Kirche deren Verständnis von Caritas entspricht. Dafür spricht es, dass diese Art der Betätigung nach Auffassung der kath. Kirche jedenfalls dann karitativ sein kann, wenn die Wohnungen bedürftigen Menschen zur Verfügung gestellt werden und mit dieser Tätigkeit keine Gewinnerzielungsabsicht verfolgt wird. Dies kann z.B. aus dem „Dekret über das Laienapostolat" des II. Vatikanischen Konzils geschlossen werden. Dort heißt es: „... Das caritative Tun kann und muss heute alle Menschen und Nöte umfassen. Wo immer Menschen leben, denen es an Speise und Trank, an Kleidung, Wohnung, Medikamenten, Arbeit, Unterweisung, notwendigen Mitteln zu einem menschenwürdigen Leben fehlt, ... muss die christliche Hilfe sie suchen und finden, alle Sorgen für sie aufwenden, um sie zu trösten und mit tätiger Hilfe ihr Los zu erleichtern ... Weder das Suchen des eigenen Vorteils noch Herrschsucht dürfen die Reinheit der Absicht beflecken" (zitiert nach Rinken, HdbStKirchR, 1. Aufl. § 27 II 1).

Für ein solches Verständnis der kath. Kirche von Caritas könnte auch das von der deutschen Bischofskonferenz anerkannte Leitbild des Deutschen Caritasverbandes sprechen. Danach ist „Caritas ... konkrete Hilfe für Menschen in Not. Richtschnur ihrer Arbeit sind Weisung und Beispiel Jesu Christi. Die Hinwendung zu den Hilfsbedürftigen und Solidarität mit ihnen ist praktizierte Nächstenliebe. Sie ist Aufgabe und Verpflichtung eines jeden Christen. Sie ist zugleich Grundauftrag der Kirche. Aus christlicher Verantwortung leistet Caritas vielfältige Hilfe mit und für Menschen. Als Wohlfahrtsverband der kath. Kirche wirkt der deutsche Caritasverband an der Gestaltung des kirchlichen und gesellschaftlichen Lebens mit. Maßgebend für seine Tätigkeit sind der Anspruch des Evangeliums und der Glaube der Kirche. Durch sein Wirken trägt er zur öffentlichen Beglaubigung der kirchlichen Verkündigung bei. Als Spitzenverband der freien Wohlfahrtspflege steht der deutsche Caritasverband in der Mitverantwortung für die sozialen Verhältnisse in der Bundesrepublik Deutschland. Er lässt sich vom Bild einer solidarischen und gerechten Gesellschaft leiten, in der auch Arme und Schwache einen

Platz mit Lebensperspektiven finden können". (zitiert nach Schmitz-Elsen, in: Wörterbuch für Kirchen- und Staatskirchenrecht, Stichwort „Caritas"). Caritas im kirchlichen Sinne besteht somit auch in der Fürsorge für sozial Schwache und wirtschaftlich Bedürftige. Dazu könnte auch die Versorgung solcher Menschen mit Wohnungen gehören. Ob und ggf. unter welchen Voraussetzungen dies nach dem Selbstverständnis der kath. Kirche der Fall ist, hat das Landesarbeitsgericht aufzuklären. Dazu wird es den Beteiligten Gelegenheit zu entsprechendem Sachvortrag geben und ggf. Auskünfte bei der kath. Kirche einholen müssen. Anschließend wird es zu prüfen haben, ob die Betätigung der Arbeitgeberin den so ermittelten kirchlichen Grundsätzen karitativen Wirkens entspricht.

III. Sollte die erneute Anhörung der Beteiligten vor dem Landesarbeitsgericht ergeben, dass die Arbeitgeberin keine karitative Einrichtung der kath. Kirche iSv § 118 Abs. 2 BetrVG ist, wird das Landesarbeitsgericht über den Hilfsantrag zu befinden haben. Von Hinweisen dazu sieht der Senat ab, da sich das Landesarbeitsgericht mit diesem Antrag bislang nicht befasst und dazu weder Tatsachen festgestellt noch eine rechtliche Würdigung vorgenommen hat.

27

Zum Anspruch der Scientology-Kirche auf Erteilung einer straßenrechtlichen Sondernutzungserlaubnis für die Aufstellung zweier Zelte auf einem belebten Platz einer Großstadt (hier verneint).

Art. 2 Abs. 1, 3 Abs. 1, 4 Abs. 1 GG, §§ 118 BayLV,
14, 18 Abs. 1 BayStrWG
BayVGH, Beschluss vom 29. Oktober 2002 - 8 CE 02.2663[1] -

Im September 2002 beantragte die Scientology Kirche Deutschland e.V. für die Church of Scientology International, Los Angeles (USA) - Antragstellerin -, eine Sondernutzungserlaubnis für die Durchführung einer Informationsveranstaltung auf dem Marienplatz vom 25.10.bis 1.11.2002 mit zwei Zelten, in der Neuhauser Straße mit einem Zelt, auf dem Odeonsplatz mit zwei Zelten und auf dem Oberanger/St. Jakobs-Platz mit drei Zelten (Abmessungen pro Zelt 6 m x 10 m). Es wurde angegeben, „es handle sich bei der Veranstaltung um eine Informationsveranstaltung über die Arbeit der Ehrenamtlichen Geistlichen in der Scientology Kirche in der Gesellschaft". Dabei sollten auch kostenlose Informationsmaterialien sowie Einladungskarten an Passanten verteilt werden.

---

[1] Amtl. Leitsatz. BayVBl 2003, 214; GewArch 2003, 348; KommunalPraxis BY 2003, 72 (LS); KuR 2003, 103; NVwZ-RR 2003, 244.

Die Antragsgegnerin teilte der Antragstellerin daraufhin mit, sie sehe keine Möglichkeit, dem Antrag zu entsprechen. Für die Genehmigung derartiger Veranstaltungen habe der Stadtrat Richtlinien festgelegt, an die die Verwaltung gebunden sei. Danach seien Veranstaltungen von Gewerbebetrieben und solche, die vorrangig oder indirekt der Werbung dienten, auf öffentlichen Straßen und Plätzen nicht zugelassen. Darüber hinaus könnten nur eintätige Events zugelassen werden, wobei der Aufbau von Zelten über einen kleineren Witterungsschutz hinaus nicht statthaft sei. Die Antragstellerin hat hiergegen Widerspruch eingelegt.

Die Antragstellerin begehrt im vorliegenden Verfahren, mit einer einstweiligen Anordnung die Antragsgegnerin zu verpflichten, ihr die Sondernutzungserlaubnis für die Durchführung der Informationsveranstaltungen auf dem Marienplatz, jeweils hilfsweise an den übrigen drei Standorten zu erteilen. Den Antrag für den Standort Oberanger/St. Jakobs-Platz hat sie später zurückgenommen.

Das Verwaltungsgericht hat die Antragsgegnerin mit dem angefochtenen Beschluss unter Ablehnung des Antrags im Übrigen verpflichtet, ihr eine Sondernutzungserlaubnis zur Aufstellung von zwei Zelten auf dem Odeonsplatz für die Durchführung der Informationsveranstaltung an einem von der Antragstellerin zu bezeichnenden Tag im Zeitraum vom 25.10.bis 1.11.2002 zu erteilen. Zur Begründung hat das Verwaltungsgericht im Wesentlichen ausgeführt, die Veranstaltung bedürfe einer Sondernutzungserlaubnis. Sie stelle sich als reine Veranstaltung mit religiöser oder weltanschaulicher Zielsetzung ohne gewerbliche Tätigkeit dar. Nach Maßgabe der einschlägigen Verwaltungsrichtlinien der Antragsgegnerin dürfe die Veranstaltung aber nur an einem Tag durchgeführt werden.

Gegen den Beschluss haben die Antragstellerin, die Antragsgegnerin und die Landesanwaltschaft Bayern als Vertreter des öffentlichen Interesses Beschwerde eingelegt.

Die Antragstellerin begehrt insoweit, die Antragsgegnerin für den Zeitraum vom 30.10.bis 1.11.2002 zur Erteilung der Sondernutzungserlaubnis zu verpflichten und festzustellen, dass sich die Anordnung im Beschluss des Verwaltungsgerichts auf den 29.10.2002 beziehe. Zur Begründung verweist sie vor allem darauf, es handle sich um eine Veranstaltung, die den Schutz des Art. 4 GG genieße; grundrechtlich geschützte Rechte der Verkehrsteilnehmer würden demgegenüber nicht ernstlich gefährdet.

Dieses Rechtsmittel wurde zurückgewiesen.

Die Antragsgegnerin und die Landesanwaltschaft Bayern beantragen, den Antrag nach § 123 VwGO unter Aufhebung des Beschlusses des Verwaltungsgerichts vom 22.10.2002 insgesamt abzulehnen. Sie tragen vor, die Antragstellerin handle erwerbswirtschaftlich, so dass ihr kein Anspruch auf die Sondernutzungserlaubnis zustehe. Insbesondere seien die sogenannten „Assists“ entgeltliche Seminarangebote der Antragstellerin. Diese Beschwerden wurde antragsgemäß stattgegeben.

Aus den Gründen:

II. Die Beschwerden aller beschwerdeführenden Parteien sind nach § 146 Abs. 4, § 147 Abs. 2 VwGO form- und fristgerecht eingelegt. Die Antragstellerin und die Antragsgegnerin sind durch die Entscheidung des Erstgerichts formell beschwert. Die Landesanwaltschaft Bayern als Vertreter des öffentlichen Interesses bedarf nach § 4 LABV keiner Darlegung einer Beschwer. Ob der Feststellungsantrag der Antragstellerin bezüglich der Konkretisierung des Inhalts der Entscheidung des Erstgerichts auf den 29.10.2002 zulässig ist, kann offen bleiben, weil es darauf nicht ankommt. Mit dieser Maßgabe sind sämtliche Beschwerden zulässig.

Die Beschwerden der Antragsgegnerin und der Landesanwaltschaft Bayern sind auch begründet, die der Antragstellerin ist unbegründet. Der Verwaltungsgerichtshof kommt bei der summarischen Prüfung der Sach- und Rechtslage in der ihm verbleibenden, äußerst knappen Entscheidungsfrist zu dem Ergebnis, dass bei der Bewertung der Informationsveranstaltung der Antragstellerin ihr gewerblicher Charakter im Vordergrund steht und deshalb eine Ermessensbindung der Antragstellerin zur Erteilung der notwendigen Sondernutzungserlaubnis nicht eingetreten ist. Der Antrag nach § 123 VwGO ist daher insgesamt abzulehnen.

Die von der Antragstellerin zuletzt nur noch weiter verfolgte Erteilung einer Sondernutzungserlaubnis für die Aufstellung von zwei Zelten auf dem Odeonsplatz für den Zeitraum 30.10.bis 1.11.2002 zur Durchführung einer Informationsveranstaltung über die „Arbeit der Ehrenamtlichen Geistlichen der Scientology Kirche in der Gesellschaft“ stellt eine Nutzung des Straßenraums über den Gemeingebrauch hinaus und damit eine erlaubnispflichtige Sondernutzung dar (vgl. Art. 14 Abs. 1 und Art. 18 Abs. 1 BayStrWG; vgl. dazu insbes. auch die Richtlinien der Antragsgegnerin für Veranstaltungen auf öffentlichem Straßengrund von 1999). Denn die Antragstellerin will ihre Veranstaltung mit Hilfe zweier Zelte durchführen. Sie bedient sich damit eines Hilfsmittels zur Benutzung des „knappen Guts öffentliche Straße“, das in dem behördlichen Kontrollverfahren der Sondernutzungserlaubnis auf seine Vereinbarkeit mit den öffentlichen Belangen und den verfassungsrechtlichen Rechtspositionen Dritter zu prüfen ist (vgl. BVerwG vom 4.7.1996 NJW 1997, 408, KirchE 34, 231; BayVGH vom 4.7.1996 BayVBl. 1996, 665, KirchE 34, 234; vgl. auch BVerfG vom 18.10.1991 NVwZ 1991, 53). Der Frage, ob sich die Antragstellerin dabei auf das Grundrecht aus Art. 4 Abs. 1 GG berufen kann (Religions- oder Weltanschauungsgemeinschaft), kommt bei einer derart eindeutigen und massiven Nutzung des Straßenraums keine Bedeutung für die Durchführung des Kontrollverfahrens nach Art. 18 BayStrWG, sondern nur für die Frage einer eventuellen Ermessensbindung zu (vgl. BVerwG und BayVGH aaO). Anhaltspunkte dafür, dass für die Aufstellung der Zelte eine straßenverkehrsrechtliche Ausnahmegenehmigung erforderlich wäre, bestehen im Übrigen nicht.

Zweifelhaft erscheint, ob die Antragstellerin als Religions- oder Weltanschauungsgemeinschaft im Sinne von Art. 4, Art. 140 GG, Art. 137 WRV eingestuft werden kann. Das Bundesarbeitsgericht hat dies jedenfalls für die „Scientology Kirche Hamburg e.V." in einer ausführlich und umfassend begründeten Entscheidung verneint (vgl. BAG vom 22.3.1995 NJW 1996, 143, KirchE 33, 92). Es hat ausgeführt, es handle sich vielmehr um ein kommerzielles Unternehmen, dem religiöse oder weltanschauliche Lehren nur als Vorwand für die Verfolgung wirtschaftlicher Ziele dienten (vgl. BAG vom 22.3.1995 aaO, S. 146 ff. und S. 149 ff.). Soweit die Antragstellerin vorträgt, das Bundesarbeitsgericht habe die in seiner Entscheidung vom 22.3.1995 vertretene Auffassung mittlerweile aufgegeben, trifft das nicht zu; das Bundesarbeitsgericht hat in einem Beschluss vom 26.9.2002 (5 AZB 19/01, KirchE 41, 93) lediglich ausgeführt, dass es auf die in dem Beschluss vom 22.3.1995 vertretene Auffassung für die Entscheidung vom 26.9.2002 nicht ankomme. Darüber hinaus hat es das Bundesverwaltungsgericht gebilligt, dass die Scientology Kirche als eingetragener Verein und damit als juristische Person für die Abhaltung von Kursen und Seminaren sowie für den Verkauf von Büchern als Gewerbetreibende anzusehen sei und deshalb eine Gewerbeanmeldung nach § 14 GewO vornehmen müsse (vgl. BVerwG vom 3.7.1998 NVwZ 1999, 766 [767], KirchE 36, 296).

Im Hinblick auf die nur zur Verfügung stehende sehr knappe Entscheidungsfrist kann und braucht diese Frage aber auch nicht vertieft zu werden. Das Bundesverwaltungsgericht hat im Zusammenhang mit straßen- und wegerechtlichen Sondernutzungen für Informationsstände der Scientology Kirche darauf hingewiesen, es könne nicht ausgeschlossen werden, dass sich religiöse oder weltanschauliche Zielsetzungen im Vorfeld einzelner Aktivitäten mit auf Gewinnerzielung ausgerichteten Tätigkeiten verbinden oder vermischen würden und dass es deshalb erforderlich sei, den konkreten Sachverhalt auf erwerbswirtschaftliche Zielsetzungen genau zu prüfen und zu würdigen (vgl. BVerwG vom 16.2.1995 NVwZ 1995, 473, KirchE 33, 43; vom 4.7.1996 NJW 1997, 406, KirchE 34, 231; vom 4.7.1996 NJW 1997, 408, KirchE 34, 231).

Im vorliegenden Fall begehrt die Antragstellerin die Erteilung einer Sondernutzungserlaubnis für die Durchführung einer Informationsveranstaltung über die Arbeit der sog. Ehrenamtlichen Geistlichen der Scientology Kirche. Nach dem dem Verwaltungsgerichtshof von den Beteiligten übersandten „Handbuch für den Ehrenamtlichen Geistlichen" von L. Ron Hubbard gehört es mit zu den wesentlichen Gesichtspunkten der Tätigkeit des Ehrenamtlichen Geistlichen, dass er in der Technik der „Assists“ (was mit „Beistand“ übersetzt wird) ausgebildet wird, „um ihn zu befähigen, seine Aufgabe der Hilfeleistung bei geistigen Qualen von Menschen zu erfüllen und seiner Verantwortung, die Leiden der Menschen zu lindern, nachzukommen“. Eine im vorliegenden Verfahren nur summarisch mögliche Durchsicht des „Hefts über Assists“ ergibt, dass es sich dabei um Ratschläge in den verschiedensten Lebenslagen, vor allem bei Krankheiten und Verletzungen handelt. Geht man mit der herrschenden Meinung davon aus, dass sich Religion oder Weltanschauung mit der Gesamtsicht der Welt, mit der Stellung des Menschen in der Welt, seiner Herkunft, seinem Ziel und seiner Beziehung zu höheren Mächten oder tieferen Seinsschichten befassen (vgl. BVerwGE 90, 112 [115 f.]), so springen danach als religiös oder weltanschaulich zu beurteilende Aspekte bei der summarischen Prüfung des „Hefts über Assists“ nicht ins Auge. Andererseits sind in diesem Zusammenhang die von der Antragsgegnerin und der Landesanwaltschaft Bayern vorgelegten Handzettel zu würdigen, mit denen die Antragstellerin bisher für einen Besuch der Ehrenamtlichen Geistlichen der Scientology Kirche in Hamburg, Frankfurt und München geworben hat. Auf diesen Handzetteln heißt es, dass ein Besucher gegen Vorlage dieser Einladungskarte einen „Assist, mit dem er die Wogen des Tages glätten könne“, erhalte. Am Schluss des Handzettels ist angegeben, dass die Ehrenamtlichen Geistlichen auch bereit seien, den Besuchern diese Methoden zur eigenen Übung beizubringen. In einer ebenfalls von der Landesanwaltschaft Bayern vorgelegten Broschüre über die Scientology-Orientierungsseminare, in der beispielsweise auch das Seminar über Beistände für Krankheiten und Verletzungen aufgeführt ist, ist die Angabe enthalten, dass der Preis pro Seminar 40 DM beträgt. Auf Grund dieser Zusammenhänge drängt sich die Schlussfolgerung auf, dass ein wesentlicher Bestandteil der Informationsveranstaltung über die Arbeit der Ehrenamtlichen Geistlichen das Werben für kostenpflichtige Orientierungsseminare über die „Assists“ ist. Damit steht eine geschäftsanbahnende und gewinnerzielende Tätigkeit jedenfalls im Vordergrund. Dies rechtfertigt es, die Informationsveranstaltung als in wesentlicher Beziehung gewerblich einzustufen.

Wendet man die ermessensbindenden Richtlinien für Veranstaltungen auf öffentlichem Verkehrsgrund 1999 der Antragsgegnerin auf den vorliegenden Sachverhalt an, so ergibt sich, dass die strittige Informationsveranstaltung unter keinen der dort geregelten Tatbestände subsumiert werden kann.

Nahe liegt nach den vorstehenden Erörterungen insbesondere die Einordnung als Veranstaltung von Gewerbebetrieben nach Nr. 2.2.7 der Richtlinien in Verbindung mit Anlage 1 Punkt 7 der Richtlinien. Dort werden indes nur kleinere Veranstaltungen wie ein Standkonzert oder eine Pantomime aus Anlass von Geschäftseröffnungen oder „runden“ Firmenjubiläen, die nur auf den Gehwegen ohne Verkehrsbehinderung stattfinden, privilegiert. Die Veranstaltung der Antragstellerin mit der Aufstellung von zwei Zelten mit je 6 m x 10 m Grundfläche fällt ersichtlich nicht darunter. Dasselbe gilt für (nachbarschaftliche) Straßenfeste (Events); der Informationsveranstaltung der Antragstellerin fehlt eindeutig der Charakter einer Festlichkeit. Ausdrücklich nicht nach Nr. 2.2.7 der Richtlinien in Verbindung mit Anlage 1 Punkt 7 lit. c der Richtlinien privilegiert werden hingegen reine gewerbliche Werbeveranstaltungen.

Ebenso wenig weiterführend zu Gunsten der Antragstellerin ist eine Einordnung als Werbeveranstaltung nach den allgemeinen Bestimmungen der Richtlinien (Nr. 2.1.4). Hier gilt der Grundsatz, dass Größe und Art der Werbemittel in einem angemessenen Verhältnis zum Veranstaltungszweck stehen und auf jeden Fall von untergeordneter Bedeutung sein müssen sowie dass Veranstaltungen mit der Zielsetzung einer Umsatzsteigerung nicht erlaubnisfähig sind; insbesondere im Bereich der Altstadt-Fußgängerzone seien bei der Beurteilung strenge Maßstäbe anzuwenden. Da die Informationsveranstaltung der Antragstellerin mit zwei Zelten mit den Ausmaßen von jeweils 6 m x 10 m massiv Straßengrund nutzen würde und dabei außerdem ein wesentliches Element der Gewinnerzielung mit zu berücksichtigen ist, kann sie nicht dem Bereich zugeordnet werden, in dem die Antragsgegnerin ihr Ermessen nach Art. 18 Abs. 1 Satz 1 BayStrWG gebunden hat. Auch die in der Richtlinie namentlich erwähnten Werbeveranstaltungen passen auf die Veranstaltung der Antragstellerin nicht. „Info-Veranstaltungen“ nach Nr. 2.1.4.3 der Richtlinien werden nur privilegiert für fremdenverkehrsorientierte Veranstaltungen. Unter „Kulturveranstaltungen“ (Nr. 2.1.4.5 der Richtlinien) kann die Informationsveranstaltung der Antragstellerin nicht subsumiert werden, weil sie nicht auf die Präsentation eines Kunstgenusses oder dergleichen gerichtet ist. Für Veranstaltungen von Gewerbebetrieben verweist die Richtlinie in Nr. 2.1.4.7 auf die oben bereits behandelte Nr. 2.2.7.

Selbst die Einordnung als kirchliche Veranstaltung - unter Zurückstellung der oben erörterten Bedenken - würde der Antragstellerin nicht zum Erfolg verhelfen. Die insoweit einschlägige Richtlinie Nr. 2.2.10 privilegiert insoweit in erster Linie ortsübliche kirchliche Veranstaltungen mit langer Tradition der seit altersher in Bayern ansässigen Religionsgemeinschaften (z.B. eine Fronleichnamsprozession). Nr. 2.2.10 Abs. 4 der Richtlinien bestimmt dabei ausdrücklich, dass Veranstaltungen größeren Ausmaßes, Aktionen anderer religiöser Gemeinschaften oder Veranstaltungen von Kirchen, die nicht in direktem religiösen Zusammenhang stehen (z.B. Straßenfeste von Pfarreien), wie alle anderen Veranstaltungen der Genehmigungspflicht und den weiteren Voraussetzungen der Richtlinie unterliegen. Die mehrtägige Informationsveranstaltung mit zwei Zelten der Antragstellerin ist hier eindeutig als Veranstaltung größeren Ausmaßes zu qualifizieren, da sie mit den beiden

Zelten massiv öffentlichen Straßengrund nutzt. Sie ist schon aus diesem Grund nicht dem ermessensgebundenen Bereich zuzuordnen; außerdem würde es sich im Sinne der Richtlinien um eine Aktion einer „anderen religiösen Gemeinschaft" handeln. In diesem Zusammenhang wird bemerkt, dass auch eine vergleichbare Veranstaltung schon lange Zeit bestehender Religionsgemeinschaften wie der kath. oder der ev. Kirche, da sie nicht als überkommene kirchliche Veranstaltung zu werten wäre, ebenfalls nicht in den ermessensgebundenen Bereich fallen würde. Art. 4 Abs. 1 GG ist keine Anspruchsgrundlage für eine beliebige Inanspruchnahme von öffentlichem Straßenraum; bei massiven Nutzungsabsichten wie hier könnte im Hinblick auf gegenläufige Grundrechtspositionen Dritter aus Art. 2 Abs. 1, Art. 3 Abs. 1 und Art. 14 Abs. 1 GG (Straßenbenutzer, Verkehrsteilnehmer oder Anlieger) keine Ermessensreduzierung auf Null eintreten (vgl. BVerwG vom 4.7.1996 NJW 1997, 408 mwN, KirchE 34, 231).

Schließlich verschafft der allgemeine Gleichheitssatz der Art. 3 Abs. 1 GG, Art. 118 Abs. 1 BayLV der Antragstellerin nicht die begehrte Rechtsposition. Es ist zum einen nicht sachfremd, auf seit altersher gepflogene kirchliche Veranstaltungen wie etwa eine Fronleichnamsprozession Rücksicht zu nehmen, die den Vorstellungen relativ breiter Bevölkerungsschichten entsprechen. Zum anderen stellt der Richtliniengeber auf sachliche Differenzierungsgründe ab, wenn er kirchliche Veranstaltungen nach ihrem Ausmaß der Inanspruchnahme von öffentlichem Straßengrund sowie nach ihrem Zusammenhang mit einer unmittelbaren religiösen Betätigung bewertet.

Nach alledem ist das Ermessen der Antragsgegnerin, der Antragstellerin die begehrte Sondernutzungserlaubnis zu erteilen, nicht auf Null reduziert. Bei dieser Sach- und Rechtslage ist es aber ausgeschlossen, die Antragsgegnerin im Wege einer einstweiligen Anordnung nach § 123 Abs. 1 VwGO zur Erteilung der Erlaubnis zu verpflichten. Insoweit sind weder ein Anordnungsanspruch noch ein Anordnungsgrund glaubhaft gemacht (vgl. § 123 Abs. 3 VwGO, § 920 Abs. 2 ZPO). Eine Entscheidung auf der Grundlage einer reinen Folgenabwägung scheidet im Hinblick auf die hinreichend geklärte Rechtslage ebenfalls aus (vgl. BVerfG vom 25.7.1996 NVwZ 1997, 479 [480 f.]).

28

Für die Klage eines evangelischen Geistlichen, die sein Pfarrerdienstverhältnis betrifft (hier: Klage gegen die Versetzung in den Ruhestand), ist der Rechtsweg zu den staatlichen Gerichten nicht eröffnet (Bestätigung der stRspr, zuletzt im Urteil vom 28.4.1994 - BVerwG 2 C 23.92 - BVerwGE 95, 379 [381 ff.], KirchE 32, 148).

Art. 19 Abs. 4, 40, 140 GG, 137 Abs. 3 WRV
BVerwG, Urteil vom 30. Oktober 2002 - 2 C 23.01[1] -

Der Kläger, ein 1995 in den Wartestand versetzter evangelischer Pfarrer, wurde durch Bescheid der Beklagten (Ev. Kirche von Hessen u. Nassau) vom 17.12.1998 in den Ruhestand versetzt. Die Klage hiergegen hat das kirchliche Verfassungs- und Verwaltungsgericht abgewiesen. Die Klage, die der Kläger im Verwaltungsrechtsweg erhoben hat, blieb in erster und zweiter Instanz (OVG Rheinland-Pfalz KirchE 39, 159) ohne Erfolg.
Auch die Revision des Klägers wurde zurückgewiesen.

Aus dem Gründen:

Die zulässige Revision ist unbegründet. Die Entscheidungsgründe des angefochtenen Urteils ergeben zwar eine Verletzung von Bundesrecht, das Urteil erweist sich aber im Ergebnis als zutreffend (§ 144 Abs. 4 VwGO). Die Berufung des Klägers war zurückzuweisen, weil das Verwaltungsgericht die Klage gegen die Versetzung des Klägers in den Ruhestand zu Recht als unzulässig abgewiesen hat. Die Maßnahme unterliegt nicht der Kontrolle durch die staatliche Gerichtsbarkeit (Art. 19 Abs. 4 GG, § 40 VwGO).

Nach Art. 137 Abs. 3 WRV, der aufgrund des Art. 140 GG Bestandteil des Grundgesetzes ist, ordnet und verwaltet jede Religionsgesellschaft ihre Angelegenheiten selbständig innerhalb der Schranken des für alle geltenden Gesetzes. Sie verleiht ihre Ämter ohne Mitwirkung des Staates oder der bürgerlichen Gemeinde. Hierdurch wird den Kirchen das Recht zur eigenständigen Ordnung und Gestaltung ihrer inneren Angelegenheiten verfassungsrechtlich gewährleistet. Diese Gewährleistung fügt der Religionsfreiheit (Art. 4 Abs. 1 u. 2 GG) die für diese freie Betätigung unerlässliche - weitere - Freiheit der Kirchen zur Bestimmung über Organisation, Normsetzung und Verwaltung hinzu (BVerfGE 70, 138 [164] m.w.N, KirchE 23, 105; 72, 278 [289]). Das Selbstbestimmungsrecht der Religionsgemeinschaften ist neben der Religionsfreiheit und der Trennung von Staat und Kirche (Art. 140 GG iVm Art. 137 Abs. 1 WRV) Grundprinzip der staatskirchenrechtlichen Ordnung des Grundgesetzes. Es gilt für alle Religionsgesellschaften unabhängig davon, ob sie - wie die Beklagte - Körperschaften des öffentlichen Rechts oder privatrechtliche Vereine sind oder der Rechtsfähigkeit überhaupt ermangeln.

---

[1] Amtl. Leitsatz. BVerwGE 117, 145; Buchholz 11 Art. 140 GG Nr. 68; DÖD 2003, 146; DÖV 2003, 377; DVBl. 2003, 623 (LS); IÖD 2003, 120 (LS); JuS 2003, 1123 (LS); NJW 2003, 2112; NVwZ 2003, 1383 (LS); ZBR 2003, 217 (LS); ZTR 2003, 259; ZevKR 48 (2003), 333.

Dort, wo die Kirchen über das Recht zur Selbstbestimmung verfügen, unterliegen sie auch nicht der staatlichen Gerichtsbarkeit. Dem stehen Art. 19 Abs. 4 GG und § 40 VwGO nicht entgegen. Beide Vorschriften eröffnen die Möglichkeit des Rechtsschutzes gegen Akte staatlicher Gewalt (BVerfGE 18, 385 [387], KirchE 7, 172; BVerwG, Urteil vom 25.11.1982 - BVerwG 2 C 21.78 - BVerwGE 66, 241 [242], KirchE 20, 208). Kirchliche Gewalt ist infolge der öffentlichen Rechtsstellung und öffentlichen Wirksamkeit der Kirchen, die sie aus ihrem besonderen Auftrag herleiten und durch die sie sich von anderen gesellschaftlichen Gebilden prinzipiell unterscheiden, zwar öffentliche, aber nicht staatliche Gewalt (BVerfGE aaO; BVerwG, Urteil vom 25.11.1982, aaO). Streitigkeiten wegen Maßnahmen, welche die Kirche in Ausübung des ihr verfassungsrechtlich garantierten Selbstbestimmungsrechts getroffen hat, sind auch dann keine öffentlich-rechtlichen Streitigkeiten im Sinne des § 40 VwGO, wenn die Religionsgesellschaft den Status einer öffentlich-rechtlichen Körperschaft (Art. 140 GG iVm Art. 137 Abs. 5 WRV) besitzt. Dieser Status ist Mittel zur Entfaltung der Religionsfreiheit; er soll die Eigenständigkeit und die Unabhängigkeit der Religionsgemeinschaft unterstützen (vgl. BVerfGE 102, 370 [387], KirchE 38, 502), sie aber nicht bei der Ordnung ihrer inneren Angelegenheiten zu einem Handeln in den Formen und mit den Mitteln des öffentlichen Rechts befähigen.

Ein vor jeder staatlichen Einflussnahme geschütztes Selbstbestimmungsrecht steht den Religionsgesellschaften bei rein „innerkirchlichen" Maßnahmen zu. Das sind Maßnahmen, die materiell, der Natur der Sache oder Zweckbeziehung nach als eigene Angelegenheiten der Kirchen oder Religionsgemeinschaften anzusehen sind (BVerfGE 18, 385 [387], KirchE 7, 172; 42, 312 [334], KirchE 15, 320; BVerfG, Beschluss vom 6.4.1979 - 2 BvR 356/79 - NJW 1980, 1041, KirchE 17, 209). Auch wenn die Maßnahme „hinübergreift" in den Bereich des Öffentlichen, des Gesellschaftspolitischen und dort mittelbar wirkt, beseitigt das nicht ihren Charakter als kircheninterne Maßnahme. Erst für kirchliche Maßnahmen, die unmittelbare Wirkung in dem vom Staat zu ordnenden Bereich haben, gilt das uneingeschränkte Selbstbestimmungsrecht der Kirchen nicht (BVerfGE 42, 312 [334], KirchE 15, 320).

Durch den Zusatz in Art. 137 Abs. 3 Satz 1 WRV „innerhalb der Schranken des für alle geltenden Gesetzes" ist die Garantie der kirchlichen Selbstverwaltung nicht unter einen allgemeinen Gesetzesvorbehalt gestellt. Es handelt sich bei der Formel nicht um einen Gesetzesvorbehalt (BVerfGE 42, 312 [333], KirchE 15, 320; 53, 366 [404], KirchE 18, 69; 66, 1 [20], KirchE 21, 307; 72, 278 [289], KirchE 24, 119). Gesetze, die für alle und damit auch für die Religionsgesellschaften bei der Ordnung ihrer eigenen Angelegenheiten gelten, sind nur solche Rechtsnormen, die für die Kirche dieselbe Bedeutung haben wie für jedermann (BVerfGE 42, 312 [332 f., 334] mwN, KirchE 15, 320; 66, 1 [20], KirchE 21, 307). Trifft das Gesetz die Kirche in ihrer Besonderheit als Kirche, weil nämlich ihr Selbstverständnis, insbesondere ihren geistlich-religiösen Auftrag beschränkend, und damit anders als den normalen Adressaten, bildet es insoweit keine Schranke (vgl. BVerfGE 42, 312 [334], KirchE 15, 320; 72, 278 [289 ff.], KirchE 24, 119; BVerwG, Urteil vom 18.7.1996 - BVerwG 6 C 10.94 - BVerwGE 101, 309 [314], KirchE 34, 273).

Jede den kircheninternen Bereich ergreifende Reglementierung durch staatliches Gesetz hat diese Wirkung. Eine solche Regelung trifft die Kirche in ihrer ureigenen Funktion, den Glauben zu verkünden, Seelsorge zu betreiben und karitativ tätig zu sein. Die Art und Weise, wie die Kirche diesen geistig-religiösen Auftrag auffasst und erfüllt, ist staatlicher Reglementierung nicht zugänglich (vgl. BVerfGE 18, 385 [386], KirchE 7, 172; 42, 312 [334], KirchE 15, 320; 72, 278 [289], KirchE 24, 119). Dies gilt auch für die durch Art. 137 Abs. 3 Satz 2 WRV, Art. 140 GG garantierte Autonomie, die Ämter im Bereich der Seelsorge zu verleihen und zu entziehen. Das Dienstrecht der Geistlichen gehört zum Kernbereich der innergemeinschaftlichen Angelegenheiten der Kirchen (BVerfGE 18, 385 [387], KirchE 7, 172; BVerfG, Beschluss vom 30.10.1984 - 2 BvR 1318/84 - NVwZ 1989, 452, KirchE 22, 208; BVerwG, Urteile vom 27.10.1966 - BVerwG 2 C 98.64 - BVerwGE 25, 226 [230], KirchE 8, 213, vom 15.12.1967 - BVerwG 6 C 68.67 - BVerwGE 28, 345 [349], KirchE 9, 306 und vom 25.11.1982, aaO, 243, KirchE 20, 208). Die Entscheidungen der Kirchen und Kirchengerichte hierzu sind von den staatlichen Gerichten hinzunehmen.

Die Exemtion von der staatlichen Gerichtsbarkeit bezieht sich auch auf die Einhaltung der „fundamentalen Grundsätze der staatlichen Rechtsordnung" durch die kirchlichen Stellen, die die Entscheidung getroffen haben.

Auch aus der staatlichen Justizgewährungspflicht (Art. 2 Abs. 1 GG iVm dem Rechtsstaatsprinzip, Art. 92 GG) ergibt sich nicht die Befugnis der staatlichen Gerichte, über kircheninterne Maßnahmen zu entscheiden. Aufgrund der Justizgewährungspflicht sind zwar die Gerichte zur Entscheidung aller Rechtsfragen berufen, deren Beantwortung sich nach staatlichem Recht richtet (BVerfG, Beschluss vom 18.9.1998 - 2 BvR 1476/94 - NJW 1999, 349 [350], KirchE 36, 409; BVerwG, Urteil vom 28.2.2002 - BVerwG 7 C 7.01 - Buchholz 11 Art. 140 GG Nr. 67 S. 10, KirchE 40, 140 ; BGH, Urteil vom 11.2.2000 - V ZR 271/99 - NJW 2000, 1555, KirchE 38, 60). Im Bereich der eigenen Angelegenheiten der Kirche ist jedoch kein staatliches Recht zulässig, das die Selbstbestimmung der Religionsgemeinschaften einschränkt.

29

Einstellung und Beendigung der Verfassungsstreitverfahren um den Religionsunterricht und die Einführung des Schulfachs LER in Brandenburg nach Annahme des Vergleichsvorschlags gemäß Beschluss des BVerfG vom 11.12.2001 (KirchE 39, 417) und Antragsrücknahme infolge Neuregelung des Schulgesetzes.

BVerfG, Beschluss vom 31. Oktober 2002 - 1 BvF 1/96, 1 BvR 1697/96, 1 BvR 1718/96, 1 BvR 1783/96, 1 BvR 1412/97[1] -

Die Antragsteller des Verfahrens 1 BvF 1/96, 279 Mitglieder des 13. Deutschen Bundestages, und die Beschwerdeführer der Verfahren 1 BvR 1697/96, 1 BvR 1718/96, 1 BvR 1783/96 u. 1 BvR 1412/97, katholische Schüler und Eltern, das Erzbistum Berlin, die Bistümer Görlitz und Magdeburg, die Evangelische Kirche in Berlin-Brandenburg sowie evangelische Schüler und Eltern, beantragten, die Regelungen über den Religionsunterricht und das Unterrichtsfach Lebensgestaltung-Ethik-Religionskunde in § 9 Abs. 2 u. 3, § 11 Abs. 2-4 und § 141 des Gesetzes über die Schulen des Landes Brandenburg (SchulG.Bbg) vom 12.4.1996 (GVBl. I S. 102) für verfassungswidrig zu erklären. Der Senat verhandelte über die Anträge in der mündlichen Verhandlung am 26.6.2001. Im Hinblick auf den Verlauf dieser Verhandlung hat der Senat den Beteiligten mit am 11.12.2001 öffentlich verkündetem Beschluss (BVerfGE 104, 305, KirchE 39, 417) eine einvernehmliche Verständigung vorgeschlagen. Die Antragsteller und die Beschwerdeführer mit Ausnahme der Beschwerdeführer zu IV 1 bis 4 und 12 bis 19 haben mit der Landesregierung Brandenburg eine entsprechende Vereinbarung geschlossen.

Grundlage der Vereinbarung ist das am 1.8.2002 in Kraft getretene Dritte Gesetz zur Änderung des Brandenburgischen Schulgesetzes vom 10.7.2002 (GVBl. I S. 55). Dieses Gesetz hat die Regelungen über den Religionsunterricht grundlegend geändert (vgl. jetzt § 9 Abs. 2-7 SchulG. Bbg) und die Möglichkeit einer Befreiung von der Teilnahme am Fach

---

[1] BVerfGE 106, 210; EuGRZ 2003, 526; LKV 2003, 181; NVwZ 2003, 62. Vgl. zu diesem Sachkomplex auch BVerfG, Beschluss vom 23.4.2002 - 1 BvR 1412/97, 1 BvQ 14/02 - BVerfGE 105, 235 (Ablehnung eines Antrags auf Erlass einer einstweiligen Anordnung, mit der verhindert werden sollte, dass der Landtag von Brandenburg im Anschluss an den mit Beschluss des BVerfG von 11.12.2001 [KirchE 39, 417] unterbreiteten Vorschlag für eine einvernehmliche Verständigung eine Änderung des Brandenburgischen Schulgesetzes berät und verabschiedet). Ein Antrag auf Erlass einer einstweiligen Anordnung mit dem Ziel, das In-Kraft-Treten des Dritten Gesetzes zur Änderung des Brandenburgischen Schulgesetzes vom 10.7.2002 (GVBl. S. 55) einstweilen „zu untersagen“, hilfsweise „auszusetzen“, wurde ebenfalls zurückgewiesen; BVerfG, Beschluss vom 28.7.2002 - 1 BvQ 25/02 - n.v.

Lebensgestaltung-Ethik-Religionskunde unter Aufhebung des § 141 SchulG.Bbg erleichtert. Ergänzend zu dem Änderungsgesetz ist die Verordnung über den Religionsunterricht an Schulen vom 1.8.2002 (GVBl. II S. 481) erlassen worden.

Entsprechend § 2 der mit der Landesregierung Brandenburg geschlossenen Vereinbarung haben die Antragsteller des Normenkontrollverfahrens den Grund ihres Antrags für erledigt erklärt und die Beschwerdeführer, welche die Vereinbarung unterzeichnet haben, ihre Verfassungsbeschwerden zurückgenommen. Die Beschwerdeführer zu IV 1 bis 4 und 12 bis 19 des Verfahrens 1 BvR 1412/97 haben dagegen mitgeteilt, dass sie an ihrer Verfassungsbeschwerde festhalten.

Soweit Rücknahme bzw. Erledigterklärung erfolgt ist, werden die Verfahren eingestellt; die übrigen Verfassungsbeschwerden werden als nunmehr unzulässig verworfen.

Aus den Gründen:

Eine Sachentscheidung kommt nicht mehr in Betracht.

I. Das Verfahren 1 BvF 1/96 ist infolge der Rücknahme des Normenkontrollantrags - als solche versteht der Senat die Erledigterklärung durch die Antragsteller - einzustellen. Gründe für eine Fortführung des Verfahrens im öffentlichen Interesse (vgl. BVerfGE 87, 152 [153] mwN) sind nicht mehr gegeben, nachdem der brandenburgische Landesgesetzgeber eine Neuregelung über den Verfahrensgegenstand getroffen hat, die zu der Vereinbarung zwischen den Beteiligten und zu der Prozesserklärung der Antragsteller geführt hat.

II. Die Verfahren 1 BvR 1697/96, 1 BvR 1718/96, 1 BvR 1783/96 und das Verfahren 1 BvR 1412/97 hinsichtlich der Beschwerdeführer zu IV 5 bis 11 und 20 bis 26 sind mit der Rücknahme der Verfassungsbeschwerden ebenfalls beendet. Die Rücknahmen sind wirksam. Zwar hat der Senat über die Verfahren mündlich verhandelt (vgl. BVerfGE 98, 218 [243]), doch sind das öffentliche Interesse an diesen Verfahren und die allgemeine Bedeutung der Verfassungsbeschwerden mit der Neuregelung des Religionsunterrichts an den brandenburgischen Schulen und der außerdem geschaffenen Möglichkeit, sich unter erleichterten Bedingungen von der Teilnahme an dem Unterrichtsfach Lebensgestaltung-Ethik-Religionskunde befreien zu lassen, entfallen.

III. Die Verfassungsbeschwerde der Beschwerdeführer zu IV 1 bis 4 und 12 bis 19 im Verfahren 1 BvR 1412/97 ist zu verwerfen. Dies kann der Senat gemäß § 24 BVerfGG durch Beschluss entscheiden.

1. Nach § 24 Abs. 1 Satz 1 BVerfGG können unzulässige oder offensichtlich unbegründete Anträge durch einstimmigen Beschluss des Gerichts verworfen werden. Die Anwendung dieser Regelung kommt nicht

nur dann in Betracht, wenn in der Sache eine mündliche Verhandlung noch gar nicht stattgefunden hat (vgl. dazu BVerfGE 95, 1 [14 f.]; 95, 243 [248]). Auf der Grundlage des § 24 Abs. 1 Satz 1 BVerfGG kann vielmehr auch dann entschieden werden, wenn zwar - wie hier - mündlich verhandelt worden ist, nach Durchführung der mündlichen Verhandlung jedoch der Angriffsgegenstand entfallen ist, so dass das Gericht nicht mehr aufgrund der in der mündlichen Verhandlung gewonnenen Erkenntnisse, sondern unter Berücksichtigung der erst danach entstandenen Sachlage entscheidet (vgl. auch Fröhlinger, Die Erledigung der Verfassungsbeschwerde, 1982, S. 61 f.).

2. Die Voraussetzungen des § 24 Abs. 1 Satz 1 BVerfGG liegen vor.

Die Verfassungsbeschwerde der Beschwerdeführer zu IV 1 bis 4 und 12 bis 19 des Verfahrens 1 BvR 1412/97 ist nach Durchführung der mündlichen Verhandlung am 26.6.2001 und nach Verkündung des Senatsbeschlusses vom 11.12.2001 unzulässig geworden. Dahingestellt bleiben kann, ob ihre Verfassungsbeschwerde - insbesondere im Hinblick auf die Beschwerdebefugnis - von Anfang an zulässig war. Denn jedenfalls ist die Zulässigkeit im Zuge der weiteren Entwicklung entfallen.

Die Zulässigkeit einer Verfassungsbeschwerde als Voraussetzung für eine Entscheidung zur Sache muss noch im Zeitpunkt der Entscheidung des Bundesverfassungsgerichts über die Verfassungsbeschwerde gegeben sein (vgl. - speziell zum Erfordernis des Bestehens eines Rechtsschutzinteresses - BVerfGE 21, 139 [143]; 30, 54 [58]; 56, 99 [106]; stRspr). Daran fehlt es, weil die Beschwerdeführer zu IV 1 bis 4 und 12 bis 19 durch die angegriffenen Regelungen nicht mehr beschwert sind. Diese Vorschriften sind, soweit sie den Religionsunterricht an den öffentlichen Schulen des Landes Brandenburg betreffen, durch die umfassende Neuregelung in § 9 Abs. 2-7 SchulG.Bbg ersetzt worden, die der Landesgesetzgeber durch das Änderungsgesetz vom 11.7.2002 mit Wirkung vom 1.8.2002 geschaffen hat. Allenfalls von dieser Neuregelung kann - vom Zeitpunkt ihres In-Kraft-Tretens an - für die Beschwerdeführer eine (neue) Beschwer ausgehen. Darüber ist im Zusammenhang mit der Verfassungsbeschwerde 1 BvR 1406/02 zu entscheiden, welche die Beschwerdeführer zu IV 1 bis 4 und 12 bis 19 des Verfahrens 1 BvR 1412/97 zusammen mit anderen Beschwerdeführern inzwischen auch gegen § 9 Abs. 2-7 SchulG.Bbg n.F. eingelegt haben.

Im Ergebnis nichts anderes gilt, soweit sich die Beschwerdeführer zu IV 1 bis 4 und 12 bis 19 gegen die Bestimmungen über das Unterrichtsfach Lebensgestaltung-Ethik-Religionskunde in § 11 Abs. 2-4 und § 141 SchulG.Bbg wenden. Zwar sind die grundlegenden Regelungen über dieses Fach in § 11 Abs. 2, Abs. 3 Satz 1-3 sowie Abs. 4 SchulG.Bbg unverändert geblieben. Doch sind durch das Änderungsgesetz vom 11.7.2002 § 141 SchulG.Bbg aufgehoben und dem § 11 Abs. 3 SchulG.Bbg zwei neue Sätze angefügt worden. Nach der angefügten Neuregelung sind Schülerinnen und Schüler, deren Eltern oder die nach Vollendung des 14. Lebensjahres selbst gegenüber der Schule erklären, dass die Schülerin oder der Schüler Religionsunterricht anstelle des Faches Lebensgestaltung-Ethik-Religionskunde erhalten soll, beim Nachweis des Besuchs eines solchen Unterrichts von der Verpflichtung zur Teilnahme am Unterricht in dem Fach Lebensgestaltung-Ethik-Religionskunde befreit. Damit ist sichergestellt, dass niemand, der am Religionsunterricht teilnehmen kann und will und diesen Unterricht anstelle des Unterrichtsfachs Lebensgestaltung-Ethik-Religionskunde besuchen möchte, gegen seinen Willen am Unterricht in diesem Unterrichtsfach teilnehmen muss. Die Beschwerdeführer haben nichts dazu vorgetragen, dass in ihrem Fall die Voraussetzungen für eine Befreiung nach § 11 Abs. 3 Satz 4 u. 5 SchulG.Bbg nicht erfüllt werden können.

30

1. Der Senat folgt der gefestigten verwaltungsgerichtlichen Rechtsprechung, wonach staatliche Gerichte auch im Rahmen von Statusfolgeverfahren nicht zur Überprüfung kirchlicher Maßnahmen (hier: Entfernung eines Kirchenbeamten aus dem Dienst) befugt sind.
2. Über Fragen des kirchlichen Amtsrechts dürfen staatliche Gerichte nach Maßgabe der allgemeinen Gesetze und in Erfüllung des Justizgewährungsanspruchs jedenfalls nicht vor Erschöpfung des insoweit gegebenen kirchlichen Rechtswegs entscheiden (s BVerfG, Beschluss vom 18.9.1998 - 2 BvR 1476/94 - NJW 1999, 349, KirchE 36, 409).

Art. 20 Abs. 3, 140 GG
Hess.VGH, Beschluss vom 6. November 2002 - 10 UZ 2439/00[1] -

Der Kläger wurde mit Wirkung vom 1.1.1995 zum Diözesancaritasdirektor des beklagten Bistums L. bestellt und zunächst im Angestelltenverhältnis beschäftigt. Mit Wirkung vom 1.1.1996 wurde er unter Berufung in das Beamtenverhältnis auf Lebenszeit zum Beamten ernannt.

Wegen verschiedener von dem Beklagten als diskreditierend empfundener Aushänge, die die Ehefrau des Klägers in ihrem Ladengeschäft in B. anbrachte und von denen sich der Kläger nicht distanzierte, kam es zum Zerwürfnis zwischen dem Kläger und dem Beklagten. Mit Beschluss vom 15.7.1997 stellte der Vorstand des Caritasverbandes für die Diözese L. e.V. nach Anhörung des Klägers fest, dass er sich nicht mehr in der Lage sehe, künftig mit dem Kläger als Geschäftsführer zusammenzu-

[1] DÖD 2003, 108; DÖV 2003, 256; DVBl. 2003, 624; NVwZ 2003, 1002.

arbeiten. Mit Schreiben vom 23.7.1997 wurde der Kläger auf seinen Wunsch hin mit Wirkung vom 31.8.1997 von seinen Aufgaben als Diözesancaritasdirektor entpflichtet und bis 31.3.1998 unter Beibehaltung der Dienstbezüge von seinen Dienstpflichten als Beamter des Bistums entbunden. Mit Verfügung des Generalvikars vom 16.9.1997 wurde der Kläger aufgefordert, sich schriftlich von den Aushängen sowie allen künftigen, die Kirche und/oder Mitarbeiter des kirchlichen Dienstes diskreditierenden Aushängen im Laden seiner Frau deutlich zu distanzieren; dies lehnte der Kläger ab.

Nachdem der Beklagte das förmliche Disziplinarverfahren gegen den Kläger eingeleitet hatte, enthob er ihn mit Verfügung des Generalvikars vom 18.2.1998 ab dem 1.4.1998 vorläufig seines Dienstes. Gleichzeitig wurde dem Kläger Gelegenheit gegeben, sich zu der Absicht, seine Dienstbezüge, soweit diese die Endstufe der Besoldungsgruppe A15 BBesG übersteigen, einzubehalten. Mit Verfügung des Generalvikars vom 30.3.1998 bestätigte dieser die Anordnung der vorläufigen Dienstenthebung und teilte dem Kläger gleichzeitig mit, dass er inzwischen die Einbehaltung der Dienstbezüge in dem angekündigten Umfang angeordnet habe.

Mit Beschluss vom 25.6.1998 - D 9801 - wies das Disziplinargericht des Bistums die Beschwerde des Klägers gegen die vorläufige Dienstenthebung und die teilweise Einbehaltung der Dienstbezüge zurück.Bereits mit Beschluss vom 12.5.1998 - 21 DK 6/98 - hatte die Disziplinarkammer bei dem Verwaltungsgericht in Wiesbaden den Antrag des Klägers gegen die vorläufige Dienstenthebung mit der Begründung zurückgewiesen, der Rechtsweg zu den staatlichen Disziplinargerichten sei nicht eröffnet. Mit Beschluss vom 11.11.1998 - 24 DH 2230/98 - KirchE 36, 492 bestätigte der Disziplinarhof des Hessischen Verwaltungsgerichtshofs diese Entscheidung. Mit Urteil vom 10.3.2000 erkannte das Disziplinargericht des Bistums L. unter Vorsitz des Vizeoffizials auf die Entfernung des Klägers aus dem Dienst des Bistums und stellte gleichzeitig fest, dass dies gemäß § 11 Abs. 1 DO das Ausscheiden aus dem Dienstverhältnis, den Verlust der Amtsbezeichnung und des Anspruchs auf Dienstbezüge und Versorgung zur Folge habe und den Kläger unfähig mache, wieder in den kirchlichen Dienst im Bereich des Bistums eingestellt zu werden. Gemäß § 35 Satz 4 DO wurde das Urteil mit der Verkündung rechtskräftig. Mit Urkunde vom 15.3.2000 wurde der Kläger in Vollzug dieser Entscheidung mit Wirkung zum 31.3.2000 aus dem Beamtenverhältnis zum Bistum L. entlassen. Bereits am 26.10.1998 hatte der Kläger die vorliegende Klage erhoben mit der er die ungekürzte und fortdauernde Zahlung seines Grundgehalts nach Besoldungsgruppe B3 BbesG erstrebt.

Das VG Wiesbaden (KirchE 38, 267) hat die Klage abgewiesen. Auch der Antrag des Klägers auf Zulassung der Berufung wurde zurückgewiesen.

Aus den Gründen:

Der Antrag des Klägers auf Zulassung der Berufung gegen das Urteil des Verwaltungsgerichts Wiesbaden vom 25.5.2000 ist zulässig, kann aber in der Sache keinen Erfolg haben. Der Rechtssache kommt zunächst der ihr vom Kläger beigemessene grundsätzliche Bedeutung nicht zu (§ 124 Abs. 2 Nr. 3 VwGO).

Es bereitet bereits Schwierigkeiten festzustellen, welche Frage nach Auffassung des Klägers im Berufungsverfahren einer rechtsgrundsätzlichen Klärung zugeführt werden soll. Sollte es sich um die auf Blatt 1 unten der Rechtsmittelschrift vom 10.7.2000 angesprochene Frage handeln, „inwieweit die staatliche Gerichtsbarkeit kirchliche Disziplinarmaßnahmen überprüfen kann und zu überprüfen hat, um den Justizgewährungsanspruch zu erfüllen“, so ist diese im hier vorliegenden Statusfolgeverfahren Anspruch auf Besoldung nach der Entfernung aus dem Dienst durch ein für rechtswidrig gehaltenes Urteil des Disziplinargerichts des Bistums L. vom 10.3.2000 - zwar incidenter zu überprüfen, doch ist in der Verwaltungsgerichtsbarkeit geklärt, dass staatliche Gerichte auch im Rahmen von Statusfolgeverfahren nicht zur Überprüfung innerkirchlicher Maßnahmen befugt sind. So begründet selbst die kirchengesetzliche Zuweisung versorgungsrechtlicher Streitigkeiten an die staatlichen Verwaltungsgerichte nach Auffassung des Bundesverwaltungsgerichts (Urteil vom 28.4.1994 - 2 C 23/92 -, BVerwGE 95, 379, DÖV 1994, 961, KirchE 32, 148) nicht deren Befugnis, das Bestehen oder Nichtbestehen eines Dienstverhältnisses als Pastor oder Kirchenbeamter als Grundlage der geltend gemachten Versorgungsansprüche zu prüfen („verkappte Statusklage“; siehe auch OVG Koblenz, Beschluss vom 29.4.1985 - 2 E 3/85 -, DÖV 1986, 115, KirchE 23, 84). Im vorliegenden Fall erfolgte die Verweisung auf das Beamtenrecht noch nicht einmal durch ein Kirchengesetz, sondern durch ein Schreiben des Bistums vom 14.11.1995, in dem dem Kläger mitgeteilt wurde, er werde mit Wirkung vom 1.1.1996 in das Beamtenverhältnis des Bistums L. berufen. Der Senat sieht keine Veranlassung, von der gefestigten verwaltungsgerichtlichen Rechtsprechung abzuweichen, und er sieht auch in neueren höchstrichterlichen Entscheidungen - bezogen auf die „verkappten Statusklagen“ - keine „Tendenzwende in der Rechtsprechung zum staatlichen Rechtsschutz in Kirchensachen“ (so aber Magen, in: Der Rechtsschutz in Kirchensachen nach dem materiell-rechtlichen Ansatz, NVwZ 2002, 897 ff., unter Berufung u.a. auf den Beschluss des BVerfG vom 25.2.1999 - 2 BvR 548/96 - NVwZ 1999, 758, KirchE 37, 40, wo aber der Bestand des Dienstverhältnisses gerade nicht als rechtliche Vorfrage der geltend gemachten vermögensrechtlichen Ansprüche zu klären war).

Für die Klärungsbedürftigkeit der o.g. Frage kann sich der Kläger auch nicht auf den Beschluss des Bundesverfassungsgerichts vom 18.9.1998 berufen (- 2 BvR 1476/94 - NJW 1999, 349, KirchE 36, 406). Dieser Entscheidung ist im Gegenteil zu entnehmen, dass der Rechtsweg zu den staatlichen Gerichten hier nicht gegeben ist. „Wenn und soweit die Kirchen die Möglichkeit geschaffen haben, Rechtsstreitigkeiten von einem kirchlichen Gericht beurteilen zu lassen, und somit die Gelegenheit besteht, die Streitigkeit im Einklang mit dem kirchlichen Selbstverständnis beizulegen", so das Bundesverfassungsgericht, „gebietet es die verfassungsrechtlich geschuldete Rücksichtnahme gegenüber diesem Selbstverständnis den staatlichen Gerichten, über Fragen des kirchlichen Amtsrechts nach Maßgabe der allgemeinen Gesetze und in Erfüllung des Justizgewährungsanspruchs jedenfalls nicht vor Erschöpfung des insoweit gegebenen kirchlichen Rechtswegs zu entscheiden". Danach ist die vom Kläger für grundsätzlich klärungsbedürftig gehaltene Frage auch deshalb nicht entscheidungserheblich, weil der kirchliche Rechtsweg offensichtlich in seinem Falle noch nicht erschöpft ist. So ergibt sich zwar aus dem Urteil des Disziplinargerichts des Bistums L. vom 10.3.2000, dass die Disziplinarordnung des Bistums keine Berufungsmöglichkeiten kennt. Auch wird unter Ziffer 15 des Urteils darauf hingewiesen, eine Berufung sei deswegen unmöglich, weil das Urteil durch Verkündigung bereits rechtskräftig geworden sei und gegen ein rechtskräftiges Urteil keine Berufung eingelegt werden könne. Doch „steht es nach dem kanonischen Recht jedem Gläubigen frei, seine Streit- oder Strafsache in jeder Gerichtsinstanz und in jedem Prozessabschnitt dem Heiligen Stuhl zur Entscheidung zu übergeben oder bei ihm einzubringen" (c. 1417 § 1 CIC). Von dieser Möglichkeit, den durch das kanonische Recht vorgesehenen Rechtsweg zur Sacra Romana Rota voll auszuschöpfen, hat der Kläger keinen Gebrauch gemacht.

Im Übrigen hat sich bereits der Disziplinarhof beim Hessischen Verwaltungsgerichtshof in seinem Beschluss vom 11.11.1998 (- 24 DH 2230/98 - NJW 1999, 377, KirchE 36, 492) mit der vom Kläger für grundsätzlich klärungsbedürftig gehaltenen Frage - bezogen auf die Anordnung der vorläufigen Dienstenthebung des Klägers vom 18.2.1998 - auseinander gesetzt und ausgesprochen, dass der Kläger hinsichtlich des Disziplinarrechts nicht unter das hessische Beamtenrecht falle, unbeschadet der Verweisung auf das Beamtenrecht im o.g. Schreiben des Bistums vom 14.11.1995. Was für die vorläufige Dienstenthebung der Kirchenbeamten gilt, gilt natürlich auch für die Entfernung aus dem Dienst durch Urteil des Disziplinargerichts des Bistums L.

Des Weiteren bestehen keine ernstlichen Zweifel an der Richtigkeit des Urteils des Verwaltungsgerichts Wiesbaden (§ 124 Abs. 2 Nr. 1 VwGO), diesen Zulassungsgrund hat der Kläger in der Antragsschrift auch nicht hinreichend dargelegt. Da der Zulassungsgrund des § 124 Abs. 2 Nr. 1 VwGO dem Zweck dienen soll, die Einzelfallgerechtigkeit zu verwirklichen und grob ungerechte Entscheidungen zu korrigieren (vgl. dazu BT-Drs. 13/3993 S. 13), ist für eine Zulassung erforderlich, dass in dem Antrag in sich schlüssig und überzeugend nicht nur eine fehlerhafte verwaltungsgerichtliche Begründung, sondern obendrein dargelegt wird, dass die Entscheidung im Ergebnis als grob ungerecht bzw. unvertretbar anzusehen ist. Bei der danach vorzunehmenden Prüfung ist das Gericht allein auf die vom Kläger gemäß § 124a Abs. 5 Satz 2 VwGO fristgemäß dargelegten Gründe beschränkt (s. Hess.VGH, Beschluss vom 30.1.1998 - 14 TZ 2416/97 - NVwZ 1998, 755 ff. [756 mwN]).

Das Verwaltungsgericht hat es dahingestellt sein lassen, ob die vermögensrechtlichen Auswirkungen der kirchlichen Disziplinarmaßnahmen überhaupt vom (staatlichen) Gericht einer inhaltlichen Überprüfung unterzogen werden dürfen, da sie allein an den beamtenrechtlichen Status des Klägers anknüpften. Die Frage bedürfe keiner Entscheidung, da die kirchlichen Maßnahmen einer Überprüfung an Hand der Grundprinzipien der staatlichen Rechtsordnung (gute Sitten, ordre public oder Willkürverbot) standhielten und dem Gericht eine weitergehende Prüfung mit Rücksicht auf das verfassungsrechtlich garantierte Selbstbestimmungsrecht des Beklagten verwehrt sei. Deshalb hat das Verwaltungsgericht die Klage auf Nachzahlung des Grundgehalts bzw. Feststellung, dass das Bistum ab 1.10.1998 das Grundgehalt nach der Besoldungsgruppe B 3 zu zahlen habe, als unbegründet abgewiesen.

Aus dem Vorstehenden ergibt sich bereits, dass das Verwaltungsgericht keine Sachentscheidung treffen durfte, sondern die Klage durch Prozessurteil hätte abweisen müssen. Eine Überprüfung der besoldungsrechtlichen Ansprüche des Klägers ist dem staatlichen Gericht im Statusfolgeverfahren ebenso verwehrt wie die Überprüfung der Rechtmäßigkeit der Entfernung des Klägers aus dem Dienst. Diesen Fehler hat der Kläger - aus seiner Sicht verständlich - in der Rechtsmittelschrift vom 10.7.2000 nicht gerügt. Seine ernstlichen Zweifel beschränken sich auf einen Absatz auf Bl. 14 des angegriffenen Urteils, wo sich das Verwaltungsgericht gegen die in der Literatur vertretene Auffassung wendet, für vermögensrechtliche Ansprüche sei eine volle Überprüfung unproblematisch, weil bei festgestellter Rechtswidrigkeit einer Statusmaßnahme die Kirchen nicht verpflichtet werden könnten, den untragbar gewordenen Kirchenbeamten weiterzubeschäftigen, sondern lediglich dazu, dessen vermögensrechtliche Ansprüche zu befriedigen. Der Kläger kann die Auffassung des Verwaltungsgerichts, für vermögensrechtliche Ansprüche könne die volle Überprüfung kirchlicher Disziplinarakte (deswegen) nicht erfolgen, weil sich die Kirchen in Zeiten zurückgehender finanzieller Mittel die Verwirklichung ihres verfassungsrechtlich garantierten Selbstbestimmungsrechts zunehmend wirtschaftlich nicht mehr leisten könnten, nicht nachvollziehen, dies könne kein Kriterium sein. Weitere ernstliche Zweifel an der Richtigkeit des Urteils nennt der Kläger nicht. Es liegt auf der Hand, dass sich mit der bloßen Kritik an der vom Verwaltungsgericht vertretenen eingeschränkten Kontrollmöglichkeit kirchlicher Rechtsakte ernstliche Zweifel an der Richtigkeit des angegriffenen Urteils nicht begründen lassen, zumal im vorliegenden Fall eine Kontrolle der kirchlichen Rechtsakte durch staatliche Gerichte schon generell ausscheidet.

31

Kirchensteuerbescheid, in dem fehlerhaft ein Kirchenaustritt des Steuerpflichtigen angenommen wird, hat keine Bindungswirkung für die nachfolgenden Steuerjahre.

§ 171 Abs. 10 AO
FG München, Beschluss vom 6. November 2002 - 13 V 4469/02 -

Streitig ist im Hauptsacheverfahren, ob die der Antragstellerin günstige falsche Sachbehandlung im Kirchensteuerbescheid 1996, der von einem Kirchenaustritt ausgeht und dies auch ausspricht, den Antragsgegner (Kirchensteueramt) nach Treu und Glauben verpflichtet, auch für 1999 von einem Wegfall der Kirchensteuerpflicht auszugehen und dementsprechend keinen Kirchensteuerbescheid für dieses Jahr zu erlassen.

Der Aussetzungsantrag blieb ohne Erfolg.

Aus den Gründen:

Der Antrag ist unbegründet.

Bei der im Aussetzungsverfahren gebotenen und auch ausreichenden summarischen Beurteilung des Sachverhalts anhand präsenter Beweismittel bestehen keine ernstlichen Zweifel im Sinne von § 69 Abs. 3 und Abs. 2 FGO an der Rechtmäßigkeit des Bescheides (vgl. BFH-Beschluss vom 24.2.2000 - IV B 83/99 - BStBl. II 2000, 298), und zwar aus folgenden Erwägungen:

Ein falscher Kirchensteuerbescheid, in dem von einem nicht erfolgten Kirchenaustritt die Rede ist, hat nicht die Qualität eines Grundlagenbescheides iSv § 171 Abs. 10 AO, dem irgendeine Bindungswirkung für Folgejahre zukommen könnte. Dies verstieße gegen den Grundsatz der Abschnittsbesteuerung.

Auch eine Bindung des Kirchensteueramtes an Treu und Glauben ist offensichtlich nicht gegeben: Es ist nicht nachvollziehbar, wie die Erläuterung in einem Steuerbescheid eine Kirchenaustrittserklärung soll ersetzen können. Es gehört zum staatsbürgerlichen Grundwissen, dass man durch Erklärung gegenüber dem Standesamt aus der Kirche austreten muss und nicht durch den (hier auch noch unrichtigen) Verwaltungsakt einer Steuerbehörde aus ihr hinausbefördert werden kann.

Das Vertrauen in die Richtigkeit eines solchen Verwaltungsakts ist daher schlechthin nicht schutzwürdig. Auf Treu und Glauben kann die Antragstellerin sich folglich nicht berufen.

32

Die Evangelische Kirche der Kirchenprovinz Sachsen ist nicht berechtigt, für die kirchenaufsichtliche Genehmigung eines Grundstückskaufvertrags vom Erwerber eine Gebühr zu verlangen.

Art. 140 GG, 137 Abs. 3 WRV
VG Weimar, Urteil vom 7. November 2002 - 2 K 1581/01.We[1] -

Mit notariellem Kaufvertrag vom 28.11.2000 erwarb der Kläger von der Ev. Kirchengemeinde N. ein mit einem Pfarrhaus sowie einem Diakonissenhaus bebautes Grundstück zu einem Kaufpreis von 250.000,00 DM. In § 7 des Kaufvertrages ist festgehalten, dass zur Rechtswirksamkeit des Vertrages die kirchenaufsichtliche Genehmigung erforderlich ist. In § 9 ist festgelegt, dass die Kosten des Vertrages und seiner Ausführungen sowie die Grunderwerbssteuer der Käufer trägt.

Unter dem 21.12.2000 erteilte die Beklagte die kirchenaufsichtliche Genehmigung des Vertrages. Mit Kostenbescheid vom 7.12.2000 erhob die Beklagte beim Kläger gestützt auf die Verwaltungskostenverordnung für die Vermögens- und Finanzverwaltung Kosten für die Genehmigung des Kaufvertrages in Höhe von 2.200,00 DM und eine Auslagenpauschale in Höhe von 25,00 DM. Der Kläger überwies die angeforderten Kosten, erhob jedoch mit Schreiben vom 19.12.2000 Widerspruch, den die Beklagte zurückwies.

Mit der Klage begehrt der Kläger die Aufhebung des Kostenbescheids der Beklagten und die Rückzahlung des Kostenbetrages nebst Zinsen.

Zur Begründung der Klage führt er u.a. aus, die Gebührenerhebung stehe im Widerspruch zu tragenden Prinzipien des Verwaltungskostenrechts und der Verwaltungskostenverordnung selbst. Die Verordnung sei auf den vorliegenden Fall schlicht nicht anwendbar. Den Kirchen sei eine Regelungskompetenz nur im Rahmen der Verwaltung ihrer Angelegenheiten und innerhalb der Schranken der für alle geltenden Gesetze gegeben. Hierunter falle die eigenverantwortliche Wahrnehmung eigenständiger Aufgaben der Kirchen. Die Festsetzung einer Verwaltungsgebühr für die Genehmigung von Grundstücksgeschäften sei von dieser Selbstverwaltungskompetenz nicht gedeckt, da hierdurch in die Grundrechte

---

[1] ThürVBl 2003, 90; ThürVGRspr 2003, 206. Über die Berufung (1 KO 1110/04 - Thür. OVG) war bei Redaktionsschluss (31.5.2006) noch nicht entschieden.

Dritter eingegriffen und damit der innerkirchliche Bereich überschritten werde. Es handele sich nicht um eine Maßnahme auf dem Gebiet der innerkirchlichen Vermögensverwaltung.

Die Beklagte ist der Auffassung, es liege eine kostenpflichtige Verwaltungstätigkeit vor. Die Verordnung selbst sei nicht zu beanstanden und von der Beklagten korrekt angewendet worden. Die Verordnung genüge auch rechtsstaatlichen Grundsätzen und verstoße nicht gegen höherrangiges Recht. Es handele sich um eine kirchliche Verordnung, die auf der Grundlage von Art. 80 Abs. 2 Nr. 7 der Grundordnung iVm § 20 Abs. 2 der kirchlichen Verwaltungsordnung erlassen worden sei. Das kirchenaufsichtsrechtliche Genehmigungserfordernis für den Verkauf von Grundstücken und die Erhebung von Abgaben für die kirchenaufsichtliche Genehmigung sei von der den Kirchen durch Art. 140 GG iVm Art. 137 Abs. 3 Satz 1 WRV eingeräumten Selbstverwaltungsgarantie gedeckt. Eine formell-gesetzliche Grundlage sei darüber hinaus nicht erforderlich. Ein Rückzahlungsanspruch bestehe nicht. Die Beklagte sei nicht rechtsgrundlos bereichert. Der Kläger habe gewusst, dass für die Erteilung der kirchenaufsichtlichen Genehmigung Kosten in Höhe von ca. 2.300,00 DM anfallen würden. In seinem Auftrag habe die Notarin die kirchenaufsichtliche Genehmigung beantragt. Dem Rückzahlungsbegehren stehe jedenfalls die allgemeine Arglisteinrede nach § 242 BGB entgegen. Der Kläger habe sich zur Zahlung der Kosten des Vollzugs des Kaufvertrags verpflichtet. Er müsse deshalb die Kosten der kirchenaufsichtlichen Genehmigung auch auf vertraglicher Grundlage bezahlen. Die Rückerstattung der bereits bezahlten Gebühren komme deshalb nicht in Betracht.

Das Verwaltungsgericht gibt der Klage bis auf das Zinsbegehren statt.

Aus den Gründen:

Der Klageantrag zu 1) ist zulässig und begründet. Der Bescheid der Beklagten ist rechtswidrig und verletzt den Kläger in seinen Rechten (vgl. § 113 Abs. 1 Satz 1 VwGO).

Der Beklagten fehlt es an einer Ermächtigungsgrundlage für den Erlass des streitgegenständlichen Kostenbescheides gegenüber dem Kläger. Mit dem Verbot der Staatskirche in Art. 137 Abs. 1 WRV und der Berechtigung der Religionsgemeinschaften zur selbstständigen Ordnung und Verwaltung ihrer Angelegenheiten sowie zur Ämterverleihung in Abs. 3 der Vorschrift erkennt der Staat die Kirchen als Institutionen mit dem Recht der Selbstbestimmung an, die ihrem Wesen nach unabhängig vom Staat sind und ihre Gewalt nicht von ihm herleiten. Die Folge ist, dass der Staat in ihre inneren Verhältnisse nicht eingreifen darf. Ist die Kirche nur im Bereich ihrer innerkirchlichen Angelegenheiten tätig geworden, dann liegt kein Akt öffentlicher Gewalt vor, gegen den staatlicher Rechtsschutz in Anspruch genommen werden könnte. Das folgt daraus, dass die Religionsgemeinschaften nicht Teil der Staatsverwaltung sind und dem Staat in keiner Weise inkorporiert sind (von Münch/Kunig, Grundgesetz, Bd. 3, 3. Aufl., Art. 140 Rdn. 16 mwN). Demgemäß können Religionsgemeinschaften aus eigenem Recht gem. Art. 137 Abs. 3 WRV Beiträge und Gebühren erheben und sie ohne Einmischung des Staates ordnen und verwalten (BVerfGE 19, 206 [217], KirchE 7, 310). Gemessen daran wäre es der Beklagten sicherlich unbenommen, gegenüber der ev. Kirchengemeinde gestützt auf ihre Verwaltungskostenordnung über die Vermögens- und Finanzverwaltung Kosten für die Genehmigung des vorliegenden Grundstückskaufvertrages zu erheben. Wie die Beklagte selbst (...) ausführt, wird dieser rein innerkirchliche Bereich jedoch verlassen, wenn - wie hier - Gebühren von einem Dritten verlangt werden, der der Religionsgemeinschaft nicht angehört.

Über den innerkirchlichen Bereich hinaus können den Kirchen jedoch in gewissen Umfang vom Staat hoheitliche Befugnisse verliehen werden. Insoweit betätigen die Kirchen dann mittelbar staatliche Gewalt mit der Folge, dass ihre Selbstbestimmung einer Einschränkung erfährt. Eine Verleihung von Hoheitsbefugnissen ist allerdings auch hier nur möglich in Bezug auf Personen, die der betreffenden Religionsgemeinschaft angehören (vgl. von Münch/Kunig aaO, Art. 140 Rdn. 17; BVerfGE 19, 206 [216], KirchE 7, 310). Hier fehlt es bereits an einer entsprechenden Verleihung hoheitlicher Befugnisse. Im Übrigen wäre eine solche Verleihung auch rechtswidrig.

Der Klageantrag zu 2) ist ebenfalls zulässig und zum Teil begründet. Ist der Verwaltungsakt schon vollzogen, so kann das Gericht auf Antrag auch aussprechen, dass und wie die Verwaltungsbehörde die Vollziehung rückgängig zu machen hat (§ 113 Abs. 1 Satz 2 VwGO). Nach allgemeiner Ansicht ist ein Anspruch auf Folgenbeseitigung gegeben, wenn durch einen hoheitlichen Eingriff in ein subjektives Recht ein rechtswidriger Zustand geschaffen worden ist, der noch andauert. Er richtet sich seinem Inhalt nach grundsätzlich auf die Wiederherstellung des Zustandes, der im Zeitpunkt des rechtswidrigen Eingriffs bestand, und zwar in Natura (Eyermann, VwGO, 11.Aufl., § 113 Rdn. 28 mwN). Da im vorliegenden Fall die rechtswidrigen Folgen des streitgegenständlichen Bescheides in einem Geldverlust des Klägers bestanden haben, ist dieser durch Rückzahlung des geleisteten Betrages zu restituieren. Für einen weitergehenden Zinsanspruch bietet der Anspruch auf Folgenbeseitigung keinen Raum. Insoweit war daher die Klage abzuweisen.

Ausschlussgründe stehen dem geltend gemachten Rückerstattungsanspruch nicht entgegen. Die Beklagte kann sich nicht darauf berufen, gegenüber dem Kläger ebenfalls einen zivilrechtlichen Anspruch aufgrund des Kaufvertrages vom 28.11.2000 zu haben. Die Beklagte verkennt insoweit, dass vertragliche Beziehungen zwischen ihr und dem

Kläger nicht bestehen. Der Kaufvertrag ist zwischen der Ev. Kirchengemeinde und dem Kläger abgeschlossen worden. Zivilrechtliche Ansprüche auf Kostenerstattung kann daher allenfalls die Ev. Kirchengemeinde gegenüber dem Kläger geltend machen.

33

Zur Vereinbarkeit kirchenrechtlicher Wartestandsbezüge für ev. Pfarrer mit staatlichem Recht (im Anschluss an OVG.NW, Urteil vom 23.9.1997 - 5 A 3031/95 - KirchE 35, 388).

Art. 3, 33 Abs. 5, 140 GG, 137 Abs. 3 WRV
OVG Nordrhein-Westfalen, Beschluss vom 8. November 2002
- 5 A 751/01[1] -

Nachdem es zwischen dem Kläger, einem ev. Pfarrer, und der Mehrheit im Presbyterium seiner Gemeinde zu tiefgreifenden Auseinandersetzungen gekommen war, berief ihn die beklagte Landeskirche aus dem Pfarramt ab und versetzte ihn in den Wartestand; seine Dienstbezüge wurden auf das für Pfarrer im Wartestand vorgesehene Wartegeld abgesenkt. Seine gegen diese Maßnahmen gerichteten Klagen blieben im kirchengerichtlichen Rechtsweg erfolglos.

Daraufhin klagte er vor dem Verwaltungsgericht gegen die Absenkung der Bezüge. Die Klage wurde abgewiesen.

Der Antrag auf Zulassung der Berufung hatte keinen Erfolg.

Aus den Gründen:

Die von dem Kläger aufgeworfene Frage, ob die Ev. Kirche im Rheinland „dann, wenn sie ihre Dienstverhältnisse der Pfarrer öffentlich-rechtlich regelt, nicht an andere ‚für alle geltenden Gesetze' gebunden ist, wenn sie schon nicht an die Rechte und Pflichten aus Art. 33 Abs. 5 GG gebunden ist", verleiht der Rechtssache keine grundsätzliche Bedeutung (§ 124 Abs. 2 Nr. 3 VwGO). Die verwaltungsgerichtliche Rechtsprechung hat zwar bisher offen gelassen, ob es überhaupt staatliche Rechtssätze gibt, die als für alle geltende Gesetze (Art. 140 GG iVm Art. 137 Abs. 3 Satz 1 WRV) auch kirchliche öffentlich-rechtliche Dienstverhältnisse betreffen (vgl. BVerwG, Urteil vom 25.11.1982 - 2 C 21.78 - BVerwGE 66, 241 [250], KirchE 20, 208; OVG.NW, Urteil vom 23.9.1997 - 5 A 3031/95 - DÖV 1998, 393 [394], KirchE 35, 388).

---

[1] Amtl. Leitsatz (ergänzt). NVwZ 2003, 1002; ZevKR 48 (2003), 327.

Aus den genannten Entscheidungen ergibt sich aber, welche Rechtssätze gegebenenfalls als Maßstäbe in Betracht zu ziehen sind, soweit es - wie hier - um die Beurteilung vermögensrechtlicher Auswirkungen statusrechtlicher Maßnahmen in solchen Dienstverhältnissen geht. Die staatlichen beamtenrechtlichen Regelungen und Grundsätze gehören dazu ebenso wenig wie Art. 33 Abs. 5 GG. Denkbare materiell-rechtliche Maßstabsnormen sind vielmehr nur das Willkürverbot des Art. 3 GG (vgl. BVerwG, aaO, S. 250; OVG.NW, aaO, S. 394) und, soweit die Absenkung der Besoldung nach Versetzung in den Wartestand in Rede steht, an Sozialstaats-, Fürsorge- oder Verhältnismäßigkeitsgesichtspunkte anknüpfende Mindestanforderungen sozialer Sicherung (vgl. OVG.NW, aaO, S. 394).

Ein weitergehender Klärungsbedarf wird mit der Antragsbegründung nicht aufgezeigt. Die erwähnten Anforderungen sind geeignet, dem vom Kläger herausgestellten Umstand Rechnung zu tragen, dass die Absenkung der Bezüge für Pfarrer im Wartestand - obgleich Ausfluss der kirchlichen Ämterautonomie - auf die bürgerliche Existenz der betroffenen Pfarrer einwirkt. Von einer arbeitsrechtlichen Änderungskündigung zum Zwecke der Entgeltreduzierung, auf deren Beurteilungskriterien der Kläger zurückgreifen will, unterscheidet sich die kirchenrechtliche Versetzung in den Wartestand als spezifisch öffentlich-rechtliches Institut hingegen so grundlegend, dass aus den für jene geltenden Maßgaben ersichtlich keine Rückschlüsse auf die Zulässigkeit einer Absenkung der Bezüge im Gefolge der Versetzung in den Wartestand gezogen werden können. Soweit der Kläger außerdem unter Berufung auf ein von Bock im Auftrag des Verbandes der Vereine Evangelischer Pfarrerinnen und Pfarrer in Deutschland e.V. erstattetes Gutachten mit dem Titel „Rechtsprobleme der Versetzung von Pfarrerinnen und Pfarrern in den Warte- und Ruhestand“ (Frankfurt a.M. 1999, S. 44 ff.) miteinander übereinstimmende Rechtssätze des Arbeitsrechts und des staatlichen Beamtenrechts als Prüfungsmaßstäbe heranziehen und hieraus bestimmte Voraussetzungen für die Versetzung in den Wartestand ableiten will, bestehen schon Zweifel, ob es auf diese Voraussetzungen überhaupt ankäme; denn Streitgegenstand des vorliegenden Verfahrens ist nicht die Versetzungsverfügung, sondern nur die Bemessung des Wartegeldes. Unabhängig davon kann der Rechtsauffassung des Klägers nicht gefolgt werden. Sie läuft nämlich darauf hinaus, die Religionsgemeinschaften auf die Grundmuster staatlich geregelter Beschäftigungsverhältnisse festzulegen. Mit der durch Art. 140 GG iVm Art. 137 Abs. 3 Satz 1 WRV gewährleisteten kirchlichen Ämterautonomie wäre das unvereinbar.

34

Auch einer zum Christentum konvertierten Muslima ist zuzumuten, zwecks Beschaffung von Ausreisepapieren (Nationalpass bzw. Passersatz) Fotos beizubringen, die sie gemäß den Anforderungen iranischer Behörden mit Kopfbedeckung zeigen.

VG Düsseldorf, Urteil vom 11. November 2002 - 24 L 2529/02[1] -

Die Antragstellerin ist iranische Staatsangehörige und reiste im April 1996 mit ihrem Ehemann ins Bundesgebiet ein. Nach Lage der Akten ist sie nach erfolglosem Asylverfahren vollziehbar ausreisepflichtig. Von ihrer muslimischen Religionszugehörigkeit ist sie im April 2000 zum christlichen Glauben konvertiert und engagiert sich in der evangelisch-kirchlichen Arbeit auch für Landsleute.

Zur Bearbeitung der Ausreiseformalitäten verlangte die Antragsgegnerin (Ausländerbehörde) von der Antragstellerin, ihren für den Aufenthalt im Bundesgebiet erforderlichen gültigen Nationalpass bzw. einen Passersatzpapierantrag und vier Passfotos, auf denen die Antragstellerin mit Kopftuch dargestellt ist, vorzulegen. Von den iranischen Behörden werden Passfotos nur bei Beachtung der vorgenannten Form akzeptiert.

Im vorliegenden Verfahren begehrt die Antragstellerin vorläufigen Rechtsschutz, nachdem die Antragsgegnerin gegen sie nach fruchtlosem Fristauflauf Ordnungsverfügungen erlassen und Zwangsgeld festgesetzt hat und über die eingelegten Widersprüche noch nicht entschieden ist. Sie macht geltend, es sei ihr nicht zumutbar, für die Anfertigung der erforderlichen Passfotos durch das Tragen eines Kopftuchs ein religiöses Bekenntnis für den Islam abzugeben.

Das Verwaltungsgericht weist den Antrag zurück.

Aus den Gründen:

Der Antrag hat keinen Erfolg.

1. Hinsichtlich der für sofort vollziehbar erklärten Verpflichtung zur Vorlage eines gültigen Nationalpasses ist der Antrag als solcher nach § 80 Abs. 5 VwGO zulässig, weil die fragliche Anordnung unzweifelhaft als verbindliche Handlungspflicht gewollt ist, mithin Regelungsgehalt aufweist und damit ein Verwaltungsakt ist.

Der Antrag hat insoweit gleichwohl keinen Erfolg, weil die Anordnung der sofortigen Vollziehbarkeit in formeller Hinsicht im Ergebnis nicht zu

---

[1] InfAuslR 2003, 63. Die Nichtzulassungsbeschwerde wurde zurückgewiesen; OVG Nordrhein-Westfalen, Beschluss vom 3.12.2003 - 18 B 2401/02 - n.v.

beanstanden ist, die Passvorlageverpflichtung als solche in Einklang mit dem Gesetz stehen dürfte und die Antragstellerin kein Überwiegen ihres Interesses dargetan hat, vor abschließender Klärung der Rechtmäßigkeit im Hauptsacheverfahren von der Pflicht zur Befolgung des Gebotes freigestellt zu werden.

a) Die Anordnung der sofortigen Vollziehbarkeit der Passvorlageverpflichtung durch die Antragsgegnerin gemäß § 80 Abs. 2 Satz 1 Nr. 4 VwGO ist in formeller Hinsicht im Ergebnis nicht zu beanstanden. (*wird ausgeführt*)

b) Auch gegen den Verwaltungsakt als solchen bestehen keine durchgreifenden rechtlichen Bedenken.

aa) In formeller Hinsicht (*wird ausgeführt*)

bb) In materieller Hinsicht erfordert die Rechtmäßigkeit der Passvorlageverpflichtung, dass es für die Verpflichtung als solche eine gesetzliche Grundlage gibt (dazu [1]), dass die Ausländerbehörde befugt ist, diese Verpflichtung durch eine Ordnungsverfügung zu aktualisieren und dadurch der Vollstreckbarkeit mit den Mitteln des Verwaltungszwanges zuzuführen berechtigt ist (VA-Befugnis; dazu [2]), dass die Tatbestandsvoraussetzungen der Ermächtigungsgrundlage erfüllt (dazu unter [3]) und dass die allgemeinen Grundsätze für ordnungsrechtliche Verfügungen beachtet worden sind (dazu unter [4]).

(1) Die Pflicht, einen gültigen Nationalpass innezuhalten und auf Verlangen der Ausländerbehörde vorzulegen ergibt sich

(a) für Ausländer, deren bisher alleiniger Aufenthaltsgrund die Durchführung eines Asylverfahrens ist und die sich *nicht* im Status des asylverfahrensunabhängigen Anschlussaufenthaltes befinden, vorzugsweise aus § 15 Abs. 2 Nr. 4 AsylVfG. (*wird ausgeführt*)

(d) Diese Pflicht trifft die Antragstellerin auch.

Auch unter der unter den Beteiligten unstreitigen Prämisse, dass die Antragstellerin für die Ausstellung eines Nationalpasses oder eines Passersatzpapieres wird Fotos vorlegen müssen, die sie mit einem ihr Haar verdeckenden Tuch zeigen, ist ihr die Passbeschaffung oder sonstige Mitwirkung auch unter Berücksichtigung der Grundrechte zumutbar.

Dass es mit der Glaubensfreiheit, dem allgemeinen Persönlichkeitsrecht und dem Gleichheitssatz vereinbar ist, wenn eine Muslimin für die Anfertigung von Passfotos eine Kopfbedeckung anlegen muss, ist obergerichtlich entschieden (BayVGH, Beschluss vom 23.3.2000 - 24 CS 00.12 - NVwZ 2000, 950 [952], KirchE 38, 151) und auch aus Sicht des Gerichts nicht zweifelhaft.

Aber auch wenn eine ehemalige Muslimin aus einem islamischen Land im Bundesgebiet zum christlichen Glauben konvertiert ist dies zumutbar.

Zunächst ist festzuhalten, dass es nicht die Antragsgegnerin oder das hiesige Recht sind, die die entsprechende Kopfbedeckung für das Passfoto vorschreiben, sondern das Recht des Herkunftslandes. Aus Sicht der

Grundrechte erfolgt ein etwaiger Eingriff durch die der Antragstellerin auferlegten Pflichten also allenfalls mittelbar. Die fragliche Verfügung gibt ihr nur auf, nach Maßgabe des Heimatrechtes der Passpflicht im Bundesgebiet nachzukommen. Wenn der Herkunftsstaat die in der Bundesrepublik Deutschland zum Selbstverständnis des Grundgesetzes gehörende staatliche Neutralität in religiösen Dingen nicht kennt, dies aus der dort herrschenden Tradition vielmehr anderes handhabt, so muss dies völkerrechtlich - in den Grenzen des ordre public - wechselseitig respektiert werden.

Was eine etwaige Verletzung des allgemeinen Persönlichkeitsrechts oder des Gleichheitssatzes anbelangt, so liegt nach Ansicht des Gerichts auch in der vorliegenden Fallkonstellation schon kein Eingriff vor. Denn die Antragstellerin muss allenfalls für den kurzen Moment der Anfertigung der Fotos ihr Haar mit einem Kopftuch bedecken. Die Antragsgegnerin verlangt weder direkt noch nur mittelbar, die Antragstellerin solle sich mit einer solchen Kopfbedeckung in der Öffentlichkeit zeigen. Schon gar nicht handelt es sich etwa um eine „Bekleidungsvorschrift" der hiesigen Ausländerbehörde.

Aber auch eine Verletzung der Glaubensfreiheit einer zum Christentum konvertierten Muslimin (für den Fall einer muslimischen Iranerin ausdrücklich verneinend, im Übrigen wohl offen lassend: BayVGH aaO) nach Art. 4 Abs. 1 GG vermag das Gericht nicht zu erkennen.

Ein Kopftuch zu tragen, ist als solches kein eindeutiges Symbol für das eigene Bekenntnis zum islamischen Glauben. Es wird nicht notwendig als Ausdruck einer innegehaltenen religiösen Überzeugung betrachtet, sondern kann durchaus auch ein „wertfreies" Kleidungsstück sein. Es erfreut sich in hiesigen Breiten vorzugsweise in ländlichen, eher traditionsbewussten und religiös geprägten Regionen weiterer Verbreitung und kann sogar Bestandteil landsmannschaftlicher Trachten sein.

Insoweit unterscheidet sich das Kopftuch in seiner Symbolkraft ganz nachhaltig von einem Kreuz (vgl. dazu auch BayVGH, aaO). Vor allem aber kann nicht angenommen werden, der Iran verlange mit dem Gebot, sich als Frau auf einem Passfoto nur mit einem Kopftuch zu zeigen, ein Bekenntnis zum islamischen Glauben. Denn er verlangt eine entsprechende Bekleidung nicht etwa nur von Frauen seiner Staatsangehörigkeit, sondern von allen Frauen, also auch etwa Europäerinnen, die ein Visum für die Einreise in den Iran erhalten wollen (vgl. dazu auch BayVGH, aaO).

Dies zeigt, dass es sich auch nach dem Verständnis des Iran bei dem Tragen eines Kopftuches nicht um den Ausdruck einer religiösen Überzeugung und ein öffentliches Bekenntnis dazu handelt, sondern um vornehmlich gesellschaftlich verwurzelte Anstandsanschauungen hinsichtlich des äußeren Auftretens von Frauen in der Öffentlichkeit von allenfalls ordnungsrechtlichem Gewicht. Dass dies möglicherweise einen religiösen Ursprung hat, macht es noch nicht zu einer Vorschrift im Sinne einer mangels Trennung von Kirche und Staat auch rechtlich verbindlichen Verpflichtung, sich so zum Islam zu bekennen.

Vgl. dazu, dass selbst die Ahndung einer Missachtung der Bekleidungsvorschriften in Afghanistan die Menschenwürde muslimischer Frauen nicht verletzen soll und es ihnen zuzumuten ist, zur Vermeidung einer sonst drohenden Bestrafung nach dem religiösen islamischen Recht die Bekleidungsvorschriften zu beachten, OVG Koblenz, Beschluss vom 17.5.2002 - 6 A 10217/02 - NVwZ-Beilage I 9/2002, 100, KirchE 40, 279.

35

Es bedarf eines (auch) säkular wirkenden Rechtsaktes, wenn anstelle der im Arbeitsvertrag mit einem katholischen Bistum in Bezug genommenen benannten KODA-Regelungen die Regelungen einer anderen KODA anwendbar sein sollen.

BAG, Urteil vom 13. November 2002 - 4 AZR 73/01[1] -

Die Parteien streiten darüber, ob sich ihr Arbeitsverhältnis trotz des Übergangs vom Bistum Osnabrück auf das Erzbistum Hamburg weiterhin nach dem BAT (VKA) und den arbeitsrechtlichen Regelungen der Regional-KODA Osnabrück/Vechta richtet oder nach den für die Klägerin schlechteren Regelungen der vom Erzbischof Hamburg promulgierten Regelungen der Regional-KODA Nord-Ost. Im BAT (VKA) waren eine Gehaltserhöhung ab 1.1.1998 und für 1999 eine Einmalzahlung von 300,00 DM vorgesehen. Die Regional-KODA Osnabrück/Vechta hatte diese Regelungen übernommen. Dagegen hat die Regional-KODA Nord-Ost beschlossen, die Gehaltserhöhung für 1998 erst ab 1.6.1998 vorzunehmen und für die Einmalzahlung 1999 nur den entsprechenden sogenannten „Osttarif" in Höhe von 259,15 DM zugrunde zu legen.

Die Klägerin ist seit 1986 in der psychologischen Beratungsstelle K. als Bürokraft teilzeitbeschäftigt. Die Beratungsstelle gehörte zum Bistum Osnabrück und ist mit dessen Errichtung am 7.1.1995 auf das Erzbistum Hamburg übergegangen. Im „Dienstvertrag" der Klägerin mit dem Bistum Osnabrück vom 21.7.1986 heißt es u.a.:

---

[1] Amtl. Leitsatz. BAGE 103, 353; AkKR 171, 549; AP Nr. 2 zu § 1 AVR Caritasverband; AP Nr. 38 zu § 611 BGB Kirchendienst (LS); AR-Blattei ES 960 Nr. 68; ArbuR 2003, 195 (LS); BB 2003, 1236 (LS); EBE/BAG Beilage 2003, Ls 70/03 (LS); EzA § 613a BGB 2002 Nr. 4; NZA 2004, 274; RiA 2003, 274; ZMV 2003, 137.

„§ 1 - Anstellung
Frau K wird mit Wirkung vom 18.8.1986 als Büroangestellte für die Psychologische Beratungsstelle in K angestellt. Das Dienstverhältnis gilt auf unbestimmte Zeit.
Die ersten sechs Monate der Tätigkeit gelten als Probezeit.
...
§ 4 - Vergütung etc.
Vergütung, Krankenbezüge, Beihilfen bei Geburts-, Krankheits- und Todesfällen, Unterstützungen, Urlaub und Arbeitsbefreiung richten sich nach dem Bundesangestelltentarifvertrag (BAT) vom 23.2.1961 in der jeweils gültigen Fassung.
Die wöchentliche Arbeitszeit beträgt 20 Stunden. Entsprechend dieser vereinbarten Arbeitszeit wird die anteilige Vergütung, gemessen an der Vergütung eines vollbeschäftigten Arbeitnehmers, gezahlt. Die Vergütung erfolgt nach Vergütungsgruppe VIII.
...
§ 9 - Besondere Vereinbarungen
Frau K ist verpflichtet, an den vom Referat für Ehe-, Familien- und Lebensberatung des Bischöflichen Generalvikariates angebotenen Fortbildungsveranstaltungen teilzunehmen. Bei Bewährung erfolgt nach einjähriger Tätigkeit die Vergütung nach BAT VII.
(*) siehe Rückseite“

(*) auf der Rückseite lautet:

„Die unter Mitwirkung der Regional-KODA Osnabrück/Vechta vom Bischof von Osnabrück in Kraft gesetzten Regelungen sind in ihrer jeweiligen Fassung Bestandteil des Dienstvertrages.“

Das Bistum Osnabrück vergütet nach dem BAT in der Fassung für den Bereich der Vereinigung der Kommunalen Arbeitgeberverbände (VKA).

Gemäß Art. 11 Abs. 2 Staatsvertrag „zwischen dem Heiligen Stuhl und der Freien und Hansestadt Hamburg, dem Land Mecklenburg-Vorpommern und dem Land Schleswig-Holstein“ vom 22.9.1994 „über die Errichtung von Erzbistum und Kirchenprovinz Hamburg“ (KABl. Erzdiözese Hamburg 1995 Art. 1 S. 1 ff.), der nach Zustimmung u.a. des Landes Schleswig-Holstein mit Gesetz vom 18.10.1994 (GVOBl. Schl.-H. S. 486) am 4.11.1994 in Kraft getreten ist, trat das beklagte Erzbistum Hamburg mit Wirkung vom 7.1.1995 in die Dienstverhältnisse des Bistums Osnabrück hinsichtlich der Mitarbeiter/-innen ein, deren Dienstsitz im Zeitpunkt der Errichtung des Erzbistums Hamburg in dessen Gebiet liegt. Nach Art. 11 Abs. 1 des Staatsvertrages gelten „das Diözesanrecht von Osnabrück ... auch mit Wirkung für den staatlichen Rechtskreis bis zu einer Neuordnung durch das Erzbistum Hamburg“ fort.

Unter dem 15.12.1994 teilte das Bischöfliche Generalvikariat Osnabrück der Klägerin u.a. mit:

„Bischof Ludwig wird neuer Erzbischof von Hamburg und am 7.1.1995 in sein Amt eingeführt. Mit diesem Zeitpunkt treten Rechtsfolgen ein, die sich auch auf Ihr mit dem Bistum Osnabrück bestehendes Dienstverhältnis auswirken können. Auf folgende Punkte möchte ich hinweisen:
1. Aus dem Vertrag über die Errichtung von Erzbistum und Kirchenprovinz Hamburg ergibt sich, dass mit der Errichtung des Erzbistums Hamburg alle Mitarbeiter/-innen dem Bistum Osnabrück oder dem Erzbistum Hamburg zugeordnet sind.
Nach Artikel 11, Absatz 2 des Vertrages tritt das Erzbistum Hamburg in die Dienst- und Versorgungsverhältnisse des Bistums Osnabrück hinsichtlich der Mitarbeiter/-innen ein, deren Dienstsitz im Zeitpunkt der Errichtung des Erzbistums Hamburg in dessen Gebiet liegt.
Ihr Dienstsitz befindet sich im Bereich des künftigen Erzbistums Hamburg.
Das Erzbistum Hamburg tritt somit mit Ablauf des Tages der Errichtung in das mit Ihnen bestehende Dienstverhältnis mit dem Bistum Osnabrück ein, ohne dass es dazu weiterer Vereinbarungen oder einer Neufassung des Dienstvertrages bedarf."

Die Klägerin und das beklagte Erzbistum schlossen die Änderungsverträge vom 25.7.1995 und vom 4.10.1995, mit denen jeweils der Umfang der regelmäßigen Arbeitszeit geändert wurde.

Der Erzbischof von Hamburg setzte zum 1.1.1997 die „Ordnung zur Mitwirkung bei der Gestaltung des Arbeitsvertragsrechts durch eine Kommission für den Bereich der (Erz-)Bistümer Berlin, Dresden-Meißen, Erfurt, Görlitz, Hamburg und Magdeburg (KODA-Ordnung für die Region Nord-Ost) in Kraft (KABl. Erzdiözese Hamburg 1996 Art. 150 S. 169 ff. und 1997 Art. 3 S. 7 f.). Zum gleichen Zeitpunkt - 1.1.1997 - setzte der Erzbischof von Hamburg die Ordnung für die Regional-KODA Osnabrück/Vechta für seinen Amtsbereich außer Kraft. Zugleich ordnete er an, dass die bisher gewählten Mitarbeitervertreter der KODA bis zum Ende der Amtszeit die Mitarbeiter des gesamten Erzbistums vertreten. Zuvor waren neue arbeitsvertragliche Regelungen im Erzbistum Hamburg ab 1995 unterschiedlich nach den bisherigen Bistumszugehörigkeiten umgesetzt: Im Bistumsteil Mecklenburg gemäß der seit 1994 bestehenden Regional-KODA Ost, die Bezug nahmen auf Arbeitsvertragsrichtlinien des Deutschen Caritasverbandes, im Westteil des Erzbistums gemäß der Regional-KODA Osnabrück/Vechta, wonach BAT-Änderungen umgesetzt wurden, wenn in der KODA nichts anderes beschlossen wurde.

Die KODA Osnabrück/Vechta hatte beschlossen, gemäß dem BAT (VKA) die Gehälter für 1998 ab 1.1.1998 (Vergütungstarifvertrag Nr. 32 zum BAT/VKA) zu erhöhen und die Einmalzahlung von 300,00 DM für die Monate Januar bis März 1999 (Vergütungstarifvertrag Nr. 33 zum BAT/VKA) vorzusehen (KABl. Bistum Osnabrück 1998 Art. 83 S. 73 und 1999 Art. 235 S. 212). Dagegen hatte die KODA Nord-Ost beschlossen, die lineare Gehaltserhöhung für 1998 erst ab 1.6.1998 vorzunehmen (KABl. Erzdiözese Hamburg 1998 Art. 137 A S. 132) und für die Einmalzahlung nicht 300,00 DM, sondern nur 259,15 DM, nämlich den sogenannten Osttarif, zugrunde zulegen. Dementsprechend erhielt die Klägerin - ihrem Teilzeitanteil entsprechend - die Gehaltserhöhung in Höhe von monatlich 29,89 DM brutto erst ab 1.6.1998 und für die Monate Januar bis März 1999 eine um 20,25 DM geringere Einmalzahlung.

Nach erfolgloser schriftlicher Geltendmachung (Schreiben vom 22.6.1998) verfolgte sie mit der Klage die Forderung auf Gehaltserhöhung für die Monate Januar bis Mai 1998 weiter; zudem macht sie den Differenzbetrag der Einmalzahlung geltend. Sie hat die Auffassung vertreten, ihre Vergütung richte sich ausschließlich nach dem BAT. Jedenfalls seien entgegenstehende Beschlüsse der Regional-KODA Nord-Ost unbeachtlich. Die Klausel in § 9(*) des Arbeitsvertrages beziehe sich auf vom Bischof von Osnabrück in Kraft gesetzte Regelungen. Dass bei Außerkrafttreten der Regional-KODA Osnabrück/Vechta durch den Erzbischof von Hamburg zugleich die Beschlüsse und Regelungen der KODA Nord-Ost auf ihr Arbeitsverhältnis Anwendung fänden, lasse sich der genannten Klausel nicht entnehmen.

Die Klägerin hat zuletzt beantragt, 1. den Beklagten zu verurteilen, an die Klägerin 169,70 DM brutto zuzüglich 4 vH Zinsen auf den sich aus einem Teilbetrag von 29,89 DM brutto ergebenden Nettobetrag für die Zeit vom 1.1.bis 31.1.1998, auf den sich aus einem Teilbetrag von 59,78 DM brutto ergebenden Nettobetrag für die Zeit vom 1.2.bis 28.2.1998, auf den sich aus einem Teilbetrag von 89,67 DM brutto ergebenden Nettobetrag für die Zeit vom 1.3.bis 31.3.1998, auf den sich aus einem Teilbetrag von 119,56 DM brutto ergebenden Nettobetrag für die Zeit vom 1.4.bis 30.4.1998, auf den sich aus einem Teilbetrag von 149,45 DM brutto ergebenden Nettobetrag für die Zeit vom 1.5.1998 bis 30.6.1999 und auf den sich aus 169,70 DM brutto ergebenden Nettobetrag seit dem 1.7.1999 zu zahlen; 2. festzustellen, dass sich die Vergütung der Klägerin ausschließlich nach den Regelungen des Bundes-Angestelltentarifvertrages richtet und der Beklagte für den Fall, dass die Tarifvertragsparteien im öffentlichen Dienst eine Lohnerhöhung vereinbaren, diese auch uneingeschränkt der Klägerin zu gewähren hat. Etwaige anderslautende Beschlüsse der KODA Nord-Ost zur Umsetzung der Tariflohnerhöhung des öffentlichen Dienstes berühren die Vergütungsansprüche der Klägerin nicht.

Das beklagte Erzbistum hat die Ansicht vertreten, es seien im Dienstvertrag zwei arbeitsvertragliche Einbeziehungsabreden getroffen worden: § 4 sei die allgemeine, § 9(*) sei die speziellere Bestimmung. Die Vertragsparteien hätten den KODA-Regelungen Geltung verschaffen wollen, weil sie im Gegensatz zum BAT kirchlich abgewogen seien und durch ihr Zustandekommen in einem besonderen und sichergestellten Verfahren den wohl verstandenen Interessen der Kirchen und ihrer Arbeitnehmer gerecht würden. Die Kommissionen zur Ordnung des diözesanen Arbeitsrechts (KODA) schüfen im Rahmen originären Kirchenrechts im eigenen Kirchenkompetenzbereich Regelungen der Arbeitsverhältnisse der Mitarbeiter im Kirchendienst, nicht aber im öffentlichen Dienst. Durch ihre Veröffentlichung im Kirchlichen Amtsblatt erlangten sie „Gesetzeskraft“ und nähmen unmittelbaren Einfluss auf die bestehenden Vertragsbeziehungen. Es möge sein, dass die KODA-Entscheidungen keinen normativen Charakter hätten, sie seien jedoch aufgrund der vertraglichen Verweisung anzuwenden. - Der Feststellungsantrag sei unzulässig. Die Klägerin habe kein Rechtsschutzinteresse an der begehrten Feststellung. Jedenfalls sei er unbegründet. Es könne nicht uneingeschränkt bestimmt werden, dass KODA-Regelungen nicht dem BAT vorgingen.

Das Arbeitsgericht hat der Klage stattgegeben. Auf die von dem Arbeitsgericht zugelassene Berufung des beklagten Erzbistums hat das Landesarbeitsgericht das arbeitsgerichtliche Urteil abgeändert und die Klage abgewiesen. Mit der vom Landesarbeitsgericht zugelassenen Revision begehrt die Klägerin die Wiederherstellung des erstinstanzlichen Urteils.

Die Revision war erfolgreich, soweit das Landesarbeitsgericht auf die Berufung des beklagten Erzbistums in Abänderung des Urteils des Arbeitsgerichts den Zahlungsantrag abgewiesen hatte; insoweit weist das BAG die Berufung unter Abänderung des vorinstanzlichen Urteils zurück.

Aus den Gründen:

Die Revision ist zum Teil begründet. Die Klägerin hat Anspruch auf die begehrten Vergütungsdifferenzen; der Feststellungsantrag ist indes teils unzulässig, teils unbegründet.

I. Die Zahlungsansprüche der Klägerin auf die Vergütungsdifferenzen in Höhe von insgesamt 149,45 DM brutto für die Monate Januar bis Mai 1998 und auf weitere 20,25 DM brutto als Differenz zwischen der Einmalzahlung nach Vergütungstarifvertrag Nr. 33 West und Vergütungstarifvertrag Nr. 33 Ost sind begründet. Der Klägerin steht aufgrund § 9(*), § 4 ihres Arbeitsvertrages diese Vergütung nach den vom dortigen Bischof promulgierten Arbeitsrechtsregelungen für das Bistum Osnabrück (Beschlüsse der KODA-Osnabrück/Vechta iVm. den Vergütungstarifverträgen Nr. 32 und Nr. 33 zum BAT/VKA) zu.

1. Diese Arbeitsrechtsregelungen für das Bistum Osnabrück für die Jahre 1998 und 1999 sind nicht deshalb auf das Arbeitsverhältnis der Klägerin unanwendbar, weil das Erzbistum Hamburg am 7.1.1995 in das Arbeitsverhältnis eingetreten ist.

a) Eine solche Rechtsfolge hätte nach säkularem Recht eintreten können, wenn das Arbeitsverhältnis der Klägerin mit dem Bistum Osnabrück am 7.1.1995 im Wege des rechtsgeschäftlichen Betriebs(teil)übergangs nach § 613a Abs. 1 BGB auf das Erzbistum übergegangen und diese Arbeitsbedingungen der Klägerin mit dem Erzbistum Osnabrück am Tag des Übergangs nach § 613a Abs. 1 Satz 2 BGB nur durch Tarifvertrag geregelt gewesen wären bzw. die arbeitsvertragliche Vereinbarung eine Gleichstellungsabrede darstellte; denn dann wären die tarifvertraglich geregelten Arbeitsbedingungen mit dem Stand zum Inhalt des Arbeitsverhältnisses geworden, den sie am Tag des Betriebsübergangs gehabt haben (vgl. BAG 20.6.2001 - 4 AZR 295/00 - AP TVG § 1 Bezugnahme auf Tarifvertrag Nr. 18, EzA BGB § 613a Nr. 203).

b) Die Voraussetzungen liegen hier aber nicht vor. § 613a BGB ist vorliegend nicht anwendbar. Ein Übergang des Arbeitsverhältnisses nach § 613a Abs. 1 Satz 1 BGB setzt den Übergang eines Betriebes durch Rechtsgeschäft voraus. Vom sachlichen Geltungsbereich der Norm sind daher Rechtsübergänge ausgeschlossen, die wegen der Gesamtrechtsnachfolge oder eines sonstigen Hoheitsakts vollzogen werden (BAG 10.3.1982 - 5 AZR 839/79 - AP KVLG § 104 Nr. 1; 18.2.1976 - 5 AZR 616/74 - AP Saarland UniversitätsG § 1 Nr. 5, EzA BGB § 613a Nr. 5; 6.9.1978 - 4 AZR 162/77 - AP BGB § 613a Nr. 13; 26.8.1999 - 8 AZR 827/98 - BAGE 92, 251).

Vorliegend fehlt es an einem solchen Rechtsgeschäft. Vielmehr ist das beklagte Erzbistum Hamburg am 7.1.1995 im Wege der Gesamtrechtsnachfolge nach Art. 11 Abs. 2 des staatskirchenrechtlichen „Vertrags zwischen dem Heiligen Stuhl und der Freien und Hansestadt Hamburg, dem Land Mecklenburg-Vorpommern und dem Land Schleswig-Holstein über die Errichtung von Erzbistum und Kirchenprovinz Hamburg" vom 22.9.1994 iVm dem dazu ergangenen Zustimmungsgesetz des Landes Schleswig-Holstein in alle Arbeitsverhältnisse eingetreten, die im Gebiet des neu errichteten Erzbistums Hamburg mit den bisherigen Bistümern begründet waren. Dazu zählt auch das Arbeitsverhältnis der Klägerin in der psychologischen Beratungsstelle K des Bistums Osnabrück.

2. Der Eintritt des Erzbistums Hamburg in das Arbeitsverhältnis mit der Klägerin hat für sich allein keine Änderung der vertraglich vereinbarten Arbeitsbedingungen bewirkt.

Der Staatsvertrag regelt die Rechtsfolgen dieses Eintritts in die Dienstverhältnisse durch das Erzbistum Hamburg nicht. Er hat sich lediglich darauf beschränkt, den Eintritt in die Dienstverhältnisse anzuordnen. Art. 11 Abs. 2 Satz 2 des Staatsvertrages besagt nur, dass der Erzbischof das Nähere regelt, und verweist durch einen Klammerzusatz auf das Schlussprotokoll. Das Schlussprotokoll enthält zwar unter seiner Ziff. 3 eine „Übergangsregelung zu Art. 11". Dort sind aber lediglich einige Institutionen aufgeführt, deren Dienstverhältnisse sich vorerst nach dem im dem jeweiligen Land geltenden Arbeits- und Tarifrecht richten sollen. Die Beratungsstelle K des Bistums Osnabrück ist nicht genannt. Daraus folgt, dass der Staatsvertrag - von der Übergangsregelung abgesehen -

nicht bestimmt, unter welchen Bedingungen die Mitarbeiter/-innen, in deren Dienstverhältnisse das beklagte Erzbistum eingetreten ist, ihr Dienstverhältnis bei dem neuen Dienstgeber fortsetzen müssen. Das Dienstverhältnis der Klägerin ist sonach im Wege der Gesamtrechtsnachfolge auf das beklagte Erzbistum unverändert übergegangen. Vom Erzbischof des beklagten Erzbistums promulgierte Beschlüsse der Regional-KODA Nord-Ost, mit denen der Vergütungstarifvertrag Nr. 32 zum BAT lediglich zeitlich versetzt und der Vergütungstarifvertrag Nr. 33 hinsichtlich der Einmalzahlung nur nach Osttarif übernommen wurden, haben die dienstvertragliche Vereinbarung der Klägerin mit dem Bischof von Osnabrück unberührt gelassen.

3. Indessen ist das Landesarbeitsgericht zu dem Ergebnis gelangt, der Klägerin stünden die Vergütungserhöhungen nicht zu, weil nicht die Beschlüsse der KODA Osnabrück/Vechta anzuwenden seien, sondern die von Erzbischof von Hamburg promulgierten Beschlüsse der KODA Nord-Ost zumindest kraft der Vereinbarung im Arbeitsvertrag Anwendung fänden. Dem vermag der Senat nicht zu folgen.

a) Der Dienstvertrag selbst enthält keine Vereinbarung, nach der ein Wechsel der kraft Vereinbarung anzuwendenden arbeitsrechtlichen Regelungen vorgesehen ist.

aa) § 4 Abs. 1 des Dienstvertrages des Bistums Osnabrück mit der Klägerin vom 21.7.1986 enthält zwar zunächst eine dynamische Bezugnahme der Vergütungsregelungen des BAT, und, wie sich aus der Streichung der Wörter „Bund/Länder“ (Abs. 3) ergibt, der Vergütungsregelungen des BAT in der für den Bereich der Vereinigung der Kommunalen Arbeitgeberverbände (VKA) geltenden Fassung. Diese Regelung wird aber durch § 9(*) des Dienstvertrages geändert: Die unter Mitwirkung der Regional-KODA Osnabrück/Vechta vom Bischof von Osnabrück in Kraft gesetzten Regelungen sind in ihrer jeweiligen Fassung Bestandteil des Dienstvertrages. In ihrer Zusammenschau stehen diese vertraglichen Bestimmungen dafür, dass der BAT/VKA in der Fassung der vom Bischof von Osnabrück promulgierten Beschlüsse der Regional-KODA Osnabrück/Vechta im Dienstvertrag vereinbart ist, was die Vergütung anbelangt. Mit anderen Worten: Die Vergütung richtet sich nach den vom Bischof von Osnabrück in Kraft gesetzten, von der Regional-KODA Osnabrück/Vechta beschlossenen Arbeitsrechtsregelungen. Nachdem zunächst eine BAT-Automatik gegolten hatte, sollte diese abgelöst werden. Das ist durch § 9(*) Dienstvertrag geschehen. Diese „Einbeziehungsklausel“ wurde ab 1.1.1984 in die Einzelarbeitsverträge aufgenommen (KABl. Bistum Osnabrück 1984 Art. 9).

(1) § 9(*) des Dienstvertrages bezieht sich entgegen der Auffassung der Klägerin nicht auf die im Zeitpunkt des Abschlusses des Dienstvertrages - 21.7.1986 - „bereits“ in Kraft gesetzten Regelungen der KODA Osnabrück/Vechta, sondern auf die unter der Mitwirkung der KODA vom Bi-

schof von Osnabrück in Kraft gesetzten Regelungen in ihrer jeweiligen Fassung, ist also auch zukunftsbezogen.

(2) Entgegen der Auffassung des Arbeitsgerichts bezieht sich § 9(*) des Dienstvertrages auch auf die Vergütung. Eine eindeutige auch auf die Vergütung bezogene Erklärung fehlt nicht. Nach dem Arbeitsgericht habe ein Einschub in § 4 Abs. 1 Dienstvertrag den Vorbehalt anderslautender KODA-Beschlüsse klarstellen müssen. § 9(*) sei eine Schlussbestimmung, während § 4 mit der Vergütungsregelung die Hauptleistungspflicht des Arbeitgebers regele. Dabei wird verkannt, dass sich nach § 4 „- Vergütung ... - etc." die Vergütung und weitere Materien „nach dem Bundes-Angestelltentarifvertrag (BAT) ... in der jeweils gültigen Fassung ... richten", während § 9(*) die unter Mitwirkung der Regional-KODA Osnabrück/Vechta vom Bischof von Osnabrück in Kraft gesetzten Regelungen in ihrer jeweiligen Fassung zum Bestandteil des Dienstvertrages macht. § 9(*) stellt sonach gegenüber den vorstehenden Regelungen eine allgemeine Vorbehaltsklausel dar: Die kircheneigenen Ordnungen für alle Bereiche des kirchlichen Arbeitsvertragsrechts sollen als speziellere Regelungen vorgehen. Auch die Vergütung soll sich nach den von der Regional-KODA Osnabrück/Vechta beschlossenen Regelungen richten, die der Bischof von Osnabrück in Kraft gesetzt hat.

bb) Aus § 9(*) Dienstvertrag ergibt sich entgegen der Auffassung des beklagten Erzbistums nicht, dass die vom Bischof von Osnabrück promulgierten KODA-Beschlüsse durch die vom Erzbischof von Hamburg promulgierten Beschlüsse der KODA Nord-Ost abgelöst worden sind. Die Bezugnahmeklausel in § 9(*) des Dienstvertrages kann nicht als sog. große dynamische Bezugnahmeklausel oder „KODA-Beschlüsse-Wechselklausel" angesehen werden in dem Sinne, dass jeweils die kirchliche Regelung Anwendung finden soll, an die der jeweilige kirchliche Arbeitgeber aufgrund kirchlichen Rechts gebunden ist.

(1) Für diese Auslegung geben die Bezugnahmeklauseln und die sonstigen bei der Vertragsauslegung zu berücksichtigenden Umstände keine Grundlage. Die Bezugnahme bezieht sich nur auf die Vergütungsregelung des BAT und auf die vom Bischof von Osnabrück in Kraft gesetzten Beschlüsse der KODA Osnabrück/Vechta.

Zwar ist das Erzbistum Hamburg an die von seinem Erzbischof in Kraft gesetzten Beschlüsse der KODA Nord-Ost gebunden. Das schließt aber nicht aus, dass Dienstverhältnisse, in die es eingetreten ist, andere Bedingungen aufweisen. Das ist eine Folge des nicht im Einzelnen geregelten Eintritts des beklagten Erzbistums in die Dienstverhältnisse nach Art. 11 Abs. 2 des Staatsvertrages.

(2) Nun kann § 9(*) Dienstvertrag auch als Gleichstellungsklausel in dem Sinne verstanden werden, dass die Verweisung auf die vom Bischof promulgierten Beschlüsse der KODA Osnabrück/Vechta nur besagt, dass das gelten soll, was kirchenrechtlich gilt. Davon ist aber schon deswegen nicht auszugehen, weil das Bistum Osnabrück von einer kirchenrechtli-

chen Regelung der promulgierten Beschlüsse der Regional-KODA Osnabrück/Vechta selbst nicht ausgeht: Auf Arbeitsverhältnisse, die die „Einbeziehungsklausel“, also § 9(*) Dienstvertrag, nicht enthalten, „finden die von den Bischöfen in Kraft gesetzten Beschlüsse keine Anwendung“ (KABl. Bistum Osnabrück 1984 Art. 9).

(3) Ob der Dienstvertrag der Klägerin mit dem Erzbistum Osnabrück für den ungeregelten Fall des Eintritts eines anderen (Erz-)Bistums in das bestehende Dienstverhältnis im Zuge von dessen Neuerrichtung eine Lücke enthält und wenn ja, wie diese Lücke auszufüllen wäre, also was die Dienstvertragsparteien im Jahre 1986, dem Jahr des Abschlusses des Dienstvertrages, vereinbart hätten, wenn sie einen solchen Fall bedacht hätten, kann offen bleiben. Dafür gibt es keinerlei Vortrag der Parteien.

b) Gesetzliche Bestimmungen, nach denen sich das Dienstverhältnis ohne Weiteres gem. der Inkraftsetzung der durch den Erzbischof nach den von der Regional-KODA Nord-Ost beschlossenen Arbeitsrechtsregelungen zu richten hat, bestehen weder mit Wirkung auf den Dienstvertrag der Klägerin im katholischen Kirchenrecht noch im sakralen Recht. Auch der Staatsvertrag enthält keine entsprechende Bestimmung.

aa) Das Kirchenrecht enthält keine den Dienstvertrag der Klägerin betreffende entsprechende Bestimmung.

bb) Auch im säkularen Recht fehlt eine solche Bestimmung. Zwar mag den vom Erzbischof von Hamburg promulgierten Beschlüssen der KODA Nord-Ost als kirchlichen Arbeitsrechtsregelungen des Dritten Weges kirchenrechtlich normative Wirkung zukommen. Der Erzbischof von Hamburg hat die KODA-Ordnung für die Region Nord-Ost erlassen, die ab 1.1.1997 für das gesamte Erzbistum Hamburg gilt, und die Ordnung für die Regional-KODA Osnabrück/Vechta außer Kraft gesetzt, was er für seinen Bereich tun konnte. Damit gilt das, was der Erzbischof von Hamburg an Beschlüssen der KODA Nord-Ost in Kraft gesetzt hat, nur kirchenrechtlich. Das säkulare Recht ordnet für kirchliche Arbeitsrechtsregelungen aber keine unmittelbare und zwingende Geltung, d.h. normative Wirkung an. Eine etwa § 4 Abs. 1 TVG entsprechende Bestimmung fehlt. Nach der ständigen Rechtsprechung des Bundesarbeitsgerichts können kirchliche Arbeitsrechtsregelungen die Arbeitsverhältnisse nicht unmittelbar zwingend gestalten, sondern bedürfen stets der vertraglichen Transformation durch Einzelvertrag, Gesamtzusage oder Einheitsregelung (u.a. BAG 20.3.2002 - 4 AZR 101/01 - KirchE 40, 203 mwN). Daran fehlt es.

cc) Der Staatsvertrag hat die Rechtsfolgen des Eintritts des neu errichteten Erzbistums in die Dienstverhältnisse gerade nicht geregelt (siehe oben Ziff. I 2).

4. Nach allem hat die Klägerin Anspruch auf die geltend gemachten, der Höhe nach unstreitigen Vergütungsdifferenzen hinsichtlich der Monate Januar bis Mai 1998 und der Einmalzahlung für die Monate Januar

bis März 1999. Die Entscheidung über die Zinsen folgt aus § 288 BGB alter und neuer Fassung.

II. Der Feststellungsantrag der Klägerin ist teils unzulässig, teils unbegründet.

1. Der Feststellungsantrag ist hinsichtlich seines ersten Satzes zulässig. Der Streit der Parteien geht darum, ob sich die Vergütung der Klägerin ausschließlich nach den Regelungen des BAT richtet. Das ist dahin zu verstehen, dass sich der Antrag auf die Vergütungsregelungen des BAT in der jeweils gültigen Fassung richten soll. Das macht der zweite Halbsatz des Feststellungsantrages Satz 1 deutlich.

Soweit die Feststellung begehrt wird, etwaige anderslautende Beschlüsse der KODA Nord-Ost zur Umsetzung der Tariflohnerhöhung des öffentlichen Dienstes berühren die Vergütungsansprüche der Klägerin nicht, ist der Antrag unzulässig. Er ist in dem Satz 1 enthalten. Der Klägerin geht es darum, ob sich ihre Vergütung ausschließlich nach dem BAT richtet. Damit sind alle anderen Regelungen ausgeschlossen, auch die von der Klägerin ausschließlich aufgeführten Beschlüsse der KODA Nord-Ost, aber auch die Beschlüsse der KODA Osnabrück/Vechta, die sie einerseits zwar ebenfalls für ausgeschlossen hält, auf die sie sich andererseits aber auch beruft.

2. Der Feststellungsantrag, soweit zulässig, ist unbegründet. Aus dem unter Ziff. I Ausgeführten ergibt sich, dass sich die Vergütung der Klägerin nicht ausschließlich nach dem BAT richtet, sondern nach den vom Bischof von Osnabrück promulgierten Beschlüssen der KODA Osnabrück/Vechta, und zwar auch dann, wenn diese Vergütungserhöhungen nicht, nur teilweise oder zeitlich versetzt übernehmen. Sonach richtet sich die Vergütung der Klägerin nicht ausschließlich nach dem BAT/VKA mit der Folge, dass der Feststellungsantrag unbegründet ist. Vielmehr hat die Klägerin Anspruch auf die Vergütung nach den von der Regional-KODA Osnabrück/Vechta beschlossenen Arbeitsrechtsregelungen.

36

Auch bei entsprechender Anwendung des Bundesangestellten-Tarifvertrag auf Angestellte im Bereich der Ev. Kirche von Westfalen (BAT-KF) kann der kirchliche Arbeitgeber von einer Umzugskostenvergütung absehen.

§§ 3 Abs. 1 Ziff. 3 BUKG, 44 Abs. 1 BAT-KF
LAG Hamm, Urteil vom 21. November 2002 - 16 Sa 823/02[1] -

---

[1] NZA-RR 2003, 501.

Die Parteien streiten um die Gewährung von Umzugskostenvergütung durch die Beklagte.

Die Klägerin war vom 1.11.1963 bis zum 31.12.2000 bei der beklagten Kirchengemeinde als hauptberufliche Küsterin beschäftigt. Auf das Arbeitsverhältnis findet der Bundesangestellten-Tarifvertrag in der für die Angestellten im Bereich der Ev. Kirche von Westfalen jeweils geltenden Fassung (BAT-KF) Anwendung.

Die Klägerin bewohnte seit dem Jahre 1963 eine ihr von der beklagten Kirchengemeinde zur Verfügung gestellte Wohnung als Mietwohnung. Mit Schreiben vom 6.11.1976 wandte sich die Klägerin über die evangelische Küstervereinigung an die Beklagte mit der Bitte, auf der Grundlage eines Presbyteriumsbeschlusses die Wohnung in eine Werksdienstwohnung umzuwandeln. Unter dem 5.12.1979 teilte die Beklagte mit, dass die Wohnung der Klägerin mit Wirkung vom 1.1.1980 zur Dienstwerkwohnung erklärt werden solle.

In Richtlinien des Gesamtverbands der Kirchengemeinden vom 20.9.1979 ist festgehalten, dass die bisherigen Mietwohnungen der Küster und Hausmeister den Status einer Werkdienstwohnung erhalten. Weiter ist ausgeführt, dass dies bedeute, dass die Werkdienstwohnung mit Beendigung des Dienstverhältnisses zu räumen sei, spätestens nach Ablauf von drei Monaten, wenn besondere Gründe vorlägen. Für die Umwandlung der Mietwohnung in eine Dienstwerkwohnung war erforderlich, dass die Klägerin ein Formular ausfüllte und an die Beklagte zurückgab.

Mit Schreiben vom 19.7.1998 teilte die Klägerin der Beklagten mit, dass sie jederzeit ihre Rente beantragen und aus dem Arbeitsleben ausscheiden könne. Für diesen Fall schlug sie der Beklagten vor, die Werkdienstwohnung in eine normale Mietwohnung umzuwandeln, die dann von ihrem Mann und ihr selbst gemietet würde. Außerdem war sie bereit, die Pflege der Außenanlagen sowie die Überwachung und Regelung der Heizung für den gesamten Komplex gegen Bezahlung zu übernehmen. Hierauf erwiderte die Beklagte mit Schreiben vom 20.8.1998 und bat die Klägerin, sich darauf einzustellen, dass mit Beendigung des Dienstes die Dienstwohnung aufzugeben sei. Mit Schreiben vom 10.11.2000 teilte die Klägerin mit, dass sie am 1.1.2001 in den Ruhestand gehe und beantragte die gesamten Umzugskosten gemäß § 3 Abs. 1 Ziff. 3 BUKG, da die Werkdienstwohnung mit Beendigung ihres Dienstes zu räumen sei. Dies lehnte die Beklagte unter dem 13.12.2000 ab und verwies darauf, dass die Rechtsnorm des § 3 Abs. 1 Ziff. 3 BUKG keine Anwendung finden könne, da ein öffentlich-rechtliches Dienstverhältnis nicht vorliege. Regelungen über Erstattungsansprüche für Umzüge bei Küstern bzw. Werkdienstwohnungsinhabern seien weder von staatlicher noch kirchlicher Seite getroffen. Mit Wirkung zum 31.12.2000 schied die Klägerin aus dem Arbeitsverhältnis bei der Beklagten aus. Seit dem

1.1.2001 bezieht sie Altersrente. Die Werkdienstwohnung räumte sie zum 31.1.2001.

Die Beklagte gewährt aufgrund des Kirchengesetzes der Ev. Kirche von Westfalen vom 4.12.1985 ihren Pfarrern Umzugskostenentschädigung. Anderen Personengruppen, auch soweit sie durch § 44 BAT-KF begünstigt sind, hat die Beklagte nie eine Umzugsvergütung gezahlt.

Mit ihrer Klage verlangt die Klägerin die Zahlung von 8.373,63 DM (= 4.281,37 €) als Umzugskostenvergütung.

Das Arbeitsgericht hat die Klage abgewiesen.Zur Begründung hat es ausgeführt, die Voraussetzungen des § 3 Abs. 1 Nr. 3 BUKG, der über § 44 Abs. 1 Ziff. 5 BAT-KF Anwendung finde, lägen nicht vor. Danach sei Umzugskostenvergütung zuzusagen für Umzüge aus Anlass der Räumung einer Dienstwohnung auf dienstliche Weisung. Hieran fehle es, da die Beklagte in ihrem Schreiben vom 20.8.1998 lediglich den Wunsch der Klägerin, ihr zuzusagen, nach der möglichen Beendigung des Arbeitsverhältnisses und des Eintritts in den Ruhestand weiter in der bisherigen Dienstwohnung als Mietwohnung zu verbleiben, abgelehnt habe.

Auch die Berufung der Klägerin blieb erfolglos.

Aus den Gründen:

Die zulässige Berufung der Klägerin ist unbegründet.

Die Klägerin kann auf der Grundlage des § 44 Abs. 1 Nr. 5 BAT-KF keine Umzugskostenvergütung verlangen.

1. Entgegen der Rechtsansicht der Beklagten kommt es für dieses Ergebnis allerdings nicht darauf an, ob die einzelnen Positionen der von der Klägerin erhobenen Forderung nach dem § 5 ff. BUKG berechtigt sind. (*wird ausgeführt*)

2. Im Ergebnis kann auch dahinstehen, ob tatsächlich die Voraussetzungen des § 3 Abs. 1 Ziff. 3 BUKG, wie das Arbeitsgericht meint, nicht erfüllt sind.

Der Berufung ist allerdings zuzugestehen, dass nicht von vornherein ausgeschlossen ist, dass eine Rechtspflicht der Klägerin zur Räumung der Werkdienstwohnung vorlag und damit der tatbestandlichen Voraussetzung einer „dienstlichen Weisung“ entsprochen worden ist. Denn nach § 44 Abs. 1 Satz 1 BAT-KF sind für die Gewährung einer Umzugskostenvergütung die für Kirchenbeamte geltenden Bestimmungen nur sinngemäß anzuwenden. Es sollen die für Beamte geltenden Bestimmungen so auf Arbeitsverhältnisse übertragen werden, dass eine sinnvolle Anwendung möglich ist. Die spezifische Ausgestaltung des Beamtenverhältnisses ist nicht für das Arbeitsverhältnis maßgebend. Wenn § 3 Abs. 1 Nr. 3 BUKG als Voraussetzung für eine Umzugskostenvergütung vorsieht, dass diese zuzusagen ist aus Anlass einer Räumung der Dienstwohnung auf dienstliche Weisung, so stellt die gesetzliche Bestimmung auf die Besonderheiten eines Beamtenverhältnisses ab, das als öffentlich-rechtliches Dienstverhältnis durch die Ausübung von Weisungen geregelt wird (vgl. § 37 BRRG, der die Weisungsgebundenheit gesetzlich statuiert). Demgegenüber werden Rechtspflichten der Arbeitnehmer vertraglich begründet. Für die vorliegende Fragestellung einer sinngemäßen Übertragung der für Kirchenbeamte geltenden Bestimmung ist demnach darauf abzustellen, ob die Klägerin zur Räumung der Dienstwohnung verpflichtet war. Dies ist nach dem zweitinstanzlichen Sachvortrag der Parteien nicht auszuschließen. Die Verpflichtung zur Räumung der Dienstwohnung, wie sie in der ab 1.1.1980 geltenden Richtlinie über Werkdienstwohnungen niedergelegt worden ist, könnte Inhalt des zwischen den Parteien im Zusammenhang mit der Überlassung der Werkdienstwohnung abgeschlossenen Vertrags geworden sein. *(wird weiter ausgeführt)*

Einer weiteren Aufklärung des Sachverhaltes bedarf es jedoch nicht, weil die Klägerin auch dann, wenn eine vertragliche Verpflichtung zur Räumung der Wohnung anzunehmen ist, keinen Rechtsanspruch auf Erstattung der Umzugskosten besitzt.

3. Nach § 44 Abs. 1 Nr. 5 Satz 1 BAT-KF kann unter anderem aus Anlass der Räumung einer Werkdienstwohnung dann Umzugskostenvergütung gezahlt werden, wenn das Arbeitsverhältnis nicht aus einem von dem Angestellten zu vertretenen Grund endet, wobei dies nach Satz 2 auch dann gilt, wenn der Angestellte vorgezogenes oder flexibles Altersruhegeld bezieht und deshalb aus dem Arbeitsverhältnis ausgeschieden ist. Anders als im § 3 Abs. 1 BUKG besteht nach dem Wortlaut der Regelung aber kein uneingeschränkter Rechtsanspruch, vielmehr steht dem Arbeitgeber insoweit ein Ermessen zu. § 44 Abs. 1 Nr. 5 BAT-KF bestimmt nur, dass Umzugskostenvergütung gezahlt werden kann, nicht aber, wie § 3 Abs. 1 BUKG, dass sie zuzusagen ist. Berücksichtigt man, dass in den weiteren im § 44 Nr. 5 Satz 1 BAT-KF aufgeführten Fällen, nämlich denen der §§ 4 Abs. 2 Nr. 2 und Abs. 3 Nr. 1 BUKG auch nach dem Bundesumzugskostengesetz die Zusage einer Umzugskostenvergütung nicht zwingend ist, sondern, wie sich aus der gesetzlichen Formulierung ergibt („kann"), im pflichtgemäßen Ermessen der Behörde liegt, ob sie von dieser Möglichkeit Gebrauch machen will oder nicht, so führt die in § 44 Abs. 1 Nr. 5 Satz 1 BAT-KF gewählte Formulierung „kann" dazu, dass in allen dort aufgeführten Fällen die Gewährung der Umzugskostenvergütung vom pflichtgemäßen Ermessen des Arbeitgebers abhängig ist. Der Fall, in dem für Beamte nach § 3 Abs. 1 Nr. 3 BUKG zwingend eine Umzugskostenvergütung zuzusagen ist, ist nach § 44 Abs. 1 Nr. 5 Satz 1 BAT-KF den Fällen gleichgestellt, in denen für Beamte nur eine Ermessensentscheidung vorgesehen ist. Insoweit soll dem kirchlichen Arbeitnehmer, entgegen der Ansicht der Berufung und anders als für den Fall des Trennungsgeldes, den das Bundesarbeitsgericht im Urteil vom 16.1.1985 (- 7 AZR 270/82 - AP Nr. 9 zu § 44 BAT) für Angestellte im

öffentlichen Dienst entschieden hat, nicht dieselbe Rechtsstellung wie den Beamten eingeräumt werden. Der kirchliche Arbeitgeber hat sich vielmehr vorbehalten, die Fälle, in denen Umzugskostenvergütung bei Beendigung des Arbeitsverhältnisses bezahlt wird, gleichzustellen und die Differenzierungen, die insoweit für Beamte gelten, nicht nachzuvollziehen. Die für Kirchenbeamte geltenden Bestimmungen sind, wie § 44 Abs. 1 Eingangssatz BAT-KF ausdrücklich bestimmt, nur mit Maßgaben anzuwenden.

Die Kann-Bestimmung des § 44 Abs. 1 Nr. 5 BAT-KF lässt zunächst eine Anwendung des § 315 Abs. 3 BGB nahe liegend erscheinen. Jedoch ergibt sich aus der Verweisung auf die für Beamte geltenden Bestimmungen ein anderer Maßstab. In diesen Fällen sollen hinsichtlich der Voraussetzungen, des Umfangs und der Dauer der zu gewährenden Leistungen die Arbeitnehmer nicht schlechter, aber auch nicht besser gestellt werden als vergleichbare Beamte. Soweit die Leistungsgewährung für Beamte deshalb im Ermessen des Dienstherrn steht, gelten auch für den Arbeitnehmer nicht die zu § 315 BGB, sondern die zum Verwaltungsermessen entwickelten Grundsätze. Dies bedeutet, dass dann, wenn eine Leistung gewährt werden kann, aber nicht gewährt werden muss, die Behörde entscheidet, ob sie von dieser Möglichkeit Gebrauch machen will oder nicht. Ohne eine positive Ermessensentscheidung kann ein Anspruch nur gegeben sein, wenn im Einzelfall jede andere Entscheidung ermessensfehlerhaft wäre (BAG vom 16.1.1985, aaO).

Im Entscheidungsfall hat die Beklagte zwar, wie sich aus ihrem Schreiben vom 13.12.2000 an die Klägerin ergibt, die Übernahme der Umzugskostenvergütung zunächst deshalb abgelehnt, weil sie davon ausging, dass § 3 Abs. 1 Nr. 3 BUKG auf das Arbeitsverhältnis der Parteien keine Anwendung fände und damit die Rechtslage verkannt. Im Verlaufe des Rechtsstreits hat sie jedoch weiter ausgeführt, dass sie nie Umzugskostenvergütung an den durch § 44 BAT-KF begünstigten Personenkreis gezahlt habe und ihre Entscheidung, auch im Fall der Klägerin so zu verfahren, damit begründet. Es erscheint nicht sachwidrig, wenn die Klägerin wie andere Beschäftigte behandelt wird. Dass die Beklagte Pfarrern und Predigern eine Umzugskostenvergütung gezahlt hat, ist insoweit ohne Belang, da sie hierzu auf der Grundlage des Kirchengesetzes über die Umzugskosten der Pfarrer und Prediger verpflichtet war. Besondere Gründe, die im Falle der Klägerin eine andere Ermessensentscheidung der Beklagten erforderten, sind nicht ersichtlich und auch von der Klägerin nicht vorgetragen worden.

37

Die unterschiedliche Behandlung glaubensverschiedener Ehegatten und glaubensverschiedener Lebenspartner bei der Erhebung des besonderen Kirchgelds ist verfassungskonform.

Art. 3 Abs. 1, 6 Abs. 1 GG, §§ 26, 26b, 32a Abs. 5 S. 1 EStG 1997, 2 Abs. 3, 5 Abs. 1 Nr. 3, 6 Abs. 5 Nr. 2 Brem.KiStG
FG Bremen, Urteil vom 22. November 2002 - 1 K 307/02[1] -

Die Beteiligten streiten über die verfassungsrechtliche Zulässigkeit der Erhebung des Kirchgelds in glaubensverschiedener Ehe.

Die Klägerin ist verheiratet, wurde im Streitjahr zusammen mit ihrem Ehemann zur Einkommensteuer veranlagt und ist Mitglied der ev. Kirche. Der Ehemann gehört keiner steuererhebenden Kirche an.

Die Beklagte setzte mit dem angefochtenen Bescheid für den Veranlagungszeitraum 2001 die evangelische Kirchensteuer in der Form des Kirchgelds in glaubensverschiedener Ehe gegenüber der Klägerin fest.

Zur Begründung ihres Einspruchs trug die Klägerin vor, es sei unzulässig, das Kirchgeld nur bei glaubensverschiedenen Ehegatten und nicht auch bei glaubensverschiedenen Lebenspartnern zu erheben. In Hinblick auf Lebensführung und Unterhalt gäbe es keine Unterschiede zwischen Ehen und Lebenspartnerschaften nach dem Lebenspartnerschaftsgesetz (LPartG). Eine steuerliche Benachteiligung von Ehen sei mit Art. 3 GG iVm Art. 6 Abs. 1 GG nicht vereinbar. Benachteilige der Gesetzgeber steuerrechtlich die Ehe, so missachte er den Schutz, den der Staat der Ehe schulde. Ehegatten dürften keine ungerechtfertigten Nachteile gegenüber vergleichbaren Personengruppen erleiden (BVerfG, Urteil v. 17.11.1992 - 1 BvL 8/87 - NJW 1993, 643).

Die bisherige Rechtsprechung zur Vereinbarkeit des Kirchgelds mit Art. 6 Abs. 1 GG sei durch die Neuregelung des LPartG bei fehlender Anpassung des Kirchensteuerrechts obsolet. Es könne auch nicht eingewandt werden, dass Ehegatten vom Einkommensteuersplitting profitierten. Beim Ehegattensplitting handele es sich um eine Steuerbegünstigung für Ehegatten, die dem Schutzgebot des Art. 6 Abs. 1 GG entspräche. Die Kirchen könnten sich nicht auf staatliche Privilegierungen zum Schutz der Ehe berufen, um damit kirchensteuerliche Benachteiligungen von Ehegatten im Verhältnis zu anderen Partnerschaften zu begründen.

Der Beklagte begründete die Zurückweisung des Einspruchs damit, dass entgegen der Auffassung der Klägerin das Kirchgeld in glaubensverschiedener Ehe aufgrund verfassungsgemäßer Gesetze gem. §§ 2

---

[1] Das Urteil ist rechtskräftig.

Abs. 3, 5 Abs. 1 Nr. 3 Brem.KiStG im Rahmen der Zusammenveranlagung unter Anwendung der §§ 32a Abs. 1-3, 51a Abs. 2 Satz 2 EStG iVm § 6 Abs. 5 Nr. 2 Brem.KiStG erhoben worden sei. Die Höhe des seitens der Klägerin zu leistenden Kirchgeldes bemesse sich nicht nach der Höhe der Kirchensteuer, die nur nach dem Einkommen der Klägerin berechnet werde, sondern bei gemeinsamer Veranlagung von Eheleuten anhand des hälftigen Betrages von deren Gesamteinkommen gem. § 2 Abs. 5 EStG. Aufgrund des Kirchensteuerbeschlusses für das Steuerjahr 2001 vom 8.1.2001 (BStBl. I 2001, 94) belaufe sich im Land Bremen bei einem gemeinsamen zu versteuernden Einkommen zwischen DM 100.000,00 und DM 149.999,00 das bei glaubensverschiedener Ehe festzusetzende jährliche Kirchgeld auf DM 660,00, bzw. € 337,45. Die Bemessung des Kirchgeldes der Höhe nach sei von der Klägerin nicht beanstandet worden. Vielmehr beanstande die Klägerin die Verfassungsmäßigkeit der Ermächtigungsgrundlage zu der Erhebung des Kirchgeldes, soweit diese die Höhe der Kirchensteuer der Klägerin bei alleiniger Veranlagung übersteige. Für eine Beanstandung dieser Ermächtigungsgrundlage wegen Verstoßes gegen Art. 6 Abs. 1 GG und 3 Abs. 1 GG nach dem Inkrafttreten des Lebenspartnerschaftsgesetzes seien keine Anhaltspunkte ersichtlich. Das Brem.KiStG sei zuletzt am 26.6.2001 nach Inkrafttreten des Lebenspartnerschaftsgesetzes geändert worden. Der Kirchensteuergesetzgeber habe offenbar keine Veranlassung gesehen, die Vorschrift im Hinblick auf das LPartG zu ergänzen, anzupassen oder zu ändern. Ein versehentliches Unterlassen sei nicht anzunehmen, da die Änderungsbedürftigkeit zahlreicher Gesetze im Hinblick auf das LPartG allgemein bekannt gewesen und umgesetzt worden sei. Dies hätte gerade bei einer gesetzlichen Regelung, die an die Ehe anknüpft, nahe gelegen.

Die Klage, die die Klägerin im Wesentlichen mit den Erwägungen ihres Einspruchs gegen den Kirchensteuerbescheid begründet, blieb ohne Erfolg.

Aus den Gründen:

Die zulässige Klage ist unbegründet.

Zu Recht hat der Beklagte gegen die Klägerin ev. Kirchensteuer in Form des besonderen Kirchgelds in glaubensverschiedener Ehe festgesetzt. Der Bescheid ist rechtlich nicht zu beanstanden, insbesondere verstößt nicht gegen Art. 6 Abs. 1 oder Art. 3 Abs. 1 GG.

I. Der Bescheid ist durch die einschlägigen gesetzlichen Bestimmungen über die Erhebung des besonderen Kirchgelds in glaubensverschiedener Ehe gedeckt.

Die kirchensteuerberechtigte ev. Kirche kann nach ihren kirchlichen und staatlich genehmigten Steuervorschriften von den ihr angehörigen

Personen Kirchensteuern erheben, und zwar gem. § 5 Abs. 1 Brem.KiStG als Kirchgeld vom Einkommen (Ziff. 1), als Kirchgeld in festen oder gestaffelten Beträgen (Ziff. 2) oder als besonderes Kirchgeld von Kirchensteuerpflichtigen, deren Ehegatte keiner steuererhebenden Kirche angehört (Kirchgeld in glaubensverschiedener Ehe) (Ziff. 3).

Die hiernach im Streitfall anwendbaren kirchlichen Vorschriften sind das Kirchengesetz der Bremischen Ev. Kirche über die Erhebung der Kirchensteuern (Kirchensteuerordnung) in der Fassung vom 21.3.1978 und vom 24.11.1999 (GVM 1999 Nr. 3 Z. 2) mit Genehmigung vom 6.12.1999 (S 2442 - 114) und der Kirchensteuerbeschluss 2001 des Kirchenausschusses der Bremischen Ev. Kirche vom 29.11.2000 (GVM 2000 Nr. 4) mit Genehmigung vom 11.12.2000 (S 2442 - 114).

Das besondere Kirchgeld in glaubensverschiedener Ehe (§ 1 Abs. 2 Ziff. 3 Kirchensteuerordnung) bestimmt sich nach Ziff. 2 des Kirchensteuerbeschlusses 2001. Es wird von Kirchenmitgliedern erhoben, deren Ehegatten keiner kirchensteuererhebenden Religionsgemeinschaft, für die die Verwaltung der Kirchensteuer den Landesfinanzbehörden übertragen ist, angehört und die nicht nach dem Einkommenssteuergesetz getrennt oder besonders veranlagt werden. Diese Voraussetzungen sind im Streitfall erfüllt.

Gem. Ziff. 2 des Kirchensteuerbeschlusses 2001 beträgt das Kirchgeld bei einem gemeinsamen zu versteuernden Einkommen von DM 100.000,- bis 149.367,- DM 660,- bzw. € 337,45. Dementsprechend hat der Beklagte das Kirchgeld in zutreffender Höhe festgesetzt.

II. Die Vorschriften über die Erhebung des besonderen Kirchgelds in glaubensverschiedener Ehe sind verfassungskonform, insbesondere verletzen sie nicht Art. 6 Abs. 1 GG und Art. 3 Abs. 1 GG.

Die grundsätzliche Vereinbarkeit des Kirchgelds in glaubensverschiedener Ehe mit Art. 3 Abs. 1 u. 6 Abs. 1 GG ist bereits gerichtlich geklärt.

Ein besonderes, gestaffeltes Kirchgeld für zusammenveranlagte Kirchenangehöriger in glaubensverschiedener Ehe ist im Hinblick auf Art. 3 Abs. 1, 6 Abs. 1 GG verfassungsmäßig (BVerwG, Urteil vom 18.2.1977 - VIII C 48/73 - NJW 1977, 1304 m.w.N, KirchE 16, 76), insbesondere kann danach bei der Anknüpfung an den Lebensführungsaufwand auf das - im Rahmen der Zusammenveranlagung - gemeinsam zu versteuernde Einkommen als Hilfsmaßstab zurückgegriffen werden (BVerfG, Beschluss vom 20.4.1966 - 1 BvR 16/66 - BVerfGE 20, 40, KirchE 8, 67).

Auch nach dem Inkrafttreten des LPartG bestehen hinsichtlich § 5 Abs. 1 Nr. 3 Brem.KiStG in Verbindung mit den einschlägigen Kirchensteuerbeschlüssen keine verfassungsrechtlichen Bedenken wegen Verstoßes gegen Art. 3 Abs. 1 GG und Art. 6 Abs. 1 GG.

1. Das BVerfG hat mit Urteil v. 17.7.2002 - 1 BvF 1/01, 1 BvF 2/01 - NJW 2002, 2543 entschieden, dass dem Institut der Ehe iSd Art. 6 Abs. 1 GG keine Einbußen durch ein Institut, das sich an Personen wendet, die miteinander keine Ehe eingehen können, droht. Der Gesetzgeber hat

einen erheblichen Spielraum, Form und Inhalt der Ehe zu bestimmen (BVerfG, Urteil v. 17.7.2002 - 1 BvF 1/01, 1 BvF 2/01- NJW 2002, 2543 [2547] mwN).

Das Grundgesetz gewährleistet das Institut der Ehe nicht abstrakt, sondern in der Ausgestaltung, wie sie den jeweils herrschenden, in den gesetzlichen Regelungen maßgebend zum Ausdruck gelangten Anschauungen entspricht. Allerdings muss der Gesetzgeber bei der Ausformung der Ehe die wesentlichen Strukturprinzipien beachten, die sich aus der Anknüpfung des Art. 6 Abs. 1 GG an die vorgefundene Lebensform in Verbindung mit dem Freiheitscharakter des verbürgten Grundrechts und anderen Verfassungsnormen ergeben. Zum Gehalt der Ehe, wie sie sich ungeachtet des gesellschaftlichen Wandels und der damit einhergehenden Änderungen ihrer rechtlichen Gestaltung bewahrt und durch das Grundgesetz seine Prägung bekommen hat, gehört, dass Mann und Frau über die Ausgestaltung ihres Zusammenlebens frei entscheiden können. (BVerfG, Urteil v. 17.7.2002 - 1 BvF 1/01, 1 BvF 2/01 - NJW 2002, 2543 [2547 f.] mwN)

Von diesem Schutz wird das Institut der eingetragenen Lebenspartnerschaft nicht erfasst. Die Gleichgeschlechtlichkeit der Partner unterscheidet es von der Ehe und konstituiert es zugleich. Die eingetragene Lebenspartnerschaft ist keine Ehe iSv Art. 6 Abs. 1 GG. Sie erkennt gleichgeschlechtlichen Paaren Rechte zu. Der Gesetzgeber trägt damit Art. 2 Abs. 1, 3 Abs. 1 u. 3 GG Rechnung, indem er diesen Personen zu einer besseren Entfaltung ihrer Persönlichkeit verhilft und Diskriminierungen abbaut. Die Ehe als Institut ist in ihren verfassungsrechtlichen Strukturprinzipien und ihrer Ausgestaltung durch den Gesetzgeber des LPartG selbst nicht betroffen. Ihr rechtliches Fundament hat keine Änderungen erfahren. Sämtliche Regelungen, die der Ehe einen rechtlichen Rahmen geben und sie mit Rechtsfolgen ausstatten, haben nach wie vor Bestand (BVerfG, Urteil v. 17.7.2002 - 1 BvF 1/01, 1 BvF 2/01 - NJW 2002, 2543 [2548] mwN).

Der besondere Schutz, der der Ehe nach Art. 6 Abs. 1 GG zukommt, verbietet es, sie insgesamt gegenüber anderen Formen des Zusammenlebens schlechter zu stellen (BVerfG, Urteil v. 17.7.2002 - 1 BvF 1/01, 1 BvF 2/01 - NJW 2002, 2543 [2548] mwN). Dies geschieht nicht dadurch, dass das LPartG gleichgeschlechtlichen Paaren die Möglichkeit eröffnet, eine eingetragene Lebenspartnerschaft mit Rechten und Pflichten einzugehen, die denen einer Ehe nachkommen. Zwar hat der Gesetzgeber in weiten Bereichen die Rechtsfolgen des neuen Instituts der eingetragenen Lebenspartnerschaft den eherechtlichen Regelungen nachgebildet. Dadurch werden die Ehen oder Ehegatten jedoch nicht schlechter gestellt als bisher und nicht gegenüber Lebenspartnerschaften oder Lebenspartnern benachteiligt (BVerfG, Urteil v. 17.7.2002 –1 BvF 1/01, 1 BvF 2/01- NJW 2002, 2543 [2548]).

Art. 6 Abs. 1 GG schützt die Ehe, wie sie vom Gesetzgeber unter Wahrung ihrer wesentlichen Grundprinzipien jeweils Gestalt erhalten hat. Die Förderungspflicht des Staates hat sich am Schutzzweck des Art. 6 Abs. 1 GG auszurichten. Trüge der Gesetzgeber selbst durch Normsetzung dazu bei, dass die Ehe ihre Funktion einbüßte, würde er das Förderungsgebot aus Art. 6 Abs. 1 GG verletzen. Eine solche Gefahr könnte bestehen, wenn der Gesetzgeber in Konkurrenz zur Ehe ein anderes Institut mit derselben Funktion schüfe und es etwa mit gleichen Rechten und geringeren Pflichten versähe, so dass beide Institute austauschbar wären. Eine derartige Austauschbarkeit ist mit der Schaffung der eingetragenen Lebenspartnerschaft jedoch nicht verbunden. Sie kann mit der Ehe schon deshalb nicht in Konkurrenz treten, weil der Adressatenkreis, an den sich das Institut richtet, nicht den der Ehe berührt (BVerfG, Urteil v. 17.7.2002 - 1 BvF 1/01, 1 BvF 2/01 - NJW 2002, 2543 [2549]).

Zu einer rechtlichen Ausgestaltung der Ehe gehört im Rahmen des Einkommensteuerrechts die Zusammenveranlagung gem. §§ 26, 26b EStG mit der Wirkung des Splitting-Verfahrens gem. § 32a Abs. 5 Satz 1 EStG, die Ehegatten im Gegensatz zu Lebenspartnern gem. § 26 Abs. 1 Satz 1 EStG frei wählen können. Damit verbleibt ihnen auch nach Inkrafttreten des LPartG weiterhin die Möglichkeit, über die Ausgestaltung ihres Zusammenlebens frei zu entscheiden. Dieser freien Entscheidungsmöglichkeit trägt § 5 Abs. 1 Nr. 3 Brem.KiStG in Verbindung mit den einschlägigen Kirchensteuerbeschlüssen Rechnung, indem er nur demjenigen Ehegatten die Zahlung des besonderen Kirchgeldes auferlegt, der als Mitglied einer Kirche gem. § 2 Abs. 1 Nr. 1 Brem.KiStG deren Leistungen in Anspruch nimmt und mit seinem Ehegatten zusammenveranlagt wird. Glaubensverschiedene Ehegatten haben bei ihrer freien Entscheidung, ob sie die Zusammenveranlagung wählen, die Möglichkeit abzuwägen, ob für sie die Vorteile der Steuerersparnis durch Verminderung der steuerlichen Progression, mit der gegebenenfalls eine höhere Kirchensteuer einhergeht, günstiger ist als die Vorteile einer getrennten Veranlagung gem. § 26a EStG mit einer geringeren Kirchensteuer gem. § 5 Abs. 1 Nr. 1 Brem.KiStG.

Glaubensverschiedene Ehegatten können jedoch nicht einerseits die Vorteile, die sich aus der Zusammenveranlagung der Einkommenssteuer für beide Ehegatten ergeben, und andererseits Vorteile einer bei getrennter Veranlagung im Verhältnis zum Kirchgeld geringeren Kirchensteuer, die sich für sie bei getrennter Veranlagung ergeben, beanspruchen, da der Gesetzgeber zu einer solchen Regelung unter keinem verfassungsrechtlichen Gesichtspunkt verpflichtet ist (BVerfG, Urteil vom 20.4.1966 - BvR 16/66 - NJW 1966, 1161, KirchE 8, 67).

§ 5 Abs. 1 Nr. 3 Brem.KiStG in Verbindung mit den einschlägigen Kirchensteuerbeschlüssen stellt nur eine Regelung zur Ausgestaltung der Ehe dar, bei deren Konstituierung der Gesetzgeber einen Gestaltungsspielraum hatte. Dadurch wird die Institution der Ehe nicht benachteiligt, sondern zum einen der gemeinsamen Veranlagung glaubensverschiedener Ehegatten und damit deren Leistungsfähigkeit und zum anderen der Glaubensverschiedenheit der Ehegatten Rechnung getragen.

2. Ein Verstoß gegen Art. 3 Abs. 1 GG ist ebenfalls nicht gegeben.

Art. 3 Abs. 1 GG verbietet, eine Gruppe von Normadressaten im Vergleich zu anderen Normadressaten anders zu behandeln, obwohl zwischen beiden Gruppen keine Unterschiede von solcher Art und solchem Gewicht bestehen, dass sie die ungleiche Behandlung rechtfertigen könnten (BVerfG, Urteil v. 17.7.2002 - 1 BvF 1/01, 1 BvF 2/01 - NJW 2002, 2543 [2549]).

Die Gleichgeschlechtlichkeit der Partner unterscheidet das Institut der eingetragenen Lebenspartnerschaft grundlegend von dem der Ehe und konstituiert es zugleich. Die eingetragene Lebenspartnerschaft ist keine Ehe iSv Art. 6 Abs. 1 GG. Sie erkennt nur gleichgeschlechtlichen Paaren Rechte zu (BVerfG, Urteil v. 17.7.2002 - 1 BvF 1/01, 1 BvF 2/01 - NJW 2002, 2543 [2548]).

Es liegt keine unterschiedliche Behandlung vergleichbarer Sachverhalte vor. § 5 Abs. 1 Nr. 3 Brem.KiStG in Verbindung mit den einschlägigen Kirchensteuerbeschlüssen richtet sich nicht an Partner einer eingetragenen Lebenspartnerschaft, weil bei diesen die Möglichkeit der Zusammenveranlagung gem. §§ 26, 26b EStG mit der Wirkung gem. § 32a Abs. 5 Satz 1 EStG von vornherein nicht besteht und damit kein Anknüpfungspunkt für ein festzusetzendes Kirchgeld gegeben ist.

Die kirchensteuerliche Situation von Partnern iSd LPartG ist nicht vergleichbar mit der von Ehegatten. Lebenspartner haben bisher nicht die Möglichkeit, im Rahmen der Zusammenveranlagung die Folgen des progressiv ausgestalteten Einkommenstarifes abzumildern. Wegen ihrer bisher getrennten Veranlagung sind sie kirchensteuerpflichtig gem. § 5 Abs. 1 Nr. 1 Brem.KiStG und haben kein Wahlrecht, welches zu der Erhebung eines Kirchgeldes bei glaubensverschiedener Lebenspartnerschaft führen würde.

Hinsichtlich ihres Lebensführungsaufwands sind gleichgeschlechtliche Lebenspartner wegen ihrer Unterhaltsverpflichtungen zwar dem der Ehepartner, abgesehen von Unterhaltsverpflichtungen gegenüber deren Kindern, angenähert, jedoch können sie im Gegensatz zu Ehegatten mangels Möglichkeit der Zusammenveranlagung keine geringere Steuerfestsetzung erreichen, so dass hinsichtlich des beiden Personengruppen effektiv zur Verfügung stehenden Einkommens ebenfalls kein vergleichbarer Sachverhalts besteht. Bezüglich des den Lebenspartnern effektiv zustehenden Einkommens sind diese eher mit Partnern einer nichtehelichen Lebensgemeinschaft vergleichbar. Die unterschiedliche einkommenssteuerliche Behandlung und die Erhebung von Kirchgeld ausschließlich bei glaubensverschiedenen Ehegatten ist deshalb auch durch die unterschiedliche Höhe des Lebensführungsaufwandes begründet.

Im Übrigen ist die ursprünglich mit dem LPartG angestrebte weitgehende steuerliche Gleichstellung der Lebenspartner mit den Ehegatten nicht Gesetz geworden. Insbesondere ist die Regelung, nach der der besserverdienende Lebenspartner während bestehender Lebenspartnerschaft in Anlehnung an das Realsplitting bei geschiedenen oder getrennt lebenden Ehegatten die Möglichkeit haben sollte, bis zu 40.000, - DM als Sonderausgaben geltend zu machen ist, ebenso wenig umgesetzt worden wie die Regelungen, durch die Lebenspartner im Erbschafts- und Grunderwerbsteuerrecht Ehegatten gleichgestellt werden sollten.

38

Eine Religionsgemeinschaft kann nach dem seit dem 8.12.2001 geänderten Vereinsgesetz verboten werden, wenn sie sich in kämpferisch-aggressiver Weise gegen die Prinzipien von Demokratie und Rechtsstaat oder den in Art. 1 Abs. 1 GG verankerten Grundsatz der Menschenwürde richtet.

Art. 1 Abs. 1, 4 Abs. 1 u. 2, 9 Abs. 2, 20 Abs.1 u. 2, 79 Abs. 3, 140 GG, 137 Abs.2 WRV, §§ 28, 37 VwVfG, 3 Abs.1 Satz 1, 14 Abs. 1, 15 Abs.1 VereinsG
BVerwG, Urteil vom 27. November 2002 - 6 A 4.02[1] -

Das Bundesministerium des Innern stellte durch Verfügung vom 8.12.2001 (im Folgenden: Verfügung) fest, dass sich der „Kalifatsstaat" - Kläger -, der unter der Bezeichnung „Verband der islamischen Vereine und Gemeinden" („Islami Cemaatleri ve Cemiyetleri Birligi" - ICCB) im Vereinsregister eingetragen sei, einschließlich bestimmter Teilorganisationen, sowie die „Stichting Dienaar aan Islam" - Klägerin - gegen die verfassungsmäßige Ordnung und den Gedanken der Völkerverständigung richteten und die innere Sicherheit sowie sonstige erhebliche Belange der Bundesrepublik Deutschland gefährdeten. Die Kläger wurden verboten und aufgelöst. Ferner wurden die Verwendung von Kennzeichen des Klägers sowie die Bildung von Ersatzorganisationen und die Fortführung bestehender Organisationen als Ersatzorganisationen verboten. Das Vermögen der Kläger wurde beschlagnahmt und eingezogen. Die Verfügung wurde im Wesentlichen wie folgt begründet:

---

[1] Amtl. Leitsatz. Buchholz 402.45 VereinsG Nr. 35; DVBl. 2003, 873; JuS 2003, 1021; KommunalPraxis BY 2003, 272 (LS); KuR 2003, 89; NJW 2003, 3073 (LS); NVwZ 2003, 986; ZevKR 48, 230. Die Verfassungsbeschwerde wurde nicht zur Entscheidung angenommen; BVerfG, Beschluss vom 2.10.2003 - 1 BvR 536/03 - n.v. Zum Verbot einer Teilorganisation vgl. BVerwG, Urteil vom 27.11.2002, KirchE 41, 202.

Der „Kalifatsstaat“ wolle unter der Führung ihres selbsternannten „Emir der Gläubigen und Kalif der Muslime“ Metin Kaplan nicht nur das laizistische Staatsgefüge der Türkei beseitigen, sondern strebe darüber hinaus eine islamische Ordnung auf der Grundlage der Scharia mit dem Endziel der Weltherrschaft des Islam an. Den Äußerungen des „Kalifatsstaats“ sei zu entnehmen, dass er die Demokratie für mit dem Islam unvereinbar und für verderblich halte. Der „Kalifatsstaat“ beanspruche im Widerspruch zu rechtsstaatlichen Grundsätzen eigene Staatsgewalt. Die Agitation gegen die Republik Türkei verstoße ebenso gegen den Gedanken der Völkerverständigung wie die Agitation gegen Israel, die Juden und gegen andere Staaten. Der „Kalifatsstaat“ verfolge seine Ziele in kämpferisch-aggressiver Weise. Seine Äußerungen seien hetzerisch und von Aufrufen zur gewaltsamen Auseinandersetzung mit dem (politischen) Gegner geprägt. In der Propagierung gewaltsamer Mittel liege zugleich eine Gefährdung der inneren Sicherheit der Bundesrepublik Deutschland. Diese ergebe sich auch aus den Drohungen gegen Abtrünnige des „Kalifatsstaats“, die im Fall des Herrn Sofu zur Verurteilung des Herrn Metin Kaplan zu einer Freiheitsstrafe wegen Aufforderung zu Straftaten geführt hätten. Zudem verunglimpfe der „Kalifatsstaat“ die Bundesrepublik und ihre Einrichtungen und gefährde sonstige Belange der Bundesrepublik Deutschland, insbesondere im Verhältnis zur Türkei.

Zur Begründung ihrer auf Aufhebung der Verbotsverfügung gerichteten Klage tragen die Kläger verfassungsrechtliche Bedenken gegen die Streichung des sog. Religionsprivilegs durch das Erste Gesetz zur Änderung des Vereinsgesetzes vor. Ferner machen sie Mängel des Verwaltungsverfahrens geltend. In der Sache wenden sich die Kläger gegen die Verbotsverfügung vor allem deshalb, weil die Kläger den „Kalifatsstaat“ in der Türkei und anderen Ländern mit muslimischer Bevölkerungsmehrheit, nicht aber in Deutschland verwirklichen wollten; die vom Bundesministerium des Innern ausgewerteten Unterlagen seien im Zusammenhang zu verstehen und belegten keine kämpferisch-aggressive Haltung gegenüber der verfassungsmäßigen Ordnung der Bundesrepublik Deutschland.

Die Klage blieb ohne Erfolg.

Aus den Gründen:

Die zulässige Klage ist unbegründet. Die angefochtene Verfügung ist rechtmäßig und verletzt die Kläger nicht in ihren Rechten (§ 113 Abs. 1 Satz 1 VwGO).

1. Die Verfügung lässt verwaltungsverfahrensrechtliche Mängel nicht erkennen. Die Rügen der Kläger greifen nicht durch.

a) Die Zuständigkeit des Bundesministeriums des Innern ist hinsichtlich des Klägers nach § 14 Abs. 1 Satz 1, § 3 Abs. 2 Satz 1 Nr. 2 des Gesetzes zur Regelung des öffentlichen Vereinsrechts (Vereinsgesetz) vom 5.8.1964, hier anzuwenden in der Fassung der Änderung durch das Erste Gesetz zur Änderung des Vereinsgesetzes vom 4.12.2001 (BGBl. I S. 3319) - VereinsG -, gegeben. Bei dem Kläger handelt es sich um einen Ausländerverein. Seine Mitglieder und Leiter sind zumindest überwiegend türkische Staatsangehörige. Auf die von Klägerseite aufgeworfene Frage einer Gleichstellung türkischer Staatsangehöriger mit Staatsangehörigen eines Mitgliedstaates der Europäischen Union kommt es nicht an, weil erst seit dem 1.1.2002 Vereine, deren Mitglieder oder Leiter sämtlich oder überwiegend ausländische Staatsangehörige eines Mitgliedstaates der Europäischen Union sind, gemäß § 14 Abs. 1 Satz 2 VereinsG n.F. nicht als Ausländervereine gelten (Art. 22 Abs. 1 des Gesetzes zur Bekämpfung des internationalen Terrorismus vom 9.1.2002, BGBl. I S. 361). Die Organisation und Tätigkeit des Klägers erstreckt sich über das Gebiet eines Landes hinaus. Die Zuständigkeit hinsichtlich der Klägerin als eines Vereins mit Sitz im Ausland folgt aus § 15 Abs. 1 Satz 2 VereinsG.

b) Einer Anhörung der Kläger vor Erlass der Verfügung bedurfte es nicht. (*wird ausgeführt*)

c) Die Verfügung lässt die erlassende Behörde und die Namenswiedergabe des Beauftragten des Behördenleiters erkennen und genügt damit den Anforderungen des § 37 Abs. 3 *VwVfG. (wird ausgeführt)*

d) Die Verfügung ist hinreichend bestimmt (§ 37 Abs. 1 VwVfG).

aa) Bedenken ergeben sich insoweit nicht aus dem klägerischen Vortrag, bei dem „Kalifatsstaat“ handele es sich um einen Zusammenschluss ohne eigene Rechtspersönlichkeit und der „Verband der islamischen Vereine und Gemeinden e.V.“ gehöre nicht zu ihm. Die Beklagte geht dagegen davon aus, dass der „Kalifatsstaat“ unter der Bezeichnung „Verband der islamischen Vereine und Gemeinden“ im Vereinsregister eingetragen ist, diese Organisationsbezeichnung allerdings nicht mehr verwendet (S. 7 f. der Verfügung). Die Verbotsverfügung ist erkennbar und auch aus der Sicht des Klägers gegen diesen als tatsächlich bestehende Organisation gerichtet. Dieser eindeutige Gehalt der Verfügung wird nicht in Frage gestellt, wenn der „Verband der islamischen Vereine und Gemeinden e.V.“, wie der Kläger vorträgt, eine vom „Kalifatsstaat“ gesonderte Vereinigung darstellen sollte. In diesem Fall wäre lediglich auf eine Klage des „Verbands der islamischen Vereine und Gemeinden e.V.“ zu untersuchen, ob dieser als eigenständige Vereinigung in die Verbotsverfügung einbezogen sein sollte.

bb) Soweit die Kläger sich darauf berufen, dass weitere Verfügungen des Bundesministeriums des Innern gegenüber Teilorganisationen sich auf ein am 8.12.2001 erlassenes Vereinsverbot bezögen, obwohl die Verfügung vom 8.12.2001 erst am 12.12.2001 wirksam geworden sei, und deshalb rechtswidrig seien, betrifft ihr Vortrag Verfügungen, die sie nicht zum Gegenstand ihrer Klage gemacht haben und über die in diesem Verfahren nicht zu befinden ist.

2. Die Verfügung stützt sich auf gültige Rechtsgrundlagen (§ 3 Abs. 1 Satz 1, § 14 Abs. 1 Satz 1, § 15 Abs. 1 VereinsG). Maßgeblich ist die Rechtslage bei Erlass der Verfügung am 12.12.2001, nicht diejenige bei Abfassung und Unterzeichnung des Verfügungstextes. Mit dem Ersten Änderungsgesetz ist § 2 Abs. 2 Nr. 3 VereinsG aufgehoben worden, demzufolge Religionsgemeinschaften und Weltanschauungsvereinigungen keine Vereine im Sinne des Gesetzes waren (sog. Religionsprivileg). Die daraus resultierende Gesetzeslage ist mit höherrangigem Recht vereinbar.

a) Die Erstreckung der Verbotstatbestände nach dem Vereinsgesetz (§ 3 Abs. 1 Satz 1, § 14 Abs. 1 Satz 1 VereinsG) auf Religionsgemeinschaften - um eine solche handelt es sich beim Kläger - durch das Erste Änderungsgesetz ist jedenfalls insoweit verfassungsrechtlich unbedenklich, als es um die Abwehr verfassungsfeindlicher Bestrebungen im folgenden Sinn geht. Ungeachtet möglicher Unterschiede in der verfassungsrechtlichen Ableitung ist allgemein anerkannt, dass die Vereinigungsfreiheit der Religionsgemeinschaften gemäß Art. 4 Abs. 1 u. 2, Art. 140 GG iVm Art. 137 Abs. 2 WRV (vgl. BVerfGE 83, 341 [354], KirchE 29, 9) grundsätzlich ihre Schranke in der Abwehr von Gefahren für die verfassungsmäßige Ordnung findet (vgl. Urteile vom 23.3.1971 - BVerwG 1 C 54.66 - BVerwGE 37, 344 [363 ff.], KirchE 12, 64 und vom 26.6.1997 - BVerwG 7 C 11.96 - BVerwGE 105, 117 [121 f.], KirchE 35, 248; Pieroth/Kingreen, NVwZ 2001, 841 [845]; Schmieder, VBl.BW 2002, 146 [148]; Michael, JZ 2002, 482 [485 f.]; Groth, KritV 85 [2002], 39; vgl. auch Poscher, KritV 85 [2002], 298). Der schwerwiegende Eingriff des Verbots einer religiösen Vereinigung ist angesichts des Gewichts, das die Freiheit des religiösen Bekenntnisses in der verfassungsrechtlichen Ordnung des Grundgesetzes hat, allerdings nur gerechtfertigt, wenn er bei der Abwägung der kollidierenden Verfassungsgüter nach dem Grundsatz eines schonenden Ausgleichs (Verhältnismäßigkeitsgrundsatz) unerlässlich ist (vgl. Urteil vom 23.3.1971, aaO, 365 f.). Dies wird in der Regel der Fall sein, wenn sich die Vereinigung gegen die in Art. 79 Abs. 3 GG genannten Verfassungsgrundsätze richtet. Denn der Staat darf eine systematische Beeinträchtigung oder Gefährdung dieser jeglicher Änderung entzogenen Grundsätze nicht hinnehmen. Dazu gehören neben dem in Art. 1 Abs. 1 GG verankerten Grundsatz der Menschenwürde und dem von ihm umfassten Kernbereich der nachfolgenden Grundrechte die Prinzipien von Rechtsstaat und Demokratie (vgl. BVerfGE 102, 370 [392], KirchE 38, 502). Unter welchen Voraussetzungen darüber hinaus Religionsgemeinschaften verboten werden können, bedarf hier keiner Klärung.

b) Die Anwendung des Vereinsgesetzes auf Religionsgemeinschaften begegnet auch sonst keinen durchgreifenden Bedenken.

aa) Der Gesetzgeber war verfassungsrechtlich nicht verpflichtet, im Hinblick auf die Bedeutung der religiösen Vereinigungsfreiheit auch für die individuelle Glaubensbetätigung besondere Vorkehrungen für ein Wiederaufleben des verbotenen Vereins - etwa durch eine Befristung des Verbots - zu treffen (vgl. Schmieder, VBl.BW 2002, 146 [151]). Mit dem Vereinsverbot wird der Verein aufgelöst; er erlischt mit dem Eintritt der Unanfechtbarkeit des Verbots und der Einziehungsanordnung (§ 3 Abs. 1 Satz 1, § 11 Abs. 2 Satz 1 u. 3 VereinsG). Die betroffenen Vereinsmitglieder können sich jederzeit zu einer neuen Vereinigung zusammenschließen, sofern diese die verfassungswidrigen Bestrebungen des verbotenen Vereins nicht weiterverfolgt (§ 8 Abs. 1 VereinsG). Dies gilt auch für die gemeinschaftliche Religionsausübung in Gestalt eines Vereins (§ 2 Abs. 1 VereinsG). Aus welchen Gründen die allgemeinen Regelungen für die Entfaltung der Religionsfreiheit nicht ausreichen sollten, ist nicht ersichtlich.

bb) Der Umstand, dass Vermögensgegenstände oder Rechtsbeziehungen von Religionsgemeinschaften besonderen glaubensbedingten Bestimmungen oder Bindungen, die vom Staat zu respektieren sind, unterliegen können, steht einem Verbot nicht grundsätzlich entgegen. Derartigen Gegebenheiten kann und muss, soweit nötig, bei der Abwicklung der Rechtsverhältnisse im Einziehungsverfahren Rechnung getragen werden (§ 11 Abs. 2 Satz 4 VereinsG).

cc) Das Verbot eines Ausländervereins, der eine Religionsgemeinschaft ist, verstößt nicht etwa deshalb gegen den allgemeinen Gleichheitssatz (Art. 3 Abs. 1 GG), weil von Deutschen gebildete Religionsgemeinschaften nicht verboten werden könnten. Soweit im Schrifttum die Auffassung vertreten wird (Michael, JZ 2002, 482 [488], der für das Verbot von Deutschen gebildeter Religionsgemeinschaften allein in Betracht kommende § 3 Abs. 1 Satz 1 VereinsG sei auf Religionsgemeinschaften nicht anwendbar, weil bei solchen Vereinigungen für die von dieser Bestimmung vorausgesetzten Anwendbarkeit des Art. 9 Abs. 2 GG kein Raum sei, rechtfertigt dies nicht die Annahme eines Gleichheitsverstoßes zu Lasten von Ausländervereinen.

Nach Art. 9 Abs. 2 GG *sind* Vereinigungen verboten, deren Zwecke oder deren Tätigkeit den Strafgesetzen zuwiderlaufen oder die sich gegen die verfassungsmäßige Ordnung oder gegen den Gedanken der Völkerverständigung richten. Dem entspricht die Ausgestaltung des Vereinsverbots im Vereinsgesetz. Nach § 3 Abs. 1 Satz 1 VereinsG darf ein Verein, der kein Ausländerverein ist, erst dann als verboten (Art. 9 Abs. 2 GG) behandelt werden, wenn das Vorliegen eines Verbotsgrundes durch Verfügung der Verbotsbehörde festgestellt ist; in der Verfügung ist die Auflösung des Vereins anzuordnen. Das Verbot besteht aus der Feststellung und der Auflösungsanordnung, enthält aber selbst keinen Verbotsausspruch. Da Art. 9 GG nur für Deutsche gilt, bestimmt § 14 Abs. 1 VereinsG, dass Ausländervereine unter den in der Vorschrift genannten

Voraussetzungen verboten werden können. Der Gesetzgeber ist bei der Streichung des sog. Religionsprivilegs davon ausgegangen, dass Art. 9 Abs. 2 GG auch für Religionsgemeinschaften gilt. Ferner ist den Materialien eindeutig sein Wille zu entnehmen, Religionsgemeinschaften unabhängig von der Staatsangehörigkeit ihrer Leiter oder Mitglieder den Bestimmungen des Vereinsgesetzes zu unterstellen (BT-Drs. 14/7026 S. 6; ferner BT-Drs. 14/7386 [neu] S. 50). Von seinem verfassungsrechtlichen Ausgangspunkt her hatte der Gesetzgeber keinen Anlass, die Unterschiede in der rechtlichen Konstruktion des Vereinsverbots nach § 3 Abs. 1 Satz 1 VereinsG und desjenigen nach § 14 Abs. 1 Satz 1 VereinsG für Religionsgemeinschaften zu überdenken. Sollten allerdings die Schranken der religiösen Vereinigungsfreiheit nicht aus Art. 9 Abs. 2 GG unmittelbar oder wenigstens in entsprechender Anwendung folgen, sondern der Verfassung anderweit immanent sein, bedürfte das Verbot einer von Deutschen gebildeten Religionsgemeinschaft einer gesetzlichen Ermächtigung nach Art des § 14 Abs. 1 VereinsG. Eine solche Verbotsmöglichkeit enthält das Vereinsgesetz zwar nicht ausdrücklich, so dass sich die eingangs aufgeworfene Frage einer nicht gerechtfertigten Ungleichbehandlung deutscher und ausländischer Träger der religiösen Vereinigungsfreiheit stellt. Nach den erwähnten Vorstellungen des Gesetzgebers würde das Fehlen dieser Verbotsmöglichkeit aber eine unbeabsichtigte, planwidrige Lücke darstellen. Diese könnte und müsste im Wege einer analogen Anwendung der § 3 Abs. 1, § 14 Abs. 1 Satz 1 VereinsG, soweit dieser das Verbot von Religionsgemeinschaften zulässt, geschlossen werden.

Die Verfügung nach § 3 Abs. 1 Satz 1 VereinsG ist durch drei Elemente gekennzeichnet. Zunächst wird durch die genannte Vorschrift den Verbotsbehörden die Aufgabe zugewiesen, die bereits kraft Verfassungsrechts bestehenden Schranken der Vereinigungsfreiheit (Art. 9 Abs. 2 GG) im Hinblick auf den Einzelfall (konkretisierend) nachzuvollziehen. Sodann darf ein Verein erst nach Ergehen der Verfügung als verboten behandelt werden. Schließlich ist notwendiger Bestandteil der Verfügung die Anordnung der Auflösung des Vereins. Im praktischen Ergebnis unterscheidet sich eine Verfügung nach § 3 Abs. 1 Satz 1 VereinsG so gut wie nicht von einer Verbotsverfügung nach § 14 Abs. 1 Satz 1 VereinsG. Alles dies eröffnet die Möglichkeit, dem Vereinsgesetz nötigenfalls die Ermächtigung zum Verbot auch einer von Deutschen gebildeten Religionsgemeinschaft zu entnehmen. Insbesondere deckt sich der den Verbotsbehörden durch § 3 Abs. 1 Satz 1 VereinsG zugewiesene Konkretisierungsauftrag mit der Aufgabe, die bei der Konkretisierung der verfassungsimmanenten Schranken der religiösen Vereinigungsfreiheit im dargestellten Sinn zu erfüllen ist. Zudem enthält die Verfügung nach § 3 Abs. 1 Satz 1 VereinsG wesentliche Merkmale einer „echten“ Verbotsverfügung (konstitutive Wirkung der Feststellung; Auflösungsanordnung), auch wenn sie mit Rücksicht auf die verfassungsrechtliche

Vorgabe des Art. 9 Abs. 2 GG nicht als solche ausgestaltet ist. Zur Vermeidung einer Ungleichbehandlung der von Deutschen und der von Ausländern gebildeten Religionsgemeinschaften müssen die Verbotsbehörden gegebenenfalls den aufgezeigten Weg beschreiten.

Die hier vorliegenden Besonderheiten rechtfertigen es, die Befugnis für den schwerwiegenden Eingriff in Gestalt eines Vereinsverbots im Wege der Analogie zu begründen. Zum einen hat der Gesetzgeber erkennbar aufgrund verfassungsrechtlicher Erwägungen, die er nach der vorliegenden Rechtsprechung (vgl. Urteile vom 23.3.1971 und vom 26.6.1997, jeweils aaO) für tragfähig ansehen durfte, davon abgesehen, zu überprüfen, ob sein Regelungsziel mit dem vorhandenen Normenbestand auch bei einem gewandelten Verfassungsverständnis verwirklicht werden kann. Zum andern geht es hier darum, eine offenkundig unbeabsichtigte und lediglich rechtskonstruktive Lücke der im Vereinsgesetz umfassend angelegten Befugnisse der Verbotsbehörden in enger Anlehnung an die gesetzliche Regelung zu schließen. In einem solchen Fall ist dem gesetzgeberischen Willen im Wege verfassungskonformer Auslegung Geltung zu verschaffen.

dd) Allerdings könnte sich eine Ungleichbehandlung dann ergeben, wenn, was bei einem Deutschenverein unzulässig ist (§ 1 Abs. 2, § 3 Abs. 1 Satz 1 VereinsG), eine als Ausländerverein zu qualifizierende Religionsgemeinschaft als verboten behandelt wird, bevor eine Verbotsverfügung ergangen ist (vgl. § 14 Abs. 2 Satz 2 VereinsG). Diesbezügliche Probleme berühren indes nicht die rechtlichen Grundlagen von Verbotsverfügungen, sondern stellen sich allenfalls bei der rechtlichen Beurteilung des jeweiligen Verwaltungshandelns.

ee) Ein Verbot von Religionsgemeinschaften, die sich gegen die verfassungsmäßige Ordnung richten, auf der Grundlage der Vorschriften des Vereinsgesetzes steht nicht im Widerspruch zur Gewährleistung der Religionsfreiheit des Art. 9 EMRK. Nach Art. 9 Abs. 2 EMRK darf die Religions- und Bekenntnisfreiheit nicht Gegenstand anderer als vom Gesetz vorgesehener Beschränkungen sein, die in einer demokratischen Gesellschaft notwendige Maßnahmen im Interesse der öffentlichen Sicherheit, der öffentlichen Ordnung, Gesundheit und Moral oder für den Schutz der Rechte und Freiheiten anderer sind. Es unterliegt keinem Zweifel, dass ein Vereinsverbot unter den genannten Voraussetzungen zu den in einer demokratischen Gesellschaft notwendigen Maßnahmen zumindest im Interesse der öffentlichen Ordnung, nämlich der demokratisch-rechtsstaatlichen Ordnung selbst, gehört (vgl. zu Art. 11 Abs. 2 EMRK, Urteil vom 25.1.1978 - BVerwG 1 A 3.76 - BVerwGE 55, 175 [183]; ferner etwa Urteil vom 13.4.1999 - BVerwG 1 A 3.94 - Buchholz 402.45 VereinsG Nr. 30, S. 16).

Entsprechendes gilt für Art. 18 des Internationalen Paktes über bürgerliche und politische Rechte.

c) Soweit die Kläger sich auf den Beschluss Nr. 1/80 des Assoziationsrats EWG/Türkei über die Entwicklung der Assoziation berufen, verkennen sie, dass das Assoziationsrecht, das durch das Abkommen zur Gründung einer Assoziation zwischen der Europäischen Wirtschaftsgemeinschaft und der Türkei vom 12.9.1963 (BGBl. II 1964, 509) begründet worden ist, keine Bestimmungen über die religiöse Vereinigungsfreiheit enthält und auch nicht durch Bezugnahmen auf das Recht der Europäischen Gemeinschaften vermittelt. Im Übrigen ist nicht ersichtlich, inwiefern die angefochtene Verfügung, worauf der klägerische Vortrag abzielt, eine Diskriminierung türkischer Staatsangehöriger darstellen könnte.

d) Das Erste Änderungsgesetz unterliegt ferner keinen Bedenken unter rechtsstaatlichen Gesichtspunkten.

aa) Entgegen der Ansicht der Kläger entfaltet das Erste Änderungsgesetz keine Rückwirkung. Es regelt weder in der Vergangenheit abgeschlossene Sachverhalte neu (sog. echte Rückwirkung) noch knüpft es mit seinen Regelungen an Sachverhalte an, die in der Vergangenheit begründet worden sind und noch fortdauern (sog. unechte Rückwirkung). Der Wegfall des so genannten Religionsprivilegs hat bewirkt, dass die Verbotsbehörden seit dem Zeitpunkt des In-Kraft-Tretens des Ersten Änderungsgesetzes Maßnahmen nach dem Vereinsgesetz auch gegenüber Religionsgemeinschaften treffen können. Maßgeblicher Zeitpunkt für die Beurteilung der Rechtmäßigkeit einer Verbotsverfügung ist derjenige ihres Erlasses. Dies gilt auch für die hier entscheidende Frage, ob sich die Kläger gegen die verfassungsmäßige Ordnung richten. Zu deren Beurteilung können - wie auch sonst im Gefahrenabwehrrecht - zurückliegende Umstände herangezogen werden, soweit sie im maßgeblichen Zeitpunkt noch aussagekräftig sind. Dies wirft keine Fragen auf, die mit der Zulässigkeit rückwirkender Gesetzgebung in Zusammenhang gebracht werden können.

Verfassungsrechtliche Bedenken ergeben sich auch nicht aus dem Vorbringen, die angefochtene Verfügung sei auf Umstände gestützt, die bis zum In-Kraft-Treten der Gesetzesänderung hinzunehmen gewesen seien; auch im Hinblick auf die Bedeutung der Freiheit des religiösen Bekenntnisses unterliege die Verwertung früherer Tatsachen zur Begründung der angefochtenen Verfügung dem Rückwirkungsverbot; zumindest sei der Gesetzgeber verpflichtet gewesen, den betroffenen Religionsgemeinschaften in geeigneter Weise - etwa durch einen Zeitraum zwischen Verkündung und In-Kraft-Treten des Gesetzes - Gelegenheit zu geben, sich auf die neue Rechtslage einzustellen. Der damit angesprochene Grundsatz des Vertrauensschutzes ist nicht verletzt.

Der Grundsatz des Vertrauensschutzes findet nur Anwendung, wenn eine Regelung dazu geeignet ist, aus dem Vertrauen auf ihr Fortbestehen heraus Entscheidungen und Dispositionen herbeizuführen (vgl. BVerfGE 13, 39 [45 f.]; 30, 367 [389]; 75, 246 [280] [„Vertrauensinvestition“]). Es ist bereits nicht erkennbar, inwiefern das so genannte Religionsprivileg eine derartige Regelung darstellen könnte. Vor allem aber kann allenfalls ein schutzwürdiges Vertrauen verfassungsrechtliche Bedeutung haben (vgl. BVerfGE 32, 111 [123]; 63, 343 [364 f.]). Entscheidungen und Dispositionen, die in Verfolgung verfassungsfeindlicher Bestrebungen getroffen werden, sind nicht schutzwürdig. Der Umstand, dass das Vereinsgesetz ein Verbot von Religionsgemeinschaften nicht vorsah, begründet kein schutzwürdiges Vertrauen darauf, Betätigungen fortzuführen, die sich gegen die verfassungsmäßige Ordnung richten. Im Übrigen würde sich bei einer Abwägung etwaiger Positionen, für die eine Religionsgemeinschaft, die sich gegen die verfassungsmäßige Ordnung richtet, Vertrauensschutz beanspruchen könnte, mit dem Anliegen des Schutzes der Verfassung Letzteres durchsetzen.

bb) Rechtsstaatliche Bedenken gegen das Erste Änderungsgesetz lassen sich entgegen der Ansicht der Kläger nicht daraus herleiten, dass im Gesetzgebungsverfahren auf den „Kalifatsstaat“ und fundamentalistisch-islamistische Vereinigungen Bezug genommen wurde (vgl. BT, Sten.Ber., 14. WP S. 19542 ff.). Da hier kein Gesetz in Rede steht, durch das ein Grundrecht auf der Grundlage einer im Grundgesetz vorgesehenen Grundrechtsschranke eingeschränkt wird, ist das Erste Änderungsgesetz nicht an Art. 19 Abs. 1 Satz 1 u. 2 GG zu messen. Es ist aber auch nicht erkennbar, worin ein im Hinblick auf allgemeine Aspekte der Einzelfallgesetzgebung denkbarer Verfassungsverstoß (vgl. BVerfGE 25, 371 [398]; 99, 367 [400]; s. auch BVerfGE 10, 234 [244 f.] [„getarntes Individualgesetz“]) liegen könnte. Das Gesetz ist generell-abstrakt gefasst. Die Begründung des Gesetzentwurfs bezieht sich zudem nicht nur auf fundamentalistisch-islamistische Vereinigungen, sondern auch auf „Vereinigungen mit Gewinnerzielungsabsicht oder politischen Zielen, die für sich den Status einer religiösen bzw. weltanschaulichen Vereinigung reklamieren“ sowie auf Weltuntergangssekten (vgl. BT-Drs. 14/7026 S. 6). Selbst wenn der Fall der Kläger den ausschlaggebenden Anlass für das Erste Änderungsgesetz gegeben haben sollte, wäre dies verfassungsrechtlich unbedenklich (vgl. zum Begriff des „Maßnahmegesetzes“ BVerfGE 10, 89 [108]; 25, 1 [14]).

3. Der Kläger richtet sich gegen die in Art. 79 Abs. 3 GG genannten Grundelemente der verfassungsmäßigen Ordnung und erfüllt deshalb die Voraussetzungen für ein Verbot gemäß § 14 Abs. 1, § 3 Abs. 1 Satz 1 VereinsG. Ob weitere Verbotsgründe vorliegen, bedarf keiner Entscheidung.

a) Der Kläger lehnt die Demokratie und die rechtsstaatliche Ordnung des Grundgesetzes ab. Grundlage der staatlichen Herrschaftsordnung ist seiner Ansicht nach nicht die Selbstbestimmung des Volkes, sondern ausschließlich der Wille Allahs. Maß aller Dinge ist der Koran. Außerhalb der islamischen Religion kann es keinen Staat geben. Der „Kalifatsstaat“ versteht sich in diesem Sinn als real existierender Staat mit eigener Staatsgewalt. Das Gewaltmonopol der Staatsorgane der

Bundesrepublik Deutschland wird folglich nicht anerkannt. Muslime dürfen nach Ansicht des „Kalifatsstaats“ im Konfliktfall demokratische Gesetze nicht anerkennen und befolgen.

Die Mitglieder des „Kalifatsstaats“ bekennen sich offen zu einer antidemokratischen Haltung. Der Kläger ist den diesbezüglichen Ausführungen und Belegen in der Verfügung (S. 21-27) nicht nur nicht entgegengetreten, sondern hat in der mündlichen Verhandlung nochmals bekräftigt, dass diese Haltung zu den unverzichtbaren Glaubensgrundlagen des „Kalifatsstaats“ gehört (...).

Ebenso wenig hat der Kläger die in der Verfügung getroffenen Feststellungen zum Selbstverständnis des „Kalifatsstaats“, das mit der rechtsstaatlichen Ordnung des Grundgesetzes, insbesondere mit dem demokratisch fundierten staatlichen Gewaltmonopol unvereinbar ist, grundsätzlich in Frage gestellt (...). Diese Feststellungen stimmen mit denjenigen des OLG Düsseldorf im Urteil vom 15.11.2000 - I 11/99 (...) überein. Der erkennende Senat hält diese Feststellungen auf der Grundlage der gebotenen Gesamtwürdigung aller Umstände für zutreffend.

Das Selbstverständnis des Klägers als eines Staats mit eigenem Rechtssystem (Scharia) und eigener Staatsgewalt unter der Leitung des Kalifen führt - anders als bei vielen Religionen, die die Autorität staatlicher Gesetze für sich grundsätzlich anerkennen, gleichwohl aber einen Vorbehalt zu Gunsten ihres Gewissens und ihrer aus dem Glauben begründeten Entscheidungen erheben und letztlich darauf bestehen, dass im unausweichlichen Konfliktsfall den Glaubensgeboten mehr zu gehorchen ist als den Geboten des Rechts (vgl. BVerfGE 102, 370 [391], KirchE 38, 502) - zu einer grundsätzlichen Ablehnung der Autorität staatlicher Gesetze. Der Kläger legitimiert auf diese Weise, dass sich seine Mitglieder über die deutschen Gesetze hinwegsetzen (vgl. die auf S. 28 der Verfügung wiedergegebene Äußerung eines Zeugen vor dem OLG Düsseldorf, die auch bei Berücksichtigung der von den Klägern vorgetragenen Relativierungen nicht ohne Bedeutung ist) und die Vorstellungen des „Kalifatsstaats“ mit Gewalt, nötigenfalls auch im Widerstand zur deutschen Staatsgewalt durchsetzen. Der vom Kläger vorgelegten Aussage des Zeugen C. zu den Äußerungen des Herrn Metin Kaplan auf dem Neujahrstreffen 1419 am 3.5.1998 (...) ist die Bereitschaft der Anhänger des „Kalifatsstaats“ zu entnehmen, gewalttätig zu reagieren, wenn ihnen Gewalt angetan wird; als ein solcher Fall wird die Verletzung ihrer Heiligtümer angesehen, die etwa darin bestanden habe, dass Durchsuchungsbeamte eine Moschee mit Schuhen und Hunden betreten hätten (...). Auch wenn dieser - hier nicht zu bewertende - Vorfall die Mitglieder stark erregt hat, wird dadurch die Tragweite der Aussage nicht in Frage gestellt. Das vom OLG Düsseldorf abgeurteilte Tatgeschehen belegt den Anspruch des Klägers auf nach seinen Vorstellungen legitime Gewaltanwendung (vgl. Urteil vom 15.11.2000, aaO, UA S. 85 ff.). Die Angeklagten Kaplan und Gökbulut waren bereit und in der Lage, Mitglieder des „Kalifatsstaats" unter Einsatz religiös-rechtlicher Autorität und unter Schaffung aufhetzender Begleitumstände gezielt zur Gewaltanwendung aufzurufen. Der „Kalif" Metin Kaplan nahm für sich in Anspruch, die Ermordung des „falschen Kalifen" Halil Ibrahim Sofu als dem Willen Allahs entsprechend und damit religiös geboten zu legitimieren, und setzte diesen Anspruch in einer Weise um, die mit den Grundsätzen des Rechtsstaats schlechthin unvereinbar ist. In das dadurch vermittelte Bild fügt sich das Bestehen einer Gerichtsinstanz ebenso ein wie die Anordnungen des „Kalifatsstaats", mit denen das Leben seiner Anhänger bestimmt und kontrolliert werden sollten (Verfügung S. 27-30). Für sich genommen mögen, wie der Kläger vorträgt, diese Erscheinungen unverfänglich und bei anderen Vereinigungen in ähnlicher Form (Verbandsgerichtsbarkeit; vereinsinterne Verhaltensregeln) zu beobachten sein. Gleichwohl verstärken sie den dargestellten Eindruck, ohne dass es darauf ankäme, ob sie in ihrer konkreten Ausprägung nicht entgegen dem klägerischen Vortrag doch über die im zivilen Vereinsleben üblichen Formen der Ausübung der Verbandsgewalt hinausgehen.

Aus diesen Feststellungen folgt zugleich, dass sich der Kläger gegen die verfassungsmäßige Ordnung der Bundesrepublik Deutschland richtet, indem er das Ziel, sie zu untergraben, in kämpferisch-aggressiver Weise verfolgt. Er stellt nicht lediglich seine Vorstellungen eines islamischen Staats der verfassungsmäßigen Ordnung des Grundgesetzes kritisch oder ablehnend entgegen, sondern bekämpft sie aktiv. Zwar soll der „Kalifatsstaat", worauf der Kläger in diesem Verfahren mehrfach überzeugend hingewiesen hat, in erster Linie in der Türkei und in Ländern mit überwiegend muslimischer Bevölkerung erkämpft werden. Richtig erscheint auch der weitere Hinweis darauf, dass das ideologische Endziel der weltweiten Herrschaft des „Kalifatsstaats" in absehbarer Zeit nicht erreichbar ist. Die Frage, inwiefern derartige, auf den voraussichtlichen Erfolg der Vereinstätigkeit bezogene Einwände für die Beurteilung eines Vereinsverbots erheblich sind (vgl. dazu Urteil vom 13.4.1999, aaO, S. 15 mwN), kann jedoch dahingestellt bleiben. Denn der Kampf des „Kalifatsstaats" berührt auch die Bundesrepublik Deutschland, und zwar nicht nur virtuell, sondern aktuell.

Der Herrschaftsanspruch des „Kalifatsstaats" tritt zwangsläufig in Konflikt mit der verfassungsmäßigen Ordnung der Bundesrepublik Deutschland. Der Kläger bestreitet deren Legitimität und setzt eine eigene Ordnung an deren Stelle. In diesem Sinne schult und indoktriniert der Kläger unbestrittenermaßen fortlaufend seine Mitglieder und schafft damit Verfassungsfeinde (vgl. grundsätzlich Urteil vom 2.12.1980 - BVerwG 1 A 3.80 - BVerwGE 61, 218 [221]). Ist die Demokratie, wie vom Kläger propagiert wird, eine Krankheit und Teufelswerk, ist sie nach dem Selbstverständnis des Klägers von den auf ihr Heil bedachten Anhängern des „Kalifatsstaats" überall zu bekämpfen. Auch wenn die im Beweismittel Nr. 140 enthaltene Aussage („2. Es ist eine kanonische Pflicht, gegen die Ungläubigen den Jihad zu führen. Diese Pflicht besteht auch dann, selbst wenn nicht die Ungläubigen es sind, die den Krieg begonnen haben.“) nicht im Sinne einer aktuellen Aufforderung zu Kampfhandlungen zu verstehen sein mag, enthält sie doch einen Grundauftrag in der genannten Richtung. Weiter liegt es in der Konsequenz des Herrschaftsanspruchs des „Kalifatsstaats“ als einzig legitimen „Staats“, dass sich der Kläger zur Ausübung von Gewalt gegenüber Mitgliedern und Abweichlern und im Konfliktfall auch gegenüber den deutschen Staatsorganen für legitimiert ansieht. Die Mitglieder des „Kalifatsstaats“ müssen sich dadurch zu entsprechenden Gewalthandlungen für ermächtigt halten. Der Kläger richtet sich damit - unabhängig von der Frage, in welchem Ausmaß die innere Sicherheit durch seine Tätigkeit bedroht ist - gegen die Grundlagen der demokratischen und rechtsstaatlichen Ordnung.

Wie die zuvor dargestellten Vorgänge und Äußerungen belegen, ist der Anspruch des Klägers auf legitime Gewaltanwendung auch in der Bundesrepublik Deutschland nicht nur theoretischer Natur, sondern sogar bereits verwirklicht worden. Dem Vorbringen des Klägers lässt sich nicht entnehmen, dass der aufgezeigte Konflikt zwischen dem „Kalifatsstaat“ und der verfassungsmäßigen Ordnung des Grundgesetzes von Seiten des „Kalifatsstaats“ zwischenzeitlich in einer Weise gelöst worden sei oder noch gelöst werden könnte, die ein Vereinsverbot entbehrlich machen würde. Es besteht jederzeit die Gefahr, dass sich der Konflikt aktualisiert und manifestiert. Mit der Erklärung, die Auseinandersetzung mit dem „falschen Kalifen“ Sofu habe leider eine „sehr emotionsgeprägte Seite“ angenommen und Metin Kaplan bedauere die Ermordung Sofus und würde nicht erneut, wie geschehen, vorgehen, können die Feststellungen des OLG Düsseldorf zur Einbettung dieser Auseinandersetzung in das Selbstverständnis des „Kalifatsstaats“ und zur planmäßigen Überleitung der verbalen Attacken in die Aufforderung zur Gewaltanwendung, die der erkennende Senat für überzeugend hält, nicht entkräftet werden. Ferner lässt sich daraus, dass weitere Gewaltakte nicht bekannt geworden sind, nicht auf einen grundlegenden Wandel in der Haltung des Klägers schließen. Aus den politischen Verhältnissen in der Türkei kann der Kläger nichts für sich herleiten. Der Vortrag, der Kläger habe seine - nicht selbst verursachte - Isolierung durchbrochen, was die Durchführung einer Pressekonferenz (Pressemitteilung in „ÜMMET-I MUHAMMED“ vom 15.11.2001) zeige, geht ebenfalls nicht auf den Kern der verfassungsfeindlichen Bestrebungen des Klägers ein. Schließlich wird die Virulenz der antidemokratischen und antirechtsstaatlichen Haltung des Klägers nicht dadurch abgeschwächt, dass er sie in den Gesamtzusammenhang seiner Lehren und Auffassungen stellt und damit zu relativieren versucht.

b) Zur aggressiv-kämpferischen Haltung des Klägers gegenüber Demokratie und Rechtsstaat tritt hinzu, dass der Kläger die im Grundgesetz konkretisierten Menschenrechte nicht achtet, sondern in schwerwiegender und die Menschenwürde verletzender Weise missachtet. Offen bleiben kann, ob sich dies, wie die Beklagte meint, aus den Anweisungen des Klägers gegenüber seinen Mitgliedern herleiten lässt (...). Jedenfalls sind die dem Kläger zuzurechnenden Äußerungen in der verbandseigenen Zeitung „ÜMMET-I MUHAMMED“ über Juden und führende Politiker der Türkei von Ausdrücken geprägt, die - auch unter Berücksichtigung des von ihm vorgetragenen Zusammenhangs mit der politischen Auseinandersetzung - nicht mehr als bloße Rhetorik verstanden werden können, sondern eine menschenverachtende Intoleranz zum Ausdruck bringen (vgl. im Einzelnen die vom Kläger nicht bestrittenen, auf S. 30-38 der Verfügung zitierten Äußerungen). Die Diffamierungen sind stets mehr oder weniger deutlich mit der Aufforderung verbunden, die Diffamierten zu bekämpfen. Dies ist mit der durch Art. 1 Abs. 1 GG geschützten Würde des Menschen unvereinbar (vgl. Urteil vom 23.3.1971, aaO, 360).

4. Das Verbot des Klägers entspricht den Anforderungen des Grundsatzes der Verhältnismäßigkeit und lässt Ermessensfehler nicht erkennen.

Eine Religionsgemeinschaft darf, wie erwähnt, nach dem Grundsatz der Verhältnismäßigkeit nur verboten werden, wenn dies zum Schutz der Verfassungsgüter, gegen die sie sich richtet, unerlässlich ist. Insbesondere darf sich die verfassungsfeindliche Tätigkeit nicht mit milderen Mitteln unterbinden lassen. Danach ist ein Verbot beispielsweise dann gerechtfertigt, wenn die verfassungsfeindlichen Bestrebungen einen wesentlichen, unabtrennbaren Teil des Gedankenguts der verbotenen Religionsgemeinschaft darstellen. Ein solcher Fall ist hier gegeben. Die Verteufelung der Demokratie und die rechtsstaatswidrige Anmaßung legitimer Gewaltausübung gehören wesentlich zum Selbstverständnis des Klägers. Sein Verbot ist zum Schutz der Verfassung unerlässlich.

Die Beklagte hat darüber hinaus in ihre Abwägung eingestellt, dass weder Strafverfahren gegen Führer und Mitglieder des Klägers noch behördliche Verbote politischer Betätigung zur Eindämmung seiner Aktivitäten geführt haben. Ferner hat sie zutreffend ausgeführt, dass die verfassungsmäßige Ordnung durch die Zielsetzung und die Organisation des „Kalifatsstaats“ als solchen und nicht durch bestimmte Tätigkeiten oder das Verhalten einzelner Funktionäre gefährdet wird (...). Auf die Dauer seines Bestehens kommt es daneben nicht an. Diese Erwägungen weisen keine Abwägungs- oder Ermessensfehler auf.

5. Die Beklagte hat die Klägerin zutreffend als ausländischen Verein mit einer Teilorganisation in der Bundesrepublik Deutschland angesehen (§ 15 Abs. 1, § 18 VereinsG), die im Wesentlichen als Vermögensverwalterin des Klägers fungiert und mit diesem personell eng verflochten ist. Sie fördert dessen Aktivitäten unmittelbar und ausschließlich und verfolgt dessen Ziele. Die Klägerin ist den Feststellungen in der Verfügung (...) nicht entgegengetreten. Der erkennende Senat hält diese Aus-

führungen für überzeugend und nimmt auf sie gemäß § 117 Abs. 5 VwGO Bezug.

6. Die Kläger machen, wie in der mündlichen Verhandlung klargestellt worden ist, nicht geltend, dass ihnen in der Verfügung zugeordnete Vereine keine Teilorganisationen sind. Da eine Rechtsverletzung, die gemäß § 113 Abs. 1 Satz 1 VwGO insoweit zur Aufhebung der Verfügung führen könnte, nicht in Betracht kommt, besteht kein Anlass für eine entsprechende Aufklärung und Entscheidung durch den Senat. Sollte der 1. Senat früher von einem weitergehenden Prüfprogramm ausgegangen sein (vgl. Urteil vom 25.1.1978, aaO, 186), hält der nunmehr zuständige erkennende Senat daran nicht fest.

7. Die Nebenentscheidungen der Verfügung sind rechtmäßig. Dies gilt auch für die Beschlagnahme und die Einziehung des Vereinsvermögens (§ 3 Abs. 1 Satz 2 VereinsG). (*wird ausgeführt*)

39

Für die Beurteilung, ob eine religiöse Gemeinschaft Teilorganisation einer verbotenen Religionsgemeinschaft ist, gelten grundsätzlich keine anderen Maßstäbe als bei anderen Organisationen.

Art. 4 Abs. 1, Art. 4 Abs. 2, Art. 140 GG, Art. 137 Abs. 2 WRV,
§§ 3 Abs. 3, 14 VereinsG
BVerwG, Urteil vom 27. November 2002 - 6 A 1.02[1] -

Das Bundesministerium des Innern stellte durch Verfügung vom 8.12.2001 (im Folgenden: Verfügung) fest, dass sich der „Kalifatsstaat" (Hilafet Devleti), der unter der Bezeichnung „Verband der islamischen Vereine und Gemeinden" („Islami Cemaatleri ve Cemiyetleri Birligi" – ICCB -) im Vereinsregister eingetragen sei, einschließlich bestimmter Teilorganisationen, sowie die „Stichting Dienaar aan Islam" gegen die verfassungsmäßige Ordnung und den Gedanken der Völkerverständigung richteten und die innere Sicherheit sowie sonstige erhebliche Belange der Bundesrepublik Deutschland gefährdeten. Die genannten Organisationen wurden verboten und aufgelöst. Ferner wurden die Verwendung von Kennzeichen des „Kalifatsstaats" und die Bildung von Ersatzorganisationen verboten und das Vermögen der verbotenen Organisationen beschlagnahmt und eingezogen.

Zu den in der Verfügung aufgeführten Teilorganisationen gehört der Kläger (Nr. 1.9 des verfügenden Teils). Insoweit wurde zur Begründung

---

[1] Amtlicher Leitsatz. Buchholz 402.45 VereinsG Nr. 36; KuR 2003, 89; NJW 2003, 3073 (LS); NVwZ 2003, 990; ZevKR 48, 236 (LS).

ausgeführt, die Liegenschaft des Vereins habe der „Stichting Dienaar aan Islam" gehört, sei erst am 2.10.2001 verkauft worden und werde vom Kläger weiterhin genutzt. Der Vereinsvorsitzende sei im Jahr 1999 bei den vom „Kalifatsstaat" organisierten Demonstrationen in Karlsruhe aufgetreten.

Eine Klage des Vereins „Verband der islamischen Vereine und Gemeinden" („Islami Cemaatleri ve Cemiyetleri Birligi" - ICCB -) auf Aufhebung der Verbotsverfügung hat das BVerwG mit Urteil vom 27.11.2002 (KirchE 41, 189) abgewiesen.

Der Kläger tritt mit seiner Klage der Einbeziehung in diese Verfügung entgegen, und stellt in Abrede, eine Teilorganisation des „Kalifatsstaats" zu sein.

Die Klage blieb ohne Erfolg.

Aus den Gründen:

Die zulässige Klage ist unbegründet. Die angefochtene Verfügung findet in § 3 Abs. 3, § 14 Abs. 1 Satz 1 VereinsG ihre rechtliche Grundlage und verletzt den Kläger nicht in seinen Rechten (§ 113 Abs. 1 Satz 1 VwGO).

1. Gemäß § 3 Abs. 3 VereinsG, der auch für Ausländervereine gilt, erstreckt sich das Verbot eines Vereins grundsätzlich auf alle Organisationen, die dem Verein derart eingegliedert sind, dass sie nach dem Gesamtbild der tatsächlichen Verhältnisse als Gliederung dieses Vereins erscheinen (Teilorganisationen). Auf nichtgebietliche Teilorganisationen mit eigener Rechtspersönlichkeit erstreckt sich das Verbot nur, wenn sie in der Verbotsverfügung ausdrücklich benannt sind.

a) Voraussetzung für das Vorliegen einer Teilorganisation ist eine Identität zwischen dem Verein als Ganzem und seiner Gliederung. Die Gliederung muss tatsächlich in die Gesamtorganisation eingebunden sein und im Wesentlichen von ihr beherrscht werden, auch wenn eine totale organisatorische Eingliederung nicht notwendig ist. Indizien dafür können sich etwa aus der personellen Zusammensetzung, den Zielen, der Tätigkeit, der Finanzierung, aus Verflechtungen bei der Willensbildung und aus Weisungsgegebenheiten ergeben (vgl. zusammenfassend Urteil vom 28.1.1997 - BVerwG 1 A 13.93 - Buchholz 402.45 VereinsG Nr. 26 S. 98 f., NVwZ 1998, 174).

Auch Religionsgemeinschaften, die seit In-Kraft-Treten des Ersten Gesetzes zur Änderung des Vereinsgesetzes vom 4.12.2001 (BGBl. I S. 3319) am 8.12.2001 dem Vereinsgesetz unterfallen, können Teilorganisationen aufweisen. Der Zweck eines Vereins und seine geistigen Grundlagen - die gemeinsamen Überzeugungen seiner Mitglieder - sind für die Beurteilung der Tatbestandsvoraussetzungen des § 3 Abs. 3 Satz 1 VereinsG nicht unmittelbar von Bedeutung. Allerdings können sich Menschen gemeinsamen Glaubens oder religiösen Bekenntnisses - eher als etwa Vereinigungen mit vergleichbar umfassender Zielsetzung wie politische Parteien - in Gemeinden zusammenfinden, die gegenüber einer gemeinsamen übergemeindlichen Organisation ein gewisses Maß an Autonomie aufweisen. Daher wird bei Religionsgemeinschaften der tatsächlichen Frage besonderes Augenmerk zu widmen sein, ob die Gesamtorganisation als bloßer Dachverband anzusehen ist, dem die Mitgliedsorganisationen mehr oder weniger locker angeschlossen sind (vgl. näher dazu Beschluss vom 6.7.1994 - BVerwG 1 VR 20.93 - Buchholz 402.45 VereinsG Nr. 18, S. 17), oder ob ein Gesamtverband vorliegt, dem die Gemeinden als Teilorganisationen eingegliedert sind. Letzteres setzt voraus, dass über die geistliche Führung durch eine übergemeindliche Institution hinaus eine hierarchische Verbandsstruktur mit einer Organisation vorliegt, die der Umsetzung der Entscheidungen des Zentralverbandes auf der Ebene der Gemeinden dient.

b) Teilorganisationen werden aufgrund ihrer Identität mit dem Gesamtverein ohne Weiteres von dessen Verbot erfasst. Sie müssen nicht selbst einen Verbotsgrund erfüllen und können die Verbotsverfügung auch nur mit der Begründung anfechten, keine Teilorganisation zu sein (stRspr; vgl. etwa Beschluss vom 6.7.1994, aaO, S. 14, 17 sowie Urteil vom 28.1.1997, aaO). Dies ist auch in dem Fall verfassungsrechtlich unbedenklich, in dem es sich bei der Teilorganisation um eine Religionsgemeinschaft handelt, die die religiöse Vereinigungsfreiheit gemäß Art. 4 Abs. 1 u. 2 sowie Art. 140 GG iVm Art. 137 Abs. 2 WRV für sich beanspruchen kann (vgl. BVerfGE 83, 341 [354 f.], KirchE 29, 9). Erweist sich das Verbot des Gesamtvereins, bei dem es sich um eine Religionsgemeinschaft handelt, wie hier als gerechtfertigt, gilt für die entsprechende Teilorganisation nichts anderes.

Der Erwägung, die Beklagte hätte den Muslimgemeinden, die sie als Teilorganisationen des „Kalifatsstaats" ansieht, die Möglichkeit geben müssen, sich von diesem zu distanzieren, ist nicht zu folgen. Weder war der Gesetzgeber gehalten, insoweit Übergangsregelungen zu schaffen, noch bestand Anlass zu einer entsprechenden Gestaltung des Verwaltungsverfahrens. Hat nämlich eine Muslimgemeinde die Möglichkeit, sich jederzeit von der Zentrale des „Kalifatsstaats" abzukoppeln und ohne Verlust ihrer Identität selbständig fortzubestehen, ist sie keine Teilorganisation im dargestellten Sinn. Ist hingegen die Muslimgemeinde in der Weise in den „Kalifatsstaat" eingegliedert, wie es für eine Teilorganisation zu fordern ist, fehlt es an einer solchen Möglichkeit. Die so genannte Distanzierung wäre in diesem Fall in Wahrheit die (verdeckte) Neugründung einer anderen Vereinigung unter Aufgabe der bisherigen Identität.

Entsprechendes gilt für das Vorbringen, die Aktivitäten des „Kalifatsstaats" seien in der Vergangenheit nicht verboten gewesen und deshalb könnten Muslimgemeinden, die sich ihm in gutem Glauben angeschlossen oder Vorteile aus dem Kontakt mit ihm gezogen hätten, nicht abrupt in dessen Verbot einbezogen werden. Wie der erkennende Senat im Urteil vom 27.11.2002 - BVerwG 6 A 4.02 - (KirchE 41, 189) ausgeführt hat, konnte der „Kalifatsstaat“ verfassungsrechtlich keine „Anpassungsfrist“ beanspruchen. Gleiches gilt für seine Teilorganisationen. Denn diese teilen ohne Weiteres das rechtliche Schicksal des Gesamtvereins, dem sie angehören.

2. Der Kläger ist eine Teilorganisation des mit Verfügung vom 8.12.2001 verbotenen „Kalifatsstaats“. Darauf weisen zur Überzeugung des erkennenden Senats die vorliegenden Tatsachen hin. Die schriftsätzlichen Äußerungen sowie die Erörterung mit dem Kläger in der mündlichen Verhandlung haben sie nicht entkräftet.

a) Der „Kalifatsstaat“ versteht sich als Staat mit eigenem Rechtssystem (Scharia) und eigener Staatsgewalt unter der Leitung des Kalifen. Die Organisationsstrukturen sind denen eines Staates vergleichbar. Neben einer Stabsorganisation, die der Zentrale zugeordnet ist, besteht eine Gliederung nach Gebieten („Bölge“), denen die Gemeinden angehören und die von „Gebietsemiren“ geleitet werden. Die Gesamtorganisation ist hierarchisch aufgebaut und darauf ausgerichtet, den - allein maßgeblichen - Willen des Kalifen durchzusetzen. Auf die unbestrittene Darstellung der Verbandsstrukturen in der Verfügung (...) wird Bezug genommen (§ 117 Abs. 5 VwGO). Das Selbstverständnis des „Kalifatsstaats“ als eines real existierenden Staatswesens und der Absolutheitsanspruch der von ihm propagierten Lehren schließen es konsequenterweise praktisch aus, dass eine Muslimgemeinde, die in den Verband des „Kalifatsstaats“ aufgenommen ist, eine andere Stellung als die einer Teilorganisation innehat. Der Vortrag des Klägers, er habe zwar Kontakte zum „Kalifatsstaat“ gehabt, aber nur dessen Angebote als „Annehmlichkeiten“ wahrgenommen, erscheint daher bereits vom Grundansatz her zur Erklärung der folgenden Indizien von geringer Überzeugungskraft.

b) Der „Kalifatsstaat“ hat im Rahmen der Anfechtung der Verfügung vom 8.12.2001 nur in Bezug auf die Türkisch-Islamische Gemeinschaft H. e.V. das Vorliegen einer Teilorganisation in Abrede gestellt und die Moschee des Klägers in seinen Antrag auf Gewährung vorläufigen Rechtsschutzes einbezogen. Der Kläger ist ferner in einer Liste von dem „Kalifatsstaat“ angehörenden Vereinen aufgeführt, die in einem PC der Zentrale gefunden wurde. In der Verbandszeitung des „Kalifatsstaats“ „ÜMMET-I MUHAMMED“ vom 4.6.1998 wird berichtet, dass der „Kalif“ mit den aus der Schweiz angereisten Muslimen eine Versammlung in dem dem Kalifatsstaat angeschlossenen muslimischen Verein in B. abgehalten habe (Verwaltungsvorgänge Band 9 Bl. 99). Diese Umstände deuten darauf hin, dass der „Kalifatsstaat“ den Kläger als ihm zugehörig betrachtet.

c) Der Kläger hat sich auch selbst als Teil des „Kalifatsstaats“ dargestellt. Er hat einen Stempel „Kalifatsstaat, Gemeinde der Muslime, B.,...“ verwendet. Beim Kläger asservierte Ramadan-Kalender für B. und Umgebung sind überschrieben „Hilafet Devleti, B.“.

d) Auf eine Steuerung des Klägers durch die Zentrale des „Kalifatsstaats“ weist eine bei ihm gefundene Weisung der Zentrale an die „Gemeinde-Emire“ vom 28.2.2000 hin, die die Verteilung bestimmter Flugblätter betrifft. Eine in den Moscheeräumen des Klägers sichergestellte Liste, nach der die Gebietsorganisationen Personal zur Wache vor der Zentrale zur Verfügung stellen müssen, deutet ebenfalls auf die Weisungsmacht der Zentrale gegenüber dem Kläger hin.

e) Aus den beim Kläger sowie in der Zentrale des „Kalifatsstaats“ aufgefundenen Quittungen und Spendenformularen ergibt sich, dass Spenden aus dem Bereich des Klägers an den „Kalifatsstaat“ gegangen sind. Der erwähnten Weisung der Zentrale vom 28.2.2000 ist eine Liste für die „Opferkampagne 1421“ beigefügt. Der Umstand, dass Spenden dem „Kalifatsstaat“ auf dessen Aufforderung zugeleitet worden sind, um von diesem bestimmungsgemäß verwendet zu werden, deutet auf eine finanzielle Verflechtung hin. Der Kläger hat nicht behauptet, dass Spenden auch an andere Stellen gegangen oder auf anderem Weg den Bedürftigen zugeführt worden seien. Die religiöse Motivation der Spenden ändert nichts daran, dass mit ihnen dem „Kalifatsstaat“ Finanzmittel, wenn auch mit mehr oder weniger ausgeprägter Zweckbindung, zugeführt worden sind.

Der Kläger hat über Jahre ein Grundstück der Stiftung „Stichting Dienaar aan Islam“, die das Vermögen des „Kalifatsstaats“ verwaltet, als Vereinsraum (Moschee) genutzt. Der Kläger führt dazu aus, dass die Stiftung beim Erwerb des Grundstücks eingeschaltet worden sei, um interne Streitigkeiten zu vermeiden. Das Vorbringen ist nicht geeignet, die Bedeutung dieser Tatsache als Indiz für die wirtschaftliche Abhängigkeit des Klägers vom „Kalifatsstaat“ zu entkräften. Dem Umstand, dass die Stiftung das Anwesen am 2.10.2001 in zeitlichem Zusammenhang mit vergleichbaren Veräußerungen an ein Mitglied des Klägers verkauft hat, lässt sich hingegen kein zusätzlicher Hinweis auf die Eingliederung des Klägers in den „Kalifatsstaat“ entnehmen.

f) Eine personelle Verflechtung mit dem „Kalifatsstaat“ ergibt sich zunächst daraus, dass der 1. Vorsitzende des Klägers C. A. in einer Liste der „Jugendemire“ des „Kalifatsstaats“ aufgeführt ist und im Jahr 1999 als Sprecher auf einer Demonstration des „Kalifatsstaats“ auftrat. Beides ist vom Kläger letztlich nicht mehr bestritten worden. Ferner ist der Bruder des 1. Vorsitzenden L. A., der den Kläger bei der Durchsuchung am 12.12.2001 vertreten hat, in die Grundstücksgeschäfte des „Kalifatsstaats“ einbezogen worden, indem er zusammen mit anderen am 8.10.2001 von der Stiftung Grundbesitz in K. erwarb. Die Beziehungen der Führung des Klägers zum „Kalifatsstaat“ erschöpfen sich damit nicht in bloßen Kontakten. Vielmehr haben C. und L. A. Aufgaben wahrgenommen, die ein entsprechendes Vertrauen der Zentrale voraussetzen.

g) Für eine Eingliederung des Klägers in den „Kalifatsstaat" spricht schließlich der Umstand, dass beim Kläger verschiedene Ergebenheitsformulare, Einladungen, Bescheinigungen, Listen u.ä. sowie Schriften mit Bezug zum „Kalifatsstaat" gefunden wurden. Der Kläger hat sich nur zu dem Blanko-Vordruck einer Treueerklärung für Metin Kaplan mit einem Stempel des „Gebietsemirs" von B. aus dem Jahr 1994 geäußert, und zwar dahin, dass die Verwendung auf den „Kalifen" bezogener Treueerklärungen keine Abhängigkeit vom „Kalifatsstaat" begründe. Das Vorbringen, auf dessen nähere Begründung nicht einzugehen ist, nimmt dem beim Kläger asservierten Schriftgut nicht seine Bedeutung als Hinweis auf die Zugehörigkeit des Klägers zum „Kalifatsstaat". Es ist nicht erkennbar, aus welchen anderen Gründen es in den Besitz des Klägers gekommen sein könnte.

h) Bei Gesamtwürdigung dieser Umstände steht zur Überzeugung des erkennenden Senats fest, dass der Kläger eine Teilorganisation des „Kalifatsstaats" ist. Im Hinblick auf das Selbstverständnis und die Verbandsstruktur des „Kalifatsstaats" gibt es daran keine vernünftigen Zweifel. Der Kläger hat sich ihm selbst zugeordnet und weist vielfältige Verbindungen enger Art zu ihm auf. Die Hinweise auf eine wirtschaftliche und ideologische Abhängigkeit sowie auf personelle und organisatorische Verflechtungen haben sich nicht entkräften lassen. Der Einwand, dass der Kläger lange vor dem „Kalifatsstaat" gegründet worden sei, besagt nichts über die Verhältnisse zur Zeit der angefochtenen Verfügung. Dem Vorbringen des Klägers lässt sich aber auch kein greifbarer Hinweis darauf entnehmen, dass er zu diesem Zeitpunkt aus dem Verband des „Kalifatsstaats" ausgeschieden sein könnte. Insbesondere hat der Kläger nicht zu erkennen gegeben und erst recht nicht näher dargelegt, dass mit der Neuordnung der Eigentumsverhältnisse am Moscheegrundstück eine Abkehr vom „Kalifatsstaat" verbunden gewesen sein sollte.

40

Der Übertritt zum Islam kann einen rechtfertigenden wichtigen Grund zur Änderung des Vornamens darstellen, wenn die Ernsthaftigkeit des religiös begründeten Begehrens durch zusätzliche Umstände unterstrichen wird.

Auch unter Beachtung der engen Voraussetzungen einer Einschränkung des Art. 4 Abs. 1 GG überwiegt das öffentliche Interesse an der Kontinuität der Namensführung, wenn der Antragsteller seit dem im Jahre 1993 erfolgten Religionswechsel in zehn Fällen wegen Straftaten rechtskräftig verurteilt wurde, im Schuldnerverzeichnis

des Amtsgerichts eingetragen ist und eine Eidesstattliche Versicherung abgegeben hat.

Art. 2 Abs. 1, 4 Abs. 1 GG, §§ 3 Abs. 1, 11 NamÄndG
VG Düsseldorf, Urteil vom 27. November 2002 - 18 K 2105/02[1] -

Der Kläger ist deutscher Staatsangehöriger und trat nach eigenen Angaben im Jahre 1993 zum Islam über. Er legte eine „Islam-Urkunde (Schahada)" vor, nach der er am 16.6.2000 offiziell den Islam angenommen hat. Er gehört der Islamischen Brudergemeinde e.V. in E. an.

Der Kläger ist im Schuldnerverzeichnis des Amtsgerichtes X. eingetragen und hat am 1.10.1999 eine Eidesstattliche Versicherung abgegeben. Das Führungszeugnis des Bundeszentralregisters vom 11.11.2002 weist 21 Eintragungen aus den Jahren von 1984 bis 2001auf, darunter zahlreiche Diebstahlsdelikte, Körperverletzungsdelikte und Delikte des unerlaubten Erwerbs und Handeltreibens mit Betäubungsmitteln in nicht geringer Menge. Er sitzt nach der (letzten) rechtskräftigen Verurteilung durch das Amtsgericht X. vom 29.8.2001 nach wie vor in Strafhaft.

Am 3.10.2000 beantragte er bei dem Beklagten zunächst die Änderung seines Familiennamens von „T" in „Massoud a Moussa". Diesen Antrag stellte er später um in einen Antrag auf Änderung seines Vornamens von „André Borris" in „André Borris Massoud a Moussa A".

Nach Anhörung lehnte der Beklagte den Antrag auf Änderung des Vornamens mit dem angefochtenen Bescheid ab.

Mit seiner hierauf erhobenen Klage trägt der Kläger vor, seit seinem Übertritt zum Islam fühle er sich ernsthaft dem neuen Glauben zugehörig und praktiziere diesen täglich. Er trage einen Bart und eine Gebetsmütze, gehe täglich zum Gebet in die Moschee, meide Alkohol, Drogen und Glücksspiele, habe sich Tätowierungen entfernen und sich auch beschneiden lassen, wünsche sich eine muslimische Bestattung und habe sich einen muslimischen Freundeskreis aufgebaut. Er möchte eine Pilgerfahrt nach Mekka (Hajj) unternehmen. Es sei jedoch ohne muslimischen Namen schwer, ein Visum für eine Pilgerfahrt nach Mekka in Saudi-Arabien zu bekommen.

Er trägt weiter vor, wenn man in eine neue muslimische Gemeinde komme und sich mit einem nicht muslimischen Namen (also André Borris) vorstelle, dann werde es von den anderen Gläubigen ertönen, man sei kein richtiger Moslem.

Zudem sei es für ihn unerträglich, beim Arzt seinen eingetragenen Namen nennen zu müssen anstatt seines muslimischen Namens.

Er fühle sich in seiner ungestörten Religionsausübung beeinträchtigt, denn er könne ja auch eine Muslimin heiraten und dann ihren Namen

---

[1] NWVBl. 2003, 279. Der Antrag auf Zulassung der Berufung wurde zurückgewiesen; OVG.NW, Beschluss vom 11.10.2002 - 8 A 312/01 - n.v.

annehmen. Gegenüber jüdischen Mitbürgern fühle er sich diskriminiert, denen „jede erdenkliche Erleichterung im Praktizieren ihrer Religion zugestanden wird, im Gegensatz zu den hier lebenden, ebenfalls praktizierenden deutschen Staatsbürgern mit muslimischem Glauben".

Der Kläger beantragt sinngemäß, unter Aufhebung des angefochtenen Bescheids den Beklagten zu verpflichten, seinen Vornamen von „André Borris" in „Massoud a Moussa" zu ändern, hilfsweise den bisherigen Vornamen „André Borris" in „André Borris Massoud a Moussa" zu ergänzen.

Der Beklagte meint, das Klagebegehren sei unbegründet, weil § 11 iVm §§ 1 u. 3 Abs. 1 Namensänderungsgesetz (NamÄndG) ein Vorname nur bei Vorliegen eines wichtigen Grundes geändert werden dürfe. Das schutzwürdige Interesse des Antragstellers an der Namensänderung müsse hinter entgegenstehenden schutzwürdigen Interessen anderer Beteiligter an den in den gesetzlichen Bestimmungen zum Ausdruck kommenden Grundsätzen der Namensführung zurücktreten. Dazu zählten auch soziale Ordnungsfunktionen und das öffentliche Interesse an der Beibehaltung des bisherigen Namens. Die öffentlich-rechtliche Namensänderung diene der Beseitigung auftretender Unzulänglichkeiten im Einzelfall und habe damit Ausnahmecharakter.

Der Übertritt zum islamischen Glauben alleine könne nicht als wichtiger Grund im Sinne des Namensänderungsrechts angesehen werden. Es müssten vielmehr weitere Umstände hinzukommen.

Das öffentliche Interesse an der Beibehaltung des Namens sei vielmehr in den Fällen besonders hoch anzusetzen, in denen der Antragsteller erheblich oder wiederholt vorbestraft ist, um die künftige Identifizierung zu ermöglichen.

Nach seinem eigenen Vortrag trete der Kläger unter Verwendung seines von ihm gewählten Namens „Massoud a Moussa" in der islamischen Gemeinde auf und sei dort voll integriert. Die Glaubensbrüder sprächen ihn mit seinem islamischen Namen an. Der eingetragene Name sei deshalb von untergeordneter Bedeutung.

Darüber hinausgehende Namensänderungswünsche, um eine Pilgerfahrt nach Mekka unternehmen zu können oder den eingetragenen Namen in anderen Lebensbereichen vorweisen zu können, müssten hingegen hinter den überragenden öffentlichen Interessen an einer künftigen Identifizierung zurückstehen. Dabei sei nicht zuletzt zu berücksichtigen, dass der Familienname des Klägers sehr häufig vorkomme.

Die Kammer weist die Klage ab.

Aus den Gründen:

Die Klage, mit der der Kläger die Änderung seines Vornamens von „André Borris" in „Massoud a Moussa", hilfsweise die Ergänzung seines

Vornamens von „André Borris" in „André Borris Massoud a Moussa" begehrt, ist unbegründet.

Ein wichtiger Grund zur Änderung des Vornamens ist nach § 11 iVm §§ 1 und § 3 Abs. 1 NamÄndG nicht gegeben.

Das Begehren des Klägers, seinen Vornamen zu ändern oder diesem weitere Namen hinzuzufügen, stellt den Wunsch nach einer Vornamensänderung im Sinne des § 11 NamÄndG dar. Eine solche Vornamensänderung liegt nicht nur bei Auswechslung eines Vornamens, sondern auch bei Hinzufügung eines zweiten Vornamens zum bisherigen Vornamen vor (vgl. BVerwG, Beschluss vom 6.5.1997 - 5 B 97.180 - BayVBl. 1998, 632 [633]; OVG.NW, Urteil vom 8.12.2000 - 8 A 3628/00 - S. 10 f.).

Ein die Namensänderung rechtfertigender wichtiger Grund ist durch Abwägung aller für und gegen die Namensänderung streitenden Interessen zu bestimmen. Dabei müssen die schutzwürdigen Interessen desjenigen, der die Namensänderung erstrebt, die in der sozialen Ordnungsfunktion des Namens zusammengefassten Interessen der Allgemeinheit einschließlich der Grundentscheidungen des Bürgerlichen Gesetzbuchs zum Namensrecht als zwingende rechtliche Regelungen überwiegen (vgl. BVerwG, Urteil vom 24.4.1987, NJW 1988, 85, KirchE 25, 133).

Ein die Änderung eines Vornamens rechtfertigender wichtiger Grund iSd § 3 Abs. 1 NamÄndG liegt nach diesen Grundsätzen vor, wenn das schutzwürdige Interesse des Antragstellers an der Namensänderung das öffentliche Interesse an der Beibehaltung des bisherigen Vornamens überwiegt (stRspr., BVerwG, Beschluss vom 27.9.1993 - 6 B 58/93 - Buchholz 402.10 § 11 NÄG Nr. 4; OVG.NW, Urteil vom 8.12.2000 - 8 A 3628/00 - S. 11).

Die Änderung eines Vornamens unterscheidet sich von der Änderung eines Nachnamens nur insoweit, als den öffentlichen Interessen, auf die bei der Änderung des Vornamens Bedacht zu nehmen ist, ein geringeres Gewicht zukommt als dem öffentlichen Interesse am unveränderten Fortbestand eines Familiennamens (vgl. OVG.NW, Beschluss vom 11.10.2002 - 8 A 312/01 - S. 3; OVG.NW, Urteil vom 8.12.2000 - 8 A 3628/00 - S. 11; BayVGH, Urteil vom 3.6.1992 - 5 B 92.162 - NJW 1993, 346 [347], KirchE 30, 262). Dies entspricht auch der Regelung in Nr. 62 der Allgemeinen Verwaltungsvorschrift zum Namensänderungsgesetz (NamÄndVwV).

Der Übertritt zum Islam kann einen rechtfertigenden wichtigen Grund darstellen, wenn die Ernsthaftigkeit des religiös begründeten Begehrens durch zusätzliche Umstände unterstrichen wird (vgl. BayVGH, Urteil vom 3.6.1992 - 5 B 92.162 - NJW 1993, 346 [347], KirchE 30, 262).

Daran fehlt es hier. Es bestehen Zweifel an der Ernsthaftigkeit der Glaubensentscheidung des Klägers, der nach eigener Darstellung im Jahre 1993 zum Islam übergetreten sei und ein gottesfürchtiges Leben führe. Diese Zweifel gründen darauf, dass der Kläger seither in zehn Fällen wegen Straftaten rechtskräftig verurteilt wurde.

Doch selbst wenn nunmehr eine ernsthafte Glaubensentscheidung des Klägers vorläge, wäre kein wichtiger Grund gegeben. Zwar kommt dem klägerischen Begehren im Lichte des Art. 4 GG ein besonderes Gewicht zu. Der Grundsatz der Religionsfreiheit, der auch den Anhängern des islamischen Glaubens zukommt (vgl. OVG.NW, Urteil vom 15.11.1991, NWVBl. 1992, 136 [137]), umfasst nicht nur die innere Freiheit zu glauben oder nicht zu glauben, sondern auch die äußere Freiheit, den Glauben in der Öffentlichkeit zu manifestieren, zu bekennen und zu verbreiten (vgl. BVerfGE 24, 236 [245], KirchE 10, 181; OVG.NW, Urteil vom 15.11.1991, NWVBl. 1992, 136 [137], KirchE 29, 388; BayVGH, Urteil vom 3.6.1992 - 5 B 92.162 - NJW 1993, 346, KirchE 30, 262).

Dazu gehört auch das Recht des Einzelnen, sein gesamtes Verhalten an den Lehren seines Glaubens auszurichten und seiner inneren Glaubensüberzeugung gemäß zu handeln. Dabei sind nicht nur Überzeugungen, die auf imperativen Glaubenssätzen beruhen, durch die Glaubensfreiheit geschützt. Vielmehr umfasst sie auch die religiösen Überzeugungen, die für eine konkrete Lebenssituation eine ausschließlich religiöse Reaktion zwar nicht zwingend fordern, diese Reaktion aber für das beste und adäquate Mittel halten, um die Lebenslage nach der Glaubenshaltung zu bewältigen. Anderenfalls würde das Grundrecht der Glaubensfreiheit sich nicht voll entfalten können (vgl. BVerfGE 32, 98 [106 f.], KirchE 12, 294; OVG.NW, Urteil vom 15.11.1991, NWVBl. 1992, 136 [137], KirchE 29, 388; BayVGH, Urteil vom 3.6.1992 - 5 B 92.162 - NJW 1993, 346, KirchE 30, 262).

Davon ausgehend kann grundsätzlich auch der Wunsch, aus Glaubensgründen seinen Vornamen zu ändern, vom Schutzbereich des Art. 4 Abs. 1 GG umfasst sein. Es ist im vorliegenden Zusammenhang ohne Bedeutung, ob der Islam für seine Anhänger die Annahme eines Vornamens, der die Zugehörigkeit zum moslemischen Glauben bestätigt, zwingend fordert, oder dies den Gläubigen nur nahe legt. Denn geschützt sind nicht nur Überzeugungen, die auf imperativen Glaubenssätzen beruhen, sondern auch solche religiösen Überzeugungen, die der Betreffende in einer bestimmten Situation als für ihn verbindlich ansieht.

Bei der Konversion zum Islam wird in der Regel das Glaubensbekenntnis vor muslimischen Zeugen ausgesprochen sowie ein islamischer Personenname angenommen. Islamische Personennamen sind aufgrund der zentralen Stellung des Arabischen als Kultsprache meist arabischen Ursprungs (vgl. Elger [Hrsg.], Kleines Islamlexikon, 2001, Stichwort Konversion, S. 168 und Stichwort Personennamen, S. 243).

Der religiös motivierte Wunsch, seinen bisherigen Vornamen in einen islamischen Vornamen ändern zu wollen, wird jedoch durch die Tatsache relativiert, dass der Kläger zumindest seit dem 16.6.2000, als er laut „Islam-Urkunde“ zum Islam übertrat, den Vornamen „Massoud a Moussa“ gewählt hat und in seinem islamischen Umfeld auch so genannt wird. Der Kläger trägt selbst vor, dass er von seiner muslimischen Brudergemeinde in E. akzeptiert sei und dort „Massoud a Moussa" genannt werde. Er sei dort unabhängig von seinem eingetragenen (deutschen) Namen integriert. Zudem verwenden nichtarabische muslimische Völker oft einheimische und arabische Namen nebeneinander (vgl. Elger [Hrsg.], Kleines Islamlexikon, 2001, Stichwort Personennamen, S. 244).

Es ist darüber hinaus nach islamischen Grundsätzen jedem Moslem - unabhängig von seiner Staatsangehörigkeit und seinem Namen - möglich, nach Mekka zu pilgern und eine Pilgerfahrt (Hajj) zu machen. Dasselbe gilt auch für eine Beerdigung nach islamischem Ritus. Entscheidend ist allein die Religionszugehörigkeit (vgl. Auskunft des Seminars für Orientalistik und Indologie der Ruhr-Universität Bochum vom 21.11.2002).

Den dargestellten Interessen des Klägers an einer Änderung seines Vornamens stehen gewichtige öffentliche Interessen an der Beibehaltung des Namens gegenüber. Das öffentliche Interesse wird bestimmt durch die Ordnungsfunktion des Namens und dem Interesse an seiner Beibehaltung. Die Kontinuität dient der künftigen Identifizierung einer Person, die durch eine Namensänderung erschwert wird. Die Namensänderung durch Heirat ist hiermit nicht vergleichbar, wie der Kläger meint, da der Geburtsname weiterhin ersichtlich bleibt. Das öffentliche Interesse an der Namenskontinuität ist im Hinblick auf die Kennzeichnungsfunktion einer Person in der Öffentlichkeit bei einer Vornamensänderung weniger gewichtig als bei einer Änderung des Familiennamens. Das Interesse wird nochmals geringer, wenn statt einer Ersetzung hilfsweise eine Hinzufügung eines anderen Vornamens erstrebt wird (vgl. dazu OVG.NW, Urteil vom 8.12.2000 - 8 A 3628/00 - S. 12).

Die Kennzeichnungsfunktion auch des Vornamens wird jedoch dadurch gemindert, dass der Kläger einen häufig vorkommenden Familiennamen (sog. „Sammelname") trägt, sodass dem Vornamen wiederum eine gesteigerte Bedeutung für die Kennzeichnungsfunktion zukommt.

Dem Ziel der künftigen Identifizierung dient Nr. 30 Abs. 4 der Verwaltungsvorschrift zum Namensänderungsgesetz (NamÄndVwV), indem die Namensänderung einschränkt wird, sofern sich aus dem Führungszeugnis ergibt, dass der Antragsteller erheblich oder wiederholt vorbestraft ist. Die Vorschriften der NamÄndVwV finden zwar keine direkte Anwendung auf die Änderung von Vornamen, sie sind jedoch auf diese analog anwendbar (vgl. dazu OVG.NW, Urteil vom 8.12.2000 - 8 A 3628/00 - S. 19).

Die Rechtsprechung hat deutlich hervorgehoben, dass eine vom Regelfall abweichende Gewichtung erforderlich ist, wenn der Antragsteller noch mehrere Jahre in Strafhaft einsitzt und zudem in das Schuldnerverzeichnis eingetragen ist (BVerwG, Beschluss vom 27.9.1993 - 6 B 58/93 - Buchholz 402.10 § 11 NÄG Nr. 4).

Der dem Gericht vorliegende neueste Auszug aus dem Bundeszentralregister vom 11.11.2002 weist für den Kläger seit dem Jahr 1984 21 Eintragungen wegen diverser Delikte auf. Er wurde zuletzt am 29.8.2001 vom Amtsgericht X. zu 1 Jahr und 9 Monaten Freiheitsstrafe verurteilt und sitzt nach wie vor in Strafhaft. Es ist zu befürchten, dass er nach seiner Haftentlassung unter geändertem Namen weitere Delikte begehen wird. Diese Prognose bezieht die klägerischen Angaben ein, nach dem er bereits im Jahre 1993 zum Islam übergetreten sei und ein gottesfürchtiges Leben lebe. Seit 1993 wurde der Kläger jedoch in 10 Fällen rechtskräftig zu Freiheitsstrafen verurteilt, darunter wegen Diebstahls in einem besonders schweren Fall, Bedrohung und unerlaubten Erwerbs von Betäubungsmitteln. Der Beklagte hat deshalb zu Recht das Interesse an der Beibehaltung des Namens hervorgehoben.

Diese Wertung wird dadurch verstärkt, dass der Kläger im Schuldnerverzeichnis des Amtsgerichts eingetragen ist und eine Eidesstattliche Versicherung abgegeben hat. Es dient dem Schutz der Gläubiger und damit mittelbar auch öffentlichen Interessen, dass Schuldner nicht ohne entsprechend gewichtige Gründe ihren Namen ändern und sich dadurch der Vollstreckung zu entziehen versuchen (vgl. BVerwG, Beschluss vom 27.9.1993 - 6 B 58/93 - Buchholz 402.10 § 11 NÄG Nr. 4).

Eine Abwägung der für eine gegen eine Änderung des Vornamens sprechenden Gründe zeigt, dass das öffentliche Interesse an einer Beibehaltung des Namens und einer Ablehnung des Änderungsantrages das Interesse des Klägers bei weitem überwiegt. Die Straftaten des Klägers nahmen in der Vergangenheit weder an Häufigkeit noch an Schwere ab. Der Beklagte hat deshalb zu Recht darauf hingewiesen, dass die Allgemeinheit vor dem Aufbau einer neuen Identität durch Namenswechsel geschützt werden müsse, selbst wenn diese nicht Ziel, sondern nur Ergebnis der Namensänderung sei. Eine Person mit dem „Sammelnamen" T. kann durch Namensänderung in offiziellen Dateien oder auch privaten Registern wie etwa der Schufa verloren gehen.

Auch unter Beachtung der engen Voraussetzungen einer Einschränkung des Art. 4 Abs. 1 GG überwiegt das öffentliche Interesse an der Kontinuität der Namensführung. Dem Grundrecht aus Art. 4 Abs. 1 GG können allein durch andere Bestimmungen des Grundgesetzes Grenzen gezogen werden. Dies bedeutet, dass Einschränkungen des Art. 4 Abs. 1 GG vor dem Grundgesetz nur dann Bestand haben können, wenn sie sich als Ausgestaltung einer Begrenzung durch die Verfassung selbst erweisen (vgl. BVerfGE 44, 37 [50], KirchE 16, 47; BayVGH, Urteil vom 3.6.1992 - 5 B 92.162 - NJW 1993, 346 [347], KirchE 30, 262).

Die Normen des Namensänderungsgesetzes stehen ihrerseits mit dem Grundgesetz im Einklang. Das in Art. 2 Abs. 1 GG verbürgte Recht auf freie Entfaltung der Persönlichkeit steht der gesetzlichen Forderung, Vornamen nur aus wichtigem Grund zu ändern, nicht entgegen (vgl. BVerwG, Beschluss vom 27.9.1993 - 6 B 58/93 - Buchholz 402.10 § 11 NÄG Nr. 4). Die dagegen gerichtete Verfassungsbeschwerde wurde mangels hinreichender Erfolgsaussicht nicht zur Entscheidung angenommen (BVerfG, Beschluss vom 10.10.1989 - 1 BvR 358.89 -).

41

In kirchlichen Arbeitsverhältnissen, die den Regeln der AVR-Diakonie oder der AVR-Caritasverband unterstellt werden, kann ein Anspruch aufgrund betrieblicher Übung erwachsen, wenn der Arbeitgeber trotz fehlender Voraussetzungen über einen längeren Zeitraum die Sonderzahlungen erbringt, obwohl er den Arbeitnehmer versetzt hat, Vertragsgestaltung und Vertragshandhabung keine strenge Bindung an die Arbeitsvertragsrichtlinien erwarten lassen und die Zahlungen bei Gehaltsanpassungen bestätigt werden (Abgrenzung zu BAG, Urteil vom 26.5.1993 - 4 AZR 130/93 - KirchE 31, 170).

LAG Düsseldorf, Urteil vom 27. November 2002 - 12 Sa 1071/02[1] -

Die Parteien streiten darüber, ob die Beklagte arbeitsvertraglich die Weitergewährung einer Zulage schuldet.

Der Kläger ist seit dem 1.3.1991als Pflegehelfer bei der Beklagten in dem von ihr betriebenen A.-Krankenhaus, einem Fachkrankenhaus für Psychiatrie und Neurologie, beschäftigt. Die Beklagte gehört dem Caritasverband an und macht dessen „Richtlinien für Arbeitsverträge" (AVR) zum Gegenstand der mit den Mitarbeitern geschlossenen formularmäßigen Arbeitsverträge.

Am 21.2.1991 unterzeichneten die Parteien einen solchen „Dienstvertrag", der die Geltung der AVR in ihrer jeweiligen Fassung (§ 2 Satz 1), die Eingruppierung des Klägers in Vergütungsgruppe KR 2, Ziff. 4 (§ 4 b) und den Schriftformzwang für spätere Vereinbarungen (§ 8) vorsieht. In einer von der Beklagten unterzeichneten „Anlage zum Dienstvertrag - Berechnung der Dienstbezüge" ist ausgeführt, wie sich die monatlichen Bruttobezüge des Klägers ab dem 1.3.1991 errechnen. In dem Formular ist unter II k) Sonstige Zulagen" eingetragen: „Psychiatriezulage 90,00 DM."

Bei Vertragsschluss ist zwischen den Parteien über die Psychiatriezulage nicht weiter gesprochen worden. Nach Absatz 1b der Anlage 2a zu den AVR, Hochziffer 1, erhält Pflegepersonal der Vergütungsgruppen KR 1 bis KR 7, das zeitlich überwiegend die Grund- und Behandlungspflege bei Kranken in geschlossenen oder halbgeschlossenen psychiatrischen

---

[1] NZA-RR 2003, 334 (LS); ZTR 2003, 195. Das Urteil ist rechtskräftig.

Abteilungen oder Stationen ausübt, für die Dauer der Tätigkeit eine monatliche Zulage von DM 90,00 (= € 46,02).

Der Kläger wurde anfänglich, etwa ein Jahr lang, auf der Station 3, einer geschlossenen gerontopsychiatrischen Station, eingesetzt. Danach war er weder auf geschlossenen noch auf halbgeschlossenen Psychiatriestationen tätig. Mit der Vergütung erhielt er weiter die Psychiatriezulage von monatlich DM 90,00. Zum 30.6.1998 stellte die Beklagte die Zulagengewährung mit der Begründung ein, dass dem Kläger die Zulage nach dem Arbeitsvertrag und den AVR nicht zustehe und die Zahlung bis zum 30.6.1998 irrtümlich erfolgt sei.

Mit der Klage verlangt der Kläger die Nachzahlung der Psychiatriezulage für den Zeitraum von August 2000 bis September 2001 (14 Monate x DM 90,00 = DM 1.260,00 = € 644,23). Er meint, dass die „Berechnung der Dienstbezüge" Inhalt der am 21.2.1991 getroffenen Vergütungsvereinbarung sei und die „Psychiatriezulage" als „sonstige Zulage" an keine weiteren Voraussetzungen, insbesondere nicht an Anspruchsvoraussetzungen nach den AVR geknüpft worden sei, und verweist darauf, dass die Beklagte an ihn, auch nachdem er nicht mehr auf einer geschlossenen oder halbgeschlossenen Station eingesetzt gewesen sei, jahrelang die Psychiatriezulage weitergezahlt habe.

Die Beklagte hält entgegen, dass die „Berechnung der Dienstbezüge" lediglich eine Mitteilung und nicht den Inhalt einer arbeitsvertraglichen Vereinbarung darstelle. Arbeitsvertraglich schulde sie Vergütung nur nach Maßgabe der AVR.

Das Arbeitsgericht hat die Klage abgewiesen.

Auch die Berufung des Klägers blieb erfolglos.

Aus den Gründen:

I. Das Arbeitsgericht hat die Klage zu Recht abgewiesen.

1. Dem Kläger steht die verlangte Psychiatriezulage nicht nach § 2 Satz 1 des Dienstvertrages in Verbindung mit Anlage 2a Hochziffer 1, Abs. 1b AVR zu. Er ist in dem Anspruchszeitraum August 2000 bis September 2001 nicht auf einer geschlossenen oder halbgeschlossenen psychiatrischen Station eingesetzt gewesen.

2. Die Beklagte schuldet die Psychiatriezulage nicht aufgrund der am 21.2.1999 getroffenen Vereinbarung. Das Arbeitsgericht hat zutreffend erkannt, dass sich der Vergütungsanspruch des Klägers aus den AVR, auf die der Dienstvertrag vom 21.2.1999 umfassend und einschränkungslos verweist, ergibt, und weiter ausgeführt, dass die „Berechnung der Dienstbezüge" lediglich Informationscharakter habe. Aus diesem Grund und auch nach dem gesamten Bedeutungsinhalt der „Berechnung der

Dienstbezüge" sei unerheblich, dass dort nicht unter II k ausdrücklich auf Bestimmungen der AVR hingewiesen werde.

Die Kammer folgt den Gründen des erstinstanzlichen Urteils und sieht daher gemäß § 69 Abs. 2, Abs. 3 Satz 2 ArbGG von ihrer wiederholenden Darstellung ab. Auf die Angriffe der Berufung ist lediglich das Folgende anzumerken:

a) Der Hinweis des Klägers auf die Bezeichnung „Sonstige Zulagen" (II k) verfängt nicht. Damit wird formularmäßig lediglich die Möglichkeit geschaffen, über die in II a - j konkret bezeichneten Zulagen nach Anlage 10 und Anlage 1 der AVR hinaus dem Mitarbeiter im Einzelfall zustehende weitere Zulagen zu erfassen. Dass hierbei keine anderen Zulagen als solche nach den AVR gemeint sind, folgt aus dem expliziten Hinweis auf die AVR in den übrigen Spalten des Formulars „Berechnung der Dienstbezüge" sowie aus der Globalverweisung auf die AVR im Dienstvertrag. Wenn die Parteien gewollt hätten, dem Kläger zusätzlich zu der sich aus den AVR ergebenden Vergütung eine persönliche Zulage zukommen zu lassen, dann hätten sie diesen Willen deutlicher zum Ausdruck bringen müssen.

b) Aus den Begleitumständen des Vertragsschlusses lässt sich kein anderes Auslegungsergebnis gewinnen. Über die Psychiatriezulage wurde nicht gesprochen. Ihre Eintragung in der „Berechnung der Dienstbezüge" entsprach dem beabsichtigten Einsatz des Klägers auf einer geschlossenen psychiatrischen Station zum 1.3.1991. Damit war es geboten und sachlich richtig, die Psychiatriezulage nach Anlage 2 a, Hochziffer 1, bei der Berechnung der Vergütung zu berücksichtigen.

c) Eine andere, dem Kläger günstigere Vertragsauslegung ergibt sich schließlich nicht daraus, dass die Psychiatriezulage weitergezahlt wurde, nachdem infolge seiner Versetzung auf offene Stationen die AVR-Voraussetzungen weggefallen waren. Dabei kann dahinstehen, ob für die Vertragsauslegung später eingetretene Umstände überhaupt berücksichtigt, insbesondere aus der tatsächlichen Vertragsdurchführung Rückschlüsse auf den übereinstimmenden Willen der Vertragsparteien bei Vertragsabschluss gezogen werden können (BGH, Urteil vom 24.6.1988, LM Nr. 30 zu § 533 (b) BGB, BAG, Urteil vom 30.11.1994 - 5 AZR 704/93 - AP Nr. 74 zu § 611 BGB Abhängigkeit, zu B III 2). Denn die tatsächliche Vertragsdurchführung nach dem 1.3.1991, der Einsatz des Klägers auf einer geschlossenen psychiatrischen Station, löste die Verpflichtung der Beklagten aus, nach den AVR die Zulage von DM 90, - zu zahlen, und bestätigte die Einbeziehung der Zulage in der „Berechnung der Dienstbezüge". Für die Annahme, dass die Parteien am 21.2.1991 übereinstimmend die Weitergewährung der Psychiatriezulage auch im Falle eines - zu damaligen Zeitpunkt ungewissen und unabsehbaren - Wechsels des Klägers auf einen Arbeitsplatz in einer nicht geschlossenen und nicht halbgeschlossenen Station oder Abteilung wollten, fehlt es an jeglichen Anhaltspunkten.

3. Der Anspruch auf die Psychiatriezulage ergibt sich nicht aufgrund betrieblicher bzw. ständiger Übung.

a) Der Kläger hat zwar in beiden Instanzen sein Klagebegehren nicht auf diesen möglichen rechtlichen Gesichtspunkt gestützt. Er hat jedoch den maßgeblichen Sachverhalt, nämlich die jahrelange Weitergewährung der Psychiatriezulage vorgetragen, so dass das Gericht selbst prüfen muss, ob sich aus dem Sachverhalt eine rechtliche Begründung für den Klageanspruch ergeben kann (vgl. Zöller/Vollkommer, ZPO, 22. Aufl., § 308 Rz. 5). Nach Auffassung der Kammer fordert auch § 519 Abs. 3 Nr. 2 ZPO nicht die Anführung einer weiteren rechtlichen Begründung. Dies gilt jedenfalls dann, wenn - wie im Streitfall - das angegriffene Urteil sich nicht bereits mit diesem rechtlichen Aspekt befasst hat und seine Berücksichtigung nach dem unstreitigen Parteivorbringen und einem den Parteien gegebenen Rechtshinweis die Erledigung des Rechtsstreits nicht verzögert (vgl. Vossen, GK-ArbGG, § 67 Rz. 35).

b) Nach ständiger höchstrichterlicher Rechtsprechung muss der Arbeitnehmer des öffentlichen Dienstes grundsätzlich davon ausgehen, dass ihm sein Arbeitgeber, der an die Vorgaben des Haushaltsrechts gebunden ist, nur die Leistungen gewähren will, zu denen er gesetzlich oder tariflich verpflichtet ist. Im Zweifel gilt Normvollzug. Ohne besondere Anhaltspunkte darf der Arbeitnehmer des öffentlichen Dienstes deshalb auch bei langjähriger Gewährung von Vergünstigungen, die den Rahmen rechtlicher, insbesondere tariflicher Verpflichtungen des Arbeitgebers überschreiten, nicht darauf vertrauen, die Übung sei Vertragsinhalt geworden und werde unbefristet fortgesetzt. Er muss damit rechnen, dass eine fehlerhafte Rechtsanwendung korrigiert wird (BAG, Urteil vom 18.1.1996 - 6 AZR 314/95 - AP Nr. 24 zu § 242 BGB Auskunftspflicht, zu III 3, Urteil vom 24.2.2000 - 6 AZR 466/98 - n.v., zu 2 b). Dies gilt namentlich dann, wenn durch eine vertragliche Verweisungsklausel das Arbeitsverhältnis den für den Arbeitgeber des öffentlichen Dienstes geltenden Tarifnormen unterstellt wird. Selbst die fehlerhafte Mitteilung des Arbeitgebers über die Vergütung und die tatsächliche, mit unter jahrzehntelange Gewährung übertariflicher Vergünstigungen lässt keine betriebliche Übung entstehen (BAG, Urteil vom 12.12.1990 - 4 AZR 306/90 - EzA Nr. 4 zu § 3 TVG Bezugnahme auf Tarifvertrag, KirchE 28, 422; Urteil vom 21.10.1992 - 4 AZR 28/92 - AP Nr. 26 zu § 23a BAT, Urteil vom 1.9.1993 - 10 AZR 462/91 - ZTR 94, 212, Urteil vom 8.8.1996 - 6 AZR 1013/94 - AP Nr. 46 zu §§ 22, 23 BAT Lehrer, zu II 1, Urteil vom 28.5.1997 - 10 AZR 383/95 - ZTR 97, 457, Urteil vom 24.6.1999 - 6 AZR 24/98 - n.v., zu B II 2 b, c, Urteil vom 20.9.2000 - 5 AZR 20/99 - AP Nr. 6 zu § 2 EntgeltFG, zu B IV, Urteil vom 29.5.2002 - 5 AZR 370/01 - ZTR 02, 544, zu III 1, 3). Allerdings gilt dieser Grundsatz nicht ausnahmslos (vgl. BAG, Urteil vom 15.11.1992 - 3 AZR 438/91 - AP Nr. 39 zu § 1 BetrAVG Zusatzversorgungskassen, zu II 2 c) und nicht dort, wo im öffentlichen Dienst eine autonome Vertragsgestaltung möglich ist (vgl. BAG, Urteil vom 16.7.1996 - 3 AZR 352/92 - AP Nr. 7 zu § 1 BetrAVG Betriebliche Übung, zu B IV 1).

Auf Arbeitsverhältnisse in der Privatwirtschaft sind die zur betrieblichen Übung im öffentlichen Dienst entwickelten Grundsätze nicht übertragbar, denn hier entscheidet der Arbeitgeber frei und autonom über die Gestaltung der vertraglichen Beziehungen und also auch darüber, welche Vergütung und sonstigen Vergünstigungen er dem Arbeitnehmer zusagen will.

Geht es um Arbeitsverhältnisse mit Einrichtungen, die der ev. oder kath. Kirche verbunden sind und arbeitsvertraglich den Regeln der AVR-Diakonie oder der AVR-Caritasverband unterstellt werden, kann nach dem Urteil des BAG vom 26.5.1993 (4 AZR 130/93 - AP Nr. 3 zu § 12 AVR Diakonisches Werk, KirchE 31, 170) ein Anspruch aufgrund betrieblicher Übung erwachsen, wenn der Arbeitgeber trotz fehlender Voraussetzungen über einen längeren Zeitraum die Sonderzahlungen erbringt, obwohl er den Arbeitnehmer versetzt hat, Vertragsgestaltung und Vertragshandhabung keine strenge Bindung an die Arbeitsvertragsrichtlinien erwarten lassen und die Zahlungen bei Gehaltsanpassungen bestätigt werden. Wörtlich führt das Bundesarbeitsgericht in dem Urteil (dort unter II 2) aus:

„Das Diakonische Werk ist rechtlich bei der Gestaltung der vertraglichen Beziehungen zu seinen Arbeitnehmern freier als der Arbeitgeber des öffentlichen Dienstes. Denn es unterliegt nicht den gleichen strengen haushaltsrechtlichen Überwachungsbestimmungen ... Die Beklagte kann sich nicht darauf berufen, die Heimzulage sei nur versehentlich weitergezahlt worden. Für die Begründung eines Anspruchs aus betrieblicher Übung kommt es nicht darauf an, ob der Arbeitgeber mit Verpflichtungswillen gehandelt hat. Entscheidend ist allein, ob der Arbeitnehmer aus dem Erklärungsverhalten des Arbeitgebers auf diesen Willen schließen durfte ... Eine irrtümliche Zahlung, von der der Arbeitgeber jederzeit wieder abrücken darf, verhindert das Entstehen einer betrieblichen Übung nur dann, wenn der Arbeitnehmer aus den Umständen den Irrtum erkennen konnte. Ein Rechtsirrtum der Beklagten kann dann für die betroffenen Arbeitnehmer erkennbar sein, wenn der Arbeitgeber mit seinen Zahlungen ersichtlich ausschließlich nach den vereinbarten Arbeitsbedingungen verfahren wollte ... Die Nichteinhaltung der in § 5 Abs. 4 AVR-Diakonie und in § 9 des Arbeitsvertrages für Vertragsänderungen bzw. Nebenabreden vorgesehenen Schriftform steht der Anspruchsbegründung durch betriebliche Übung nicht entgegen ...“

Ob diese Ausführungen auf die AVR-Caritasverband übertragbar sind, hat derselbe Senat im Urteil vom 13.11.1996 (4 AZR 290/95 - n.v., zu B II) allerdings offen gelassen. Im Urteil vom 24.9.1997 (4 AZR 452/96 - AP Nr. 10 zu § 12 AVR-Caritasverband, zu II 1 b) hat der Senat erkannt, dass die vertragliche Verweisung auf die AVR widerspiegeln solle, was nach den AVR rechtens sei.

c) Nach Auffassung der Kammer lassen sich die Ausführungen des BAG-Urteils vom 26.5.1993 (aaO) schon wegen der Besonderheiten des dort entschiedenen Falles nicht auf den vorliegenden Streitfall übertragen. In dem BAG-Fall war nämlich die Zulage nicht nur einer Arbeitnehmerin, sondern drei weiteren, in vergleichbarer Situation befindlichen Arbeitnehmerinnen weitergezahlt worden. Die gruppenmäßige Gleichbehandlung konnte daher als Indiz für eine dauerhafte Gewährung der Zulage gewertet werden. Vor allem aber lag dem BAG-Fall ein Arbeitsvertrag zugrunde, der ausdrücklich die Vereinbarung der „Vergütung in freier Vereinbarung" beinhaltete. Hieraus folgerte das BAG, dass „bei objektiver Betrachtung vom Empfängerhorizont gesehen ... die Beklagte das Arbeitsverhältnis nicht streng an die AVR-Diakonie binden wollte." Demgegenüber ist das Arbeitsverhältnis der Parteien vertraglich durch die umfassende und einschränkungslose Bindung an die AVR-Caritasverband gekennzeichnet.

Richtig ist allerdings, dass Diakonisches Werk und Caritasverband rechtlich bei der Gestaltung der Vertragsbeziehungen zu ihren Arbeitnehmern freier sind als Arbeitgeber des öffentlichen Dienstes. Gleichwohl genügt der größere rechtliche Freiraum nicht, um ohne Weiteres bei Arbeitsverhältnissen, die umfassend den AVR unterstellt sind, einen Anspruch kraft betrieblicher Übung auf (hier: unstreitig irrtümlich) gewährte Vergünstigungen entstehen zu lassen. Denn tatsächlich befolgen mit der Kirche verbundene Einrichtungen regelmäßig und einschränkungslos deren AVR, dies nicht nur aus Gründen der Gleichbehandlung und Verwaltungsvereinfachung, sondern auch im Hinblick darauf, dass die im Sozial-, Kranken- und Altenpfleger- oder Erziehungsbereich tätigen Einrichtungen von der Kostenerstattung durch die öffentliche Hand und durch Sozialversicherungsträger leben und diese den Umfang der erstatteten Personalkosten auf das beschränken, was „Tarif" ist. Die den Tarifbestimmungen des öffentlichen Dienstes, namentlich dem BAT, nachgebildeten und angepassten AVR sind daher quasi als Tarif von den Einrichtungen der Diakonie und des Caritasverbandes zu vollziehen. Nimmt - wie im Streitfall - der Arbeitsvertrag umfassend und abschließend auf die AVR Bezug, kann daher allein die langjährige, irrtümliche Weiterzahlung einer Zulage keinen Anspruch aufgrund betrieblicher Übung begründen. Arbeitnehmern, die ein Arbeitsverhältnis mit einer kirchlichen Einrichtung eingehen, ist im Allgemeinen geläufig, dass sich das Arbeitsverhältnis nach den AVR der Diakonie bzw. des Caritasverbandes richtet und über die AVR hinausgehende Leistungen und Vergünstigungen nicht zugesagt werden und, werden sie gleichwohl gewährt, keine künftige Verbindlichkeit entstehen lassen. Unter diesem Aspekt verdeutlicht der Schriftformzwang (§ 8 des Dienstvertrages), dass ein Vertrauen auf formlose und konkludente Erklärungen nicht erwachsen soll.

Wendet man diese Maßstäbe auf den vorliegenden Fall an, konnte der Kläger nicht allein daraus, dass die Beklagte an ihn die Psychiatriezulage ca. sechs Jahre lang weiterzahlte, schließen, dass die Zulage auch für die Zukunft gewährt werden sollte.

d) Die Kammer übersieht nicht, dass im öffentlichen Dienst sowie in Einrichtungen der Diakonie oder des Caritasverbandes gerade in Zeiten, die durch das Vorhandensein genügender Finanzmittel oder die Erwartung der Erstattung von Ausgaben einerseits und einem Arbeitskräftemangel und der erschwerten Rekrutierung geeigneter Mitarbeiter nur zu „tariflichen Bedingungen" andererseits gekennzeichnet waren, die Haltung bei Arbeitgebern verbreitet war, (tarif-)vertragliche Vorgaben nicht streng umzusetzen, sondern großzügig zu handhaben. Bei dieser Sachlage könnte kaum von einer rechtsirrtümlichen Zusage und versehentlichen Gewährung der Vergünstigung gesprochen werden. Danach würde sich die Frage anschließen, ob der begünstigte Arbeitnehmer aus der erkennbar großzügigen Handhabung des Arbeitgebers folgern darf, dass ihm die Vergünstigung auf Dauer zukommen soll, oder ob sie unter dem Vorbehalt der jederzeitigen Überprüfung und Korrektur steht, also letztlich unverbindlich ist.

Im vorliegenden Fall besteht keine Veranlassung, auf diesen Gesichtspunkt näher einzugehen. Nach dem unwidersprochen gebliebenen Vorbringen der Beklagten erfolgte die Weiterzahlung der Psychiatriezulage irrtümlich. Anhaltspunkte dafür, dass die Beklagte die Zulage in Kenntnis dessen, dass die Merkmale der Anlage 2 a, Hochziffer 1 AVR nicht mehr erfüllt waren, hat der Kläger nicht vorgetragen und sind auch sonst nicht ersichtlich.

42

Die treuhänderische Verwaltung einer aus SED/PDS-Vermögen im Mai/Juni 1990 an die Islamische Religionsgemeinschaft geleisteten Spende gemäß § 20b DDR-PartG 1990 verstößt nicht gegen Art. 9, 14 EMRK, 1 Erstes Zusatzprotokoll.

EGMR, Nichtzulassungsbeschluss (decision) vom 5. Dezember 2002 - Appl.No. 53871/00 (Islam. Religionsgemeinschaft e.V. ./. Deutschland)[1] -

The facts:

The applicant, Islamische Religionsgemeinschaft e.V., is a religious association based in Berlin.

A. The circumstances of the case

[1] CEDH/ECHR, Reports of Judgments and Decisions 2002-X.

1. Background to the case

The applicant association was formed in the German Democratic Republic (GDR) in February 1990 by citizens of the Muslim faith. On 1 March 1990 it obtained State approval as a religious association with legal personality (*rechtsfähig*).

On 25 May 1990 the Presidium of the Executive Committee (*Präsidium des Parteivorstands*) of the Party of Democratic Socialism (*Partei des demokratischen Sozialismus* - PDS) decided to make a donation (*Spende*) of 75,000,000 GDR marks to the applicant association, following a request to that effect from the association. On 31 May 1990 the president of the applicant association received a cheque for that amount. On 6 June 1990 he handed the cheque to the applicant association's bank, which credited the sum to its account on the same day.

2. Proceedings before the authorities and courts in the Federal Republic of Germany (FRG)

In a letter of 17 April 1991 the Independent Commission for the Investigation of the Assets of Parties and Mass Organisations in the GDR (*Unabhängige Kommission zur Prüfung des Vermögens der Parteien und Massenorganisationen in der DDR*) stated that the donation in question constituted an asset covered by section 20a(2) of the Law of 21 February 1990 on parties and other political associations, also known as the Political Parties Act (*Gesetz über Parteien und andere politische Vereinigungen - Parteiengesetz*), as amended by the Political Parties (Amendment) Act of 31 May 1990 (*Gesetz zur Änderung des Parteiengesetzes*) (see „Relevant domestic law and practice" below). The asset was therefore subject to the administration of the Trust Agency (*Treuhandanstalt*).

The commission also considered that this unlawful disposal by the PDS of its assets without the Trust Agency's consent, in breach of section 20b(1) of the Political Parties Act, had in fact amounted to a fictitious transaction (*Scheingeschäft*) designed to enable the applicant association's president, who had close links with the PDS, to retain possession of the sum in question.

(a) Decisions of 14 January and 13 April 1992 by the Federal Office for Special Tasks relating to German Reunification

In a decision of 14 January 1992 the Federal Office for Special Tasks relating to German Reunification (*Bundesanstalt für vereinigungsbedingte Sonderaufgaben* - „the Federal Office") ruled that the sum of money - converted into 37,500,000 German marks (DEM), together with the accrued interest - in the applicant association's bank account constituted an asset subject to the administration of the Trust Agency and could not be disposed of without the Agency's consent, by virtue of section 20b(1) of the Political Parties Act.

The Federal Office considered that the sum in question had been part of the PDS's assets, which had been placed under the administration of the Trust Agency from 1 June 1990 onwards, pursuant to section 20(2) of the Political Parties Act. As the applicant association's bank account had not been credited with the sum until after 1 June 1990, authorisation for that change in assets should have been sought from the Trust Agency, in accordance with section 20b(1) of the Political Parties Act, but that had not been the case.

On 5 February 1992 the applicant association lodged an objection against that decision, arguing, in particular, that, in accordance with Art. 76 § 1 of the GDR Civil Code (*Zivilgesetzbuch DDR*), payment of the donation had taken effect when the cheque had been handed over on 31 May 1990 and that the value of its assets had therefore increased on that date. In a decision of 13 April 1992 the Federal Office dismissed the objection.

(b) The Berlin Administrative Court's judgment of 9 May 1994

The applicant association subsequently applied to the Berlin Administrative Court (*Verwaltungsgericht*) to have the Federal Office's decisions set aside on the ground, *inter alia*, that it was not an organisation related to the PDS but a religious association entitled to protection under the Basic Law (*Grundgesetz*).

In a judgment of 9 May 1994 the Berlin Administrative Court granted the application in its entirety. The Administrative Court held that the conditions for applying section 20b of the Political Parties Act were not satisfied. The applicant association was neither a juristic person nor an organisation related to the PDS, and the Trust Agency was not responsible for the administration of assets which had been transferred in accordance with the power of third parties to dispose of property (*Verfügungsgewalt*), even if the relevant contractual agreements had been invalid (*unwirksam*). In addition, it had not been established that the applicant association had been formed to pursue any aims other than those set out in its articles of association.

(c) The Berlin Administrative Court of Appeal's judgment of 22 November 1996 (KirchE 34, 439)

The Federal Office appealed against that judgment to the Berlin Administrative Court of Appeal (*Oberverwaltungsgericht*). In a judgment of 22 November 1996 the Berlin Administrative Court of Appeal dismissed the appeal and upheld the Berlin Administrative Court's judgment. The Administrative Court of Appeal held that the Federal Office's decision had had no basis in law as the applicant association was neither a juristic person nor an organisation related to the PDS. Even though the circumstances surrounding its formation and the payment of the donation in issue remained questionable in certain respects, there was insufficient evidence of any link between the applicant association and the PDS.

The Administrative Court of Appeal added that, in accordance with Art. 76 § 2 of the GDR Civil Code, the power to dispose of the sum in question had not become effective until the money had been credited to the applicant association's bank account. Admittedly, when the Political

Parties Act had come into force on 1 June 1990, the money had still been part of the PDS's assets. However, that did not justify the Federal Office's actions, since it was required to institute civil proceedings if it wished to seek damages from third parties. It was unable to take any administrative measures by virtue of its powers as a public authority save in respect of the types of juristic person listed in section 20b of the Political Parties Act.

(d) The Federal Administrative Court's decision of 10 December 1998

The Federal Office subsequently appealed on points of law to the Federal Administrative Court (*Bundesverwaltungsgericht*).

In a judgment of 10 December 1998 the Federal Administrative Court allowed the Federal Office's appeal and set aside the judgment of the Administrative Court of Appeal on the ground that it had contravened federal law (*Bundesrecht*).

The Federal Administrative Court held that the Federal Office had been entitled to consider that, pursuant to section 20b (2) of the Political Parties Act, the donation paid into the applicant association's bank account was placed under the administration of the Trust Agency.

It considered, firstly, that the sum of money in question had indeed been part of the PDS's assets on the key date of 7 October 1989 and that, secondly, administration by the Trust Agency under section 20b(2) of the Political Parties Act could extend to third parties other than those specifically referred to in that provision.

With regard to the first point, the Federal Administrative Court referred to its own decision of 7 November 1997 and reiterated that a change in assets did not take effect on the date on which the cheque was handed over but only on the date on which the sum appearing on the cheque was credited to the relevant bank account. In the instant case, that had not occurred until 6 June 1990 - in other words, after 1 June 1990, the date on which the Political Parties (Amendment) Act had come into force, placing the sum in issue under the administration of the Trust Agency.

The Federal Administrative Court subsequently held that the fact that, as a result of the transfer, the PDS's right to payment from its bank had been transformed into a right enjoyed by the applicant association to payment from its own bank did not mean that that the money in question was no longer part of the PDS's assets; furthermore, the money had been paid into an account that already contained assets belonging to the applicant association. In that connection, it pointed out that the purpose of section 20b(2) of the Political Parties Act was, as it had previously held, to secure political-party assets acquired in breach of the rule of law (*rechtsstaatswidrig*), with a view to returning them to their former owners or using them in the public interest. Section 20b(2) of the Political Parties Act should therefore be construed according to economic criteria (*wirtschaftliche Kriterien*) and, accordingly, the Trust Agency's administration of cash assets or money held in a bank account did not cease to be effective as a result of ordinary private-law transactions but continued as long as the sum in question was still sufficiently identifiable as the property of the party concerned, as had been the case in this instance.

With regard to the second point, the Federal Administrative Court considered that the Federal Office's power of administration did not entail administration as a trustee in the ordinary sense but entitled it to exercise its sovereign powers to administer and dispose of assets (*hoheitliche Verwaltungs- und Verfügungsbefugnisse*) *vis-à-vis* third parties by means of a declaratory administrative measure (*feststellender Verwaltungsakt*). Under section 20b(2) of the Political Parties Act, the Trust Agency's activities were not designed to protect the best interests of the political party or related organisation. On the contrary, its task was to ensure, once the assets in question had been secured, that they were returned to their former owners by way of reparation (*Wiedergutmachung*) or, if that proved impossible, that they were used in the public interest. Only where the assets had been acquired in accordance with the rule of law were they to be returned to the party or related organisation. The sovereign powers conferred on the Federal Office accordingly included the right to use those powers against third parties by means of an administrative measure.

(e) The Federal Constitutional Court's decision of 21 April 1999

The applicant association subsequently lodged a constitutional appeal with the Federal Constitutional Court (*Bundesverfassungsgericht*). In a decision of 21 April 1999 the Federal Constitutional Court, sitting as a panel of three judges, refused to entertain the appeal.

B. Relevant domestic law and practice

The Political Parties (Amendment) Act of 31 May 1990 (*Gesetz zur Änderung des Parteiengesetzes*), which amended the GDR's Law of 21 February 1990 on parties and other political associations, also known as the Political Parties Act (*Gesetz über Parteien und andere politische Vereinigungen (Parteiengesetz)*), came into force on 1 June 1990. Section 20a (1) of the Act provides that the Prime Minister (*Ministerpräsident*) is to appoint an independent commission to draw up a report on the assets (*Vermögenswerte*) of all the GDR's political parties and related organisations, juristic persons and mass organisations, both within and outside the territory of the GDR. By section 20a (2), all political parties and related organisations, juristic persons and mass organisations must, *inter alia*, provide the commission with a statement of all their assets as at 7 October 1989 and of any subsequent changes. Section 20b(1) provides that as soon as the Act comes into force, no changes in the assets of such entities may be effected without the consent of the chairman of the independent commission.

Section 20b (2) provides:

„Zur Sicherung von Vermögenswerten von Parteien oder ihnen verbundenen Organisationen, juristischen Personen und Massenorganisationen wird das Vermögen der Parteien und der ihnen verbundenen Organisationen, juristischen Personen und Massenorganisationen, das am 7.10.1989 bestanden oder seither an die Stelle dieses Vermögens getreten ist, unter treuhänderische Verwaltung gestellt."

Complaints

The applicant association complained that the decision by the German authorities and courts to place under the administration of the Trust Agency the donation of DEM 37,500,000 which it had received from the Party of Democratic Socialism had infringed its right to the peaceful enjoyment of its possessions as guaranteed by Art. 1 of Protocol No. 1. It also relied on Art. 14 of the Convention taken together with Art. 1 of Protocol No. 1.

In addition, it complained that the decision in issue had infringed its freedom of religion as guaranteed by Art. 9 of the Convention. It also relied on Art. 14 of the Convention taken together with Art. 9.

The Law

1. The applicant association complained that the decision by the German authorities and courts to place under the administration of the Trust Agency the donation of DEM 37,500,000 which it had received from the Party of Democratic Socialism had infringed its right to the peaceful enjoyment of its possessions as guaranteed by Art. 1 of Protocol No. 1, which provides:

„Every natural or legal person is entitled to the peaceful enjoyment of his possessions. No one shall be deprived of his possessions except in the public interest and subject to the conditions provided for by law and by the general principles of international law.
The preceding provisions shall not, however, in any way impair the right of a State to enforce such laws as it deems necessary to control the use of property in accordance with the general interest or to secure the payment of taxes or other contributions or penalties."

The applicant association referred to the decisions of the Berlin Administrative Court and Administrative Court of Appeal, which had considered that the Trust Agency had been entitled to dispose only of the property of political parties or related organisations within the meaning of section 20b (2) of the Political Parties Act. The association could not in any way be regarded as an organisation related to the PDS. It submitted that, in broadening the Trust Agency's powers, the Federal Administrative Court had misinterpreted that provision. The applicant association further considered that it had been the lawful owner of the money in issue since, in accordance with Art. 282 § 1 of the GDR Civil Code, the transfer of that asset had taken place on 31 May 1990, when the cheque had been handed to its president. In support of that argument, it produced to the Court a legal assessment by Mr M. Posch, professor of law at the University of Jena.

The Court reiterates that „Art. 1 in substance guarantees the right of property ... It comprises ‚three distinct rules‘: the first rule, set out in the first sentence of the first paragraph, is of a general nature and enunciates the principle of the peaceful enjoyment of property; the second rule, contained in the second sentence of the first paragraph, covers deprivation of possessions and subjects it to certain conditions; the third rule, stated in the second paragraph, recognises that the Contracting States are entitled, amongst other things, to control the use of property by enforcing such laws as they deem necessary in the general interest ... However, the three rules are not ‚distinct‘ in the sense of being unconnected: the second and third rules are concerned with particular instances of interference with the right to peaceful enjoyment of property and should therefore be construed in the light of the general principle enunciated in the first rule ...“ (see, among many other authorities, *Döring v. Germany* (dec.), no. 37595/97, ECHR 1999-VIII; *Schmelzer v. Germany* (dec.), no. 45176/99, 12 December 2000; and *Honecker and Others v. Germany* (dec.), nos. 53991/00 and 54999/00, ECHR 2001-XII).

Furthermore, according to the settled case-law of the Convention institutions, „possessions“ within the meaning of Art. 1 of Protocol No. 1 can be „existing possessions“ (see *Van der Mussele v. Belgium*, judgment of 23 November 1983, Series A no. 70, p. 23, § 48) or assets, including claims, in respect of which the applicant can argue that he has at least a „legitimate expectation“ of obtaining effective enjoyment of a property right (see *Pine Valley Developments Ltd and Others v. Ireland*, judgment of 29 November 1991, Series A no. 222, p. 23, § 51; *Pressos Companía Naviera SA v. Belgium*, judgment of 20 November 1995, Series A no. 332, p. 21, § 31; and *Malhous v. the Czech Republic* (dec.) [GC], no. 33071/96, ECHR 2000-XII).

In the instant case, the Court notes that the fact that the donation which the applicant association had received from the PDS was placed under the administration of the Trust Agency amounted to interference with the association's right to the peaceful enjoyment of its possessions as guaranteed by the first sentence of Art. 1 of Protocol No. 1.

The Court must first determine whether the material provision in the present case is the second sentence of the first paragraph or the second paragraph. The seizure of the applicants' assets did, admittedly, entail a deprivation of possessions. However, it was effected under the general regulations introduced in the GDR during the period before reunification with a view to checking the provenance of assets belonging to political parties and related organisations. In the Court's view, the interference complained of therefore constituted a control of the use of property to be considered under the second paragraph of Art. 1 of Protocol No. 1 (see *AGOSI v. the United Kingdom*, judgment of 24 October 1986, Series A no. 108, p. 17, § 51, and *Raimondo v. Italy*, judgment of 22 February 1994, Series A no. 281-A, p. 16, § 29).

As to whether the interference was lawful, the Court notes, firstly, that the measure complained of was based on the GDR's Political Parties Act, as amended by the Political Parties (Amendment) Act, which came into force on 1 June 1990. Pursuant to section 20b(2) of the Act, assets which had belonged to political parties and related organisations on 7 October 1989 or had subsequently taken replaced those assets were placed under the administration of the Trust Agency, in order to secure the assets of political parties and related organisations.

In its judgment of 10 December 1998 the Federal Administrative Court, the highest administrative court, interpreted the provision in issue and applied it to the instant case, concluding that the PDS's donation to the applicant association fell within the scope of the provision. The Court considers that this was not an arbitrary interpretation and reiterates in that connection that it is primarily for the national authorities, notably the courts, to interpret and apply domestic law (see *Streletz, Kessler and Krenz v. Germany* [GC], nos. 34044/96, 35532/97 and 44801/98, § 49, ECHR 2001-II).

As regards the purpose of the interference, the Court considers that, in the instant case, the interference pursued an aim that was in the general interest. It appeared legitimate for the GDR parliament, after democratic elections, and subsequently for the FRG's courts, after reunification, to check the provenance of political parties' assets and to place them, where appropriate, under the administration of the Trust Agency, in the interests of public morality.

Lastly, the Court must consider whether the interference was proportionate. In that connection, it points out that the second paragraph of Art. 1 of Protocol No. 1 has to be construed in the light of the general principle set out in the first sentence of that Art. That sentence has been interpreted by the Court as including the requirement that a measure of interference should strike a „fair balance" between the demands of the general interest of the community and the requirements of the protection of the individual's fundamental rights (see, among other authorities, *Sporrong and Lönnroth v. Sweden*, judgment of 23 September 1982, Series A no. 52, p. 26, § 69, and *James and Others v. the United Kingdom*, judgment of 21 February 1986, Series A no. 98, p. 34, § 50). The search for this balance is reflected in the structure of Art. 1as a whole and hence also in the second paragraph. There must be a reasonable relationship of proportionality between the means employed and the aim sought to be realised (see *Tre Traktörer AB v. Sweden*, judgment of 7 July 1989, Series A no. 159, p. 23, § 59). In determining whether a fair balance exists, the

Court recognises that the State enjoys a wide margin of appreciation with regard both to choosing the means of enforcement and to ascertaining whether the consequences of enforcement are justified in the general interest for the purpose of achieving the object of the law in question (see *AGOSI*, cited above, p. 18, § 52, and *Honecker and Others* (dec.), cited above).

In the instant case the Federal Administrative Court considered, firstly, that, in accordance with Art. 76 § 2 of the GDR Civil Code, the transfer of the property had not become effective on 31 May 1990, the date on which the PDS leadership had handed the cheque to the applicant association's president, but only on 6 June 1990, the date on which the sum appearing on the cheque had actually been credited to the applicant association's bank account. As the Political Parties (Amendment) Act had come into force on 1 June 1990, that sum, being part of the PDS's assets, fell within the scope of section 20b(2) of the Political Parties Act.

The Federal Administrative Court further held that, regard being had to the aims of the Political Parties Act, namely securing political parties' and related organisations' assets that had been acquired in breach of the rule of law, with a view to redistributing them among their former owners or using them to serve the public interest, and to its own case-law on the subject, the Trust Agency was entitled to exercise its sovereign powers by taking administrative measures in respect of third parties other than those specified in the Political Parties Act.

Although the applicant association was not an organisation related to the PDS, the Court considers that the Federal Administrative Court's reasoning was well-founded as regards the sovereign powers conferred on the Trust Agency in the light of the aims of the GDR's Political Parties Act. The purpose of the Act was to ensure that political-party assets of questionable origin were not misappropriated but were placed under the administration of the Trust Agency so that they could be returned to their former owners by way of reparation or, should that prove impossible, put to use in the public interest.

Having regard to all the above considerations and, in particular, to the exceptional circumstances of German reunification, the Court considers that the respondent State did not overstep its margin of appreciation and that, in view of the legitimate aims pursued, it succeeded in achieving a „fair balance" between the applicant association's interests and the general interest of German society.

It follows that this complaint is manifestly ill-founded within the meaning of Art. 35 § 3 of the Convention.

2. The applicant association further relied on Art. 14 of the Convention taken together with Art. 1 of Protocol No. 1. Art. 14 of the Convention provides:

„The enjoyment of the rights and freedoms set forth in [the] Convention shall be secured without discrimination on any ground such as sex, race, colour, language, religion, political or other opinion, national or social origin, association with a national minority, property, birth or other status."

The applicant association submitted that, like the last GDR government, the PDS had wished to redistribute its assets by supporting State-organised, social, economic or cultural activities that had been consciously or unconsciously neglected by the SED (*Sozialistische Einheitspartei Deutschlands* - Socialist Unity Party) regime. Such support had also included the donation of funds to religious associations, as freedom of worship had been considerably impeded under the previous regime. For example, the Centrum Judaicum foundation had been given a donation of 70,000,000 GDR marks, other Jewish associations had also received donations and Humboldt University in Berlin had received a payment of 250,000,000 GDR marks. As far as it was aware, there had been no seizures of donations made to any other associations or institutions.

The Court reiterates that in accordance with its settled case-law, Art. 14 of the Convention complements the other substantive provisions of the Convention and the Protocols. It has no independent existence since it has effect solely in relation to „the enjoyment of the rights and freedoms" safeguarded by those provisions. Although the application of Art. 14 does not presuppose a breach of those provisions - and to this extent that Art. is autonomous - there can be no room for its application unless the facts at issue fall within the ambit of one or more of the rights and freedoms guaranteed by the Convention (see, among other authorities, *Gaygusuz v. Austria*, judgment of 16 September 1996, *Reports of Judgments and Decisions* 1996-IV, p. 1141, § 36, and *Kuna v. Germany* (dec.), no. 52449/99, CEDH 2001-V).

Having regard to its line of reasoning under Art. 1 of Protocol No. 1, the Court considers that no separate issue arises under Art. 14 of the Convention taken together with Art. 1 of Protocol No. 1.

It follows that this complaint is likewise manifestly ill-founded within the meaning of Art. 35 § 3 of the Convention.

3. The applicant association also complained that the impugned decision by the German authorities and courts had infringed its freedom of religion as guaranteed by Art. 9 of the Convention, which provides:

„1. Everyone has the right to freedom of thought, conscience and religion; this right includes freedom to change his religion or belief and freedom, either alone or in community with others and in public or private, to manifest his religion or belief, in worship, teaching, practice and observance.
2. Freedom to manifest one's religion or beliefs shall be subject only to such limitations as are prescribed by law and are necessary in a democratic society in the

interests of public safety, for the protection of public order, health or morals, or for the protection of the rights and freedoms of others.“

The applicant association asserted that the donation in question had been intended to help establish a peaceful Muslim community within the GDR's territory, an aim covered by the freedom to manifest one's religions or beliefs and the protection of religious communities as guaranteed by the Convention. In particular, the donation had been intended to help fund the construction of an Islamic cultural centre. In the applicant association's submission, the unlawful seizure of practically all its funds showed that the Government had deliberately sought to hinder the development of such a Muslim community.

The Court reiterates that freedom of thought, conscience and religion is one of the foundations of a „democratic society“ within the meaning of the Convention. The pluralism indissociable from a democratic society, which has been dearly won over the centuries, depends on it (see, among other authorities, *Hasan and Chaush v. Bulgaria* [GC], no. 30985/96, § 60, ECHR 2000-XI, and *Metropolitan Church of Bessarabia and Others v. Moldova*, no. 45701/99, § 114, ECHR 2001-XII, KirchE 39, 427).

The Court has doubts as to whether there was interference with the applicant association's freedom of religion in the instant case because, unlike the position in other cases that have been brought before it, the impugned decision by the German authorities and courts concerned neither the internal organisation of the applicant association nor its official recognition by the State, seeing that it had precisely obtained State approval in March 1990. Furthermore, there was nothing in their decision to suggest that they had deliberately sought to interfere with the applicant association's religious activities.

The decision in issue was consistent with the general regulations introduced in the GDR during the period before reunification with a view to checking the provenance of the assets of political parties and related organisations, irrespective of the intended recipients of such funds.

In any event, the Court is not called upon in the instant case to rule on the nature of the decision for the purposes of Art. 9. It observes that the decision was prescribed by law, being based on section 20b (2) of the GDR's Political Parties Act, and pursued the legitimate aims of protecting public morals and the rights and freedoms of others. In accordance with its line of reasoning under Art. 1 of Protocol no. 1, the Court considers that the decision complained of was not disproportionate to the legitimate aims pursued by the Political Parties Act. It follows that this complaint is likewise manifestly ill-founded within the meaning of Art. 35 § 3 of the Convention.

4. Lastly, the applicant association maintained that it had been the victim of a violation of Art. 14 of the Convention taken together with Art. 9. Art. 14 provides:

„The enjoyment of the rights and freedoms set forth in [the] Convention shall be secured without discrimination on any ground such as sex, race, colour, language, religion, political or other opinion, national or social origin, association with a national minority, property, birth or other status."

The applicant association reiterated the arguments it had set out in support of its complaints under Art. 14 of the Convention taken together with Art. 1 of Protocol No. 1, submitting that the seizure of its assets had amounted to blatant discrimination against it, particularly in relation to Jewish religious associations. It therefore claimed to be the victim of a deliberate anti-Muslim policy.

Having regard to its line of reasoning under Art. 9 of the Convention, the Court considers that no separate issue arises under Art. 14 of the Convention taken together with Art. 9.

It follows that this complaint is likewise manifestly ill-founded within the meaning of Art. 35 § 3 of the Convention.

For these reasons, the Court unanimously declares the application inadmissible.

43

Zur Frage der Befreiung von der Rundfunkgebührenpflicht für Begleitpersonen bei Veranstaltungen in einer Jugendbildungsstätte.

§§ 74, 75 SGB VIII, 3 Abs. 1 Nr. 3 RdFunkGebBefrV.NW 1980
OVG Nordrhein-Westfalen, Beschluss vom 5. Dezember 2002
- 19 A 2778/00[1] -

Der Kläger, ein eingetragener Verein, ist Träger einer Jugendbildungsstätte der Deutschen Pfadfinderschaft N. in X. Er erhält hierfür Fördermittel aus dem Landesjugendplan. Der Kläger ist durch das Finanzamt F. von der Zahlung von Körperschaftssteuer befreit, da er gemeinnützigen oder mildtätigen Zwecken im Sinne der §§ 51-68 der Abgabenordnung dient. Für den Zeitraum Februar 1993 bis November 1995 hatte der Beklagte dem Kläger Gebührenbefreiung für 4 Hörfunk- und 5 Fernsehgeräte erteilt und - zunächst - für den Zeitraum Dezember 1995 bis Januar 1999 für 4 Hörfunk- und 3 Fernsehgeräte. Im Zusammenhang mit der - zeitweisen - Anmeldung eines weiteren Fernsehgerätes bat der Beklagte mit Schreiben vom 24.6.1998 den Kläger um Mitteilung, für welchen Benutzerkreis die Geräte zur Verfügung stehen. Mit Schreiben vom 30.6.bzw. 17.8.1998 teilte der Kläger mit, dass die Geräte als Me-

[1] Das Urteil ist rechtskräftig.

dienangebot für die Belegergruppen zur Verfügung stünden. Belegergruppen seien Schulklassen, die Berufsvorbereitungsseminare durchführten, Jugendverbände wie die Deutsche Pfadfinderschaft N., Pfarrgemeinderäte, Gruppen der Erwachsenenbildung. Mit dem angefochtenen Bescheid widerrief der Beklagte die dem Kläger bisher gewährte Befreiung für 4 Hörfunk- und 3 Fernsehgeräte und lehnte gleichzeitig die Befreiung für ein weiteres Fernsehgerät ab. Zur Begründung verwies er darauf, dass eine Befreiung nur für solche Rundfunkempfangsgeräte in Betracht komme, die von der jeweiligen Einrichtung für den betreuten Personenkreis zur Verfügung gestellt würden. Der Personenkreis, der sich in der Jugendbildungsstätte des Klägers aufhalte, bestehe nicht ausschließlich aus Jugendlichen. Da bereits eine geringfügige Nutzungsmöglichkeit durch einen nicht begünstigten Personenkreis mit der Gebührenbefreiung unvereinbar sei, habe diese widerrufen werden müssen. Hiergegen legte der Kläger Widerspruch ein. Zur Begründung verwies er darauf, dass die Geräte in einem „ Medienraum „ aufbewahrt und nur auf Anfrage den Gruppen zur Verfügung gestellt würden. Ein Fernsehraum sei nicht vorhanden. Das angestellte Personal sei nicht befugt, die Geräte für private Zwecke zu nutzen. Die Fernsehgeräte würden nur in Kombination mit einem Videorecorder ausgegeben; wenn Rundfunkgeräte genutzt würden, so fast ausschließlich deshalb, weil es sich um Kombigeräte mit CD-Player oder Kassettengerät handele. Da die Kinder- und Jugendgruppen, die Gäste im Hause seien, erwachsene Leitungspersonen hätten, sei eine ausschließliche Nutzung der Rundfunkempfangsgeräte durch Kinder und Jugendliche nicht möglich. Auch schrieben die Jugendplanrichtlinien des Ministeriums für Arbeit, Gesundheit und Soziales vor, dass in der vom Kläger betriebenen Jugendbildungsstätte auch Erwachsene als Mitarbeiter der Jugendbildung aus- und fortgebildet werden.

Auf die nach erfolglosem Widerspruch erhobene Klage hat das Verwaltungsgericht den Beklagten für verpflichtet erklärt, dem Kläger Rundfunkgebührenbefreiung für vier Hörfunkgeräte und drei (von August 1997 bis einschließlich Mai 1998 vier) Fernsehgeräte vom 1.2.1996 bis 31.1.1999 zu gewähren. Zur Begründung hat das Verwaltungsgericht ausgeführt: Einem Anspruch des Klägers auf Befreiung von der Rundfunkgebührenpflicht stehe nicht entgegen, dass in der von ihm getragenen Jugendbildungsstätte N. nicht nur Jugendliche und junge Menschen bis zum Alter von 27 Jahren, sondern auch in der Jugendarbeit tätige Erwachsene im Alter von mehr als 27 Jahren, die entweder als Begleitpersonen von Jugendgruppen in der Jugendbildungsstätte betreut würden oder als sog. Multiplikatoren an Maßnahmen der Aus- und Fortbildung in der Jugendarbeit teilnähmen. Für die Rundfunkgebührenbefreiung komme es entscheidend darauf an, dass der Förderung der Jugendarbeit bzw. der Belange Jugendlicher im Rahmen des Zwecks der Jugendbildungsstätte die überwiegende Bedeutung zukomme. Das sei in Bezug auf die Jugendbildungsstätte N. der Fall, weil der Kläger für diese Einrichtung Zuwendungen nach Maßgabe des Landesjugendplanes erhalte. Darüber hinaus würden die Rundfunkempfangsgeräte in der Jugendbildungsstätte bestimmungsgemäß tatsächlich nur für den betreuten Personenkreis bereitgehalten. Eine private Nutzung durch das Personal der Jugendbildungsstätte oder sonstige Dritte sei nach den Angaben des Klägers ausgeschlossen.

Die Berufung des Beklagten blieb ohne Erfolg.

Aus den Gründen:

Das Verwaltungsgericht hat der Klage zu Recht stattgegeben. Der Bescheid des Beklagten vom 27.8.1998 und der Widerspruchsbescheid vom 4.1.1999 sind rechtswidrig und verletzen den Kläger in seinen Rechten. Er hat als Träger der Jugendbildungsstätte N. für das Bereithalten von vier Hörfunkgeräten und drei Fernsehgeräten in der Zeit vom 1.2.1996 bis 31.1.1999 sowie das Bereithalten eines weiteren (vierten) Fernsehgerätes in der Zeit von August 1997 bis Mai 1998 einen Anspruch auf Befreiung von der Rundfunkgebührenpflicht (§ 113 Abs. 5 VwGO).

Anspruchsgrundlage für das Begehren des Klägers ist § 6 Abs. 1 Nr. 2 des Rundfunkgebührenstaatsvertrages vom 31.8.1991, GV.NRW S. 423, zuletzt geändert durch den Dritten Rundfunkänderungsstaatsvertrag, GV.NRW 1996 S. 484, (RgebSTV) iVm § 3 Abs. 1 Nr. 3 der Verordnung über die Befreiung von der Rundfunkgebührenpflicht vom 30.11.1993, GV.NRW S. 970, (BefrVO). Nach § 3 Abs. 1 Nr. 3 BefrVO wird Befreiung von der Rundfunkgebührenpflicht für Rundfunkempfangsgeräte gewährt, die in Einrichtungen der Jugendhilfe im Sinne des Kinder- und Jugendhilfegesetzes (Sozialgesetzbuch VIII) für den jeweils betreuten Personenkreis ohne besonderes Entgelt bereitgehalten werden. Diese Voraussetzungen sind erfüllt.

Nach § 3 Abs. 1 Nr. 3 BefrVO gehören unter anderem Jugendbildungsstätten zu den Einrichtungen der Jugendhilfe im Sinne des Kinder- und Jugendhilfegesetzes. Das Haus N. ist - unstreitig - eine solche Jugendbildungsstätte.

Die dort vorhandenen Hörfunk- und Fernsehgeräte sind in dem streitgegenständlichen Zeitraum vom 1.2.1996 bis 31.1.1999 auch für den „betreuten Personenkreis“ ohne besonderes Entgelt bereitgehalten worden. Dem steht entgegen der Auffassung des Beklagten nicht entgegen, dass die in der Jugendbildungsstätte N. vorhandenen Rundfunkempfangsgeräte nicht „lediglich und ausschließlich“ für Schüler, Jugendliche und Jugendverbände, sondern auch für Betreuer der Kinder und Jugendlichen sowie Pfarrgemeinderäte und Gruppen der Erwachsenenbildung bereitgehalten werden. Die Letztgenannten gehören, soweit sie an Veranstaltungen der Jugendbildungsstätte teilnehmen, ebenfalls zu dem betreuten Personenkreis im Sinne des § 3 Abs. 1 Nr. 3 BefrVO. Soweit sich, wie der Beklagte meint, aus dem Beschluss vom 29.7.1986 - 4 A 1266/86 - und dem Urteil vom 12.2.1986 - 4 A 2420/84 - des früher für das Rundfunkgebührenrecht zuständigen 4. Senats eine andere rechtliche Beurteilung ergeben sollte, hält der nunmehr für das Rundfunkgebührenrecht - mit Ausnahme der Gebührenbefreiung aus sozialen Gründen - zuständige 19. Senat des erkennenden Gerichts an den Ausführungen des 4. Senats nicht fest.

Die Gebührenbefreiung knüpft nach dem Wortlaut des § 3 Abs. 1 BefrVO daran an, dass die Rundfunkempfangsgeräte ohne besonderes Entgelt für „den jeweils betreuten Personenkreis" und damit für Personen bereitgehalten werden, die in einer der in § 3 Abs. 1 BefrVO genannten Betriebe oder Einrichtungen betreut werden. Unerheblich ist damit nach dem Wortlaut des § 3 Abs. 1 BefrVO, aus welchen Gründen die Betreuung erfolgt und ob die Betreuung in allen Fällen der Zweckbestimmung des Betriebes bzw. der Einrichtung entspricht. In § 3 Abs. 1 BefrVO wird nämlich nicht auf den - nach dem Zweck des Betriebes bzw. der Einrichtung - „zu betreuenden", sondern auf den „betreuten" Personenkreis abgestellt und deshalb (allein) vorausgesetzt, dass die Personen dort - aus welchen Gründen auch immer - tatsächlich betreut werden. Eine Differenzierung innerhalb des betreuten Personenkreises etwa danach, ob die betreute Person im Zusammenhang mit Aufgaben der Kinder- und Jugendhilfe in der Jugendbildungsstätte betreut wird, ist nach § 3 Abs. 1 BefrVO nicht vorgesehen und daher auch nicht geboten (ebenso VGH.BW, Urteile vom 15.11.1991 - 14 S. 1921/89 - und 17.3.1983 - 2 S 906/82 -). Insofern hat der Verordnungsgeber im Rahmen seiner Gestaltungsfreiheit (vgl. hierzu OVG.NW, Beschluss vom 12.3.2002 - 19 A 2637/00 -) in nicht zu beanstandender Weise vor dem Hintergrund, dass es sich bei der Feststellung der tatsächlichen und rechtlichen Voraussetzungen der Gebührenpflicht und der Gebührenbefreiung um ein Geschäft der Massenverwaltung handelt (vgl. OVG.NW, Beschlüsse vom 17.7.2002 - 19 A 1972/99 - und 12.3.2002 - 19 A 2637/00 -) und mit Rücksicht darauf, dass in den nach § 3 Abs. 1 BefrVO privilegierten Betrieben und Einrichtungen erfahrungsgemäß typischerweise Personen betreut werden, die sich dem Zweck des Betriebes bzw. der Einrichtung entsprechend dort aufhalten, auf die in § 3 Abs. 1 BefrVO genannten Betriebe und Einrichtungen als Ganze bzw. Institution abgestellt, um eine praktikable Handhabung dieser Vorschrift zu gewährleisten und einen unverhältnismäßig hohen Verwaltungsaufwand zu vermeiden. Die Feststellung, aus welchen Gründen die jeweilige Betreuung der Personen, die sich in einem der in § 3 Abs. 1 BefrVO genannten Betriebe oder Einrichtungen aufhalten, erfolgt und ob die jeweilige Betreuung in ausnahmslos jedem Einzelfall in Einklang mit der Zweckbestimmung der Betriebe bzw. Einrichtungen steht, erfordert nämlich regelmäßig eine umfangreiche Ermittlung und Sachverhaltsdarstellung im konkreten Einzelfall. Eine solche Ermittlung und Sachverhaltsdarstellung in einem rundfunkgebührenrechtlichen Verfahren stünde nicht nur außer Verhältnis zur Höhe der monatlichen Grundgebühr von zurzeit 5,32 Euro und der monatlichen Fernsehgebühr von 10,83 Euro (§ 8 des Rundfunkfinanzierungsstaatsvertrages, zuletzt geändert durch Art. 2 des Sechsten Rundfunkänderungsstaatsvertrages, GV.NRW 2002, S. 179), sondern widerspräche auch dem Rechtsgedanken der Regelungen in §§ 74 u. 75 SGB VIII. Nach § 74 Abs. 1 SGB VIII setzt die Förderung der Träger der freien Jugendhilfe unter anderem voraus, dass sie die Gewähr für eine zweckentsprechende Verwendung der Fördermittel, die der Kläger nach Maßgabe des Landesjugendplanes erhält, bieten. Die förmliche Anerkennung eines Trägers der freien Jugendhilfe setzt nach § 75 Abs. 1 SGB VIII unter anderem voraus, dass der Träger auf dem Gebiet der Jugendhilfe tätig ist (§ 75 Abs. 1 Nr. 1 SGB VIII) und dass aufgrund der fachlichen und personellen Voraussetzungen erwartet werden kann, dass er einen nicht unwesentlichen Beitrag zur Erfüllung der Aufgaben der Jugendhilfe zu leisten imstande ist (§ 75 Abs. 1 Nr. 3 SGB VIII). Angesichts dieser Prüfung der Förderungswürdigkeit der freien Träger der Jugendhilfe durch die zuständigen öffentlichen Träger der Jugendhilfe kann nicht angenommen werden, dass der Verordnungsgeber den Rundfunkanstalten in § 3 Abs. 1 BefrVO die Befugnis zur selbstständigen und unabhängigen Beurteilung der Förderungswürdigkeit eines Trägers der freien Jugendhilfe einräumen wollte (so auch VGH.BW, Urteil vom 17.3.1983 - 2 S. 906/82 -).

Ob etwas Anderes dann gilt, wenn eine Jugendbildungsstätte erkennbar ihren bestimmungsgemäßen Aufgaben im Bereich der Jugendhilfe nicht nachkommt und deshalb die Voraussetzungen der §§ 74 Abs. 1, 75 Abs. 1 SGB VIII nicht mehr vorliegen, der zuständige Träger der öffentlichen Jugendhilfe aber noch nicht die Förderung gemäß § 74 SGB VIII eingestellt und die Anerkennung gemäß § 75 SGB VIII noch nicht zurückgenommen hat, bedarf im vorliegenden Verfahren keiner näheren Erörterung. Der Beklagte hat keine substantiierten Anhaltspunkte dafür vorgetragen, dass in der Jugendbildungsstätte N. nicht Aufgaben der Jugendhilfe wahrgenommen werden, so dass die Voraussetzungen nach §§ 74, 75 SGB VIII entfallen wären. Dahingehende Anhaltspunkte sind auch sonst nicht ersichtlich. Das Schulungsprogramm der Jugendbildungsstätte für das Jahr 1998 lässt vielmehr erkennen, dass jedenfalls der weit überwiegende Teil der Veranstaltungen Themen bzw. Aufgaben der Jugendhilfe zum Inhalt hat. Im Übrigen betrifft die Frage, ob eine Jugendbildungsstätte ihren bestimmungsgemäßen Aufgaben im Bereich der Jugendhilfe nicht oder nur zu einem unwesentlichen Teil nachkommt, nicht das Merkmal „betreuter Personenkreis" im Sinne des § 3 Abs. 1 Nr. 3 BefrVO. Kommt die Jugendbildungsstätte ihren bestimmungsgemäßen Aufgaben im Bereich der Jugendhilfe nicht oder nur zu einem unwesentlichen Teil nach, so handelt es sich schon begrifflich nicht (mehr) um eine Jugendbildungsstätte im Sinne des § 3 Abs. 1 Nr. 3 BefrVO und kommt aus diesem Grund eine Befreiung von der Rundfunkgebührenpflicht nicht in Betracht. Zwischen den Beteiligten besteht im vorliegenden Verfahren jedoch kein Streit darüber, dass es sich bei dem Haus N. tatsächlich um eine Jugendbildungsstätte handelt.

Mit dem Tatbestandsmerkmal „Bereithalten für den jeweils betreuten Personenkreis“ in § 3 Abs. 1 BefrVO verfolgt der Verordnungsgeber damit lediglich den Zweck, die Befreiung von der Rundfunkgebührenpflicht für diejenigen Geräte auszuschließen, die nicht für die in den Betrieben bzw. Einrichtungen betreuten Personen, sondern etwa für Mitarbeiter oder andere nicht in dem Betrieb bzw. der Einrichtung betreute Dritte zum Empfang bereitgehalten werden, es sei denn, die Benutzung bzw. Mitbenutzung der Rundfunkempfangsgeräte durch diese erfolgt nur zufällig, z.B. beim Besuch einer betreuten Person oder im Rahmen der Erfüllung des Zwecks der Einrichtung, z.B. bei der Betreuung durch Mitarbeiter der Einrichtung (so auch VGH.BW, Urteil vom 15.11.1991 - 14 S. 1921/89 - mwN). Der Beklagte macht jedoch auch im Berufungsverfahren nicht geltend, dass bestimmungsgemäß etwa Mitarbeitern oder Dritten, die nicht in dem Haus N. (tatsächlich) betreut werden, die Nutzung der dort vorhandenen Rundfunkempfangsgeräte möglich ist.

Damit geht auch der Hinweis des Beklagten auf den Beschluss des Senats vom 17.7.2002 - 19 A 1972/99 - ins Leere. Der Senat hat in diesem Beschluss ausgeführt, dass die Voraussetzungen für eine Gebührenbefreiung gemäß § 3 Abs. 1 Nr. 4 BefrVO regelmäßig dann nicht (mehr) vorliegen, wenn bestimmungsgemäß die Möglichkeit der Benutzung oder Mitbenutzung der Rundfunkempfangsgeräte durch Personen, die nicht zum nach dieser Vorschrift begünstigten Personenkreis gehören, besteht. Darum geht es hier nicht, weil auch nach dem Vortrag des Beklagten im vorliegenden Verfahren keine hinreichenden Anhaltspunkte dafür bestehen, dass etwa Mitarbeitern oder Dritten, die nicht in der Jugendbildungsstätte N. (tatsächlich) betreut werden, die Nutzung der dort vorhandenen Rundfunkempfangsgeräte ermöglicht wird. Die von dem Beklagten angeführten Betreuer von Kinder- und Jugendgruppen sowie die Mitglieder von Pfarrgemeinderäten und Gruppen der Erwachsenenbildung, die sich in der Jugendbildungsstätte aufhalten, gehören, wie ausgeführt, zu dem in dieser Einrichtung betreuten Personenkreis bzw. nutzen die Rundfunkempfangsgeräte im Rahmen der Erfüllung des Zwecks der Einrichtung.

44

Zur Frage, ob eine oberverwaltungsgerichtliche Entscheidung im Eilverfahren, mit der es abgelehnt worden ist, der Bundesregierung die Veröffentlichung einer auch die Beschwerdeführer betreffenden „Sektenbroschüre" im Wege der einstweiligen Anordnung zu untersagen, im Wege der Verfassungsbeschwerde überprüft werden kann.

Art. 19 Abs. 4, 103 Abs. 1 GG, §§ 123 VwGO, 90 Abs. 2 BVerfGG
BVerfG, Nichtannahmebeschluss vom 6. Dezember 2002
- 1 BvR 1919/95[1] -

Das damalige Bundesministerium für Familie, Senioren, Frauen und Jugend beabsichtigte im Jahr 1993 die Herausgabe einer Broschüre mit dem Titel „Sogenannte Jugendsekten und Psychogruppen in der Bundesrepublik Deutschland", die sich unter anderem auch mit der Gesellschaft für Transzendentale Meditation (GTM) kritisch auseinander setzte.

Die Beschwerdeführer begehrten vorläufigen verwaltungsgerichtlichen Rechtsschutz gegen die Veröffentlichung dieser Broschüre. Ihr Antrag auf Erlass einer einstweiligen Anordnung wurde durch das Verwaltungsgericht abgelehnt. Auch die hiergegen erhobene Beschwerde blieb ohne Erfolg. In dem angegriffenen Beschluss vom 25.8.1995 (KirchE 33, 313) verwies das OVG Nordrhein-Westfalen auf die Entscheidung des Bundesverwaltungsgerichts vom 23.5.1989 (BVerwGE 82, 76, KirchE 27, 145), in der entsprechende staatliche Warnungen in Hinblick auf die GTM als rechtmäßig angesehen worden waren. Der jetzige Vortrag der Beschwerdeführer rechtfertige keine abweichende Beurteilung. Eine sachkundige Prüfung und Würdigung des Vorbringens sei mit einer umfangreichen, den Rahmen eines vorläufigen Verfahrens sprengenden Beweisaufnahme verbunden. Allerdings lasse sich den von den Beschwerdeführern vorgelegten Erkenntnisquellen bei summarischer Prüfung nicht entnehmen, dass einem Verfahren zur Hauptsache erkennbar Erfolg beschieden wäre. Deshalb müsse es bis zur Durchführung eines neuen Verfahrens zur Hauptsache bei den rechtlichen Bewertungen und tatsächlichen Feststellungen verbleiben, die das Bundesverwaltungsgericht seiner damaligen Entscheidung zu Grunde gelegt habe.

Die Beschwerdeführer haben fristgerecht Verfassungsbeschwerde erhoben und im Hinblick auf die unmittelbar bevorstehende Veröffentlichung des Sektenreports einen Antrag auf Erlass einer einstweiligen Anordnung nach § 32 BVerfGG gestellt. Der Antrag ist nach Zusicherung des zuständigen Ministeriums, dass eine Veröffentlichung bis zu einer Entscheidung des Bundesverfassungsgerichts nicht bevorstehe, zum Ruhen gebracht worden.

[1] KuR 2003, 99; NJW 2003, 1305; NVwZ 2003, 729 (LS); VR 2004, 358 (LS).

Mit der Verfassungsbeschwerde rügen die Beschwerdeführer die Verletzung ihrer Rechte aus Art. 2 Abs. 1, Art. 4 und Art. 19 Abs. 4 GG sowie des Anspruchs auf rechtliches Gehör und des Willkürverbots. Die Einbeziehung der GTM in den Sektenreport stelle eine gravierende Ehrverletzung dar. Die Bundesregierung betreibe damit eine Stigmatisierung aller Mitglieder der GTM. Die öffentliche Warnung sei zudem ein Eingriff in die durch Art. 4 GG geschützte Weltanschauungsfreiheit. Die Ausübung der Meditationstechnik stehe nicht in Widerspruch zu anderen Wertentscheidungen der Verfassung und könne auch nicht als fühlbare Beeinträchtigung für das Gemeinwesen oder die Grundrechte anderer angesehen werden.

Das Gebot des effektiven Rechtsschutzes verlange es, dass die Fachgerichte sich bereits im Eilverfahren sorgfältig mit den verfassungsrechtlichen Einwänden gegen die beanstandeten Grundrechtseingriffe auseinander setzten. Dass schließe eine Verweisung auf den Hauptsacheprozess wegen der schlimmen Folgen der Grundrechtsverletzungen aus. Eine Verletzung rechtlichen Gehörs liege darin, dass das Oberverwaltungsgericht das vorgelegte umfangreiche Material nicht zur Kenntnis genommen und sich mit dem Vorbringen der Beschwerdeführer, insbesondere zur Fehlerhaftigkeit der damaligen Entscheidung des Bundesverwaltungsgerichts, nicht hinreichend befasst habe. Das Oberverwaltungsgericht habe ferner die Rüge der fehlenden Ressortkompetenz des handelnden Bundesministeriums unbeachtet gelassen. In dem angegriffenen Beschluss werde schließlich auch nicht auf die Anhörungsverpflichtung der Bundesregierung eingegangen.

Die Verfassungsbeschwerde wurde nicht zur Entscheidung angenommen.

Aus den Gründen:

II.Die Annahmevoraussetzungen des § 93a Abs. 2 BVerfGG liegen nicht vor. Der Verfassungsbeschwerde kommt weder grundsätzliche verfassungsrechtliche Bedeutung zu noch ist ihre Annahme zur Durchsetzung der in § 90 Abs. 1 BVerfGG bezeichneten Rechte angezeigt. Sie ist hinsichtlich der erhobenen materiellrechtlichen Grundrechtsrügen unzulässig (1). Die das Eilverfahren selbst betreffenden Einwände dringen in der Sache nicht durch (2).

1. Soweit die Verletzung der Grundrechte aus Art. 2 Abs. 1 und Art. 4 Abs. 1 GG gerügt wird, ist die Verfassungsbeschwerde wegen des Grundsatzes der Subsidiarität verfassungsrechtlicher Rechtsbehelfe bereits unzulässig.

a) Sind - wie vorliegend - im Eilverfahren ergangene Entscheidungen Gegenstand der Verfassungsbeschwerde, verlangt § 90 Abs. 2 Satz 1

BVerfGG zwar nicht ohne Weiteres, dass der Rechtsweg im Hauptsacheverfahren erschöpft wird. Der in dieser Norm zum Ausdruck kommende Grundsatz der Subsidiarität fordert aber, dass der Beschwerdeführer über das Gebot der Rechtswegerschöpfung im engeren Sinne hinaus die ihm zur Verfügung stehenden Möglichkeiten ergreift, um eine Korrektur der geltend gemachten Verfassungsverletzung zu erreichen. Das bedeutet, dass auch die Erschöpfung des Rechtswegs in der Hauptsache geboten sein kann, wenn sich dort nach der Art des gerügten Grundrechtsverstoßes die Chance bietet, der verfassungsrechtlichen Beschwer abzuhelfen.

Die Notwendigkeit, vorab das Klageverfahren zu betreiben, fehlt dementsprechend, soweit die Verletzung von Grundrechten durch die Eilentscheidung selbst geltend gemacht wird, sie in diesem Sinne also eine selbstständige Beschwer enthält, die sich nicht mit jener im späteren Hauptsacheverfahren deckt. Dies kann etwa der Fall sein bei der Versagung rechtlichen Gehörs und einer Verletzung des Art. 19 Abs. 4 GG durch die Verweigerung einstweiligen Rechtsschutzes (vgl. BVerfGE 79, 275 [278 ff]), wie sie auch hier teilweise geltend gemacht worden sind (siehe unten 2). Eine Verfassungsbeschwerde gegen eine verwaltungsgerichtliche Entscheidung im Eilverfahren ist jedoch mangels Erschöpfung des Rechtswegs in der Hauptsache insoweit unzulässig, als Grundrechtsverletzungen gerügt werden, die sich auf die Hauptsache beziehen, die tatsächliche und einfachrechtliche Lage durch die Fachgerichte noch nicht ausreichend geklärt ist und dem Beschwerdeführer durch die Verweisung auf den Rechtsweg in der Hauptsache kein schwerer Nachteil entsteht (vgl. BVerfGE 77, 381 [400 f.]; 78, 290 [300 f.]; 79, 275 [278 f.]).

b) Nach diesen Grundsätzen ist die Verfassungsbeschwerde, soweit mit ihr Verletzungen der Grundrechte aus Art. 2 Abs. 1 in Verbindung mit Art. 1 Abs. 1 und Art. 4 GG geltend gemacht werden, unzulässig.

aa) Die Frage, ob die im seinerzeit geplanten Sektenreport über die GTM enthaltenen Ausführungen eine Verletzung des allgemeinen Persönlichkeitsrechts und der Weltanschauungsfreiheit der Beschwerdeführer beinhalten, ist nicht auf das Eilverfahren beschränkt, sondern wird sich auch im anhängigen verwaltungsgerichtlichen Hauptsacheverfahren stellen.

In tatsächlicher Hinsicht bedarf es zudem noch einer im Hauptsacheverfahren von den Fachgerichten zu leistenden weiteren Aufklärung des Sachverhalts. Die Fachgerichte konnten im Ausgangsverfahren nicht auf einen im Wesentlichen unstreitigen Sachverhalt abstellen und sich somit auch nicht auf die Auseinandersetzung mit der Auslegung bestimmter Vorschriften des einfachen Rechts oder des Verfassungsrechts beschränken. Vielmehr mussten sie die Beurteilung des Anordnungsanspruchs und des Anordnungsgrunds auf der Grundlage einer vorläufigen summarischen Feststellung und Würdigung eines unter den Beteiligten streitigen Sachverhalts vornehmen. Hierauf hat das Oberverwaltungsgericht in der angegriffenen Entscheidung ausdrücklich hingewiesen.

bb) Ein Verweis auf das fachgerichtliche Hauptsacheverfahren ist auch nicht aufgrund eines schweren und unabwendbaren Nachteils der Beschwerdeführer ausgeschlossen.

Insoweit kann im Ergebnis offen bleiben, ob derzeit überhaupt ein schwerer Nachteil im Sinne von § 90 Abs. 2 Satz 2 BVerfGG für die Beschwerdeführer mit Blick auf die notwendige Aktualisierung der aus dem Jahre 1993 stammenden Broschüre zu besorgen ist. Denn auch beim Vorliegen dieser Voraussetzung ist nicht zwingend vor Erschöpfung des Rechtswegs - und dementsprechend hier vor Erschöpfung des Hauptsacherechtswegs - zu entscheiden. Das Bundesverfassungsgericht hat vielmehr auch andere für und gegen eine vorzeitige Entscheidung sprechenden Umstände zu berücksichtigen und alle Gesichtspunkte gegeneinander abzuwägen. Gegen eine Vorabentscheidung kann dabei insbesondere sprechen, dass die Entscheidung über die Verfassungsbeschwerde vor Erschöpfung des Hauptsacherechtswegs von einer eingehenden und umfangreichen Aufklärung in tatsächlicher Hinsicht abhängen würde (vgl. BVerfGE 8, 222 [226 f.]; 86, 15 [26 f.]). Solche Beweiserhebungen sind zumal im Verfahren der Verfassungsbeschwerde grundsätzlich nicht Sache des Bundesverfassungsgerichts. Der Subsidiaritätsgrundsatz soll sicherstellen, dass dem Bundesverfassungsgericht ein regelmäßig in mehreren Instanzen geprüftes Tatsachenmaterial unterbreitet und ihm die Fallanschauung und Rechtsauffassung der Gerichte vermittelt wird. Insbesondere soll das Bundesverfassungsgericht nicht genötigt werden, auf ungesicherten Grundlagen weit reichende Entscheidungen zu treffen (vgl. BVerfGE 77, 381 [401]; 86, 15 [27]).

Diese Gesichtspunkte fallen hier entscheidend ins Gewicht. Im Ausgangsverfahren wurde insbesondere die tatsächliche Grundlage der von der Bundesregierung beabsichtigten warnenden Hinweise von den Beschwerdeführern bestritten. Die Rechtmäßigkeit staatlichen Informationshandelns hängt maßgeblich auch davon ab, ob die mitgeteilten Tatsachen zutreffend wiedergegeben und überprüft worden sind und die Wertungen nicht auf sachfremden Erwägungen beruhen und den sachlich gebotenen Rahmen nicht überschreiten (vgl. BVerfG, Erster Senat, Beschlüsse vom 26.6.2002, NJW 2002, 2621 [2624] sowie 2626 [2627], KirchE 40, 336). Die Richtigkeit des den Warnungen zu Grunde liegenden Tatsachenkerns kann aber in den vorliegenden Verfahren nur nach einer umfangreichen Aufklärung und Würdigung des zur Entscheidung stehenden Sachverhalts zutreffend beurteilt werden. Daraus folgt zugleich, dass sich die aufgeworfenen verfassungsrechtlichen Fragen je nach Ausgang der von den Fachgerichten durchzuführenden Beweisaufnahme gegebenenfalls nicht mehr stellen werden.

Eine Vorabentscheidung nach § 90 Abs. 2 Satz 2 BVerfGG kommt danach auch bei unterstelltem schweren Nachteil für die Beschwerdeführer nicht in Betracht. Sie ließe sich auch nicht unter dem Gesichtspunkt einer grundsätzlichen Bedeutung rechtfertigen, weil das Bundesverfassungsgericht durch die Entscheidungen vom 26.6.2002 (aaO) zu den verfassungsrechtlichen Anforderungen an staatliches Informationshandeln bereits eingehend Stellung genommen hat.

2. Die ausschließlich das Eilverfahren betreffenden Grundrechtsrügen sind zwar zulässig, aber unbegründet. Die angegriffene oberverwaltungsgerichtliche Eilentscheidung ist in dem insoweit noch verbleibenden Prüfungsumfang verfassungsrechtlich nicht zu beanstanden.

a) Das Gebot effektiven Rechtsschutzes ist entgegen der Ansicht der Beschwerdeführer nicht verletzt.

aa) Es entspricht einer verfassungsrechtlich unbedenklichen verwaltungsgerichtlichen Praxis, die Gewährung vorläufigen Rechtsschutzes nach § 123 VwGO davon abhängig zu machen, dass der Antragsteller einen Anordnungsanspruch und einen Anordnungsgrund glaubhaft gemacht hat (vgl. BVerfG, 3. Kammer des Zweiten Senats, NVwZ-Beilage 3/1996, S. 19). Es ist von Verfassungs wegen nicht zu beanstanden, dass für das Vorliegen eines Anordnungsanspruchs maßgeblich auf die Erfolgsaussichten in der Hauptsache abgestellt wird. Die Gerichte sind aber, wenn sie ihre Entscheidung nicht an einer Abwägung der widerstreitenden Interessen, sondern an den Erfolgsaussichten in der Hauptsache ausrichten, nach Art. 19 Abs. 4 GG gehalten, die Versagung vorläufigen Rechtsschutzes jedenfalls dann auf eine eingehende Prüfung der Sach- und Rechtslage zu stützen, wenn diese Versagung zu schweren und unzumutbaren Nachteilen führt. Dies bedeutet auch, dass die Prüfung der Erfolgsaussichten in der Hauptsache Fragen des Grundrechtsschutzes einbeziehen muss, wenn dazu Anlass besteht (vgl. BVerfGE 79, 69 [74 f.], KirchE 26, 317; 93, 1 [12 f.], KirchE 33, 191; BVerfG, 2. Kammer des Ersten Senats, NVwZ 1997, 479 [480]).

bb) Die angegriffene gerichtliche Eilentscheidung genügt diesen Anforderungen.

Die Beschwerdeführer gehen fehl in der Annahme, dass sich das Oberverwaltungsgericht nicht sorgfältig mit den verfassungsrechtlichen Einwänden auseinander gesetzt habe. Es hat vielmehr im Einzelnen dargelegt, von welchen tatsächlichen und rechtlichen Voraussetzungen für die Beurteilung des materiellrechtlich erhobenen Unterlassungsanspruchs der Beschwerdeführer nach der Entscheidung des Bundesverwaltungsgerichts vom 23.5.1989 (BVerwGE 82, 76, KirchE 27, 145) und dem Beschluss des Bundesverfassungsgerichts vom 15.8.1989 (NJW 1989, 3269, KirchE 27, 211) auszugehen sei. Danach ist es zu dem Ergebnis gelangt, dass das Begehren in der Hauptsache keine hinreichende Aussicht auf Erfolg habe. Eine darüber hinausgehende Auseinandersetzung mit den verfassungsrechtlichen Bedenken war nicht erforderlich, weil die Beschwerdeführer nach übereinstimmender Feststellung des Verwaltungsgerichts und des Oberverwaltungsgerichts im Wesentlichen dieselben Gesichtspunkte vorgetragen haben, die auch bereits in dem von ihnen geführten und durch die bezeichneten gerichtlichen Entscheidungen abgeschlossenen Verfahren angeführt worden waren. Anlass zu vertiefenden verfassungsrechtlichen Überlegungen gab das Vorbringen der Beschwerdeführer daher nicht.

Das Oberverwaltungsgericht hat auch keine verfassungsrechtlich bedenklichen Anforderungen an die Glaubhaftmachung des Anordnungsanspruchs gestellt. Einen Anordnungsanspruch hat es mit Blick auf die im damaligen Verfahren durchgeführte Beweisaufnahme und die abschließenden höchstrichterlichen Entscheidungen trotz des vorgelegten umfangreichen Erkenntnismaterials verneint. Reicht das vorgelegte Material nach Ansicht des Gerichts für eine Glaubhaftmachung des Unterlassungsanspruchs wegen entgegenstehender höchstrichterlicher Rechtsprechung nicht aus, so kann es aus seiner Sicht doch gleichwohl Anlass für eine umfangreiche Beweisaufnahme im Hauptsacheverfahren bieten. Hierin liegt entgegen dem Vortrag in der Verfassungsbeschwerde weder ein argumentativer Widerspruch noch eine Verkennung der Anforderungen, die Art. 19 Abs. 4 GG an die Ausgestaltung des verwaltungsgerichtlichen Eilverfahrens stellt.

b) Ein Verstoß gegen Art. 103 Abs. 1 GG ist nicht erkennbar.

Soweit die Beschwerdeführer rügen, dass das von ihnen vorgelegte umfangreiche Material nicht zur Kenntnis genommen worden sei, bieten die Gründe der angefochtenen Entscheidung hierfür keinen Anhalt. Das Oberverwaltungsgericht hat in seinem Beschluss vielmehr ausgeführt, dass die vorgelegten Erkenntnisquellen einer summarischen Prüfung unterzogen worden seien, diese jedoch nicht zur Annahme eines Anordnungsanspruchs geführt habe.

Nicht anders liegt es für den Einwand, der angegriffene Beschluss habe sich mit dem zentralen Argument der Beschwerdeführer - das Bundesverwaltungsgericht sei in seiner damaligen Entscheidung von einem unzutreffenden Sachverhalt ausgegangen - nicht hinreichend auseinander gesetzt. Er betrifft die Schlussfolgerungen des Bundesverwaltungsgerichts in seinem Urteil vom 23.5.1989 (KirchE 27, 145) aus der vorhergehenden zweitinstanzlichen Beweisaufnahme des Oberverwaltungsgerichts Nordrhein-Westfalen zum Ursachenzusammenhang zwischen der Mitgliedschaft bei der GTM und dem Auftreten psychischer Störungen bei labilen Personen. Bereits im Beschluss des Bundesverfassungsgerichts vom 15.8.1989 wurde hierzu ausgeführt, die Beschwerdeführer würden insoweit verkennen, dass die Bundesregierung eine generelle oder jedenfalls signifikant häufig feststellbare Kausalbeziehung dieser Art nicht behauptet habe. Unter Beachtung des beschränkten Umfangs der verfassungsrechtlichen Nachprüfung sei deshalb auf der Grundlage des im Ausgangsverfahren festgestellten Sachverhalts davon auszugehen, dass der Hinweis der Bundesregierung auf die Möglichkeit psychischer Schäden in besonders gelagerten Einzelfällen der gegebenen Tatsachenlage entspreche. Das erneute Vorbringen dieses Einwands im vorliegenden Ausgangsverfahren ist durch das Oberverwaltungsgericht nicht unbeachtet geblieben, sondern ausdrücklich in den Gründen beschieden worden. Es hat hierzu festgestellt, dass die vorgelegten Eigenbekundungen und Materialien keine hinreichende Grundlage dafür seien, die damaligen Feststellungen und Erkenntnisse als fehlerhaft zu qualifizieren.

Auch mit dem Vorbringen der Beschwerdeführer zur Ressortkompetenz sowie zur Anhörungspflicht der Bundesregierung wird kein Verstoß der angegriffenen Entscheidung gegen Art. 103 Abs. 1 GG dargetan. In dem vorangegangenen erstinstanzlichen Beschluss des Verwaltungsgerichts ist die Ressortkompetenz des handelnden Bundesministeriums bejaht worden. Die Frage der Anhörungspflicht hat das Verwaltungsgericht nach Anführung hierfür sprechender Erwägungen im Ergebnis offen gelassen, weil es zu der Auffassung gelangte, dass die unterbliebene Anhörung jedenfalls deshalb unschädlich sei, weil es sich um einen heilbaren formellen Rechtsfehler handele, der durch die hinreichende Gelegenheit zur Stellungnahme im verwaltungsgerichtlichen Eilverfahren als geheilt anzusehen sei. Durch Bezugnahme auf den Beschluss des Verwaltungsgerichts insgesamt hat sich das Oberverwaltungsgericht diese Ausführungen zu Eigen gemacht. Es lässt sich dem Vortrag der Beschwerdeführer nicht entnehmen, inwieweit hier Anlass zu weiteren Ausführungen bestanden hätte.

45

Der Abfall vom Islam (Apostasie) ist nicht nach kodifiziertem iranischem Strafrecht, jedoch nach islamischem Recht mit Strafe bedroht. Nach der im Iran geübten Rechtspraxis droht jedoch nicht mit beachtlicher Wahrscheinlichkeit wegen des in Deutschland erfolgten Übertritts zum christlichen Glauben die Gefahr, in asylrelevanter Weise nach religiösem Recht bestraft oder sonst verfolgt zu werden.

Das religiöse Existenzminimum eines in Deutschland vom moslemischen zum christlichen Glauben übergetretenen iranischen Staatsangehörigen ist im Falle der Rückkehr in den Iran auch dann gewahrt, wenn der Apostat dort seinen neuen christlichen Glauben ausüben und nicht verleugnen will.

Art. 16a GG, § 51 Abs. 1 AuslG
Sächsisches OVG, Urteil vom 10. Dezember 2002 - A 2 B 771/02[1] -

---

[1] Amtl. Leitsatz. SächsVBl. 2003, 123 (LS). Die Revision des Klägers wurde zurückgewiesen; BVerwG, Urteil vom 20.1.2004 - 1 C 9/03 - BVerwGE 120, 16. Vgl. zu demselben Fragenkreis auch OVG Hamburg, Urteil vom 22.2.2002 - 1 Bf 486/98.A - NordÖR 2003, 41 (LS). Zu religionsrechtlichen Bezügen des Asylrechts sind im Veröffentlichungszeitraum noch folgende Entscheidungen ergangen:

Der 1954 geborene Kläger ist iranischer Staatsangehöriger. Er reiste im März 1996 mit einem Visum zu Besuchszwecken in die Bundesrepublik Deutschland ein.

Im September 1996 beantragte er beim Bundesamt für die Anerkennung ausländischer Flüchtlinge Asyl. Zur Begründung gab er im Wesentlichen an: Er habe im Iran für die monarchistische Opposition gearbeitet. Im Juni 1996 sei er im Auftrag seiner Organisation in den Iran zurückgekehrt und habe dort an einer Flugblattaktion mitgewirkt. Nachdem diese entdeckt worden sei, habe er sich einer Verhaftung nur durch Flucht entziehen können und sei wieder nach Deutschland geflogen. Er sei weiterhin für eine monarchistische Organisation exilpolitisch aktiv. Das Bundesamt lehnte den Asylantrag des Klägers ab, stellte fest, dass die Voraussetzungen des § 51 Abs. 1 und § 53 AuslG nicht vorliegen, und drohte ihm die Abschiebung in den Iran an. Der Kläger habe eine begründete Furcht vor politischer Verfolgung nicht glaubhaft machen können; sein Vorbringen über die Rückreise in den Iran und die dortigen Geschehnisse könne ihm nicht abgenommen werden.

Im Klageverfahren hat der Kläger ergänzend vorgetragen, er sei im Juli 1997 in einer evangelischen Gemeinde in Wiesbaden getauft worden und damit zum christlichen Glauben übergetreten. Hieraus ergebe sich für ihn eine weitere Gefahr politischer Verfolgung, weil Christen im Iran allein wegen ihrer Religionszugehörigkeit einer staatlichen Verfolgung durch Verhaftung und Folter ausgesetzt seien. Er betätige sich in Deutschland als praktizierender Christ und nehme jeden Sonntag am Gottesdienst teil. Inwieweit er im Iran seinen christlichen Glauben propagieren würde, hänge davon ab, wie das Regime hierzu stehe. Er würde jedenfalls im Untergrund seinen Glauben leben.

Nach Rücknahme der Klage, soweit sie auf die Gewährung von Asyl nach Art. 16a Abs. 1 GG gerichtet war, hat das Verwaltungsgericht die Beklagte verpflichtet, das Vorliegen der Voraussetzungen des § 51 Abs. 1 AuslG hinsichtlich des Iran festzustellen, und die Abschiebungsandrohung hinsichtlich des Iran aufgehoben. Zur Begründung hat es ausgeführt, es könne dahingestellt bleiben, ob der Kläger den Iran politisch vorverfolgt verlassen habe. Ihm drohe jedenfalls deshalb mit beachtlicher Wahrscheinlichkeit politische Verfolgung, weil zum Christentum konvertierte Muslime im Iran staatlichen Repressionen ausgesetzt seien.

Zur Begründung der Berufung macht der beteiligte Bundesbeauftragten für Asylangelegenheiten geltend, die Beklagte habe Vorfluchtgründe nicht als glaubhaft angesehen. Der Einschätzung des Verwaltungsgerichts hinsichtlich der Verfolgungsgefahr von Konvertiten wie dem Kläger im Iran sei entgegenzusetzen, dass allein die Konversion im Iran

---

Hess.VGH, Urteil vom 26.4.2002 - 9 UE 1508/99.A - n.v. (Zeugen Jehovas aus Eritrea); Nieders.OVG, Urteil vom 9.12.2002 - 2 L 3490/96 - IPRspr 2002, Nr. 71, 154 (Yeziden aus Syrien).

keine asylerhebliche Maßnahme nach sich ziehe. In dem Hudud- und Quesas-Gesetz von 1982 sei der Abfall vom Islam nicht unter Strafe gestellt, jedoch unter dem Begriff „Verderben auf Erden“ eine Strafandrohung enthalten gegenüber denjenigen, die den Sturz der islamischen Regierung betreiben; d.h. die Todesdrohung für den Abfall vom Glauben bestehe um der politischen Vorherrschaft der Moslems willen und habe nur Bedeutung, wenn durch den Abfall deren politischer Machtanspruch berührt werde. Dies sei allein bei der Konversion, sofern der Konvertierte nicht missioniere oder sonstige, auf die Verbreitung der christlichen Religion gerichtete Aktivitäten entfalte, nicht der Fall. Nach neuerer Erkenntnislage sei insbesondere von einer Verhängung der Todesstrafe nicht mehr auszugehen. Nach der weiterhin aktuellen und in den letzten Jahren im Aussagegehalt im Wesentlichen gleich gebliebenen Quellenlage sei eine zu besorgende Gefahr politischer Verfolgung wegen im Ausland vollzogener Konversion nicht feststellbar, auch wenn der Wechsel des Glaubens in der Form der Apostasie im Staats- und Gesellschaftssystem des Iran je nach den Umständen des Einzelfalles besonderer Beachtung unterliege und sich eine von staatlichen Organen mehr oder weniger stillschweigend geduldete Verfolgung durch private, halbstaatliche oder religiöse Institutionen im Iran nicht ausschließen lassen mag.

Das Rechtsmittel hatte Erfolg und führte zur Abänderung des angefochtenen Urteils und Klageabweisung.

Aus den Gründen:

Die Berufung des Beteiligten ist zulässig und begründet.

Der Kläger hat keinen Anspruch auf Verpflichtung der Beklagten zu der Feststellung, dass in seinem Fall die Voraussetzungen der §§ 51 Abs. 1, 53 AuslG vorliegen. Der insoweit noch im Streit befindliche Bescheid ist rechtmäßig (§ 113 Abs. 5 VwGO).

Gemäß § 51 Abs. 1 AuslG darf ein Ausländer nicht in einen Staat abgeschoben werden, in dem sein Leben oder seine Freiheit wegen seiner Rasse, Religion, Staatsangehörigkeit, seiner Zugehörigkeit zu einer bestimmten sozialen Gruppe oder wegen seiner politischen Überzeugung bedroht ist. Die Voraussetzungen des § 51 Abs. 1 AuslG sind mit denen für die Anerkennung als Asylberechtigter nach Art. 16a Abs. 1 GG deckungsgleich, soweit es die Verfolgungshandlung, das geschützte Rechtsgut und den politischen Charakter der Verfolgung betrifft. Die Asylanerkennung verlangt darüber hinaus den Kausalzusammenhang zwischen Verfolgung und Flucht sowie das Fehlen anderweitigen Verfolgungsschutzes. Dagegen greift das Abschiebungsverbot des § 51 Abs. 1 AuslG auch dann ein, wenn beispielsweise politische Verfolgung wegen eines für die Asylanerkennung unbeachtlichen Nachfluchtgrundes droht (vgl. BVerwG, Urteil v. 18.2.1992 - 9 C 59.91 - NVwZ 1992, 892).

Eine politische Verfolgung liegt dann vor, wenn sie dem Einzelnen in Anknüpfung an seine politische Überzeugung, seine religiöse Grundentscheidung oder an für ihn unverfügbare Merkmale, die sein Anderssein prägen, gezielt Rechtsverletzungen zufügt, die ihn ihrer Intensität nach aus der übergreifenden Friedensordnung der staatlichen Einheit ausgrenzt (BVerfG, Beschluss v. 10.7.1989 - 2 BvR 502, 1000, 961/86 - BVerfGE 80, 315 [334 f.]).

Ob die Voraussetzungen des § 51 Abs. 1 AuslG vorliegen, beurteilt sich nach den gesamten Umständen des Einzelfalles. Ist der Schutzsuchende unverfolgt aus seinem Heimatland ausgereist, gilt der Prognosemaßstab der beachtlichen Wahrscheinlichkeit im Abschiebungsschutzverfahren des § 51 Abs. 1 AuslG ebenso wie im Asylanerkennungsverfahren nach Art. 16a Abs. 1 GG (vgl. BVerwG, Urteil v. 3.11.1992 - 9 C 21.92 - NVwZ 1993, 486). Beachtliche Wahrscheinlichkeit einer Verfolgung ist dann anzunehmen, wenn bei der vorzunehmenden „zusammenfassenden Bewertung des zur Prüfung gestellten Lebenssachverhalts“ die für eine Verfolgung sprechenden Umstände ein größeres Gewicht besitzen und deshalb gegenüber den dagegen sprechenden Tatsachen überwiegen. Maßstab ist damit letztlich der Gesichtspunkt der Zumutbarkeit. Entscheidend ist, ob aus der Sicht eines besonnenen und vernünftig denkenden Menschen in der Lage des Betroffenen nach Abwägung aller bekannten Umstände eine Rückkehr in den Heimatstaat als unzumutbar erscheint (BVerwG, Urteil v. 5.11.1991 - 9 C 118.90 - NVwZ 1992, 582). Ist ein bestimmtes Verhalten im Heimatland des Asylbewerbers mit Strafe bedroht, kommt es für die Beurteilung einer politischen Verfolgungsgefahr wegen befürchteter Bestrafung im Heimatstaat in erster Linie auf die konkrete Rechtspraxis des Verfolgerstaates und nicht auf die abstrakte Rechtslage an (vgl. BVerwG, Urteil v. 17.12.1996 - 9 C 20.96 - NVwZ-RR 1997, 740 und Beschluss v. 29.3.2000 - 9 B 128.00 - Buchholz 402.25 § 1 AsylVfG Nr. 233).

Ist der Betroffene bereits vorverfolgt ausgereist, so ist auch im Rahmen des § 51 Abs. 1 AuslG der sogenannte herabgestufte Wahrscheinlichkeitsmaßstab anzuwenden, wonach asylrechtlicher Schutz nur dann versagt werden kann, wenn bei Rückkehr in den Verfolgerstaat eine Wiederholung der Verfolgungsmaßnahmen mit hinreichender Wahrscheinlichkeit ausgeschlossen ist. Die Rückkehr in den Heimatstaat ist in diesen Fällen nur dann zumutbar, wenn mehr als nur überwiegend wahrscheinlich ist, dass der Ausländer im Heimatstaat vor Verfolgungsmaßnahmen sicher ist (BVerwG, Urteil v. 18.2.1997 - 9 C 9.96 - NVwZ 1997, 1134).

Es obliegt dem Flüchtling, seine guten Gründe für eine ihm drohende politische Verfolgung schlüssig und mit genauen Einzelheiten vorzutragen. Hierzu gehört auch, dass der Flüchtling zu den in seine Sphäre fallenden Ereignissen eine Schilderung gibt, die geeignet ist, den behaupteten Anspruch auf Feststellung des Vorliegens der Voraussetzungen des § 51 Abs. 1 AuslG lückenlos zu tragen (vgl. BVerwG, Beschluss v.

22.11.1983 - 9 B 1915.82 - Buchholz 310 § 86 Abs. 1 Nr. 152; Beschluss v. 26.10.1989 - 9 B 405.89 - InfAuslR 1990, 38). Enthält das Vorbringen erhebliche, nicht überzeugend aufgelöste Widersprüche oder Steigerungen, so fehlt es in der Regel an der Glaubhaftmachung (vgl. BVerwG, Urteil v. 8.2.1989 - 9 C 29.87 - Buchholz 310 § 108 Nr. 214).

Nach diesen Maßstäben droht dem Kläger bei Rückkehr in den Iran nicht die Gefahr politischer Verfolgung.

1. Dass der Kläger vor seiner Ausreise aus dem Iran von individueller politischer Verfolgung bedroht war, hat er nicht glaubhaft gemacht. (*wird ausgeführt*)

2. Auch die exilpolitischen Aktivitäten des Klägers vermögen einen Anspruch auf Abschiebungsschutz nach § 51 Abs. 1 AuslG nicht zu begründen. (*wird ausgeführt*)

3. Entgegen der Auffassung des Klägers und des Verwaltungsgerichts droht dem Kläger bei Rückkehr in den Iran auch nicht wegen seines in Deutschland erfolgten Übertritts zum christlichen Glauben und seinen in Deutschland praktizierten christlichen Aktivitäten mit beachtlicher Wahrscheinlichkeit die Gefahr politischer Verfolgung.

a) Nach der Auskunftslage im maßgeblichen Zeitpunkt der letzten mündlichen Verhandlung (§ 77 Abs. 1 Satz 1 AsylVfG) stellt sich die Strafbarkeit des in Deutschland erfolgten Übertritts vom Islam zum Christentum sowie des regelmäßigen Besuchs des Sonntagsgottesdienstes und von Gesprächen mit Gleichgesinnten über die christliche Glaubenslehre im Exil - missionarisch ist der Kläger nicht tätig geworden - nach Rechtslage und Rechtspraxis im Falle einer Rückkehr in den Iran wie folgt dar:

aa) Der Abfall vom Islam (Apostasie) ist nicht nach kodifiziertem iranischem Strafrecht, jedoch nach islamischem Recht mit Strafe bedroht.

Das Auswärtige Amt (Auskunft an das VG Regensburg vom 13.7.1999) führt aus, die Apostasie sei nach islamischem Recht, nicht aber nach kodifiziertem iranischem Strafrecht mit der Todesstrafe bedroht (so auch Lagebericht vom 15.7.2002 S. 22). Es gebe also keinen entsprechenden Straftatbestand, der von den iranischen Strafgerichten verfolgt wird. In der Praxis sei ein Rechtsgutachten eines hochrangigen Mullahs mit einem Doktortitel erforderlich, um einen vom Islam „Abgefallenen" mit dem Tode zu bedrohen. Ein solches „Rechtsgutachten" sei dann die Grundlage für die Gefolgsleute dieses Mullahs, um den Betroffenen töten zu dürfen. Allerdings seien derartige Vorfälle in den letzten Jahren nur sehr selten vorgekommen. In der Regel würden andere Repressalien eingesetzt. Die Gerichte würden mit solchen Angelegenheiten nicht befasst; es werde jedoch auch von den staatlichen Stellen nichts unternommen, um solche Ermordungen zu verhindern oder zu bestrafen.

Nach Auffassung des Deutschen Orient-Instituts (vgl. Auskünfte an das VG Aachen vom 26.2.1999 und an das VG Gelsenkirchen vom 19.8.2000) ist der Übertritt eines iranischen Moslem zu einer christlichen Gemeinde auch nach den im Jahre 1996 in Kraft getretenen Vorschriften des 5. Buches des iranischen Strafgesetzbuches nicht strafbar. Es gebe jedoch eine religiös-gesetzliche Strafbarkeit für die Apostasie, weil hier Vorstellungen von Landesverrat und Umsturz, die aus sehr früher islamischer Zeit stammen, mitschwingen, doch habe diese religiös-gesetzliche Strafbarkeit keine positiv-rechtliche Kodifikation in Iran bekommen. Der Übertritt zum christlichen Glauben stelle einen krassen Tabubruch dar. Der Abfall vom Glauben verbinde sich im islamischen Kulturkreis nicht mit einer persönlich-seelischen Gewissensentscheidung, sondern mit dem politischen Hochverrat an der staatlichen Gemeinschaft der Gläubigen. Nur diese politische Implikation mache den Abfall nach islamischer Vorstellung zum todeswürdigen Verbrechen. Es könne deshalb nach islamischer Vorstellung von einem Abfall vom Islam erst und nur dann gesprochen werden, wenn dieser sich als Hoch- oder Landesverrat oder sonst als Infragestellung des politischen Machtanspruchs der Muslime darstellt.

Nach der Einschätzung von amnesty international (vgl. Auskunft an das VG Gelsenkirchen vom 19.6.2000) wird die Konversion vom Islam zum Christentum im Iran als Apostasie angesehen und mit schwerster Bestrafung sanktioniert, wobei Konvertiten, die eine missionarische Tätigkeiten entfalten, in besonderem Maße gefährdet seien, wegen Apostasie zu einer hohen Freiheitsstrafe oder sogar zum Tode verurteilt zu werden. Nach islamischem Verständnis stelle Apostasie einen hochverratsähnlichen Angriff auf das Staats- und Gesellschaftssystem dar, der in der Regel mit der Todesstrafe bedroht sei. Obwohl „Abtrünnigkeit" vom islamischen Glauben nicht als kriminelles Delikt im iranischen Strafgesetzbuch aufgeführt sei, könnten Personen, die vom Islam abfallen, vor Gericht gestellt, verurteilt und hingerichtet werden. Dies gehe u.a. auf Aussagen und Verordnungen von Ayatollah Khomeini zurück. Das Rechtssystem im Iran betrachte religiöse Verordnungen, insbesondere solche von namhaften islamischen Rechtsgelehrten, als gleichbedeutende Rechtsquelle zu Gesetzen, die vom Parlament verabschiedet würden.

Nach Tellenbach (ZAR 1998, 38 [40]) stellt die Apostasie im islamischen Verständnis einen hochverratsähnlichen Angriff auf das Staats- und Gesellschaftssystem dar, der mit der Todesstrafe bedroht, jedoch weder im früheren noch im jetzigen Strafgesetzbuch ausdrücklich normiert ist.

Gemäß dem CIREA-Bericht der Delegation der Niederlande vom 20.7.1998 (S. 35) ist nach Maßgabe der Scharia die Abtrünnigkeit vom Islam mit dem Tod zu bestrafen.

bb) Nach der im Iran geübten Rechtspraxis droht jedoch nicht mit beachtlicher Wahrscheinlichkeit wegen des in Deutschland erfolgten Übertritts zum christlichen Glauben die Gefahr, in asylrelevanter Weise nach religiösem Recht bestraft oder sonst verfolgt zu werden. Denn in den letzten Jahren sind Fälle einer asylerheblichen Bestrafung allein wegen des Übertritts zum christlichen Glauben nicht bekannt geworden.

Das Auswärtige Amt führt im Lagebericht vom 15.7.2002 (S. 17 u. 22) aus, Todesurteile ausschließlich aufgrund des Vorwurfs der Apostasie seien in den letzten Jahren nicht bekannt geworden, in Einzelfällen würden andere Straftatbestände unterstellt oder konstruiert. Christliche Kirchengemeinden im Iran, die ihre Arbeit ausschließlich auf die Angehörigen der eigenen Religion beschränkten, würden vom Staat nicht systematisch behindert oder verfolgt. Demgegenüber könnten Mitglieder der religiösen Minderheiten, denen zum Christentum konvertierte Moslems angehören, und die selbst Missionierungsarbeit betreiben, der Gefahr staatlicher Repressionen ausgesetzt sein. Mögliche Gefahr bestehe für alle missionierenden Christen, gleichgültig ob es sich um geborene oder konvertierte handele. Staatliche Maßnahmen richteten sich bisher ganz überwiegend gezielt gegen die Kirchenführer und in der Öffentlichkeit besonders Aktive, nicht aber gegen einfache Gemeindemitglieder (so auch Auskunft an das VG Aachen vom 25.1.1999). Gemäß dieser Auskunft löst die bloße Zugehörigkeit zu einer missionierenden Gemeinde normalerweise keine Verfolgung aus. Eine Gefährdung eines iranischen Asylbewerbers, der erst in Deutschland Mitglied einer Pfingstgemeinde wurde und bisher im Iran nicht als Christ aufgefallen ist, konnte das Auswärtige Amt nicht mit Sicherheit ausschließen. Voraussetzung für eine Gefährdung sei jedoch, dass die Konvertierung zum Christentum iranischen Stellen bekannt sei und diese auch ein Interesse an dem Betreffenden haben. Eine Prognose der Reaktion sei nicht möglich. Es seien Fälle bekannt, bei denen konvertierte Moslems problemlos im Iran leben konnten, in anderen Fällen wiederum seien die Konvertierten hart bestraft worden. Dabei spiele es keine Rolle, ob die Betreffenden erst in Deutschland Mitglied einer christlichen Gemeinde geworden sind.

In der Auskunft an das Niedersächsische Oberverwaltungsgericht vom 5.3.2001 führt das Auswärtige Amt aus, die Zugehörigkeit eines Iraners zur Kirche Jesu Christi der Heiligen der Letzten Tage (Mormonen) führe unabhängig von deren Schwerpunkt und Ursprung in den USA zu keiner besonderen Gefährdung bei einer Rückkehr in den Iran, sofern die betreffende Person dort keine Missionstätigkeit ausübe.

Das Auswärtige Amt hat sich in der Auskunft an das VG Mainz vom 4.5.2001 zu der Frage, ob sich ein iranischer Asylbewerber wegen seines in Deutschland erfolgten Übertritts zum Christentum und seinen dort entfalteten kirchlichen Aktivitäten (regelmäßige Teilnahme an Gottesdiensten und Bibelstunden; Missionierung dergestalt, dass er bei Begegnungen mit Iranern Kontakt zu diesen suche, seine Hilfe anbiete und auch zu einem Besuch in die Kirche einlade) - ihr Bekanntwerden bei den iranischen Behörden unterstellt - nach seiner Rückkehr in den Iran mit staatlichen Verfolgungsmaßnahmen rechnen muss, dahingehend geäußert, dass ihm die Abgabe einer diesbezüglichen Prognose nicht möglich sei. Dem Auswärtigen Amt seien vergleichbare Fälle bekannt geworden, bei denen es zu einer erheblichen Bestrafung des Betroffenen, bis hin zur Verhängung der Todesstrafe gekommen ist.

In der Auskunft an das VG Regensburg vom 7.5.2001 führt das Auswärtige Amt ohne Begründung aus, es gehe zunächst davon aus, dass die in Deutschland erfolgte Konversion den iranischen Behörden nicht bekannt wird. Bei tatsächlichem Bekanntwerden drohe jedoch eine harte Strafe, bis hin zur Verhängung der Todesstrafe.

Das Deutsche Orient-Institut neigt in der Auskunft an das VG Aachen vom 26.2.1999 dazu, die Frage, ob im Falle der Zugehörigkeit zu einer missionierenden christlichen Gemeinde, etwa einer Pfingstgemeinde, schon die bloße Zugehörigkeit die Gefahr auslösen kann, mit Repressalien belangt zu werden, zu bejahen. Diese Gemeinden würden nicht eigentlich als Religionsgruppen, sondern als - selbstverständlich verbotene - politische Gruppen angesehen. Die konkrete Durchführung missionarischer Aktivitäten würde die Wahrscheinlichkeit der Realisierung einer Gefahr wesentlich, möglicherweise entscheidend, erhöhen, doch könne die Zugehörigkeit für Repressalien reichen, jedenfalls soweit es sich um gesellschaftlich-soziale Benachteiligungen oder um Überwachung oder unkontrolliertes Handeln irgendwelcher von staatlichen Stellen protegierten „Fundamentalisten-Trupps" handele.

In der Auskunft an das Verwaltungsgericht Gelsenkirchen vom 19.8.2000 kommt das Deutsche Orient-Institut zu dem Ergebnis, dass einem iranischen Staatsangehörigen wegen des Übertritts zum katholischen Glauben keine unmittelbare Verfolgung drohe. Bekanntwerden der Konversion vorausgesetzt könnte der Konvertit allerdings in familiärer, gesellschaftlicher und sozialer Hinsicht einer Verächtlichmachung oder gar handgreiflicher Feindseligkeit ausgesetzt sein. Habe er Pech und gerate an fanatische Muslime und bereut nicht, könnten deshalb auch Gefahren für Leib und Leben drohen.

In der Auskunft an das VG Mainz vom 28.6.2001 führt das Deutsche Orient-Institut schließlich hinsichtlich eines iranischen Staatsangehörigen, der in Deutschland zum Christentum - Baptisten - übergetreten ist aus, die Nagelprobe für eine etwaige Verfolgungsgefahr wäre sein konkretes Verhalten bei unterstellter Rückkehr nach Iran. Wenn er sich dann am kirchlichen Gemeindeleben entsprechender christlicher Gemeinden beteilige und nach außen hin zu erkennen gebe, dass der Übertritt zum Baptistentum nicht allein seinen europäischen Zwecken geschuldet war, sondern aus einer gewandelten religiösen Überzeugung folge, die nicht mit dem Grenzübertritt auch zugleich „vergessen" werde, könne ihm in der Tat schweres Ungemach drohen. Zunächst einmal würde er die ganze Breite gesellschaftlich-sozialer Repressionen zu spüren bekommen, die auch für Christen in Iran gelte. Die iranischen Christen würden zwar nicht direkt verfolgt, unterlägen aber im praktischen Leben einer Reihe von Einschränkungen. Würde die Konversion im engeren familiär-gesellschaftlichen Umfeld bekannt, hätte er auch dort mit massiven Repressionen zu rechnen. Jemand, der in einer nach muslimischen Vorstellungen so klaren Weise gegen den ordre public verstoße, stelle sich außerhalb der staatlichen Gemeinschaft Irans und habe ein Leben zu führen, das äußerst schwierig wäre, wenn er nicht, darüber hinaus, Verfolgung wegen seiner Mitwirkung in christlichen Gemeinden, die eben nicht als religiöse Gemeinden angesehen würden, erleiden müsse. Welche Maßnahmen die Behörden im Einzelnen ergreifen, sei unklar und im Voraus nicht mit der nötigen Sicherheit einzuschätzen.

Nach der Auskunft von amnesty international an das VG Aachen vom 2.2.1999 müssten Konvertiten, um das Risiko einer Bestrafung wegen Apostasie zu verhindern, auch wenn sie in Deutschland den Glaubensübertritt vollzogen haben, ihren angenommenen Glauben verleugnen. Es sei zudem keinesfalls auszuschließen, dass der Glaubenswechsel den iranischen Behörden auch im Falle des Leugnens anderweitig bekannt werde, womit staatliche Strafmaßnahmen drohen könnten. Der Ort des Glaubensübertritts spiele keine Rolle. In der Auskunft an das VG Gelsenkirchen vom 19.6.2000 führt amnesty international aus, Personen, die vom Islam zu einem anderen Glauben übergetreten seien, würden im Iran durch die staatlichen Organe genauestens überwacht. Amnesty international seien in den vergangenen Jahren zwar keine neuen Fälle von Verfolgungsmaßnahmen der iranischen Behörden gegen Personen, die im Iran vom islamischen zum christlichen Glauben konvertiert seien, bekannt geworden. Dies dürfte vor allem auch daran liegen, dass Glaubensübertritte im Iran nur selten stattfinden, häufig geheim gehalten würden und die Menschen sich nach außen hin weiter als Moslems ausgeben.

Gemäß dem CIREA-Bericht der Delegation der Niederlande vom 20.7.1998 (S. 35) liegen aus jüngster Vergangenheit keinerlei Erkenntnisse im Hinblick auf Fälle vor, in denen gegen Personen, die zum Christentum übergetreten sind, die Todesstrafe verhängt worden ist. Von Unterdrückungsmaßnahmen, die sich gegen Christen richten, seien in der Hauptsache führende Mitglieder der anglikanischen Kirche und der Gemeinschaften Gottes betroffen. In bestimmten Fällen könnten gegen Moslems, die zum Christentum übertreten, Maßnahmen ergriffen werden, die ihr Leben erheblich beeinträchtigen. So sei gegen mehrere Konvertiten ein Verbot von Auslandsreisen verhängt worden. Gelegentlich würden Personen, die ihre Konfession gewechselt haben, von den Sicherheitskräften vorgeladen und angewiesen, ihre Kirchenbesuche einzustellen. In einigen wenigen Fällen sei ihnen eine strafrechtliche Verfolgung angedroht worden. Den befragten Religionsgemeinschaften sei jedoch im Hinblick auf irgendwelche tatsächliche strafrechtliche Verfolgungen nichts bekannt geworden. Moslems, die zum Christentum übergetreten seien und ihre religiösen Überzeugungen in der Öffentlichkeit bekunden, müssten damit rechnen, dass gegen sie ernsthafte Unterdrückungsmaßnahmen ergriffen werden.

Zusammenfassend lässt sich den genannten Auskünften entnehmen, dass ein staatliches asylrelevantes Vorgehen gegen Apostaten nach der Rechtspraxis des Iran zwar nicht ausgeschlossen erscheint. Es fehlt aber an ausreichend konkreten Angaben, die die Annahme erlauben, dass bereits der in Deutschland erfolgte Übertritt zum christlichen Glauben und die üblichen religiösen Betätigungen wie vor allem der regelmäßige Besuch von Gottesdiensten ohne das Hinzutreten weiterer Umstände mit der erforderlichen Wahrscheinlichkeit zu staatlicher Verfolgung führt. Entsprechende Referenzfälle werden in den zur Verfügung stehenden und in der der Terminsladung beigefügten Erkenntnismittelliste im Einzelnen bezeichneten Auskünften nicht benannt. Nach den o.g. Auskünften haben sich staatliche oder staatlich geduldete Repressionen bisher ganz überwiegend gegen Kirchenführer und in der Öffentlichkeit besonders Aktive, nicht aber gegen einfache Gemeindemitglieder gerichtet. Für die Zeit nach 1996 liegen überhaupt keine konkreten Angaben über Verfolgungsmaßnahmen, selbst gegenüber Priestern oder sonstigen besonders exponierten Vertretern christlicher Gemeinden vor.

Dem steht die Einschätzung von amnesty international, dass das Fehlen bekannt gewordener neuer Fälle von Verfolgungsmaßnahmen gegen Apostaten vor allem auch daran liegen dürfte, dass Glaubensübertritte im Iran nur selten stattfinden, häufig geheim gehalten würden und die Menschen sich nach außen hin weiter als Moslems ausgeben, nicht entgegen. Denn amnesty international berichtet auch davon, dass Personen, die vom Islam zu einem anderen Glauben übergetreten sind, im Iran durch die staatlichen Organe genauestens überwacht werden. Der Umstand, dass trotz dieser Überwachung seit 1996 kein einziger konkreter Fall einer asylerheblichen staatlichen Verfolgungsmaßnahme bekannt geworden ist, vermag deshalb mit der Geheimhaltung nur eingeschränkt begründet werden. Für die Annahme einer Verfolgungsgefahr nach dem Maßstab der beachtlichen Wahrscheinlichkeit reicht die Verheimlichung offensichtlich nicht aus.

Soweit das Deutsche Orient-Institut allein wegen des Übertritts zum christlichen Glauben im Falle fehlender Verheimlichung der neuen Religionszugehörigkeit im Iran Repressalien zumindest nicht auszuschließen vermag, handelt es sich bei diesen Repressalien nicht um asylerhebliche Maßnahmen. Das Deutsche Orient-Institut führt in der Auskunft an das VG Mainz vom 28.6.2001aus, dass die Konvertiten zunächst die ganze Breite gesellschaftlich-sozialer Repressionen zu spüren bekommen, die auch für Christen im Iran gilt. Diesen Repressionen fehlt es jedoch nach der Rechtsprechung des Senats (vgl. Urteil v. 12.6.2002 - A 2 B 80/01 -) an der für eine politische Verfolgung im Sinne des Art. 16a Abs. 1 GG und des § 51 Abs. 1 AuslG erforderlichen Intensität der Rechtsverletzung. Soweit das Deutsche Orient-Institut von massiven Repressionen im engeren familiär-gesellschaftlichen Umfeld ausgeht, fehlt es an einer staatlichen Maßnahme. Dass einem Konvertiten auch Gefahren für Leib und Leben drohen können, wenn er Pech hat und an fanatische Muslime gerät (Auskunft an das VG Gelsenkirchen vom 19.8.2000), reicht für die Annahme einer Verfolgungsgefahr nach dem Maßstab der beachtlichen Wahrscheinlichkeit ersichtlich nicht aus, zumal auch Referenzfälle nicht geschildert werden.

Etwas anderes ergibt sich auch nicht daraus, dass das Auswärtige Amt in den Auskünften an das VG Mainz vom 4.5.2001 und an das VG Regensburg vom 7.5.2001auf die Frage, ob die Kläger wegen ihres in der Bundesrepublik erfolgten Übertritts zum Christentum nach ihrer Rückkehr in den Iran mit staatlichen Verfolgungsmaßnahmen rechnen müssen, ausgeführt hat, dem Auswärtigen Amt seien vergleichbare Fälle bekannt geworden, bei denen es zu einer erheblichen Bestrafung bis hin zur Verhängung der Todesstrafe gekommen sei. Diese sehr kurzen und nicht mit einer Begründung versehenen Auskünfte hat das Auswärtige Amt jedoch in der Auskunft an das VG Ansbach vom 14.9.2001, der ein Hinweis des Verwaltungsgerichts auf den Widerspruch zwischen den früheren Auskünften und dem Lagebericht v. 18.4.2001 einerseits und der Auskunft an das VG Regensburg vom 7.5.2001andererseits zugrunde liegt, relativiert. Das Auswärtige Amt führt dort aus, eine Gefährdung des Betreffenden könne auch bei alleinigem Bekanntwerden des Glaubensübertritts nicht mit Sicherheit ausgeschlossen werden. Eine konkrete Gefährdung sei aber nur dann wahrscheinlich, wenn der Konvertierte iranischen Stellen bekannt ist und diese auch ein Interesse an einer Bestrafung des Betreffenden haben. Eine genaue Prognose der Reaktion iranischer Stellen sei dem Auswärtigen Amt nicht möglich. Es seien nach wie vor Fälle bekannt, bei denen zum Christentum konvertierte ehemalige Moslems im Iran problemlos leben konnten. In anderen Fällen wiederum würden die Konvertierten hart bestraft. Die Vollstreckung eines Todesurteils allein aufgrund des Vorwurfs der Konvertierung sei dem Auswärtigen Amt allerdings nicht bekannt geworden. Im Hinblick darauf, dass nach dieser Auskunft über die Konversion hinaus ein - zusätzliches - Interesse der iranischen Stellen für eine „harte“ Bestrafung erforderlich ist, das Auswärtige Amt konkrete Fälle asylerheblicher Bestrafung allein wegen des Übertritts zum christlichen Glauben nicht benennt und in anderen Auskünften sowie den Lageberichten von asylerheblichen Bestrafungen nicht die Rede ist, soweit die Konvertierten im Iran nicht missionarisch tätig werden, ist den Auskünften vom 4. und 7.5.2001 keine entscheidende Bedeutung zuzumessen.

Der Senat sieht sich in seiner Auffassung bestätigt durch eine Reihe neuerer obergerichtlicher Entscheidungen, in denen ebenfalls keine beachtliche Verfolgungsgefahr für Apostaten im Iran angenommen wird (vgl. OVG Hamburg, Urteil v. 22.2.2002 - 1 Bf 486/98.A -; OVG.NW, Beschluss v. 5.9.2001 - 6 A 3293/01.A - NVwZ-Beil. I 1/2002; BayVGH, Beschluss v. 31.5.2001 - 19 B 99.31964 -; Nds.OVG, Urteil v. 27.3.2001 - 5 L 463/00 - und Urteil v. 26.10.1999 - 5 L 3180/99 - sowie OVG Schleswig-Holstein, Urteil v. 29.3.2000 - 2 L 238/98 -).

b) Unter Berücksichtigung der vorstehend dargestellten Auskunftslage droht dem Kläger bei Rückkehr in den Iran wegen seines in Deutschland erfolgten Übertritts zum christlichen Glauben und seinen in Deutschland praktizierten christlichen Aktivitäten wie dem regelmäßigen Besuch des Sonntagsgottesdienstes und Gesprächen mit Gleichgesinnten über Aspekte der christlichen Glaubenslehre auch dann nicht mit beachtlicher Wahrscheinlichkeit die Gefahr politischer Verfolgung, wenn der Übertritt und seine christlichen Aktivitäten den iranischen Behörden aufgrund der Weitergabe des über die Taufe gefertigten Videofilmes und der Lichtbilder durch die Ehefrau des Klägers und/oder Informanten, die an den Gottesdiensten teilgenommen haben, bekannt sein sollte.

4. Der Kläger kann sich zur Begründung des von ihm geltend gemachten Anspruchs auch nicht darauf berufen, dass im Iran für Apostaten das religiöse Existenzminimum nicht gewährleistet sei.

a) Nach der Rechtsprechung des Bundesverfassungsgerichts (Beschluss v. 1.7.1987 - 2 BvR 478, 962/86 - BVerfGE 76, 143 [158 ff.], KirchE 25, 217; vgl. auch Beschluss der 1. Kammer des 2. Senats v. 19.12.1994 - 2 BvR 1426/91 - DVBl. 1995, 559, KirchE 32, 468 und v. 21.12.1992 - 2 BvR 1263, 1265/92 -) ist religiöse oder religiös motivierte politische Verfolgung etwa dann gegeben, wenn vom Heimatstaat des Verfolgten ergriffene oder ihm zuzurechnende Maßnahmen darauf gerichtet sind, die Angehörigen einer religiösen Gruppe sei es physisch zu vernichten oder mit vergleichbar schweren Sanktionen zu bedrohen, sei es ihrer religiösen Identität zu berauben, indem ihnen zum Beispiel unter Androhung von Strafen an Leib, Leben oder persönlicher Freiheit eine Verleugnung oder gar Preisgabe tragender Inhalte ihrer Glaubensüberzeugung zugemutet wird oder sie daran gehindert werden, ihren eigenen Glauben, so wie sie ihn verstehen, im privaten Bereich und unter sich zu bekennen. Die Religionsausübung im häuslich-privaten Bereich, wie etwa der häusliche Gottesdienst, aber auch die Möglichkeit zum Reden über den eigenen Glauben und zum religiösen Bekenntnis im nachbarschaftlich-kommunikativen Bereich, ferner das Gebet und der Gottesdienst abseits der Öffentlichkeit in persönlicher Gemeinschaft mit anderen Gläubigen dort, wo man sich nach Treu und Glauben unter sich wissen darf, gehören unter dem Gesichtspunkt der Menschenwürde wie nach internationalem Standard zu dem elementaren Bereich, den der Mensch als „religiöses Existenzminimum" zu seinem Leben- und Bestehen können als sittliche Person benötigt. Bei archaischen und von mündlicher Überlieferung geprägten Religionsformen sind die besonderen Voraussetzungen der Religionsausübung zu berücksichtigen, die nach der allgemein geübten religiösen Praxis für das religiöse Leben schlechthin unverzichtbar sind (vgl. BVerfG, Beschluss v. 10.11.1989 - 2 BvR 403, 1501/84 - BVerfGE 81,

58 [66]). Nach der Rechtsprechung des Bundesverwaltungsgerichts ist das überlieferte Brauchtum einer Religion zu berücksichtigen (vgl. BVerwG, Urteil v. 29.8.1995 - 9 C 1.95 - NVwZ-RR 1996, 293, KirchE 33, 318).

b) Gemessen an diesen Grundsätzen ist das religiöse Existenzminimum des Klägers im Falle einer Rückkehr in den Iran auch dann gewahrt, wenn der Kläger dort seinen neuen christlichen Glauben ausüben und nicht verleugnen will.

Wie oben unter Ziff. 4. bereits ausgeführt, hat der Kläger wegen seines Übertritts zum christlichen Glauben auch im Falle des Bekanntwerdens des Übertritts nicht mit beachtlicher Wahrscheinlichkeit mit asylerheblicher Bestrafung oder sonstiger Maßnahmen zu rechnen. Er muss deshalb seine neue Religionszugehörigkeit nicht geheim halten, um staatlichen Repressalien zu entgehen. Allerdings wäre es dem Kläger im Falle seiner Rückkehr in den Iran nicht oder allenfalls nur insgeheim möglich, einen Gottesdienst zu besuchen, sich aktiv an der Gemeindearbeit zu beteiligen oder seinen Glauben gar in der Öffentlichkeit zu propagieren (hierzu unten aa). Dies führt aber nicht dazu, dass das religiöse Existenzminimum nicht gewahrt wäre (hierzu unten bb).

aa) Nach der Auskunftslage stellt sich die Möglichkeit der zum Christentum übergetretenen früheren Moslems zum Besuch eines christlichen Gottesdienstes im Iran wie folgt dar:

Nach der Auskunft des Deutschen Orient-Instituts an RA Kochmann vom 21.1.2002 verlangen die iranischen Staatsorgane von den Christen nicht nur, dass sie eine aktive Missionsarbeit nach außen unterlassen. Die christlichen Gemeinden sind darüber hinaus vielmehr verpflichtet, eine ohne vorangegangene „Werbung" erfolgende Fühlungsaufnahme von Muslimen mit christlichen Gemeinden zu unterbinden und von selbst einzuschreiten. So etwa dürfen die christlichen Gemeinden keine muslimischen Gottesdienstbesucher dulden, sie müssen aktiv einen Muslimen, der in ihre Kirche kommen und Kontakte auch religiöser Art mit den Christen pflegen möchte, zurückweisen. Dies ist vor dem in der Auskunft an das VG Gelsenkirchen vom 19.8.2000 geschilderten Hintergrund zu sehen, dass es eine nach den Maßstäben des Islam rechtlich wirksame Möglichkeit eines Übertritts zu einem anderen Glauben in der islamischen Welt nicht gibt und die Betreffenden deshalb nicht etwa als Christen sondern als Muslime angesehen werden. In der Auskunft vom 21.1.2002 wird weiter ausgeführt, dass der Apostat seinen religiösen Wandel nur insgeheim leben könnte, er müsste etwa zum Gottesdienst, um es bildlich auszudrücken, durch den Seitenausgang, er könne sich als muslimischer Iraner, der er in den Augen des iranischen Staates immer noch sei, nicht aktiv an der Gemeindearbeit beteiligen. Er würde in jedem Fall daran gehindert sein, seinen Glauben zu propagieren.

Dies deckt sich im Wesentlichen mit den Auskünften von amnesty international, wonach bereits durch die Teilnahme an einem Gottesdienst in persischer Sprache ein erhöhtes Risiko besteht, Opfer staatlicher Zwangsmaßnahmen zu werden (Auskunft an das VG Aachen vom 14.12.1998), und christliche Gemeinden aufgefordert würden, konvertierte Muslime nicht aufzunehmen und die Gottesdienste nicht mehr in persischer Sprache abzuhalten (Auskunft an das VG Gelsenkirchen vom 19.6.2000).

Nach der Auskunft des Auswärtigen Amtes an das VG Aachen vom 25.1.1999 löst die bloße Zugehörigkeit zu einer missionierenden Gemeinde normalerweise keine Verfolgung aus. Entscheidend seien hierbei jedoch die Erkenntnisse und Einschätzungen der iranischen Sicherheitsbehörden, die dem Auswärtigen Amt nicht vorlägen. Falls die Pfingstchristen dort als extreme staatsfeindliche Gruppierung eingestuft sein sollten, wäre es durchaus denkbar, dass auch einfache Mitglieder mit Repressalien rechnen müssen. In der Auskunft an das VG Mainz vom 4.5.2001 führt das Auswärtige Amt aus, ein in Deutschland den Baptisten angehörender Iraner könne sich der in Teheran ansässigen christlichen Gemeinschaft „Assembly of God“ anschließen.

Da die Apostaten nach den überzeugenden Ausführungen des Deutschen Orient-Instituts aus Sicht des iranischen Staates nicht als Christen sondern als Muslime angesehen werden und eine im Iran erfolgende Missionierung nach einhelliger Auskunftslage strikt in asylrelevanter Weise verfolgt wird, ist davon auszugehen, dass die Zulassung eines Apostaten als Missionierungsversuch seitens der im Iran ansässigen Kirchen anzusehen ist und deshalb nicht vorkommt oder jedenfalls sowohl für die Verantwortlichen der Kirche als auch für den Apostaten mit einem erheblichen Risiko verbunden ist.

bb) Der Umstand, dass es dem Kläger als Apostat nicht oder allenfalls nur insgeheim möglich wäre, einen Gottesdienst zu besuchen, sich aktiv an der Gemeindearbeit zu beteiligen oder seinen Glauben gar in der Öffentlichkeit zu propagieren, führt jedoch nicht dazu, dass das religiöse Existenzminimum nicht gewahrt wäre. Wie bereits ausgeführt, muss zur Gewährleistung des religiösen Existenzminimums die Religionsausübung im häuslich-privaten Bereich und die Möglichkeit zum religiösen Bekenntnis im nachbarschaftlich-kommunikativen Bereich gegeben sein. Dies ist hier der Fall. Der dargestellten Auskunftslage sind keine Anhaltspunkte dafür zu entnehmen, dass der gleichsam private Umgang von Apostaten mit anderen Christen, insbesondere anderen Apostaten, im Iran in asylerheblicher Weise sanktioniert ist. Im Rahmen dieses Umgangs, abseits der „offiziellen“ Kircheneinrichtungen, sind häusliche Gottesdienste, das Reden über den eigenen Glauben, das religiöse Bekenntnis und das gemeinsame Gebet möglich. Die Möglichkeit des Besuchs eines gleichsam offiziellen oder öffentlichen Gottesdienstes ist auch unter Berücksichtigung des überlieferten Brauchtums keine schlechthin unverzichtbare Voraussetzung zur Ausübung des christlichen Glaubens.

5. Schließlich rechtfertigt auch die Stellung des Asylantrags und der mehrjährige Aufenthalt in der Bundesrepublik Deutschland iVm einer untergeordneten exilpolitischen Betätigung nicht die Annahme, der Kläger werde mit beachtlicher Wahrscheinlichkeit bei Rückkehr in den Iran einer politischen Verfolgung ausgesetzt sein (vgl. SächsOVG, Urteil 22.9.2000, aaO). (*wird ausgeführt*)

46

1. Das in Art. 126 Abs. 1 Satz 1 BayLV gewährleistete Erziehungsrecht der Eltern wird durch die allgemeine Schulpflicht in zulässiger Weise beschränkt.

2. Das Grundrecht der Glaubens- und Gewissensfreiheit (Art. 107 Abs. 1 BayLV) schließt das Recht der Eltern ein, ihrem Kind die von ihnen für richtig gehaltene religiöse oder weltanschauliche Erziehung zu vermitteln. Diesem Recht steht der eigenständige Auftrag des Staates zur Schulerziehung (Art. 130 BayLV) gleichgeordnet gegenüber. Von Verfassungs wegen ist es grundsätzlich zulässig, dass die Erziehung in Schule und Elternhaus nach unterschiedlichen Wertvorstellungen durchgeführt wird.

3. Nach dem verfassungsrechtlichen Toleranzgebot (Art. 136 Abs. 1 BayLV) sind an den Schulen beim Unterricht die religiösen Empfindungen aller zu achten.

BayVerfGH, Entscheidung vom 13. Dezember 2002 - Vf.73-VI-01[1] -

Die in Bayern lebenden Beschwerdeführer sind amerikanische Staatsbürger und gehören der Glaubensgemeinschaft der Baptisten an. Sie wenden sich aus Glaubens- und Gewissensgründen gegen die Schulpflicht ihrer am 12.2.1993 geborenen Tochter C. Ihre Tochter nehme am Fernunterricht der amerikanischen Roanoke Baptist School teil.

Nachdem die Beschwerdeführer die Erfüllung der Schulpflicht mehrfach abgelehnt hatten, gab ihnen das Landratsamt Neustadt a.d. Aisch-Bad Windsheim mit Bescheiden vom 9.8.1999 auf, ihre Tochter C. zum Besuch der Volksschule anzumelden. Den dagegen erhobenen Widerspruch der Beschwerdeführer wies die Regierung von Mittelfranken mit Widerspruchsbescheid vom 6.9.1999 zurück.

Die darauf erhobene Klage wies das Verwaltungsgericht Ansbach durch das mit der Verfassungsbeschwerde angegriffene Urteil vom 5.12.2000 (AN 2 K 99.01332) ab. Durch die Teilnahme ihrer Tochter an

---

[1] Amtl. Leitsätze. VerfGHE 55, 189; BayVBl. 2003, 236; DVBl. 2003, 346 (LS); KuR 2003, 100; WissR 2003, 261 (LS); ZevKR 48 (2003), 346.

dem Fernunterricht der Roanoke Baptist Church könne der Schulpflicht nicht genügt werden, da dieser einer Pflichtschule nicht gleichwertig sei. Die Durchsetzung der Schulpflicht verstoße nicht gegen das Elternrecht oder das Grundrecht der Glaubens- und Gewissensfreiheit. Eltern könnten die Erfüllung der Schulpflicht nicht unter Berufung auf ihre Glaubens- und Gewissensfreiheit oder auf andere Gründe, aus denen sie die öffentliche Schule als ungeeignet für ihre Kinder ansehen, verweigern. Ihnen stehe es offen, ihre Kinder in eine ihnen besser geeignet erscheinende Privatschule (eventuell unter kirchlicher Trägerschaft) zu schicken. Aber auch der Besuch einer öffentlichen Schule sei nicht unzumutbar. In den öffentlichen Volksschulen würden die Schüler nach den Grundsätzen der christlichen Bekenntnisse unterrichtet und erzogen; damit werde der Unterricht nicht an die Glaubensinhalte bestimmter christlicher Bekenntnisse gebunden. Die Kinder müssten unbeschadet der religiösen Ausrichtung ihres Elternhauses in die Schulgemeinschaft integriert werden und dürften weder rechtlich noch praktisch dem Zwang ausgesetzt werden, von ihnen abgelehnte Erziehungsziele als verbindlich anzuerkennen. Den Beschwerdeführern bleibe es unbenommen, im Rahmen ihres Erziehungsrechts die Erziehung ihrer Kinder grundsätzlich nach ihren Vorstellungen zu gestalten und dabei nach ihrer Auffassung bestehende Mängel der schulischen Erziehung auszugleichen.

Mit dem gleichfalls durch die Verfassungsbeschwerde angegriffenen Beschluss vom 7.8.2001 lehnte der BayVGH (7 ZB 01.1030) den Antrag der Beschwerdeführer auf Zulassung der Berufung ab. Die geltend gemachten ernstlichen Zweifel an der Richtigkeit des angegriffenen Urteils bestünden nicht; ein Verfahrensfehler liege nicht vor.

Mit ihrer Verfassungsbeschwerde rügen die Beschwerdeführer die Verletzung ihres elterlichen Erziehungsrechts aus Art. 126 Abs. 1 iVm Art. 107 Abs. 1 BayLV und des Persönlichkeitsrechts ihrer Tochter nach Art. 100, 101 BayLV.

Das Festhalten an der Schulbesuchspflicht würde die verfassungsrechtlich garantierte Freiheit der Beschwerdeführer, ihre Kinder nach ihrem Glauben zu erziehen, aushöhlen. Nach der Bibel habe Gott den Eltern und nicht dem Staat die Verantwortung gegeben, Kinder zu unterrichten und zu erziehen. Aufgrund dieser Überzeugung könnten die Beschwerdeführer die Unterrichtung und Erziehung ihrer Tochter nur dann auf Dritte übertragen, wenn durch diese eine Unterrichtung und Erziehung in Verantwortung vor Gott gewährleistet sei. Das sei bei den staatlichen Schulen in Bayern nicht der Fall. Verschiedene Unterrichtsinhalte, die fächerübergreifend gelehrt würden, widersprächen den Geboten und Verboten der Bibel. Die Beschwerdeführer würden in einen unzumutbaren Gewissenskonflikt gestürzt, wenn sie ihre Tochter einem derartigen Unterricht aussetzten. Der Konflikt lasse sich nicht auf ein einzelnes Fach begrenzen, sondern betreffe den gesamten staatlichen Unterricht.

So seien die im Unterricht verwendeten Mandalas Praktiken nicht christlicher Religionen und verkörperten deren Götterwelt. Selbst wenn sie nur als Malvorlagen eingesetzt würden, bleibe die Tatsache bestehen, dass es sich um religiöse Symbole fernöstlicher Religionen handle. Gott warne in seinem Wort vor der Übernahme religiöser Sitten der Heiden.

Fantasiereisen bedienten sich der Kraft der Fantasie und der Imagination. Auffallend seien die rituellen Handlungen und die Suggestion, die der Lehrer ausübe. Es werde mit Hypnose gearbeitet. Es handle sich um okkulte Praktiken aus dem Schamanentum. Zauberei aber sei Gott ein Gräuel. Die Beschwerdeführer könnten ihre Tochter nicht Praktiken von Schamanen aussetzen, ohne in einen unzumutbaren Gewissenskonflikt gestürzt zu werden.

Bewegungsübungen (Atemübungen, Entspannungsübungen, autogenes Training, Joga, Konzentrations- und Vorstellungsübungen, Rollenspiel, Meditation) seien von fernöstlichen Religionen übernommen. Die Beschwerdeführer könnten sie mit ihrem Glauben nicht vereinbaren, da sie den Menschen in einen Zustand der gewollten Passivität versetzten und ihn okkulten Einflüssen öffneten. Das Rollenspiel sei eine Technik der Gestalttherapie, der sie ihre Tochter nicht aussetzen könnten, ohne in einen unzumutbaren Gewissenskonflikt zu geraten.

Im Schulprogramm „Klasse 2000" sollten die Schüler eine positive Beziehung zu der Sympathiefigur Klaro aufbauen. Diese nehme eine gottähnliche Stellung ein, das sei Götzendienst. Familien- und Sexualerziehung in den Schulen stehe im Dienst der emanzipatorischen Pädagogik und sei Mittel der neomarxistischen Revolutionierung unserer Gesellschaft. Sie erziehe zur sexuellen Freizügigkeit und sei weder wissenschaftlich fundiert noch seien die Lehrer entsprechend ausgebildet. Es stehe jedem Lehrer frei, welches Unterrichtsmaterial er im Unterricht einsetzen wolle. Das von der Bundeszentrale für gesundheitliche Aufklärung zur Verfügung gestellte Material indoktriniere die Schüler zu sexueller Freizügigkeit. Das Wort Gottes bestimme jedoch, dass Sexualität ausschließlich in die Ehe von Mann und Frau gehöre. Eine moralische Qualifikation der Lehrer sei nicht gewährleistet. Die Beschwerdeführer könnten ihre Tochter aber nur solchen Lehrern anvertrauen, die die Gebote und Verbote Gottes beachteten.

Die Evolutionstheorie habe die biblische Schöpfungslehre in Deutschland weitgehend verdrängt, obwohl sie bis heute nicht bewiesen sei und von namhaften Wissenschaftlern abgelehnt werde. Sie widerspreche dem klaren Wort Gottes und sei mit dem christlichen Glauben der Beschwerdeführer nicht zu vereinbaren.

Die Teilnahme am staatlichen Schulunterricht verletze das Persönlichkeitsrecht der Tochter der Beschwerdeführer. Die genannten staatlichen Unterrichtsinhalte stünden der elterlichen Erziehung, die sich nach den Geboten und Glaubensinhalten der Bibel richte, diametral entgegen. Durch einen derartigen Konflikt werde jeder junge Mensch überfordert.

Die gesunde Entwicklung ihrer Tochter würde durch sich ausschließende Erziehungsrichtungen vereitelt.

In der Kollision zwischen der Schulpflicht und dem Erziehungsrecht der Eltern sowie der ihnen zukommenden Glaubens- und Gewissensfreiheit müsse sich das elterliche Erziehungsrecht durchsetzen. Die Freiheit der Eltern, ihre Tochter ihrem Glauben gemäß zu erziehen und sie von solchen Lehren und Praktiken fern zu halten, die sie für falsch und schädlich hielten, werde verletzt, wenn ihre Tochter am Schulunterricht teilnehmen müsse. Dagegen würden die Belange der Schule kaum berührt, wenn ihre Tochter vom Schulbesuch freigestellt würde. Nachahmer in beachtlicher Zahl werde es nicht geben. Die Beschwerdeführer unterrichteten ihre Kinder nach dem Programm der A. Beka Fernschule, das von der Pensacola Christian Universität erstellt worden sei und einem festen Lehrplan folge. Es gewährleiste eine gleichwertige Wissensvermittlung. Die Kinder der Beschwerdeführer unterzögen sich staatlichen standardisierten Leistungsprüfungen, bisher mit sehr gutem Erfolg. Das Fernschulprogramm reiche bis zur Universitätsreife und sei in allen Staaten der USA anerkannt. Da die Kinder der Beschwerdeführer in den Vereinigten Staaten studieren sollen, entspreche das Fernschulprogramm dem Kindeswohl weit mehr als der Besuch einer bayerischen Volksschule. Die nötige Sozialisation werde in der Familie mit derzeit acht Kindern in höherem Maß gewährleistet als in einer Schule.

Die Schulbesuchspflicht müsse auch gegenüber dem Persönlichkeitsrecht der Tochter zurückweichen. Es gebe keine Gründe des Kindeswohls, die eine Durchsetzung der Schulbesuchspflicht rechtfertigen könnten. Vielmehr ziele die schulische Erziehung im Sinn der emanzipatorischen Pädagogik gerade darauf ab, die Schüler aus ihrer im Elternhaus gewachsenen Identität herauszuerziehen und sie im Interesse ihrer Ideologie umzuerziehen. Der grundrechtlich gewährleistete Persönlichkeitsschutz beinhalte auch den Schutz des psychischen Innenbereichs des Einzelnen. Im Rollenspiel würden jedoch die Schüler zunächst über ihre Gedanken und Gefühle ausgeforscht, um sie dann im Sinn der emanzipatorischen Ideologie umzuprogrammieren.

Das Bayerische Staatsministerium des Innern hält die Verfassungsbeschwerde für nicht begründet. Das elterliche Erziehungsrecht werde durch die beanstandeten Schulinhalte nicht verletzt. Der staatliche Erziehungsauftrag sei im Bereich der Schule dem Elternrecht nicht nach-, sondern gleichgeordnet. Die von den Beschwerdeführern gerügten fächerübergreifenden Unterrichtsinhalte überschritten den staatlichen Erziehungsauftrag nicht.

Die für die Jahrgangsstufen 1 bis 4 vorgeschriebenen Bewegungsübungen dienten der Rhythmisierung des Unterrichts („bewegte Grundschule"). Sie hätten keinen Bezug zu Entspannungsübungen fernöstlicher Religionen.

Ausmalbilder würden in der Schule eingesetzt, damit die Kinder ihre Feinmotorik schulen und sich neu sammeln könnten. Solche Vorlagen könnten auch in der Form von Mandalas gestaltet sein. Eine theologische Intention sei damit nicht verbunden und werde den Kindern auch nicht vermittelt.

Die „Fantasiereise“ werde eingesetzt, um die Vorstellungskraft der Kinder zu schulen. Es handle sich um eine wertneutrale Unterrichtsmethode.

„Klasse 2000“ sei ein Projekt zur Suchtprävention in der Grundschule gewesen, das in dieser Form in den neuen Lehrplan nicht mehr aufgenommen worden sei.

Die Pflicht der Schüler zur Teilnahme an der Familien- und Sexualerziehung verstoße nicht gegen das elterliche Erziehungsrecht. Durch Art. 48 BayEUG sowie die dazu ergangenen Richtlinien werde sichergestellt, dass die Familien- und Sexualerziehung behutsam, dem Alter der Schüler angemessen und mit Rücksicht auf die erzieherischen Grundvorstellungen der Eltern zu erfolgen habe. Ziel, Inhalt und Form der Familien- und Sexualerziehung seien den Erziehungsberechtigten rechtzeitig mitzuteilen und mit ihnen zu besprechen. Dadurch werde es den Eltern ermöglicht, ihre eigenen Auffassungen und Überzeugungen vorzutragen, zu erläutern und dafür einzutreten sowie ihren Kindern gegenüber den ihnen nach der Verfassung vorrangig zustehenden Teil der Sexualerziehung zur Geltung zu bringen. Das Elternhaus sei das tragende Fundament für die schulische Familien- und Sexualerziehung. Dem elterlichen Erziehungsrecht werde mit dem Gebot der Toleranz und Offenheit für die verschiedenen weltanschaulichen oder ethischen Würdigungen der Sexualität sowie mit dem Verbot der Indoktrinierung hinreichend Rechnung getragen. Die vorgegebenen Inhalte der Familien- und Sexualerziehung seien wissenschaftlich begründet. Bei der Auswahl des Unterrichtsmaterials müsse sich der Lehrer an die in Art. 48 BayEUG geforderten Werte und Normen halten. Er müsse die vorgesehenen Lern- und Unterrichtsmittel in den Klassen-Eltern- Versammlungen vorstellen und besprechen.

Das Schulfach Biologie basiere auf den Aussagen der entsprechenden naturwissenschaftlichen Erkenntnisse; dazu zähle die Evolutionstheorie. Ein wichtiges Bildungsziel liege darin, sich auch mit anderen nicht naturwissenschaftlichen Betrachtungsweisen zu beschäftigen. Die gedankliche Auseinandersetzung mit unterschiedlichen Ansätzen der Welterklärung widerspreche nicht der christlichen Glaubenslehre.

Auch ein Verstoß gegen die Glaubens- und Gewissensfreiheit der Beschwerdeführer und gegen das Persönlichkeitsrecht der Tochter sei nicht gegeben. Die danach gebotene Zurückhaltung und Toleranz, vor allem bei der Durchführung der Sexualerziehung, werde gewährleistet.

Die Verfassungsbeschwerde wurde teils als unzulässig, teils als unbegründet zurückgewiesen.

Aus den Gründen:

Die Verfassungsbeschwerde ist unzulässig, soweit sich die Beschwerdeführer auf das Persönlichkeitsrecht ihrer Tochter nach Art. 100, 101 BayLV berufen. Gemäß Art. 120 BayLV kann ein Beschwerdeführer mit der Verfassungsbeschwerde nur geltend machen, dass er in „seinen" verfassungsmäßigen Rechten verletzt sei (vgl. VerfGHE 25, 51 [54]; 34, 162 [167]). Bei den verfassungsmäßigen Rechten aus Art. 100, 101 BayLV handelt es sich um höchstpersönliche Rechte zum Schutz der Menschenwürde und der Freiheitssphäre, die nur derjenige mit einer Verfassungsbeschwerde geltend machen kann, der durch die angefochtene Maßnahme unmittelbar betroffen ist (vgl. VerfGHE 34, 162 [167]). Das ist bei der Tochter der Beschwerdeführer nicht der Fall. Die angegriffenen Entscheidungen sind ausschließlich gegenüber den Beschwerdeführern ergangen. Zwar ist ihre Tochter mittelbar betroffen, weil um die Verpflichtung gestritten wurde, sie bei der Schule anzumelden. Unmittelbar rechtlich betroffen sind jedoch nur die Beschwerdeführer, die verpflichtet worden sind, ihre minderjährige Tochter bei der Schule anzumelden.

Die Rüge der Beschwerdeführer, ihr elterliches Erziehungsrecht aus Art. 126 Abs. 1 iVm Art. 107 Abs. 1 BayLV sei verletzt, ist zulässig. Zwar betrafen die von ihnen angegriffenen gerichtlichen Entscheidungen ausschließlich die Durchsetzung der nach Art. 35 Abs. 4 Satz 1 BayEUG bestehenden Anmeldepflicht. Die sich aus Art. 76 Satz 1 BayEUG ergebende Pflicht der Erziehungsberechtigten, dafür zu sorgen, dass ihre schulpflichtigen Kinder am Unterricht teilnehmen, war nicht ausdrücklich Gegenstand des zugrunde liegenden Bescheids. Die Anmeldepflicht dient lediglich dazu, die Schulbehörden über die bevorstehende Schulpflicht eines Kindes in Kenntnis zu setzen sowie den Schulbesuch organisatorisch vorzubereiten, und berührt daher ihrem Wesen nach nicht das Erziehungsrecht der Eltern oder ihre Glaubens- und Gewissensfreiheit (vgl. BayObLG BayVBl. 2000, 284 [285], KirchE 37, 342). Gleichwohl können die angegriffenen gerichtlichen Entscheidungen auf einer Verletzung dieser Rechte beruhen. Das Verwaltungsgericht hat angenommen, die Anmeldepflicht und die Verpflichtung der Eltern, für die Erfüllung der Schulpflicht ihrer Kinder Sorge zu tragen, stünden in untrennbarem Zusammenhang und der eigentliche Kern des Klagebegehrens liege in der Weigerung der Beschwerdeführer, eine Verpflichtung zum Besuch einer Schule anzuerkennen. Der Verwaltungsgerichtshof hat aus der Überschrift, dem Wortlaut, dem Sinn und Zweck sowie der systematischen Stellung des Art. 35 BayEUG hergeleitet, dass die Anmeldepflicht dem Institut der Schulpflicht zuzurechnen sei; sie diene - als erster Schritt - der Erfüllung der Schulpflicht. Da die angegriffenen gerichtlichen Entscheidungen sonach über die Schulpflicht allgemein befunden haben, erscheint die von den Beschwerdeführern geltend gemachte Grundrechtsverletzung nicht von vornherein ausgeschlossen.

Die Verfassungsbeschwerde ist nicht begründet. Die angegriffenen Entscheidungen des Verwaltungsgerichts und des Bayerischen Verwaltungsgerichtshofs verletzen die Beschwerdeführer nicht in ihrem elterlichen Erziehungsrecht (Art. 126 Abs. 1 BayLV) oder in ihrer Glaubens- und Gewissensfreiheit (Art. 107 Abs. 1 BayLV). Die Gerichte haben bei der Entscheidung darüber, ob die Tochter der Beschwerdeführer der Schulpflicht nachkommen muss, den Schutzbereich der genannten Grundrechte und ihre Ausstrahlungswirkung nicht verkannt.

1. Das in Art. 126 Abs. 1 Satz 1 BayLV gewährleistete Erziehungsrecht der Eltern wird durch die allgemeine Schulpflicht und die sich daraus ergebenden weiteren Pflichten in zulässiger Weise beschränkt.

a) Nach Art. 126 Abs. 1 BayLV, der gemäß Art. 142 GG neben Art. 6 Abs. 2 GG weiter gilt (vgl. VerfGHE 7, 9 [13]), haben die Eltern das natürliche Recht und die oberste Pflicht, ihre Kinder zur leiblichen, geistigen und seelischen Tüchtigkeit zu erziehen. Das Erziehungsrecht der Eltern gehört zu den elementaren Grundrechten der Verfassung (vgl. VerfGHE 7, 9 [13]; 29, 191 [208]). Die Vorschrift gewährleistet jedoch keinen ausschließlichen Erziehungsanspruch der Eltern. In Art. 130 Abs. 1 BayLV ist dem Staat die Befugnis zur Ordnung und Organisation des Schulwesens eingeräumt. Der Staat nimmt im Bereich der Schule einen gleichgeordneten Erziehungsauftrag wahr; dadurch erfährt das Elternrecht Beschränkungen (vgl. VerfGHE 7, 9 [13 f.]; 29, 191 [208]; 33, 33 [40 ff.]; 34, 14 [24]; 35, 90 [95 f.]; 38, 16 [27 f.]; 41, 44 [46 f.], KirchE 26, 90; 47, 276 [293 f.]; 51, 109 [114]; BVerfGE 34, 165 [183], KirchE 17, 325; 47, 46 [69 ff].; 52, 223 [235 f.]; 93, 1 [21]; BVerfG BayVBl. 1986, 752; BVerwG BayVBl. 1992, 184, KirchE 29, 385).

b) Das Erziehungsrecht der Eltern wird insbesondere durch die in Art. 129 Abs. 1 BayLV für alle Kinder begründete Verpflichtung zum Besuch von Schulen eingeschränkt. Die Schulpflicht stellt eine die Kinder und ihre Eltern treffende staatsbürgerliche Grundpflicht dar (vgl. Stettner in Nawiasky/Schweiger/Knöpfle, Die Verfassung des Freistaates Bayern, Rn 5 zu Art. 129). Die Regelung über die allgemeine Schulpflicht fügt sich sinnvoll und notwendig in den Rahmen der Gesamterziehung ein, wie sie aufgrund der Verfassung Gestalt gewinnen soll. Dazu hat der Verfassungsgerichtshof (VerfGHE 7, 9 [13 f]) ausgeführt:

„Wenn auch dem elterlichen Erziehungsrecht in der Gesamterziehung der Primat zukommt (...), so sind doch durch die neuzeitlichen Arbeits-, Zivilisations- und Kulturverhältnisse Erziehungs- und Ausbildungsanforderungen gestellt, die von den Eltern allein nicht mehr bewältigt werden können, deren Erfüllung vielmehr eines Hinzutretens der Erziehungs- und Bildungsarbeit der Gemeinschaft bedarf. Diese notwendige Erziehungs- und Bildungsarbeit der Gemeinschaft ist in der deutschen geschichtlichen Entwicklung in die Hand des Staates übergegangen. Die dem Staat als Erziehungsträger von der Bayerischen Verfassung zugewiesenen Funktionen setzen erst mit dem Beginn des schulpflichtigen Alters des Kindes ein und beschränken sich auf die schulische Erziehung

(Art. 129 Abs. 1, Art. 131 BayLV). Dadurch erfährt das elterliche Gesamterziehungsrecht in dem der schulischen Erziehung überantworteten Teil notwendig durch das schulische Organisations- und Aufsichtsrecht des Staates eine Einschränkung: Der heranwachsenden Jugend muss der zeitnotwendige Grundstock des Wissens und Könnens vermittelt und die Kinder müssen im Sinne des Art. 131 BayLV zu tüchtigen Mitgliedern der Gemeinschaft erzogen werden; sie sollen durch den gemeinsamen Schulbesuch in das Gemeinschaftsleben hineinwachsen (...). Dieses Ziel kann durch die individuelle elterliche Erziehung nicht erreicht werden. Die Bayerische Verfassung hat aus solchen Erwägungen in Art. 129 Abs. 1 BayLV die allgemeine Schulpflicht begründet.“

Die in allen Bundesländern geltende Schulpflicht mit dem Besuch der für alle Kinder gemeinsamen Grundschule geht auf die Forderung der Einheitsschulbewegung des 19. Jahrhunderts nach Einheit in Bildung zurück (vgl. BVerfGE 34, 165 [186 ff.]; zur Entwicklung der Schulpflicht in Bayern vgl. Kaiser/Mahler, Die Schulordnung der Volksschule, Erl. 3 zu Art. 35 Abs. 1 BayEUG). Heute gilt die allgemeine Schulpflicht als eine unverzichtbare Bedingung für die Gewährleistung der freiheitlich-demokratischen Grundordnung und zugleich als unerlässliche Voraussetzung für die Sicherung der wirtschaftlichen und sozialen Wohlfahrt der Gesellschaft (vgl. Kaiser/Mahler, aaO). Die staatliche Gemeinschaft verlangt von jedem jungen Bürger ein Mindestmaß an schulischer Grundausbildung; mit den Bestimmungen über die Schulpflicht wird sichergestellt, dass sich jeder dieser Grundausbildung unterzieht (vgl. VerfGHE 40, 45/49). Die Grundschule soll über die Erschließung und Förderung von Begabungen hinaus auch zur Persönlichkeitsentwicklung des Kindes und zu seiner Eingliederung in die Gesellschaft beitragen (vgl. BVerfGE 34, 165 [188]). Der Vorrang der Schulpflicht vor dem Elternrecht ist vor allem durch das Wohl des Kindes gerechtfertigt, dessen Lebensaussichten ohne Schulausbildung aufs Schwerste gefährdet würden (vgl. BayVGH BayVBl. 1992, 343 [344], KirchE 30, 131).

2. Die Verwaltungsgerichte haben angenommen, dass die Durchsetzung der Schulpflicht nicht gegen das Grundrecht der Glaubens- und Gewissensfreiheit (Art. 107 Abs. 1 BayLV) verstößt. Das ist verfassungsrechtlich nicht zu beanstanden.

a) Das Grundrecht der Glaubens- und Gewissensfreiheit (Art. 107 Abs. 1 BayLV) schließt das Recht der Eltern ein, ihrem Kind die von ihnen für richtig gehaltene religiöse oder weltanschauliche Erziehung zu vermitteln (vgl. VerfGHE 41, 44 [47], KirchE 26, 90). Die weltanschauliche Erziehung ihrer Kinder ist untrennbarer Bestandteil des in Art. 126 Abs. 1 Satz 1 BayLV geschützten Elternrechts. In einer pluralen Gesellschaft, in der es faktisch unmöglich ist, allen unter dem Gesichtspunkt der Glaubens- und Gewissensfreiheit vorgetragenen Elternwünschen bei der Gestaltung des Unterrichts Rechnung zu tragen, kann sich der Einzelne nicht uneingeschränkt auf das Freiheitsrecht des Art. 107 Abs. 1 BayLV berufen. Dieses Recht kann durch die Verpflichtung der Eltern, ihre Kinder einer ihren weltanschaulich-religiösen Erziehungsvorstellungen widersprechenden Schulerziehung aussetzen zu müssen, begrenzt werden (vgl. BVerfGE 41, 29 [47 f.], KirchE 15, 128; 52, 223 [236] KirchE 17, 325) jeweils zu Art. 4 Abs. 1 u.2 GG).

Der Ausübung der Glaubens- und Gewissensfreiheit steht der sich aus Art. 130 BayLV ergebende Auftrag des Staates hinsichtlich der Schulerziehung gegenüber. Der Staat ist befugt, Ausbildungsgänge und Unterrichtsziele inhaltlich festzulegen. Der Erziehungsauftrag des Staates ist eigenständig und dem Erziehungsrecht der Eltern gleichgeordnet. Der Staat kann daher in der Schule grundsätzlich unabhängig von den Eltern eigene Erziehungsziele verfolgen (vgl. VerfGHE 33, 33 [40 ff.]; 34, 14 [24]; 35, 90 [95 f.]; BVerfGE 34, 165 [182 f.]; 45, 400 [415 f.]; 47, 46 [71 ff.]; 52, 223 [236], KirchE 17, 325). Die Entscheidung der Verfassung für einen eigenständigen Erziehungsauftrag der Schule lässt es grundsätzlich zu, dass die Erziehung in Schule und Elternhaus nach unterschiedlichen Wertvorstellungen durchgeführt wird (vgl. VerfGHE 41, 44 [46 f.], KirchE 26, 90). Seine Befugnisse überschreitet der Staat erst dann, wenn er die notwendige Neutralität und Toleranz gegenüber den erzieherischen Vorstellungen der Eltern vermissen lässt, also ihren Erziehungsintentionen von vornherein keinen Raum gibt (BVerfG vom 21.4.1989 - 1 BvR 235/89 - S. 2]). Bei der Ausgestaltung der öffentlichen Schulen ist der Gesetzgeber an die Vorgaben der Verfassung gebunden. Nach dem Bildungsauftrag der Bayerischen Verfassung (Art. 131 BayLV) sollen die Schulen nicht nur Wissen und Können vermitteln, sondern auch Herz und Charakter bilden; zu den obersten Bildungszielen gehören Ehrfurcht vor Gott sowie Achtung vor religiöser Überzeugung anderer (vgl. dazu VerfGHE 41, 44 [47 f.], KirchE 26, 90). Unter den Grundsätzen der christlichen Bekenntnisse, nach denen die Schüler gemäß Art. 135 Satz 2 BayLV zu unterrichten sind, sind nicht die Glaubensinhalte einzelner christlicher Bekenntnisse zu verstehen, sondern in Achtung der religiös-weltanschaulichen Gefühle Andersdenkender die Werte und Normen, die, vom Christentum maßgeblich geprägt, auch weitgehend zum Gemeingut des abendländischen Kulturkreises geworden sind (vgl. BVerfGE 41, 65 [84 f.], KirchE 15, 158). Nach dem verfassungsrechtlichen Toleranzgebot (Art. 136 Abs. 1 BayLV) sind an den Schulen beim Unterricht die religiösen Empfindungen aller zu achten.

Im Schulbereich besteht ein Spannungsverhältnis zwischen negativer und positiver Religionsfreiheit, das nach dem Prinzip der Konkordanz zwischen den verschiedenen verfassungsrechtlich geschützten Rechtsgütern zu lösen ist (vgl. VerfGHE 41, 44 [48], KirchE 26, 90; 50, 156 [172 f.], KirchE 35, 298; BVerfGE 41, 29 [50 f.], KirchE 15, 128; 52, 223 [247 u. 251], KirchE 17, 325; 93, 1 [21 f.], KirchE 33, 191). Vor diesem Hintergrund darf die Schule keine missionarische Schule sein; sie muss auch für andere weltanschauliche und religiöse Werte offen sein. Diesen Anforderungen wird die öffentliche Volksschule in Bayern gerecht (vgl.

BVerfGE 41, 65 ff., KirchE 15, 158). Eine Schule, die Raum für eine sachliche Auseinandersetzung mit allen weltanschaulich-religiösen Auffassungen bietet, führt Eltern nicht in einen verfassungsrechtlich unzumutbaren Glaubens- und Gewissenskonflikt (vgl. BVerfGE 41, 65 [86], KirchE 15, 158; 93, 1 [21 f.] KirchE 33, 191). Für die elterliche Erziehung bleibt in jeder Hinsicht genügend Raum, dem Kind den individuell für richtig erkannten Weg zu Glaubens- und Gewissensbindungen oder auch zu deren Verneinung zu vermitteln (vgl. BVerfGE 41, 29/50 f., KirchE 15, 128). Speziellen Elternwünschen hinsichtlich der bekenntnismäßigen Ausrichtung von Schulen kann aufgrund der Freiheit zur Gründung von Privatschulen (Art. 134 BayLV; Art. 7 Abs. 4 u. 5 GG) Rechnung getragen werden (vgl. BVerwG BayVBl. 1992, 184, KirchE 29, 385; BayVGH BayVBl. 1992, 343 [344], KirchE 30, 131).

b) Die von den Beschwerdeführern beanstandeten fächerübergreifenden Unterrichtsinhalte bewirken nicht, dass die staatlichen Schulen, die nach Art. 1 u. 2 BayEUG an den von der Bayerischen Verfassung vorgegebenen Bildungs- und Erziehungsauftrag gebunden sind und das verfassungsmäßige Erziehungsrecht der Eltern zu achten haben, die Grenze überschreiten, die sich aus dem Recht der Beschwerdeführer ergibt, ihre Kinder nach ihren weltanschaulich-religiösen Vorstellungen zu erziehen.

aa) Die in den Jahrgangsstufen 1 mit 4 innerhalb des Unterrichts regelmäßig durchzuführenden Bewegungsübungen sollen der Rhythmisierung des Unterrichts dienen. Phasen der Anspannung sollen durch Phasen der körperlichen Bewegung und der dadurch vermittelten Entspannung unterbrochen werden. Die Bewegungsübungen haben nach dem Vorbringen des Staatsministeriums des Innern keinen Bezug zu den von den Beschwerdeführern genannten Entspannungsübungen fernöstlicher Religionen. Das entspricht allgemeiner Auffassung. Die davon abweichende Überzeugung der Beschwerdeführer muss sich von Verfassungs wegen nicht gegenüber dem an der allgemeinen Anschauung ausgerichteten staatlichen Erziehungsauftrag durchsetzen.

bb) Dieselben Erwägungen gelten für die Verwendung von Mandalas. Das Mandala-Malen stellt keine religiöse Übung dar (vgl. VGH.BW vom 18.6.2002 - 9 S 2441/01 - KirchE 40, 310). Nach dem plausiblen Vorbringen des Staatsministeriums des Innern werden in der Schule Ausmalbilder, die auch in der Form sog. Mandalas gestaltet sein können, vielfach in Verbindung mit Musik eingesetzt. Dadurch solle die Feinmotorik der Kinder geschult und ihnen Gelegenheit gegeben werden, sich neu zu sammeln. Eine theologische Intention soll damit nicht verbunden sein und den Kindern auch nicht vermittelt werden.

cc) Die „Phantasiereise" wird nach Angaben des Staatsministeriums des Innern an vielen didaktischen Orten des Unterrichts eingesetzt, um die Vorstellungskraft der Kinder zu schulen. Auch hierbei handelt es sich um eine wertneutrale Methode (ebenso VGH.BW vom 18.6.2002 - 9 S 2441/01 - KirchE 40, 310). Wenn die Beschwerdeführer darin okkulte

Praktiken aus dem Schamanentum erblicken, so stellen sie sich nicht nur gegen die staatlichen Vorgaben der schulischen Erziehung, sondern auch gegen die erzieherischen Vorstellungen der überwiegenden Zahl der Eltern. Die den Beschwerdeführern obliegende Pflicht zur Toleranz gegenüber diesen Vorstellungen (vgl. VerfGHE 50, 156 [175], KirchE 35, 298) lässt es zumutbar erscheinen, diese Unterrichtsmethode hinzunehmen.

dd) Das von den Beschwerdeführern gerügte Projekt „Klasse 2000" ist in dieser Form nicht mehr Gegenstand des Lehrplans. Die dort enthaltenen Aussagen zur Gestaltung der fächerübergreifenden Gesundheitserziehung lassen im Übrigen einen Bezug zu weltanschaulichen oder religiösen Aspekten nicht erkennen.

ee) Die schulische Familien- und Sexualerziehung richtet sich nach den in Art. 48 BayEUG aufgestellten Grundsätzen. Sie erfolgt „unbeschadet des natürlichen Erziehungsrechts der Eltern" und ist als altersgemäße Erziehung zu verantwortlichem geschlechtlichen Verhalten Teil der Gesamterziehung mit dem vorrangigen Ziel der Förderung von Ehe und Familie. Sie richtet sich nach den in der Verfassung, insbesondere in Art. 118 Abs. 2 (Gleichberechtigung von Frauen und Männern), Art. 124 (Schutz von Ehe und Familie), Art. 131 (oberste Bildungsziele) sowie Art. 135 Satz 2 (Grundsätze der christlichen Bekenntnisse), festgelegten Wertentscheidungen und Bildungszielen unter Wahrung der Toleranz für unterschiedliche Wertvorstellungen und wird fächerübergreifend durchgeführt. Ziel, Inhalt und Form der Familien- und Sexualerziehung sind den Erziehungsberechtigten rechtzeitig mitzuteilen und mit ihnen zu besprechen.

Diese Regelung genügt den Anforderungen des Gesetzesvorbehalts, der den Gesetzgeber verpflichtet, die Entscheidung über die Einführung einer Sexualerziehung in den Schulen selbst zu treffen. Sie nimmt auf das natürliche Erziehungsrecht der Eltern und auf deren religiöse oder weltanschauliche Überzeugungen, soweit diese für das Gebiet der Sexualität von Bedeutung sind, ausreichend Rücksicht. Der Vorrang des Elternrechts verpflichtet den Staat nicht, für die schulische Familien- und Sexualerziehung die Möglichkeit einer Befreiung durch Gesetz vorzusehen oder im Einzelfall kraft Verfassungsrechts zu gewähren (vgl. BVerfGE 47, 46 [78 ff.]; BVerwGE 57, 360 [363 f.]; BayVGH BayVBl. 1981, 430 [431]).

Nach der verfassungsrechtlichen Ausgangslage in Bayern, die mit der des Bundes (vgl. dazu BVerfGE 47, 46 ff.) übereinstimmt und deshalb gemäß Art. 142 GG fortgilt, gehört die individuelle Sexualerziehung in erster Linie zu dem natürlichen Erziehungsrecht der Eltern gemäß Art. 126 Abs. 1 Satz 1 BayLV; der Staat ist jedoch aufgrund seines Erziehungs- und Bildungsauftrags (Art. 130 Abs. 1 BayLV) berechtigt, Sexualerziehung in der Schule durchzuführen. Die Sexualität weist vielfache gesellschaftliche Bezüge auf und stellt einen Teil des menschlichen

Gesamtverhaltens dar. Daher kann dem Staat nicht verwehrt sein, Sexualerziehung als wichtigen Bestandteil der Gesamterziehung des jungen Menschen zu betrachten. Dazu gehört es auch, die Kinder vor sexuellen Gefahren zu warnen und zu bewahren (vgl. BVerfGE 47, 46 [72]). Das Staatsministerium des Innern hat zutreffend darauf hingewiesen, dass die Bedeutung der schulischen Familien- und Sexualerziehung angesichts des Ausmaßes, in dem Kinder und Jugendliche in der Öffentlichkeit mit einer weitgehenden Freizügigkeit auf sexuellem Gebiet konfrontiert werden, eher zugenommen hat. Die Eltern können jedoch kraft ihres aus Art. 107 Abs. 1, Art. 126 Abs. 1 Satz 1 BayLV folgenden Rechts, ihren Kindern die von ihnen für richtig gehaltene religiöse oder weltanschauliche Erziehung zu vermitteln, die gebotene Zurückhaltung und Toleranz bei der Durchführung der Sexualerziehung verlangen. Die Sexualerziehung in der Schule muss für die verschiedenen Wertvorstellungen auf diesem Gebiet offen sein und allgemein Rücksicht nehmen auf das natürliche Erziehungsrecht der Eltern und auf deren religiöse oder weltanschauliche Überzeugungen, soweit diese für das Gebiet der Sexualität von Bedeutung sind. Die Schule muss insbesondere jeden Versuch einer Indoktrinierung der Jugendlichen unterlassen. Bei Wahrung dieser Grundsätze ist Sexualerziehung als fächerübergreifender Unterricht nicht von der Zustimmung der Eltern abhängig. Die Eltern haben jedoch einen Anspruch auf rechtzeitige Information über den Inhalt und den methodisch-didaktischen Weg der Sexualerziehung in der Schule (vgl. zum Verfassungsrecht des Bundes BVerfGE 47, 46 [69 ff.]). Diesen verfassungsrechtlichen Anforderungen wird die Regelung in Art. 48 BayEUG gerecht.

Auch die Umsetzung der Familien- und Sexualerziehung im Lehrplan für die Grundschulen in Bayern (KMBek vom 9.8.2000, KWMBl I Sondernummer 1/2000, Kapitel II A) begegnet keinen verfassungsrechtlichen Bedenken. Dort wird die Familien- und Sexualerziehung als gemeinsame Aufgabe von Elternhaus und Schule bezeichnet. Um dem „Erziehungsvorrecht der Eltern" Rechnung zu tragen, wird die Pflicht der Schule zur rechtzeitigen Information der Eltern über Ziele, Inhalte und Form der Familien- und Sexualerziehung in der Schule bekräftigt.

Die Behauptung der Beschwerdeführer, die schulische Familien- und Sexualerziehung sei Mittel der neomarxistischen Revolutionierung unserer Gesellschaft, stehe im Dienst der emanzipatorischen Pädagogik und erziehe zur sexuellen Freizügigkeit, kann ihnen nicht zu einem Anspruch auf Befreiung von der Schulpflicht verhelfen. Ein nach den verfassungsrechtlichen und gesetzlichen Vorgaben gestalteter Familien- und Sexualkundeunterricht ist zwar offen für die verschiedenartigen weltanschaulichen oder ethischen Würdigungen der Sexualität und wahrt die Toleranz für unterschiedliche Wertvorstellungen; jeder Versuch der Indoktrinierung hat aber zu unterbleiben. Seine Ausrichtung an der Wertentscheidung der Verfassung für den Schutz von Ehe und Familie (Art. 124

Abs. 1 BayLV) und an den in Art. 131 BayLV genannten Bildungszielen (Charakterbildung, Ehrfurcht vor Gott, Achtung vor religiöser Überzeugung und vor der Würde des Menschen, Selbstbeherrschung, Verantwortungsgefühl und Verantwortungsfreudigkeit, Hilfsbereitschaft und Aufgeschlossenheit für alles Wahre, Gute und Schöne) steht einer Erziehung zur sexuellen Freizügigkeit entgegen. Die verfassungsrechtlichen und gesetzlichen Vorgaben sind auch für die Auswahl der von den Lehrern zu bestimmenden Unterrichtsmittel verbindlich; sie sind nach Art. 48 Abs. 3 BayEUG mit den Erziehungsberechtigten zu besprechen. Die Information über den Inhalt und den methodisch-didaktischen Weg der Sexualerziehung ermöglicht es den Eltern, im Sinn ihrer eigenen Auffassungen und Überzeugungen auf ihre Kinder einzuwirken und das ihnen vorrangig zustehende individuelle Erziehungsrecht zur Geltung zu bringen (vgl. BVerfGE 47, 46 [76]).

ff) Die Evolutionstheorie zählt unstreitig zum Fundus der heute für wahr gehaltenen naturwissenschaftlichen Prinzipien. Es ist dem Staat im Rahmen des ihm zukommenden Bildungs- und Erziehungsauftrags unbenommen, sie zum Gegenstand des schulischen Unterrichts zu machen. Darüber hinaus werden nach dem Vorbringen des Staatsministeriums des Innern in der Schule auch andere, nicht naturwissenschaftliche Ansätze behandelt. Es ist nicht ersichtlich, dass dadurch die notwendige Neutralität und Toleranz gegenüber der biblischen Schöpfungsgeschichte verletzt würde. Nicht nur der Staat muss die jeweiligen erzieherischen Vorstellungen der Eltern achten, auch diese sind ihrerseits dem Gedanken der Toleranz gegenüber anders denkenden Eltern verpflichtet (vgl. VerfGHE 50, 156 [175], KirchE 35, 298; BVerfGE 52, 223 [237], KirchE 17, 325), deren Belangen die schulische Erziehung ebenfalls Rechnung tragen muss. Aus der Glaubensfreiheit kann kein Anspruch hergeleitet werden, wissenschaftliche Erkenntnisse nicht lernen zu müssen, die mit den eigenen Glaubensüberzeugungen im Widerspruch stehen (vgl. VGH.BW vom 18.6.2002 - 9 S 2441/01 - KirchE 40, 310).

3. Verfassungsrechtliche Bedenken sind auch nicht gegen die weiteren Erwägungen der Gerichte zu erheben, mit denen sie einen Verstoß gegen den Grundsatz der Verhältnismäßigkeit verneint haben. Die dagegen von den Beschwerdeführern vorgebrachten Einwendungen greifen nicht durch.

Die aufgrund der allgemeinen sicherheitsrechtlichen Befugnisnorm des Art. 7 Abs. 2 Nr. 1 LStVG gegen die Beschwerdeführer erlassene Anordnung, ihre Tochter bei der Schule anzumelden (Art. 35 Abs. 4 Satz 1 BayEUG) und für ihre Teilnahme am Unterricht zu sorgen (Art. 76 Satz 1 BayEUG), steht - wie auch Maßnahmen des Schulzwangs nach Art. 118 BayEUG - im Ermessen der Behörden, das am Grundsatz der Verhältnismäßigkeit und an den sonstigen verfassungsrechtlichen Vorgaben auszurichten ist.

Von diesem rechtlichen Ausgangspunkt aus ist es verfassungsrechtlich nicht zu beanstanden, dass das Verwaltungsgericht an der Durchsetzung der Schulpflicht festgehalten hat, obwohl die Beschwerdeführer ihre Kinder nach dem Programm einer amerikanischen Fernschule zu Hause unterrichten oder unterrichten lassen. Das Verwaltungsgericht geht davon aus, dass durch die Teilnahme an dem Fernunterricht der Schulpflicht nicht genügt wird. Von hier nicht einschlägigen völkerrechtlichen Abkommen und zwischenstaatlichen Vereinbarungen abgesehen, besteht einfachrechtlich keine Ausnahme von der Vollzeitschulpflicht (Art. 35 Abs. 1 BayEUG); die geltende Rechtslage gestattet Privatunterricht nicht (vgl. Kaiser/Mahler, aaO, Erl. 7 u. 20 zu Art. 35 Abs. 1 BayEUG). Auch wenn unterstellt wird, dass der Fernunterricht eine zumindest gleichwertige Wissensvermittlung gewährleistet und für ein späteres Studium des Kindes in den Vereinigten Staaten bessere Voraussetzungen bietet als der Besuch einer bayerischen Volksschule, ist es verfassungsrechtlich nicht geboten, gegenüber den Beschwerdeführern von der Durchsetzung der Schulpflicht für ihre Tochter Abstand zu nehmen. Wie ausgeführt, erschöpft sich der Auftrag der Schule nicht darin, den zeitnotwendigen Grundstock des Wissens und Könnens zu vermitteln. Darüber hinaus müssen die Kinder im Sinn des Art. 131 BayLV zu tüchtigen Mitgliedern der Gemeinschaft erzogen werden; sie sollen durch den gemeinsamen Schulbesuch in das Gemeinschaftsleben hineinwachsen. Dieses Ziel kann in der Familie auch dann nicht gleichwertig erreicht werden, wenn in ihr mehrere Kinder vorhanden sind. Auch wenn die Tochter der Beschwerdeführer später einmal in den Vereinigten Staaten studieren soll, liegt es im wohlverstandenen Interesse des Kindes, ihm im derzeitigen Entwicklungsstadium Gelegenheit zu geben, sich durch den gemeinsamen Schulbesuch zu einer eigenverantwortlichen, gemeinschaftsfähigen Persönlichkeit zu entwickeln. Neben der für andere weltanschauliche und religiöse Werte offenen Schule bleibt für die elterliche Erziehung genügend Raum, den Kindern den individuell für richtig erkannten Weg zu Glaubens- und Gewissensbindungen zu vermitteln und die nach ihrer Auffassung bestehenden Mängel der schulischen Erziehung in geeigneter Weise auszugleichen (vgl. BayVGH BayVBl. 1992, 343 [345], KirchE 30, 131).

47

Es ist nicht mit dem im Verfahren auf Erlass einer einstweiligen Anordnung erforderlichen Wahrscheinlichkeit anzunehmen, dass § 9 Abs. 2 Satz 1 Bbg.SchulG (Religionsunterricht der Kirchen und Religionsgemeinschaften in den Räumen der Schule) bei verfassungskonformer Auslegung einen Anspruch von Erziehungsberechtigten auf Zulassung eines nichtstaatlichen Weltanschauungsunterricht begründet.

Art. 3, 4 Abs. 1 u. 2, 6 Abs. 2 GG, § 146 Abs. 4 VwGO
OVG Brandenburg, Beschluss vom 18. Dezember 2002 - 1 B 202/02[1] -

Die Beschwerdeführerin beantragte im Oktober 2001 bei dem Ministerium für Bildung, Jugend und Sport des Landes Brandenburg für ihre Tochter, die die Grundschule in E. besucht, weltanschaulichen Unterricht durch den Humanistischen Verband Berlin/Brandenburg e.V. Dies lehnte das Ministerium im Januar 2002 ab.

Ende Februar 2002 erhob die Beschwerdeführerin am Verwaltungsgericht Frankfurt (Oder) Verpflichtungsklage mit dem Ziel, die Erteilung des von ihr angestrebten Unterrichtes für ihre Tochter zu erreichen. Über die Klage ist noch nicht entschieden. Zugleich suchte sie bei dem Gericht um einstweiligen Rechtsschutz nach mit dem Antrag, das Ministerium im Wege der einstweiligen Anordnung zu verpflichten, bis zur rechtskräftigen Entscheidung des Rechtsstreits in der Hauptsache das Fach unterrichten zu lassen. Dies wurde mit dem angefochtenen Beschluss abgelehnt.

Auch die Beschwerde der Antragstellerin blieb ohne Erfolg.

Aus den Gründen:

Die zulässige Beschwerde der Antragstellerin ist unbegründet. Das Verwaltungsgericht hat den Antrag der Antragstellerin, dem Antragsgegner im Wege der einstweiligen Anordnung aufzugeben, den Beigeladenen in der von ihrer Tochter besuchten Klasse der Grundschule E. - hilfsweise: klassen- oder jahrgangsübergreifend - ab dem Schuljahr 2002/2003 Weltanschauungsunterricht erteilen zu lassen, zu Recht abgelehnt.

Die gerichtliche Überprüfung ist wegen des in § 146 Abs. 4 Satz 3 VwGO aufgestellten Darlegungserfordernisses auf die geltend gemachten Beschwerdegründe beschränkt, § 146 Abs. 4 Satz 6 VwGO. (...) Auf dieser Grundlage ist der Beschluss des Verwaltungsgerichts vom 15.8.2002 nicht zu beanstanden; die Antragstellerin hat keine Gründe dargelegt, die Anlass für eine Aufhebung oder Abänderung des erstinstanzlichen Beschlusses geben würden.

Das Verwaltungsgericht hat im Ergebnis zutreffend jedenfalls das Bestehen eines die begehrte einstweilige Anordnung nach § 123 Abs. 1 Satz 2 VwGO tragenden Anordnungsanspruchs verneint. Denn es fehlt an der wegen der erstrebten Vorwegnahme der Hauptsache erforderli-

[1] LKV 2003, 430; NJ 2003, 274. Die Verfassungsbeschwerde der Antragstellerin blieb erfolglos; VerfGH Brandenburg, Beschluss vom 19.6.2003 - 01/03 - LKV 2003, 469. Im Hauptsacheverfahren hat das VG Potsdam am 22.8.2003 einen Beschluss (12 K 2130/01) zur Vorlage des Rechtsstreits an das Landesverfassungsgericht erlassen. Hierüber war bei Redaktionsschluss (31.5.2006) noch nicht entschieden.

chen hohen Wahrscheinlichkeit für einen Erfolg der Antragstellerin im Hauptsacheverfahren.

Der Senat vermag dem Beschwerdevorbringen, wonach sich ein Anordnungsanspruch aus Art. 6 Abs. 2, Art. 4 und Art. 3 GG ergeben soll, nicht zu folgen.

Auszugehen ist zunächst mit dem Beschwerdevorbringen davon, dass das Landesrecht - gemeint ist § 9 Abs. 2 Satz 1 SchulG.Bbg in der seit dem 1.8.2002 geltenden Fassung (GVBl. I S. 78) - „einen Anspruch der Erziehungsberechtigten und der Kinder auf eine Bekenntniserziehung an den öffentlichen Schulen nicht unmittelbar einräumt“ (...). Nach § 9 Abs. 2 Satz 1 Bbg.SchulG haben „die Kirchen und Religionsgemeinschaften (...) das Recht, Schülerinnen und Schüler in allen Schulformen und Schulstufen in den Räumen der Schule in Übereinstimmung mit ihren Grundsätzen zu unterrichten (Religionsunterricht)“. Ein Recht der Erziehungsberechtigten (und der Schüler) darauf, dass ein entsprechender - nicht staatlicher (vgl. § 9 Abs. 4 Satz 3, Abs. 5 Satz 1 Bbg.SchulG) - Unterricht angeboten bzw. ermöglicht wird, ergibt sich daraus schon nach dem eindeutigen Wortlaut der Bestimmung nicht; dass eine hiervon abweichende Auslegung aufgrund des Regelungszwecks in Betracht kommen würde, hat die Antragstellerin nicht geltend gemacht und ist auch unabhängig hiervon - zumal mit Blick auf die vom Gesetzgeber „in Anwendung des Artikels 141 GG“ angenommene Entscheidungsfreiheit hinsichtlich der Ausgestaltung des Religionsunterrichts an Schulen (s. die Begründung des Gesetzentwurfs der Landesregierung zu § 9 Abs. 2 Satz 1 Bbg.SchulG in der Fassung vom 12.4.1996 - GVBl. I S. 102 -, LT-Drs. 2/1675, S. 15) - nicht ersichtlich. Selbst wenn - wie die Antragstellerin erstinstanzlich unter Hinweis insbesondere auf ein sich aus Art. 140 GG iVm Art. 137 Abs. 7 WRV, Art. 3 Abs. 3, 4 Abs. 1 u. 2 GG sowie Art. 36 Abs. 5 der Verfassung des Landes Brandenburg ergebendes Gleichstellungsgebot geltend gemacht hat - eine verfassungskonforme Auslegung von § 9 Abs. 2 Satz 1 SchulG.Bbg dahingehend geboten und möglich sein sollte, dass auch Weltanschauungsgemeinschaften das Recht auf Unterrichtung von Schülerinnen und Schülern zukommt, könnte die Antragstellerin als Erziehungsberechtigte daher nach der vorgenannten Bestimmung auch in jener Lesart keine Erweiterung des gegenwärtigen Unterrichtsangebots um einen Weltanschauungsunterricht durch den Beigeladenen beanspruchen; vielmehr würde ein entsprechender Anspruch gegebenenfalls allein für den Beigeladenen in Betracht kommen.

Es spricht auch keine hohe Wahrscheinlichkeit dafür, dass sich der von der Antragstellerin geltend gemachte Anspruch aus Art. 6 Abs. 2, Art. 4 und Art. 3 GG ergeben könnte. Art. 6 Abs. 2 Satz 1 GG gewährleistet der Antragstellerin das Recht zur Erziehung ihrer Tochter, auch in weltanschaulich-religiöser Hinsicht (vgl. BVerfG, Beschluss vom 17.12.1975 - 1 BvR 63/68 - BVerfGE 41, 29 [44], KirchE 15, 128). Dieses Grundrecht der

Eltern kann durch den Zwang betroffen sein, ihr schulpflichtiges Kind einer bekenntnismäßig anders geprägten, den eigenen diesbezüglichen Erziehungsvorstellungen nicht entsprechenden Schulerziehung aussetzen zu müssen (BVerfG, aaO, BVerfGE 41, 29 [47], KirchE 15, 128). Hingegen wird das Recht auf elterliche Erziehung in weltanschaulich-religiöser Hinsicht nicht dadurch betroffen, dass eine schulische Erziehung auf einer bestimmten weltanschaulichen oder religiösen Grundlage unterbleibt; denn dies schließt die - den weltanschaulich und religiös neutralen staatlichen Schulunterricht (vgl. zum verfassungsrechtlichen Gebot staatlicher religiös-weltanschaulicher Neutralität etwa BVerwG, Urteil vom 17.6.1998 - 6 C 11.97 -, BVerwGE 107, 75 [80], KirchE 36, 265) ergänzende - elterliche Erziehung nach den jeweils für richtig gehaltenen weltanschaulichen oder religiösen Vorstellungen nicht aus (vgl. BVerwG, aaO, BVerwGE 107, 75 [83], KirchE 36, 265). Schon von daher kann aus Art. 6 Abs. 2 GG kein auf die Schaffung bzw. Ermöglichung eines Weltanschauungs- oder Religionsunterrichts mit bestimmter - nicht neutraler - Prägung bezogener Leistungsanspruch abgeleitet werden. Entsprechendes gilt für das Grundrecht aus Art. 4 Abs. 1 u. 2 GG. Dieses Grundrecht umfasst auch das Recht der Eltern, ihrem Kind die von ihnen für richtig gehaltene religiöse oder weltanschauliche Erziehung zu vermitteln. Ein Anspruch gegen den Staat, dass die Kinder in der Schule in der gewünschten weltanschaulichen Form erzogen werden, entspringt daraus jedoch nicht (BVerfG, aaO, BVerfGE 41, 29 [47 f.], KirchE 15, 128).

Eine hohe Wahrscheinlichkeit für ein Obsiegen der Antragstellerin im Hauptsacheverfahren besteht schließlich auch nicht mit Blick auf die geltend gemachte Verletzung ihres auf Art. 3 u. 4 GG gestützten Anspruchs auf Gleichbehandlung hinsichtlich der „Erziehungshilfe, die den Mitgliedern von Religionsgemeinschaften nach Maßgabe von § 9 Abs. 2 Satz 1 SchulG zuteil wird“ (...). Zweifel am Bestehen eines Anspruchs aus Art. 3 Abs. 1 GG auf Erweiterung des gegenwärtigen Unterrichtsangebots an der von der Tochter der Antragstellerin besuchten Schule um Weltanschauungsunterricht durch den Beigeladenen ergeben sich insoweit schon daraus, dass entsprechend dem übrigen Beschwerdevorbringen, wie bereits ausgeführt, davon auszugehen ist, dass der Antragstellerin aus § 9 Abs. 2 Satz 1 SchulG.Bbg gerade kein subjektiv-öffentliches Recht auf die erstrebte Erweiterung des Unterrichtsangebots zusteht; denn die Antragstellerin macht insoweit eine Ungleichbehandlung in Bezug auf einen Rechtssatz geltend, der ihr - ebenso wie Eltern, die einer Kirche oder Religionsgemeinschaft angehören - kein subjektives Recht einräumt (vgl. insoweit - zur Erweiterung einer Realschule um ein gymnasiales Unterrichtsangebot - BVerwG, Beschluss vom 2.7.1979 - 7 B 139.79 - DÖV 1979, 911). Dementsprechend könnte allein auf die Religionsgemeinschaften einerseits und die Weltanschauungsgemeinschaften andererseits - ungeachtet der mittelbaren Auswirkungen (vgl. aber auch

BVerfG, Beschluss vom 11.1.1995 - 1 BvR 892/88 - BVerfGE 92, 53 [69]) für deren jeweilige Anhänger - als Gruppen von Normadressaten des § 9 Abs. 2 Satz 1 Bbg.SchulG abzustellen sein, in deren unterschiedlicher Behandlung eine Verletzung des allgemeinen Gleichheitssatzes zu sehen wäre, wenn zwischen ihnen keine Unterschiede von solcher Art und solchem Gewicht bestehen würden, dass sie die ungleiche Behandlung rechtfertigen könnten (vgl. etwa BVerfG, Urteil vom 3.4.2001 - 1 BvR 81/98 - BVerfGE 103, 225 [235]); dies geltend zu machen wäre gegebenenfalls vorliegend dem Beigeladenen in dem von ihm bei dem Verwaltungsgericht Potsdam geführten und dort noch anhängigen Klageverfahren (12 K 2130/01) vorbehalten, mit welchem er eine Verpflichtung des Antragsgegners zur Neubescheidung seines Antrags auf Zulassung des Faches „Humanistische Lebenskunde" erstrebt. Überdies spricht viel dafür, dass es bei dem von der Antragstellerin geltend gemachten Anspruch, der auf eine Erweiterung des Unterrichtsangebots um ein zusätzliches (nicht staatliches) Schulfach gerichtet ist und der die Frage der Erziehung an Schulen durch religiös und weltanschaulich gebundenen Unterricht betrifft, um eine dem demokratischen Landesgesetzgeber obliegende und nach Maßgabe des insoweit bestehenden Gestaltungsspielraums zu treffende Grundentscheidung der Organisation des Schulwesens geht (vgl. BVerfG, aaO, BVerfGE 41, 29 [50 f.], KirchE 15, 128). Dass eine hinreichende gesetzliche Grundlage für den von der Antragstellerin erstrebten Unterricht in § 9 Abs. 2 Satz 1 SchulG.Bbg gesehen werden könnte, ist demgegenüber zweifelhaft; denn es ist offen, ob die schon erwähnte - von der Antragstellerin als geboten erachtete - verfassungskonforme Auslegung dieser Bestimmung möglich ist. Bedenken hiergegen bestehen, weil der Gesetzgeber ersichtlich den Willen hatte, den Weltanschauungsgemeinschaften das fragliche Unterrichtsrecht mit der Regelung in § 9 Abs. 2 Satz 1 Bbg.SchulG gerade vorzuenthalten (vgl. zu den Grenzen einer verfassungskonformen Auslegung insoweit etwa BVerfG, Beschluss vom 14.7.1999 - 1 BvR 995, 2288, 2711/95 - BVerfGE 101, 54 [86 mwN]). Dafür spricht jedenfalls die Ablehnung (s. Plenarprotokoll 3/58 vom 26.6.2002, S. 3874, 3878) der auf die Einbeziehung von Weltanschauungsgemeinschaften und Weltanschauungsunterricht in den Anwendungsbereich von § 9 Abs. 2-5 Bbg.SchulG zielenden Änderungsanträge der Fraktion der PDS (LT-Drs. 3/4543 u. 3/4544) im Zuge des Gesetzgebungsverfahrens zum Dritten Gesetz zur Änderung des Brandenburgischen Schulgesetzes vom 10.7.2002 (GVBl. I S. 55); zudem hatte der Gesetzgeber die auf „Kirchen und Religionsgemeinschaften" beschränkte - insoweit durch das vorerwähnte Gesetz unverändert gebliebene - Fassung des § 9 Abs. 2 Satz 1 Bbg.SchulG gerade in Kenntnis der ausdrücklich weiterreichenden Regelung im Nachbarland Berlin geschaffen (vgl. Ministerin für Bildung, Jugend und Sport Peter, 1. Lesung zum Gesetzentwurf der Landesregierung für das Brandenburgische Schulgesetz, Plenarprotokoll 2/23 vom 8.11.1995, S. 2049, 2051).

Die aufgezeigten grundlegenden verfassungsrechtlichen Rechtsfragen lassen sich nur in einem Hauptsacheverfahren klären; dass sie mit überwiegender Wahrscheinlichkeit jeweils zu Gunsten der Antragstellerin zu beantworten wären, vermag der Senat nach dem Vorstehenden nicht zu erkennen. Ob das Verwaltungsgericht sich einer näheren Beurteilung der Erfolgsaussichten der Antragstellerin in dem von ihr geführten Hauptsacheverfahren allein mit Blick auf die noch ausstehende Entscheidung des Verwaltungsgerichts Potsdam über die erwähnte Klage des Beigeladenen (12 K 2130/01) enthalten durfte, kann danach dahinstehen.

Soweit die Antragstellerin mit der Beschwerde schließlich vorbringt, bei dem offenen Ausgang des Hauptsacheverfahrens müsse vorliegend eine Abwägungsentscheidung zu ihren Gunsten getroffen werden, folgt der Senat dem nicht. Gerade der offene Ausgang des Hauptsacheverfahrens steht der erstrebten Vorwegnahme der Hauptsache vielmehr entgegen. Im Übrigen wäre für eine etwaige Abwägungsentscheidung ausschlaggebend zu berücksichtigen, dass eine Benachteiligung der Antragstellerin im Vergleich zu Eltern, deren Kinder den ihren Glaubensüberzeugungen gemäßen Religionsunterricht besuchen können, vorliegend mit Blick darauf, dass sie selbst für den Beigeladenen als Lehrerin für das erstrebte Unterrichtsfach tätig ist, keine tatsächlich schwerwiegende Beeinträchtigung darstellt. Denn es ist davon auszugehen, dass der Antragstellerin die Vermittlung ihrer weltanschaulichen Grundüberzeugungen - in Ergänzung des insoweit neutralen staatlichen Unterrichts im Fach Lebensgestaltung-Ethik-Religionskunde (§ 11 Abs. 2-4 Bbg.SchulG - möglich ist und dass sie daher die (zunächst) ausbleibende diesbezügliche Unterstützung in Form des erstrebten Schulunterrichts kompensieren kann. Ob das Verwaltungsgericht von daher zu Recht auch das Bestehen eines Anordnungsgrundes verneint hat, war mit Blick auf das vorstehend zum Anordnungsanspruch bereits Ausgeführte für den Senat nicht mehr entscheidungserheblich.

48

1. Ein Steuerberater ist von seiner Verpflichtung zur vollständigen und umfassenden Belehrung seines Auftraggebers über die steuerlichen Folgen eines Rechtsgeschäfts auch dann nicht befreit, wenn die Steuerpflicht (wie bei der Kirchensteuer) an eine vom Mandanten in eigener Verantwortung zu treffende Gewissensentscheidung anknüpft.

2. Bei einem Schadensersatzanspruch aus Vertragsverletzung gehört der Ursachenzusammenhang zwischen der Pflichtverletzung und dem Eintritt eines daraus erwachsenen allgemeinen Vermö-

gensschadens nicht mehr zur haftungsbegründenden, sondern zur haftungsausfüllenden Kausalität. Für seinen Nachweis gelten daher nicht die strengen Beweisanforderungen des § 286 ZPO, sondern die in § 287 ZPO vorgesehenen Beweiserleichterungen.

3. Die Vermutung beratungsrichtigen Verhaltens gilt generell und unabhängig davon, ob für die Entscheidungsfindung des Auftraggebers neben wirtschaftlichen Erwägungen auch religiöse, ideelle oder sonstige Motive eine Rolle spielen können. Ein entsprechender Anscheinsbeweis greift bereits dann ein, wenn unter wirtschaftlichen Gesichtspunkten nur eine einzige verständige Entschlussmöglichkeit besteht. Macht der Berater geltend, der Mandant hätte aus ideellen oder religiösen Gründen auch bei ordnungsgemäßer Beratung die ihm entstandenen Steuernachteile hingenommen, so trägt er hierfür die Darlegungs- und Beweislast.

§§ 249, 276 BGB, 286, 287 ZPO
OLG Düsseldorf, Urteil vom 20. Dezember 2002 - 23 U 39/02[1] -

Der Beklagte war über 25 Jahre für den Kläger als Steuerberater tätig. Ferner beriet er steuerlich die X-GmbH. Deren Alleininhaber war ebenfalls der Kläger. Am 10.10.1995 wurde durch Gesellschafterbeschluss bezüglich der GmbH eine Gewinnausschüttung in Höhe des mit einer 50-prozentigen Körperschaftsteuer vorbelasteten Eigenkapitals in Höhe von 380631,75 DM beschlossen. Hintergrund hierfür waren in 1995 für den Kläger bei der GmbH bestehende Fremdverbindlichkeiten in Höhe von 958892,60 DM. Diese Fremdverbindlichkeiten beruhten auf Entnahmen des Kläger aus dem Gesellschaftsvermögen, die gegen Verrechnung auf das Darlehenskonto erfolgten. Die aufgrund des Darlehensvertrags vom Kläger an die GmbH zu leistende Zinslast betrug jeweils 6 vH jährlich (in 1995: 49987,29 DM). Diese Zinsen wurden jeweils dem Verrechnungskonto gutgeschrieben. Damit erhöhten sich fortlaufend die Verbindlichkeiten des Klägers gegenüber der GmbH und deren Gewerbesteuerlast. Gleichzeitig konnte der Kläger die der Gesellschaft gutgeschriebenen Zinsen im Rahmen seiner privaten Steuererklärung nur zu einem Teil als Werbungskosten aus Kapital vermögenssteuerlich absetzen. In Folge der Ausschüttung verminderte sich die Körperschaftsteuerbelastung seinerzeit auf 30 vH, was zu einer Erstattung der bereits gezahlten Körperschaftsteuer in Höhe von 152881 DM führte. Die bereits abgeführte Körperschaftsteuer wurde im Wege des Anrechnungsverfahrens bei der Ermittlung der persönlichen Einkommenssteuerlast berücksichtigt. Folge hiervon war, dass für den Kläger für das Jahr 1995 nennenswerte Einkommensteuer nicht anfiel. Gemäß Bescheid des Kirchensteueramts

---

[1] Auszug aus den amtl. Leitsätzen. GI 2003, 60; NJW-RR 2003, 1071; OLGR Düsseldorf 2003, 106; StB 2003, 343. Das Urteil ist rechtskräftig.

vom 27.10.1997 musste der Kläger infolge der vorgenannten Transaktion 28.433,20 DM Kirchensteuer zahlen.

Diesen Betrag abzüglich seiner sich für 1996 ergebenden Steuerersparnis in Höhe von 10.212,14 DM, d.h. insgesamt 18.221,06 DM, verlangt er nunmehr von dem Beklagte erstattet. Zur Begründung trägt er vor: Der Gesellschafterbeschluss vom 10.10.1995 betreffend die Gewinnausschüttung sei - für sich unstreitig - auf Vorschlag des Beklagte hin erfolgt. Dieser habe ihm seinerzeit erklärt, dass seine Gesamtsteuerbelastung infolge der Transaktion ungefähr gleich hoch sei, eventuell sogar mit einer Erstattung gerechnet werden könne. Bei dieser Beratung habe der Beklagte fälschlich die anfallende Kirchensteuer vergessen. Falls er - wie geboten - auf die Kirchensteuer rechtlichen Auswirkungen hingewiesen hätte, so hätte er, der Kläger entweder die Transaktion nicht durchgeführt oder den Austritt aus der Kirche erklärt. Letzteres habe er ohnehin bereits seit Jahren erwogen, jedoch auf Anraten seines Steuerberaters unterlassen. Zudem habe der Beklagte bei mehreren Gelegenheiten auch ausdrücklich mitgeteilt, dass er bei erneuten größeren Steuerbelastungen aus der Kirche austrete.

Das Landgericht hat die Zahlungsklage abgewiesen. Die Berufung des Klägers hatte Erfolg.

Aus den Gründen:

Das zulässige Rechtsmittel hat auch in der Sache Erfolg. Die berechtigten Verfahrensrügen der Berufungsbegründung hindern den Senat nicht an einer Sachentscheidung (§ 540 ZPO a.F.); danach erweist sich die Klage als begründet. Der Beklagte ist dem Kläger aus positiver Vertragsverletzung zum Ersatz des geltend gemachten Schadens verpflichtet.

I. Der Beklagte ist den ihm obliegenden Beratungspflichten schuldhaft nicht nachgekommen, weil er den Kläger nicht über die kirchensteuerlichen Auswirkungen der auf seinen Rat im Oktober 1995 beschlossenen Gewinnausschüttung belehrt hat.

1. Die Belehrungspflicht des Beklagten erstreckte sich auch auf die kirchensteuerlichen Belastungen der vorgesehenen Maßnahmen.

a) Im Rahmen seines Auftrags hat der steuerliche Berater seinen Mandanten umfassend zu beraten und ungefragt über alle bedeutsamen steuerlichen Einzelheiten einschließlich insoweit bestehender zivilrechtlicher Gestaltungsmöglichkeiten und deren Folgen zu unterrichten; dabei hat er von der Belehrungsbedürftigkeit seines Mandanten auszugehen. Darüber hinaus muss der Steuerberater seinen Auftraggeber möglichst vor Schaden bewahren; er muss ihm deswegen den sichersten Weg zu dem erstrebten steuerlichen Ziel aufzeigen und sachgerechte Vorschläge zu dessen Verwirklichung unterbreiten. Hierbei hat er den Mandanten in die Lage zu versetzen, eigenverantwortlich seine Rechte und Interessen wahren und eine Fehlentscheidung zu vermeiden (BGHZ 128, 358 [360], NJW 1995, 958; BGHZ 129, 386 [396], NJW 1995, 2108 [2110]; BGH NJW 1998, 1488 [1489 u. 1491]; NJW 2001, 3477 [3478]; OLG Düsseldorf GI 2002, 205 [206], OLGR 2002, 216 [217]; Zugehör, WM-Sonderbeilage 4/2000, 8).

b) Diesen Verpflichtungen ist der Beklagte nicht nachgekommen. Nach eigener Darstellung war bei den Beratungsgesprächen mit dem Kläger von der die Kirchensteuer einschließenden Gesamtsteuerbelastung keine Rede; er will den Kläger lediglich darüber belehrt haben, dass sich bei der vorgesehenen Ausschüttung „hinsichtlich der Einkommenssteuer ... sowie der anrechenbaren Körperschaftssteuer kaum Auswirkungen ergeben würden“. Dieser Hinweis war nicht nur unvollständig; er musste beim Kläger sogar den Eindruck erwecken, dass Mehrbelastungen aus anderen Steuerarten mit dem vom Beklagten selbst angeratenen Rechtsgeschäft nicht verbunden seien.

2. Von seiner demnach verletzten Pflicht zu vollständiger und umfassender Belehrung über die steuerlichen Folgen der vorgesehenen Transaktion war der Beklagte auch nicht aus besonderen Gründen befreit. Seine - insbesondere erstinstanzlichen - Einwendungen liegen in jeder Hinsicht neben der Sache; sie zeugen zudem von einem grundsätzlichen Fehlverständnis von den Pflichten eines steuerlichen Beraters.

a) Die Belehrungspflicht des Beklagten entfiel nicht deshalb, weil der Kläger „als langjähriger Steuerzahler insoweit nicht belehrungsbedürftig“ gewesen sei.

aa) Der rechtliche oder steuerliche Berater hat grundsätzlich von der Belehrungsbedürftigkeit seines Auftraggebers/Mandanten auszugehen (BGH NJW-RR 1987, 1375 [1376]; NJW-RR 1991, 1125 [1126]; NJW 1998, 1486; Zugehör aaO, 9); dies gilt sogar gegenüber rechtlich und wirtschaftlich erfahrenen Personen (BGH NJW 2001, 517 [518 mwN.]; Ganter, WM-Sonderbeilage 6/2001, 1 [10]). Anderes kommt allenfalls dann in Betracht, wenn der Berater mit Sicherheit davon ausgehen kann, dass dem Mandanten Art und Umfang des mit der beabsichtigten rechtlichen Gestaltung verbundenen Risikos in vollem Maße bekannt sind und es deshalb keiner weitergehenden Belehrungen oder Warnungen des gerade wegen seiner besonderen Sachkunde hinzugezogenen Beraters bedarf (BGH NJW 1992, 820; NJW 1992, 1159 [1160]; NJW 1993, 1320 [1322]; NJW-RR 2001, 1351 [1352 f.]). Für einen solchen, nur unter engen Voraussetzungen in Betracht kommenden Ausnahmefall trägt der Berater die uneingeschränkte Darlegungs- und Beweislast (BGH NJW 2001, 517 [518] mwN; Zugehör aaO; Ganter aaO).

bb) Von einer mangelnden Belehrungsbedürftigkeit in diesem Sinne kann vorliegend nicht die Rede sein. Das allgemeine Wissen eines Steuerpflichtigen, dass ein ihm angeratenes Rechtsgeschäft steuerliche Folgen mit sich bringen könne, macht eine umfassende steuerliche Beratung nicht entbehrlich; die gegenteilige Rechtsauffassung des Beklagten ist geeignet, die Existenzberechtigung seines eigenen Berufsstands in Abrede zu stellen. Auch ein etwaiges Wissen um die Zusammenhänge zwischen Einkommenssteuerfestsetzung und Kirchensteuer vermochten dem Kläger keinerlei Grundlage für eine sachgemäße Einschätzung der auf ihn zukommenden Steuerlasten zu verschaffen; dies gilt umso mehr, als er nach den Erklärungen des Beklagten von einer wirtschaftlich weitgehend „steuerneutralen" Vermögensdisposition ausgehen musste (oben 1.b). Durch die Hinzuziehung des Beklagten hatte der Kläger vielmehr umgekehrt zum Ausdruck gebracht, dass er zur Beurteilung der steuerlichen Folgen der komplizierten Transaktion auf die umfassende Hilfe eines Sachkundigen angewiesen war; dem durfte sich der Beklagte nicht durch haltlose Mutmaßungen über die Kenntnis irgendwelcher „steuerlichen Konsequenzen" entziehen.

b) Gleichermaßen neben der Sache liegt der im Anschluss an die Ausführungen des Landgerichts erneut aufgegriffene Einwand des Beklagten, ein Kirchenaustritt sei als höchstpersönliche Gewissensentscheidung einer steuerlichen Beratung nicht zugänglich. Die Entscheidung zwischen mehreren Verhaltensmöglichkeiten obliegt in jedem Fall allein dem Auftraggeber und nicht seinem Berater; dies gilt unabhängig davon, ob sie auf wirtschaftlichen, ideellen oder sonstigen Gesichtspunkten beruht. Pflicht eines rechtlichen oder steuerlichen Beraters ist es aber, dem Mandanten die Folgen aller in Betracht kommenden Alternativen umfassend und vollständig vor Augen zu führen und ihn auf diese Weise überhaupt erst in die Lage zu versetzen, unter Abwägung sämtlicher für ihn - den Mandanten - maßgeblicher Umstände zu einer seinen wirtschaftlichen und/oder ideellen Vorstellungen entsprechenden Entscheidung zu gelangen. Dies gilt auch dann, wenn die Steuerpflicht an eine vom Mandanten in eigener Verantwortung zu treffende Gewissensentscheidung anknüpft. Der Steuerberater ist zwar auch in einem solchen Fall weder berechtigt noch überhaupt in der Lage, seinem Auftraggeber eine bestimmte Entscheidung vorzuschreiben oder gar abzunehmen; er ist aber umgekehrt auch nicht befugt, hieraus resultierende Steuerlasten aus der geschuldeten Darlegung sämtlicher steuerlicher Auswirkungen eines Rechtsgeschäfts auszuklammern, weil ihnen eine „höchstpersönliche Gewissensentscheidung" zugrunde liegt oder er - der Berater - eine seinen eigenen Wertvorstellungen widersprechende Entscheidungsfindung des Mandanten befürchtet. Gleichermaßen unerheblich ist es, ob die Bereitschaft des Klägers zu einem Kirchenaustritt für den Beklagten erkennbar war; in jedem Fall blieb er verpflichtet, den Kläger über alle ihm drohenden Steuernachteile aufzuklären und ihm - dem Kläger - die eigenverantwortliche Entscheidungen über sein weiteres Verhalten zu überlassen (oben 1.a] mwN).

II. Die Pflichtverletzung des Beklagten war für die Steuermehrbelastung des Klägers ursächlich, weil dieser sich bei Aufklärung über Anfall und Ausmaß der Kirchensteuer im Herbst 1995 für einen Kirchenaustritt entschieden hätte.

1. Der Annahme des Landgerichts, eine dementsprechende Entscheidung des Klägers sei „nicht mit der für eine Verurteilung erforderlichen Sicherheit festzustellen (§ 286 Abs. 1 ZPO)", liegt bereits ein unzutreffendes Beweismaß zugrunde.

a) Bei einem Schadensersatzanspruch aus Vertragsverletzung gehört der Ursachenzusammenhang zwischen der Pflichtverletzung und dem Eintritt eines daraus erwachsenen allgemeinen Vermögensschadens nicht mehr zur haftungsbegründenden, sondern zur so genannten haftungsausfüllenden Kausalität. Für seinen Nachweis gelten daher nicht die strengen Beweisführungsvoraussetzungen des § 286 ZPO, sondern die in § 287 ZPO vorgesehenen Beweiserleichterungen (BGH NJW 2000, 509 mwN; NJW-RR 2001, 1351 [1353]). Nach jener Bestimmung entscheidet das Gericht unter Würdigung aller Umstände nach freier Überzeugung, ob durch das haftungsbegründende Ereignis ein Schaden entstanden ist. Danach ist der Richter bei der Feststellung des Schadens in der Auswahl der Beweise, auf die er seine Überzeugung gründet, und ihrer Würdigung freier gestellt als bei der Feststellung des haftungsbegründenden Ereignisses nach § 286 ZPO. Bei dieser gelten die strengen Anforderungen des § 286 ZPO; der Geschädigte hat deshalb in der Regel den vollen Beweis zu erbringen. Demgegenüber ist nach § 287 ZPO für den Ursachenzusammenhang zwischen dem konkreten Haftungsgrund (dem anspruchsbegründenden Ereignis) und der Schadensfolge - die sogenannte haftungsausfüllende Kausalität - das Beweismaß verringert; bereits eine überwiegende, auf gesicherter Grundlage beruhende Wahrscheinlichkeit reicht für die richterliche Überzeugungsbildung aus (BGH aaO; NJW 1992, 2694 [2695]; NJW 1993, 734; NJW 1994, 3295 [3297]; NJW 2002, 292 [294]; Zugehör aaO, 18).

Darüber hinaus erleichtert § 287 ZPO dem Geschädigten nicht nur die Beweisführung, sondern auch die Darlegungslast (BGH aaO). Eine Substantiierung der klagebegründenden Tatsachen kann von ihnen im Rahmen des § 287 ZPO nicht in gleicher Weise gefordert werden wie hinsichtlich anderer tatsächlicher Fragen; es genügt, dass er Tatsachen vorträgt und unter Beweis stellt, die für eine Beurteilung nach § 287 ZPO ausreichende greifbare Anhaltspunkte bieten (BGH NJW-RR 1987, 210 [211 mwN.]; NJW 1995, 3248 [3250]; NJW 2000, 509 mwN; Ganter aaO, 19). Schließlich stellt jene Vorschrift den Richter auch hinsichtlich des Umfangs der Beweiserhebungspflicht freier; ob und inwieweit eine beantragte Beweisaufnahme anzuordnen ist, bleibt danach seinem pflichtgemäßen Ermessen überlassen (§ 287 Abs. 1 Satz 2 ZPO). Im Unterschied zu den Anforderungen des § 286 Abs. 1 ZPO kann er somit von einer weiteren Beweisaufnahme absehen, wenn ihm bereits hinreichende Grundlagen für ein Wahrscheinlichkeitsurteil zur Verfügung stehen (BGHZ 133, 110 [113 f.], NJW 1996, 2501 [2502]).

b) Nach diesen Maßstäben spricht vorliegend zumindest eine überwiegende Wahrscheinlichkeit dafür, dass sich der Kläger bei einer ordnungsgemäßen Beratung zu einem Kirchenaustritt entschlossen hätte.

Nach dem insoweit übereinstimmenden Vortrag beider Parteien war für ihn von entscheidender Bedeutung, dass die vom Beklagten angeregte Gewinnausschüttung nicht mit steuerlichen Mehrbelastungen verbunden war. Auf die entsprechenden Erklärungen des Beklagten hat er vertraut, weil er sie auf die anfallende Gesamtbelastung bezogen hat und beziehen durfte (oben I.1.b). Durch die Beendigung der Mitgliedschaft in der Kirchengemeinde hätte er sich der Kirchensteuerlast entziehen können, ohne dass ihm hieraus sonstige wirtschaftliche Nachteile entstanden wären. Dass eine solche Entscheidung für den Kläger „subjektiv gleichsam zwingend" erscheint, ist entgegen der Auffassung des Landgerichts schon bei einer Beurteilung nach § 286 ZPO nicht erforderlich und im Rahmen des § 287 ZPO erst recht bedeutungslos, weil jene Vorschrift nicht die „zwingende" Feststellung eines bestimmten Kausalverlaufs verlangt, sondern bereits seine überwiegende Wahrscheinlichkeit ausreichen lässt (oben a) mwN).

Der damit jedenfalls aus wirtschaftlichen Gründen nahe liegende Kirchenaustritt des Klägers wird auch nicht dadurch in Frage gestellt, dass die Entscheidung hierüber auch von nichtökonomischen Faktoren beeinflusst wird. Der Annahme des Landgerichts, bei der Frage der Mitgliedschaft in einer Kirche handele sich ausschließlich um eine persönliche Gewissensentscheidung, vermag der Senat schon im Ausgangspunkt nicht zu folgen. Zum einen geht es vorliegend nicht um den Eintritt in eine Glaubensgemeinschaft, sondern um die Beendigung einer bereits an die Taufe anknüpfenden und somit ohne Mitwirkung des Steuerpflichtigen begründeten Steuertatbestandes. Zum anderen beruhen die von den christlichen Religionsgemeinschaften verzeichneten Kirchenaustritte nicht ausschließlich auf religiösen, sondern in vielen Fällen (auch oder sogar allein) auf wirtschaftlichen (steuerlichen) Erwägungen, die die staatlichen Gerichte - ebenso wie rechtliche oder steuerliche Berater (oben I.2.b) - ohne Rücksicht auf das persönliche Wertverständnis der ihnen angehörigen Richter zu akzeptieren und ihrer Entscheidungsfindung zugrunde zu legen haben. Insbesondere steht es den Gerichten nicht zu, sich der ihnen abverlangten Beurteilung hypothetischer Kausalverläufe dadurch zu entziehen, dass ein Kirchenaustritt unter dem Etikett der „höchstpersönlichen Gewissensentscheidung" von vornherein aus dem Kreis möglicher Verhaltensalternativen ausgeschieden wird. Das nach § 287 ZPO gebotene Wahrscheinlichkeitsurteil verlangt vielmehr auch hier die Abwägung aller (materieller wie ideeller) Gesichtspunkte, die für oder gegen die Entscheidung des Mandanten sprechen können. Ist ein Kirchenaustritt objektiv geeignet, erhebliche steuerliche Belastungen zu vermeiden, bedarf es deshalb für die Verneinung des Ursachenzusammenhangs auch hier der Feststellung konkreter Anhaltspunkte für die

Annahme, das der Mandant die ihm entstandenen Steuernachteile auch im Falle ordnungsgemäßer Aufklärung hingenommen hätte.

Hieran fehlt es vorliegend. Tatsächliche Umstände, die für eine besondere Bindung des Klägers an seine Glaubensgemeinschaft sprechen könnte, lassen sich dem beiderseitigen Parteivorbringen nicht entnehmen. Dass der Kläger in der Vergangenheit aus seinen regelmäßigen Einkünften auch Kirchensteuer gezahlt hat, erlaubt keinerlei Schlussfolgerungen auf ein einmaliges Rechtsgeschäft der vorliegenden Größenordnung. Die vom Beklagten selbst gefertigte Aufstellung (...) ergibt vielmehr, dass die in 1995 angefallene evangelische Kirchensteuer ein Vielfaches der in den Vorjahren gezahlten Steuern beträgt; die Rubrik „katholisch" bleibt von vornherein außer Betracht, weil sie allein die Ehefrau des Klägers betrifft. Erst recht kommt es entgegen der Ansicht des Landgerichts nicht darauf an, ob der Kläger in Anschluss an den Kirchensteuerbescheid vom 27.10.1997 „tatsächlich unverzüglich den Austritt aus der Kirchengemeinde erklärt hat", weil der zu diesem Zeitpunkt bereits eingetretene Steuernachteil hierdurch nicht mehr hätte rückgängig gemacht werden können und nichts dafür vorgetragen ist, dass der Kläger in der Folgezeit ähnliche Transaktionen mit vergleichbar hoher Kirchensteuerlast beabsichtigte. Dass der Kläger - wie der Beklagte behauptet - „durchaus kirchliche Einrichtungen in Anspruch (nimmt), um persönliche Ereignisse zu feiern", ist ebenso unsubstantiiert wie unerheblich; die Durchführung private Feiern in kirchlichen Einrichtungen besagt nichts über die innere Grundhaltung der Teilnehmer.

Sonstige Umstände, die gegen einen Kirchenaustritt des Klägers hätten sprechen können, sind weder vorgetragen noch sonst ersichtlich; bereits auf der Grundlage des § 287 ZPO spricht deshalb eine überwiegende Wahrscheinlichkeit dafür, dass sich der Kläger bei sachgemäßer Beratung auf diese Weise der nunmehr entstandenen Steuerlast entzogen hätte.

2. Im Übrigen spricht auch der Anscheinsbeweis für ein entsprechendes Verhalten des Klägers.

a) Gegenüber einem rechtlichen oder steuerlichen Berater kann sich aus dem Anscheinsbeweis eine tatsächliche Vermutung dafür ergeben, dass der Mandant sich bei sachgerechter Belehrung beratungsrichtig verhalten hätte. Voraussetzung ist allerdings, dass bei vertragsgemäßer Leistung des Beraters nach der Lebenserfahrung lediglich ein bestimmtes Verhalten nahe gelegen hätte. Besteht dagegen nicht nur eine einzige verständige Entschlussmöglichkeit, sondern kommen verschiedene Handlungsweisen ernsthaft in Betracht und bergen sämtliche gewisse Risiken in sich, ist für einen Anscheinsbeweis kein Raum (BGHZ 123, 311 [315 ff.], NJW 1993, 3259; BGHZ 126, 217 [222], NJW 1994, 3295, 2398; BGH NJW-RR 2001, 201 [203]; NJW 2002, 1117 [1120];OLG Düsseldorf GI 2002, 205 [207], OLGR 2002, 216 [218]; Zugehör aaO, 18; Ganter aaO, 19 f.). Dagegen kommt es nicht darauf an, ob der rechtliche Berater seinem Mandanten eine bestimmte Empfehlung zu geben oder ihm durch die erforderlichen fachlichen Informationen nur eine sachgerechte Entscheidung ermöglichen sollte. Hatte der Berater seinen Auftraggeber lediglich umfassend über die Rechtslage zu belehren, verblieb für den Mandanten aber bei vertragsgerechter Information nur eine sinnvolle Entscheidung, so liegt ebenfalls ein in gleicher Weise typischer Sachverhalt vor (BGHZ 123, 311 [317 f.], NJW 1993, 3259, 3260; BGH NJW 1995, 3248 [3249]; NJW 1996, 2648 [2651]; NJW 1998, 749 [750]; G. Fischer, NJW 1999, 2993 [2996]; Zugehör aaO).

Entgegen der nicht näher begründeten Rechtsauffassung des Landgerichts sind diese Grundsätze vorliegend nicht deshalb unanwendbar, weil der Austritt aus einer Kirchengemeinde zum „Bereich der höchstpersönlichen Gewissensentscheidung des Mandanten" gehöre und es hier keine tatsächliche Vermutung für ein beratungsrichtiges Verhalten gebe. Der Anscheinsbeweis gilt generell und unabhängig davon, ob für die Entscheidungsfindung des Mandanten neben wirtschaftlichen Erwägungen auch religiöse, ideelle oder sonstige Motive eine Rolle spielen können. Er ist auch nicht davon abhängig, dass der Berater dem Auftraggeber ein bestimmtes Verhalten anzuraten hatte; selbst wenn seine Aufgabe lediglich darin bestand, dem Mandanten durch die erforderlichen fachlichen Informationen eine sachgerechte Entscheidung zu ermöglichen, sind die Regeln des Anscheinsbeweises nur dann unanwendbar, wenn unter wirtschaftlichen Gesichtspunkten verschiedene Verhaltensweisen ernsthaft in Betracht kommen (BGH NJW-RR 1999, 641 [642]; NJW-RR 2001, 1351 [1353]; NJW 2002, 593 [494]; Zugehör aaO). Ist dies nicht der Fall, greift dagegen zugunsten des Mandanten die Vermutung beratungsrichtigen Verhaltens ein; macht der Berater geltend, der Mandant hätte im Falle ordnungsgemäßer Beratung von der wirtschaftlich allein vernünftigen Entscheidung ungeachtet dessen aus anderen - außerwirtschaftlichen - Gründen abgesehen, so handelt es sich um einen allenfalls zur Widerlegung des Anscheinsbeweises geeigneten Umstand, für den er - der Berater - die Darlegungs- und Beweislast trägt (unten c] mwN).

b) Danach spricht vorliegend auch der Anscheinsbeweis dafür, dass sich der Kläger bei sachgemäßer Beratung zu einen Kirchenaustritt entschlossen hätte, da dies bei wirtschaftlicher Betrachtung die einzig mögliche Entscheidungsalternative war, durch die er sich der ihm drohenden Kirchensteuerlast hätte entziehen können (oben 1.b). Der erstinstanzlich noch erörterte Verzicht auf die vom Beklagten vorgeschlagene Gewinnausschüttung kam dagegen von vornherein nicht in Betracht, weil er nach der eigenen Darstellung des Beklagten mit erheblichen Nachteilen für den Kläger und die von ihm geführte Gesellschaft verbunden war und zudem die von beiden Parteien angestrebte Bereinigung der zivil- und steuerrechtlichen Verflechtungen zwischen natürlicher und juristischer Person auf diese Weise nicht möglich gewesen wäre.

c) Die somit eingreifende Vermutung für einen Kirchenaustritt hat der Beklagte nicht entkräftet. Er hat keine Tatsachen vorgetragen, die den Schluss zulassen, dass der Kläger im Falle ordnungsgemäßer Belehrung die ihm drohende Kirchensteuerbelastung hingenommen hätte (oben 1b); dies geht zu seinen Lasten (vergl. BGHZ 123, 311 [315 ff.], NJW 1993, 3259 [3060]; BGHZ 126, 217 [222], NJW 1994, 2395 [2398]; BGH NJW 1998, 1486 [1487]; NJW 1998, 1488 [1492]; OLG Düsseldorf aaO; Zugehör aaO).

III. Der Ersatzanspruch ist auch in geltend gemachter Höhe berechtigt; die Einwendungen des Beklagten aus einer „Gesamtschadensberechnung" liegen ebenfalls neben der Sache. Es ist zwar richtig, dass der Auftraggeber zur Ermittlung seines Schadens nicht einzelne ihm entstandene Vermögensnachteile herausgreifen darf, sondern im Wege eines Gesamtvermögensvergleichs sämtliche auf der Pflichtverletzung des Beraters beruhende Vor- und Nachteile in die Differenzrechnung einzustellen hat (OLG Düsseldorf GI 2002, 241 [245 mwN.]). Den im Steuerjahr 1996 erwirkten Sonderabgabenabzug hat der Kläger jedoch von der ihm entstanden Kirchensteuerlast in Abzug gebracht, für sonstige ihm im Falle eines Kirchenaustritts entstehende Nachteile ist nichts ersichtlich.

1. Die in der Berufungserwiderung aufgezeigten Steuernachteile sind schon deshalb ohne Bedeutung, weil sie nicht beim Kläger, sondern bei der von ihm geführten GmbH eingetreten wären. Nachteile dieser Art sind zwar für die Frage der haftungsausfüllenden Kausalität von Bedeutung, weil ein (Allein-)Gesellschafter nach der Lebenserfahrung bei seiner Entscheidungsfindung auch die Belange der Gesellschaft zu berücksichtigen pflegt (vergl. oben II.2.b). Bei der hier in Rede stehenden Ermittlung des Schadens selbst sind sie jedoch bedeutungslos, da in die Gesamtsaldierung nur die dem Geschädigten selbst entstandenen oder (fiktiv) entstehenden Vor- und Nachteile einzustellen sind und Belastungen Dritter bei der Differenzrechnung außer Betracht zu bleiben haben. Dies gilt auch im Falle einer Ein-Mann-GmbH, weil hierdurch die rechtliche Verschiedenheit zwischen der juristischen Person und ihrem Alleingesellschafter nicht aufgelöst wird und Gesellschafter und Gesellschaft für die schadensrechtliche Beurteilung als selbstständiges Zurechnungssubjekt zu behandeln sind; Nachteile des einen können dem anderen weder prozess- noch schadensersatzrechtlich zugeordnet werden (BGH NJW 1992, 290 [291 f.], NJW 1998, 1486 [1487 f.]; OLG Düsseldorf GI 2002, 241 [247]). Die vom Beklagten für seine gegenteilige Rechtsauffassung für sich in Anspruch genommene Entscheidung des früher für Steuerberatungssachen zuständigen IVa. Zivilsenats des BGH vom 24.9.1986 (NJW-RR 1987, 210 ff.) hat mit der vorliegenden Fallkonstellation nichts zu tun; die Ausführungen im Urteil vom 18.12.1985 (NJW-RR 1986, 646 [647 f. unter Ziffer II.1.]) sind ohne Rücksicht auf die Frage ihrer Nachvollziehbarkeit jedenfalls durch die spätere Rechtsentwicklung überholt (vergl. BGH aaO. und NJW 1995, 1088 ff.).

2. Im Übrigen kommt es hierauf auch deshalb nicht an, da die Ausführungen des Beklagten nur für den Fall einer Verschiebung der Gewinnausschüttung in das nachfolgende Steuerjahr von Relevanz sind. Die Kirchensteuerpflicht entfällt jedoch mit den Austritt aus der Religionsgemeinschaft, so dass der Kläger bei ordnungsgemäßer Beratung im Herbst 1995 durch nichts gehindert gewesen wäre, das vom Beklagten empfohlene Vorhaben ohne Auswirkungen auf andere Steuerarten noch im gleichen Jahr umzusetzen.

Sachregister

Die Seitenzahlen verweisen jeweils auf die erste Seite der Entscheidung.

Bei Fragen zur Produktsicherheit wenden Sie sich bitte an:
If you have any questions regarding product safety,
please contact:

Walter de Gruyter GmbH
Genthiner Straße 13
10785 Berlin
productsafety@degruyterbrill.com